高职高专通

主审：张阿芬　策划：李联益

大学人文素养

【第二版】

主　编：林木阳　陈移瑜

副主编：张玉柱　方警春　林国枝

厦门大学出版社
XIAMEN UNIVERSITY PRESS

国家一级出版社
全国百佳图书出版单位

图书在版编目（CIP）数据

大学人文素养/林木阳，陈移瑜主编. -- 2 版. --
厦门：厦门大学出版社，2022.8(2025.7 重印)
高职高专通识课精品教材/林木阳总主编
ISBN 978-7-5615-8605-1

Ⅰ．①大… Ⅱ．①林… ②陈… Ⅲ．①大学生-人文
素质教育-高等职业教育-教材 Ⅳ．①G640

中国版本图书馆CIP数据核字(2022)第081451号

责任编辑　江珏玙
美术编辑　李夏凌
技术编辑　朱　楷

出版发行　厦门大学出版社
社　　址　厦门市软件园二期望海路 39 号
邮政编码　361008
总　　机　0592-2181111　0592-2181406(传真)
营销中心　0592-2184458　0592-2181365
网　　址　http://www.xmupress.com
邮　　箱　xmup@xmupress.com
印　　刷　厦门金凯龙包装科技有限公司

开本　787 mm×1 092 mm　1/16
印张　25.5
字数　575 千字
版次　2018 年 10 月第 1 版　2022 年 8 月第 2 版
印次　2025 年 7 月第 5 次印刷
定价　65.00 元

本书如有印装质量问题请直接寄承印厂调换

厦门大学出版社
微信二维码

厦门大学出版社
微博二维码

主 审 简 介

张阿芬，集美大学经济研究所教授，项目管理工程硕士生导师，泉州工艺美术职业学院院长，中国轻工业联合会教学指导委员会委员，福建省高校教学名师，福建省高等职业院校名校长；人力资源社会保障部职业核心能力培训认证专家团专家，财政部PPP专家库、国家发改委PPP专家库"双库"专家，科技部创新资金项目专家库专家；国际认证项目管理专家（IPMP），第11届（2016年）中国十名优秀项目管理专家（IPMP);中国注册咨询工程师（RCE），中国注册资产评估师（CPV）。主要从事高等教育理论研究与管理，投资项目评估、项目管理、财务管理、税收筹划等教学、科研和技术服务；主持完成"科技成果转化与全息科技服务平台建设研究"等省、市研究课题27项，主持完成"投资项目可行性研究"86项、"PPP项目实施方案策划"及"物有所值评估"、"财政承受能力论证"15项；出版《个人投资理财》等专著3部，主编《项目管理》等教材7部；在《税务研究》等刊物发表学术论文83篇；担任负责人的《会计学》（本科）、《会计基础》（高职）课程被评为福建省省级精品课程；主持完成的"会计专业群综合教学改革试验项目"（2008年）、"融合职业核心能力的人才培养改革研究与实践"（2014年）、《跨界教学培养复合型艺术设计类人才的研究与实践》（2018年）等教学改革项目获得福建省省级教学成果二等奖；担任带头人的"会计专业"和"会计专业群教学团队"被确定为福建省省级精品专业和省级优秀教学团队。

推进通识教育与专业教育有机融合
发挥大学语文工具性与人文性双重功能
（代序）

集美大学经济研究所教授
泉州工艺美术职业学院院长　张阿芬

　　高等职业教育（简称高职教育）具有"高等性"和"职业性"双重属性。我国近现代最早的高职院校是清末 1902—1904 年的"壬寅—癸卯学制"中规定的 "高等实业学堂"和"高等师范学堂"；1949 年至 1980 年，我国的高职院校除了高等师范院校真正继续走高职教育之路外，其他的高职教育几乎没有或是名存实亡；1980 年创办的天津职业大学，是 1949 年后在中国大陆出现的第一所师范院校之外的高职院校。而高职教育在我国真正得到重视并快速发展可以说是 1999 年以后的事。1999 年 6 月全国教育工作会召开，中共中央国务院颁布了《加快教育改革全面推进素质教育的决定》，指出："高等职业教育是高等教育的重要组成部分。要大力发展高等职业教育，培养一大批具有一定理论知识和较强实践能力的技术应用型人才。"2006 年 11 月 16 日，中华人民共和国教育部颁布《教育部关于全面提高高等职业教育教学质量的若干意见》（教高〔2006〕16 号），指出："高等职业教育作为高等教育发展中的一个类型，肩负着培养面向生产、建设、服务和管理第一线需要的高技能人才的使命，在我国加快推进社会主义现代化建设进程中具有不可替代的作用。"2014 年发布的《国务院关于加快发展现代职业教育的决定》提出，要牢固确立职业教育在国家人才培养体系中的重要位置，以服务发展为宗旨，以促进就业为导向，适应技术进步和生产方式变革以及社会公共服务的需要，培养数以亿计的高素质劳动者和技术技能人才。从以上文件精神可以看出，我国的高职教育具有"高等性"和"职业性"双重属性。就职业技术学院的名称看，可以从"应用技术教育"和"职业技能教育"两个维度理解高职教育，"应用技术教育"是一种学科专业教育，偏向于学科专业中的技术应用实践教育，"职业技能教育"则是一种基于职业资格的教育，既有岗位知识的学习要求，更强调岗位操作技能的训练。

　　1999 年高校扩招以来,我国的高职教育迅猛发展,但同时也暴露出忽视对受教育者职业可持续发展能力的培养等诸多问题。根据《中国 2017 高等职业教育质量年度报告》(简称"报告"),高职在校生在 2014 年就已突破 1000 万人,全国现有高职院校 1300 多所,超过高等学校总数的 50%,然而,"报告"也指出:"高等职业教育在高等教育领域被边缘化,在职业教育领域示范引领作用难以有效发挥,发展模式优势和现实存在感趋弱并存。"的确,在高职教育快速发展的同时,有一个现象也不容忽视,那就是不少高职院校功利主义严重,偏离了"育人"本真,忘了教育的本质,将高职教育变成了纯粹的就业教育,甚至异化为现代工匠的培训中心,片面强调专业技能的重要性,而忽视素养的培养,忽视受教育者职业可持续发展能力的培养。

　　从 2014 年占据高等教育半壁江山起,高职教育已经从以规模扩张为主的外延式发展转向"质量提升、特色凝练和品牌创建"为主的内涵发展,回归"育人"本质是高职教育发展的必然选择。教育部在 2015 年颁布的《教育部关于深化职业教育教学改革全面提高人才培养质量的若干意见》(简称"意见")的指导思想是:全面贯彻党的教育方针,按照党中央、国务院决策部署,以立德树人为根本,以服务发展为宗旨,以促进就业为导向,坚持走内涵式发展道路,适应经济发展新常态和技术技能人才成长成才需要,完善产教融合、协同育人机制,创新人才培养模式,构建教学标准体系,健全教学质量管理和保障制度,以增强学生就业创业能力为核心,加强思想道德、人文素养教育和技术技能培养,全面提高人才培养质量。实际上,《中国青年报》在 2012 年 1 月 30 日发表《中国高等职业教育课程改革专科研究报告》中一项名为"现在工作岗位最需要能力及职业态度与素养"调查已经显示:85.9% 的行业企业人员认为,高职学生最应具备的前三项能力是:社会能力、方法能力和职业态度与素养(人力资源社会保障部在 1998 年发布的《国家技能振兴战略》中确定的八项职业核心能力包括:①三项社会能力——与人交流、与人合作、解决问题,②三项方法能力——自我学习、信息处理、数字应用,以及③创新革新和外语应用)。麦可思的研究报告表明:在技术日新月异,信息瞬息万变的当今社会,近 40% 的高职毕业生 3 年内转行,33% 左右的高职学生毕业半年内离职;凤凰城大学研究中心未来学会的研究也得出相似的结论:未来社会人类最重要的十项能力是人类优于机器人的意义建构、社会智力、适应性思维、设计理念、计算思维、跨文化竞争力、跨学科能力、虚拟合作等等可迁移的能力。爱因斯坦甚至认为:"通过专业教育,他可以成为一种有用的机器,但是不能成为一个和谐发展的人。"认为学校"应当发展青年人中那些有益于公共福利的品质和才能。"中国科学院院士杨叔子认为:"学生进大学,一是要学会如何做人,二是学会如何思维,三是学会与掌握必要的高层次的知识与应用这些知识的能力。其中做人是基础。"曾任耶鲁大学校长 20 年之久的理查德·莱文也曾说过:如果一个学生从耶鲁大学毕业时,居然拥有了某种很专业的知识和技能,这是耶鲁教育最大的失败。

真正的教育,是自由的精神、公民的责任、远大的志向,是批判性的独立思考、时时刻刻的自我觉知、终身学习的基础、获得幸福的能力。真正的教育不传授任何知识和技能,却能令人胜任任何学科和职业。因此,我们必须重新审视我国高职教育所面临的诸多尴尬,寻找高职质量发展的坚实路径,让高职教育回归"育人"本质。

通识教育与专业教育有机融合是高职教育回归"育人"本质的有效路径。从学生可持续发展来看,高职教育应将通识教育与专业教育有机结合,重视通识课程与专业课间的相互融通和配合,要培养学生积极、健康、向上的人格精神和良好的职业素养。将科学精神、实践能力和人文素养融合发展,是高职院校创新人才培养的必由之路。"意见"也明确要求:发挥人文学科的独特育人优势,加强公共基础课(通识课)与专业课间的相互融通和配合,注重学生文化素质、科学素养、综合职业能力和可持续发展能力培养,为学生实现更高质量就业和职业生涯更好发展奠定基础。通识教育与专业教育有机融合是高职教育回归"育人"本质的有效路径。在政策层面,国家"十三五"规划纲要,强调提升大学创新人才培养能力:"实行学术人才和应用人才分类、通识教育和专业教育相结合的培养制度""加快学习型社会建设"。在实践层面,许多高校通过改革推动通识教育与专业教育有机结合,早在 1981 年,北京师范大学就通过设置全校性的公共选修课程,重新回归通识教育的理念,并不断完善通识教育与专业教育有机结合课程体系,在 2017 年新版人才培养方案修订过程中,构建了通识教育和专业教育有机融合的课程体系,重构了六大模块通识教育课程,广泛调动院系开设优质课程,引导学生个性化修读,并形成了"训练思维,提高科学素养;研读经典,传承优秀文化;重视写作,提高表达技能;注重实践,丰富人生体验"等通识教育课程的新特点。2015 年 11 月,北京大学、清华大学、复旦大学和中山大学成立"大学通识教育联盟",之后每年召开联盟年会,2017 年 8 月 22 日上午,以"通识教育与'双一流'建设"为主题的第三届(2017 年)大学通识教育联盟年会在北京大学英杰交流中心召开,近 150 名来自全国各大高校的通识教育建设者云集一堂,共同探讨中国大学通识教育改革之道,推动我国通识教育迈向新阶段。浙江金融职业学院充分应用第一、第二、第三课堂,积极创新载体,着力在六个维度上下功夫,推进通识教育与专业相结合,即:重视思想政治教育——培养做人的高度;重视文化素质教育——培养做人的厚度;重视业务素质培养——培养做人的深度;重视身体素质锻炼——培养做人的长度;注重身心心理健康——培养做人的宽度;注重创新创业素质——培养做人的强度。成都航空职业技术学院以能力提升为核心,构建"语言与文学""历史与文化""哲学与人生""艺术与审美""社会与职场"六大通识教育模块体系。2008 年 2 月我从集美大学调整到泉州经贸职业技术学院任职,致力推动通识教育与专业教育融合渗透教育教学改革,经过近 10 年的实践,形成培养"'思政、科学人文、身心'三素质协调发展,'职业核心能力与专业核心技能'双核心能力并重"的人才培养思路,并配套推动"互联网+"线上线下结合的混合教学模式改革,形成并实施"人才培养供给结构与供给方式系统改革方案",取得良好的成效。

大学语文具有工具性与人文性双重功能。2017年10月我调整到泉州工艺美术职业学院任职,继续推动通识教育与专业教育融合渗透教育教学改革,到任一个月后,我向教务处长提出"公共基础课(通识教育)教学应打破传统的模式,要从课程教学理念、教学目标、内容体系、教学组织、教学方法等进行系统改革,应与专业课有机衔接。思政课主要培养学生思想政治素质,大学语文主要培养学生人文素养和有效应用语文工具的能力,体育主要培养学生身心素养和健康、乐观、积极的体育态度及终身体育的习惯,数学主要培养学生的逻辑思维和科学精神,计算机主要培养学生的互联网思维和信息技术应用能力,思政教育和创新创业教育应贯穿于人才培养全过程⋯⋯",令我感到欣慰的是,教务处长告诉我,公共基础教学部已经做了改革的探索,大学语文教研组编写的大学人文素养校本教材已经使用了三年,准备补充完善后联系出版。我认真审阅了书稿,对编写思路和内容体系进行了调整完善,提出了编写体例,并代写了序。

现在展现在大家眼前的这本书便是学院大学语文教学团队三年改革实践的成果。该书按照"通识教育与专业教育融合渗透,服务学生持续发展"的教育理念,合理定位大学语文课程目标,科学遴选课程内容,精心设计编写体例,突出知识转化和能力训练。一是合理定位课程目标。明确大学语文是高职学生必修的一门通识课程,是专业课程的基础与延伸,课程的目标是培养学生从事各职业所应具备的人文素养和有效应用语文工具的能力。二是精心遴选课程内容。在"大语文"框架下,遴选五大模块内容,包括"阅读经典　感悟人生""赏读文学　提升品味""欣赏艺术　追求高雅""应用写作　备用职场"以及"沟通合作　助力成功"。每个模块有侧重点地对学生进行人文素养和语文基本技能与思维的训练,五大模块的内容既互相独立,又互相交融、相互渗透,成为一个有机的整体。三是精心设计编写体例。在结构编排上,以"行动体系框架"取代"学科体系框架",以项目教学、任务驱动为导向,以职业岗位活动(如制定工作计划、撰写演讲稿等)和生活场景(如观看画展,参加研讨会等)为参照系,将陈述性知识与过程性知识整合、理论知识与实践知识融合,对"大语文"的内容和知识进行解构、重构,着眼于隐性实践知识的生成与构建,最大限度地贴近真实的工作场景,贴近生活实际,创设教学情景,将五大模块内容设计为五个项目,并将每个项目分解为若干个任务,指导学生在行动中完成任务,同时搭建形式多样的综合实践活动平台,寓教于乐,突出实践教学和能力培养,让学生在行动中将知识内化为能力,在行动中养成良好的思想道德修养、人文艺术修养、科学文化素养及职业核心素养,提高综合职业能力。

第二版编写说明

本教材自 2018 年 10 月出版以来,得到专家,学者的热情支持和鼓励,受到了广大读者的欢迎,现根据热心读者反馈的使用效果及修订建议进行修订。本次修订保留第一版的编写宗旨、模块设置和编写体例,主要特点有:

一、合理定位课程目标

《中共中央国务院关于深化教育改革 全面推进素质教育的决定》指出:"高等教育要重视培养大学生的创新能力、实践能力和创业精神,普遍提高大学生的人文素养和科学素质。"高职高专院校培养的人才,不仅要具有专门的业务技能与专业知识,而且还要有良好的语言、文字表达能力,组织、管理能力,必须具备优秀的人文素养。大学语文是高职学生必修的一门通识课程,它具有人文性和工具性双重功能,课程的目标是培养学生从事各种职业所应具备的语文能力,培养学生的人文素养及人文素质。教育部《大学语文教学大纲》规定:"充分发挥语文学科的人文性和基础性特点,适应当代人文学科与自然学科日益交叉渗透的发展趋势,为我国的社会主义现代化建设培养具有全面素质的高质量人才。"本教材正是遵循这个原则,为达成这一目标编写的。

二、创新构建内容模块

党的二十大报告强调"全面贯彻党的教育方针,落实立德树人根本任务,培养德智体美劳全面发展的社会主义建设者和接班人",对"培养什么人,怎么培养人,为谁培养人"这一根本问题,提出了明确的要求。本教材内容紧扣"立德树人"的核心思政要求,以二十大精神为指导,在"大语文"框架下,设置五大模块——"阅读经典 感悟人生""赏读文学 提升品位""欣赏艺术 追求高雅""应用写作 备用职场""沟通合作 助力成功",涵盖经典阅读、文学欣赏、艺术欣赏、应用写作、口才与交际等内容,具有立体化的特点,力图通过全局设计、过程贯通、学习体验等提升课程教学内涵。除了对学生进行语言、文字表达等语文基本能力训练外，突出对学生人文素养的培养，包括沟通表达、团队协作、创新思维、艺术审美、文化礼仪、价值取向六大人文素养内涵，培养学生的六大人文素质能力。同时，大学语文对人文素质和人文精神的培养，又有别于思想政治课，其主要是通过感悟作品本身所体现出来的魅力完成的，所以在选文方面，精选了古今中外的许多优秀作品，以让学生从文本的品读中润物细无声地接受人文教育，感悟人文精神。教材内容体量比较大，供使用者选取教学。

三、精心设计编写体例

本教材编写时，从高职院校的特点和学生的特点着眼，选材努力集知识性、实用性、文学性、艺术性、实践性于一体，尽量编排得生活化、情景化、动态化、形象化，以项目教学和任务驱动为导向，将五大模块内容设计为五个项目，并将每个项目分解为若干个任务，突出实践教学，指导学生在行动中完成学习，让学生在做中学、学中做，愉快地学习语文，潜移默化地接受人文熏陶。

本次主要做了以下几个方面的修订：

1.资源立体化

借助现代网络技术"互联网＋"给学习带来的新的接受模式，对每个项目提供资源链接，特别是为电影、音乐、美术欣赏模块提供丰富的视频、音频和图像资料，使教学资源更加丰满充实。

2.调整优化相关内容

对个别篇章进行增删调整，如删减了老舍《我的母亲》，增加了习近平的《一个国家、一个民族不能没有灵魂》、廖伏树的《大学授业恩师速写》等文章，增加了"世界陶瓷之都——德化陶瓷作品赏析"等篇幅，突出时代性，也富有特色。

教材建设永远在路上，限于水平，本次修订疏漏之处在所难免，希望广大读者批评指正！

编者
2023 年 8 月

第一版编写说明

一直以来,我们在高职院校开设"大学语文"课程。高职"大学语文"属于通识教育课程,服务于高职人才培养目标,是专业课程的基础和延伸,是培养学生可持续发展能力的重要课程之一,既要注重学生语文职业能力和语文职业素养的培养,也要注重学生文字综合应用能力、人文素养的提高。如果偏颇于语文的工具性,只强调语文基础知识的学习和语文基本能力的应用,则不利于学生的可持续发展和未来工作岗位上的能力迁移;如果偏颇于语文的人文性,则很难适应高职院校学生的学习实际和能力水平实际,事倍功半,效果欠佳。二者并重,更有利于为培养适用的技术技能人才打下良好的语文基础和人文素养基础,促进学生的全面发展、终身发展。

基于这样的思考,我们根据高职高专院校的教情、学情,开展"大学语文"课程教育教学改革研究和试点,经过充分的研讨和长期的教学实践,借鉴并吸收同类教材的好成果,编写了这本《大学人文素养》教材。本教材力求在内容的针对性、形式的多样性、教育的情境化和教与学的交互性上有所突破,在课程理念、课程内容、表现形式上有所创新,聚焦于学生综合人文素养的提高和人文精神的培养,有利于采用模块教学法、项目教学法和任务驱动法进行教学,同时通过内容板块的设置,力求让语文的教育教学更多地落实到综合实践活动当中,让语文生活化,生活语文化,拉近学习、生活与语文的距离,把语文的实用性和人文性融为一体,真正做到"玩"中学、"做"中学、"乐"中学,潜移默化,润物细无声,提高学习效果和教学质量。

本教材在"大语文"的框架下,分为五大项目:"阅读经典 感悟人生""赏读文学 提升品位""欣赏艺术 追求高雅""应用写作 备用职场""沟通合作 助力成功"。五个项目的内容既互相独立,又互相交融,相互渗透,成为一个有机的整体。

"阅读经典 感悟人生"项目通过对经典作品的解读、赏析，品味典雅语言，感受精致情思，使学生了解并继承中华优秀传统文化，拓展文化视野，提高文化素养；培养学生高尚的道德情操和健康审美情趣，为学生人文素养打基础。

"赏读文学 提升品位""欣赏艺术 追求高雅"两个项目，将知识性、科学性、人文性和趣味性结合起来，通过对各种文学体裁作品和各类人文艺术作品的欣赏，帮助学生了解和把握各类人文艺术的审美特点和欣赏要素，掌握各种人文艺术作品的欣赏技巧和方法，使学生具备对各种人文艺术的认知和感受能力，塑造内在精神，增量文化内涵，培养探究文学、艺术、人文、科技的兴趣，打造科学探索品质，提高综合人文素养。

"应用写作 备用职场""沟通合作 助力成功"两个项目选取职场实用的 10 种应用文种和设置 6 个有关口才与交际、团队合作等职业核心能力的实践活动，通过贴近现实的活动情境和学习任务，培养学生未来职场必备的书面表达能力、口头表达能力和沟通交流能力，让学生的综合人文素养成为助力在职涯成长、成功的利器。

本书由人力资源社会保障部国家职业核心能力培训认证专家团专家、高级指导师与考评员，福建省高校教学名师，泉州工艺美术职业学院院长张阿芬教授提出编写框架、明确编写指导思想和编写体例并主审；教务处处长李联益副教授对本书的编写作了策划。本书编写分工如下：林木阳编写项目 2、项目 4 和项目 5，并负责最后的统稿工作；陈移瑜编写项目 1 及项目 3 的音乐欣赏部分；张玉柱、方警春和林国校编写项目 3 电影欣赏和美术欣赏部分。许多专家和学者对本书的编写提出了宝贵意见，许多同人对本书的文字校对做了大量工作，在这里一并表示感谢。

本书作为教材，参考了众多专家学者的学术著作及同类教材，主要参考书目已列于文后，还有部分参考书目没有一一列出，在此一并表示诚挚的谢意。同时，由于编者学识有限、经验不足、时间匆促，缺漏、谬误难免，敬请读者及使用本教材的师生指正。

编者
2018 年 8 月

目 录
Contents

项目1 阅读经典 感悟人生

项目 2　赏读文学　提升品位

项目 3　欣赏艺术　追求高雅

项目 4　应用写作　备用职场

项目 5　沟通合作　助力成功

项目 1　阅读经典　感悟人生

任务 1.1　领悟圣人训：诸子风采——追本溯源

　　1.学习古代圣贤丰富而深刻的思想,追求真知探索真理的智慧与勇气,高尚的人格魅力与崇高的人生境界;

　　2.学习古代圣贤优美的文字表达;

　　3.培养阅读古代圣贤经典的自主意识,从中华民族的思想源头汲取营养,感悟人生真谛,获得文化自信。

1　无为而为、道法自然、上善若水:《老子》五则

导　读

　　《老子》又称《道德经》,是中国传统文化的经典著作,其中蕴涵着丰富的哲理和智慧,是中国历史上首部完整的哲学著作,被华夏先辈誉为万经之王。20 世纪 80 年代,据联合国教科文组织统计,在世界文化名著中,译成外国文字出版发行量最大的是《圣经》,其次就是《道德经》。

　　《老子》部分篇章已经入选高中语文教材。

选　文

　　(1)道可道,非常道;名可名,非常名。无,名天地之始;有,名万物之母。故,恒无欲也,以观其妙;恒有欲也,以观其徼。两者同出,异名同谓,玄之又玄,众妙之门。

　　(2)上善若水。水善利万物而不争,处众人之所恶,故几于道。居善地,心善渊,与善仁,言善信,政善治,事善能,动善时。夫唯不争,故无尤。

　　(3)宠辱若惊,贵大患若身。何谓宠辱若惊?宠为上,辱为下;得之若惊,失之若惊,是谓宠辱若惊。何谓贵大患若身?吾所以有大患者,为吾有身;及吾无身,吾有何患?故贵以身为天下,若可寄天下;爱以身为天下,若可托天下。

　　(4)为无为,事无事,味无味。大小多少,报怨以德。图难于其易,为大于其细;天下难事必作于易,天下大事必作于细。是以圣人终不为大,故能成其大。夫轻诺必寡信,多易必多难。是以圣人犹难之,故终无难矣。

　　(5)信言不美,美言不信。善者不辩,辩者不善。知者不博,博者不知。圣人不积,既

以为人,己愈有;既以与人,己愈多。天之道,利而不害。圣人之道,为而不争。

参考译文

(1)"道",如果可以言说,它就不是永恒存在的"道"了;"名",如果可以叫得出,它就不是永恒存在的"名"了。"无名",是天地的来处;"有名",是衍生宇宙万物的母体。所以,"道"是不显现的,要经常从无形体的角度去领悟和观察"道"的奥妙,又要从事物经常显现的形状,区别万物之间的微妙差别。显现和非显现互相存在,无和有相生却名称不同,都是奥妙啊。奥妙之奥妙的"道",就是万物中的一切玄妙之所出的门径。

(2)最高的善像水一样。水润泽万物,令它们繁盛地生长,而它却从不与万物竞高下,争长短,它总是安身立命在众人所不愿去的低洼地,这种品格才最接近于道啊。上善的人,其安身立命,像水一样随遇而安,善于居住低洼之地;心若止水;与人交往表现得像水一样博大仁爱;说话像水的汛期一样真诚守信用;为政像水一样清静而治;做事像水那样发挥功能;行动像水那样善于把握天时。这一切都是自然的,正因为他像水那样与物无争,所以不会出现过失和差错。

(3)宠和辱,都是惊恐现象,都给自身留下了大忧患。为什么说宠辱都是人的惊恐现象呢? 因为都从自己的利益出发。为什么说宠和辱都是惊恐现象呢? 得宠为上,受辱为下;人们得到它却为它惊喜,失去它却为它惊惧,所以说,宠和辱都是惊恐现象。为什么遗下大忧患总是人的自身? 我之所以给自己遗下大忧患,原因是因为我只顾自身,但当我不顾自身时,我还会有什么忧患呢? 所以,人能重视以自身的力量为天下人,这样人们才可以将天下托付给他,喜欢尽自身的力量为天下人,才可以把天下托付给他。

(4)以无为来作为,以无事来做事,以无味来品味。不必去斤斤计较那些大大小小、纷纷扰扰的事,用德行来回应怨恨。解决困难,要掌握问题本质中简易处,想做大事,要趁它还是微小的时候;天下最困难的事,总是从容易开始;成就天下的大事,也一定从细微处着手。所以,圣人自始至终不自以为大,而能成就其伟大的事业。审慎小心,不轻易承诺,故能坚守住其诚信。把事情看得太容易,经常会陷入失败,遭遇困难。像圣人这样把任何事都当作困难事,小心地去进行,反而不会发生真正的困难。

(5)真实的话不漂亮,漂亮的话不真实。(言语行为)善良的人不巧辩,巧辩的人不善良。充满智慧的人不会显得知识渊博,显得自己知识渊博的人是不明智的。有道的人不自私(没有占有欲望),已经把自己的一切用来帮助别人,自己更充实、更丰富。天道自然让万事万物都得到好处而不伤害它们。圣人的行为准则是,做什么事都不跟别人争。

●思考与练习●

1.请你谈谈对"道"的理解。

2."上善若水"对你有何启示? 请写一篇400字左右的心得。

2 多读书、广交友、勤做事:《论语》五则

导读

"三友""三乐""三愆""九思"主要讲的是社会交往过程中应当注意的问题以及人们日常言行举止的方方面面,最后一则讲的是学习之于人生的极端重要性。"20岁前后是人生的上升期,做加法,多读书、广交友、勤做事。互联网虽然可以让秀才不出门,神游八万里,但是人与人的沟通交流,肯定不能靠这些完成。"本篇五则均出自《论语·季氏》。

选文

(1)孔子曰:"益者三友,损者三友。友直,友谅,友多闻,益矣。友便辟,友善柔,友便佞,损矣。"

(2)孔子曰:"益者三乐,损者三乐。乐节礼乐,乐道人之善,乐多贤友,益矣。乐骄乐,乐佚游,乐宴乐,损矣。"

(3)孔子曰:"侍于君子有三愆:言未及之而言,谓之躁;言及之而不言,谓之隐;未见颜色而言,谓之瞽。"

(4)孔子曰:"君子有九思:视思明,听思聪,色思温,貌思恭,言思忠,事思敬,疑思问,忿思难,见得思义。"

(5)孔子曰:"生而知之者,上也;学而知之者,次也;困而学之,又其次也;困而不学,民斯为下矣!"

参考译文

(1)孔子说:"有益的朋友有三种,有害的朋友有三种。结交正直的朋友,诚信的朋友,知识广博的朋友,是有益的。结交谄媚逢迎的人,结交表面奉承而背后诽谤人的人,结交善于花言巧语的人,是有害的。"

(2)孔子说:"有益的快乐有三种,有害的快乐也有三种。以节制礼乐为快乐,以宣扬别人的优点为快乐,以广交贤良的朋友为快乐,是有益的。以骄恣淫乐为快乐,以放荡无度为快乐,以宴玩荒淫为快乐,是有害的。"

(3)孔子说:"侍奉在君子旁边陪他说话,要注意避免犯三种过失:还没有问到你的时候就说话,这是急躁;已经问到你的时候你却不说,这叫隐瞒;不看君子的脸色而贸然说话,这是瞎子。"

(4)孔子说:"君子有九点要考虑的事情:看的要考虑是否明白,听的要考虑是否清楚,脸上的颜色要考虑是否温和,容止要考虑是否谦恭,语言要考虑是否忠诚,做事要考虑是否谨慎,疑问要考虑如何向人请教,心里不平时要考虑是否有所患,得到利益时要考虑不要忘义。"

(5)孔子说:"生来就知道的是最上等的;通过学习才知道的是次一等的;遇到困难才学习的又是次一等的;遇到困难仍然不学习的人是最下等的了!"

●思考与练习●

1.请谈谈你的"交友观"。

2.请说说你的"学习观"。

3 君轻民本、浩然正气:《孟子》六则

导 读

"学无止境,气有浩然"——这是山东大学的著名校训。《孟子》是儒家经典之一,书中所蕴含的政治、伦理、哲学、教育等思想学说,不仅对中国两千年来的封建社会产生了巨大的影响,而且对中华民族的性格塑造和道德情操的培养也起着至关重要的作用。

选 文

(1)孟子曰:"存乎人者,莫良于眸子。眸子不能掩其恶。胸中正,则眸子了①焉;胸中不正,则眸子眊②焉。听其言也,观其眸子,人焉廋③哉?"

(2)孟子曰:"孔子登东山而小④鲁,登泰山而小天下,故观于海者难为水,游于圣人之门者难为言。观水有术,必观其澜。日月有明,容光必照焉。流水之为物也,不盈科不行;君子之志于道也,不成章不达。"

(3)孟子曰:"尽信书,则不如无书。吾于武成,取二三策而已矣。仁人无敌于天下,以至仁伐至不仁,而何其血之流杵也?"

(4)孟子曰:"民为贵,社稷次之,君为轻。是故得乎丘民而为天子,得乎天子为诸侯,得乎诸侯为大夫。诸侯危社稷,则变置。牺牲既⑤成,粢盛既洁,祭祀以时,然而旱干水溢,则变置社稷⑥。"

(5)孟子曰:"贤者以其昭昭使人昭昭,今以其昏昏使人昭昭。"

(6)孟子曰:"养心莫善于寡欲。其为人也寡欲,虽有不存焉者,寡矣。其为人也多欲,虽有存焉者,寡矣。"

---

① 了:清澈明亮。

② 眊:昏花不明。

③ 焉廋:宾语前置,躲哪儿。

④ 小:意动用法,以……为小。

⑤ 既:已经。

⑥ 社稷:土神和谷神。

●思考与练习●

1.请你再举三个《孟子》原文的例子,说明孟子的民本思想。

2.请谈谈你对"浩然正气"的理解。

4　汪洋恣肆、仪态万方:《庄子》三则

(1)逍遥游(节选)

导读

庄子主张绝对的自由。这就要自在和解脱,到达"无所待"即无所依赖的境地,即所谓"道",即所谓"逍遥游"。这是庄子的哲学理想。注意,"有所待"与"无所待"是"假自在"与"真逍遥"的分水岭!

选文

北冥有鱼,其名为鲲。鲲之大,不知其几千里也。化而为鸟,其名为鹏。鹏之背,不知其几千里也。怒而飞,其翼若垂天之云。是鸟也,海运则将徙于南冥。南冥者,天池也。

《齐谐》者,志怪者也。《谐》之言曰:"鹏之徙于南冥也,水击三千里,抟扶摇而上者九万里,去以六月息者也。"野马也,尘埃也,生物之以息相吹也。天之苍苍,其正色邪?其远而无所至极邪?其视下也,亦若是则已矣。

且夫水之积也不厚,则其负大舟也无力。覆杯水于坳堂之上,则芥为之舟。置杯焉则胶,水浅而舟大也。风之积也不厚,则其负大翼也无力。故九万里则风斯在下矣,而后乃今培风;背负青天而莫之夭阏者,而后乃今将图南。①

蜩与学鸠笑之曰:"我决起而飞,抢榆枋,时则不至而控于地而已矣,奚以之九万里而南为?"适莽苍者,三餐而反,腹犹果然;适百里者,宿舂粮;适千里者,三月聚粮。之二虫又何知!②

小知不及大知,小年不及大年。奚以知其然也?朝菌不知晦朔,蟪蛄不知春秋,此小年也。楚之南有冥灵者,以五百岁为春,五百岁为秋;上古有大椿者,以八千岁为春,八千岁为秋。而彭祖乃今以久特闻,众人匹之,不亦悲乎!③

---

①　鲲鹏南飞,"去以六月息者也","培风图南"——平常人们津津乐道的"鲲鹏展翅九万里",只是一种物化。动静可以闹得很大,但终归"有所待",很是平常了。算不上"逍遥游"。鲲鹏都算不上,那么,什么才是真正的"逍遥游"? 请你往下看哦!

②　大小之辩——主观原因。

③　大小之辩——客观原因。

汤之问棘也是已:穷发之北,有冥海者,天池也。有鱼焉,其广数千里,未有知其修者,其名为鲲。有鸟焉,其名为鹏,背若泰山,翼若垂天之云,抟扶摇羊角而上者九万里,绝云气,负青天,然后图南,且适南冥也。

斥鴳笑之曰:"彼且奚适也?我腾跃而上,不过数仞而下,翱翔蓬蒿之间,此亦飞之至也,而彼且奚适也?"此小大之辩也。①

故夫知效一官,行比一乡,德合一君,而徵一国者,其自视也,亦若此矣。② 而宋荣子犹然笑之。且举世而誉之而不加劝,举世而非之而不加沮,定乎内外之分,辩乎荣辱之境,斯已矣。彼其于世,未数数然也。虽然,犹有未树也。③ 夫列子御风而行,泠然善也,旬有五日而后反。彼于致福者,未数数然也。此虽免乎行,犹有所待者也。若夫乘天地之正,而御六气之辩,以游无穷者,彼且恶乎待哉!④ 故曰:至人无己,神人无功,圣人无名。⑤

●思考与练习●

1.翻译"我决起而飞,抢榆枋,时则不至而控于地而已矣,奚以之九万里而南为?"

2.你认为"无所待"有没有可行性?为什么?

(2)秋水(节选)

导读

本文沿着河→海→天地最后一直到达"道"的境界的思路,将我们引入一个越来越广阔、越来越美妙的境界之中,读此妙文,悟此妙道,千载之下,吾心通于庄子之心,乃至通于无量众生之心,通于宇宙万事万物,可得大自在矣。

---

① 小大之辩——小大之识,小大之命,小大之欲,小大之变,都是很正常的事情,不存在对错,也无所谓智慧与愚蠢。

② 这些都是"斥鴳翱翔蓬蒿之间",便自以为达到"此亦飞之至也"的境界,都是俗人,俗不可赖,自高!狂妄!荒唐!可笑!这些都是人性的普遍弱点,就是"凡事都要分出所谓的对错",就是"自以为是",就是"执迷不悟",自然算不上"逍遥游"的境界。

③ 宋荣子"举世而誉之而不加劝,举世而非之而不加沮",但"犹有未树",还是算不上"逍遥游"。

④ 所以,"逍遥游"的本质是"无所待"。

⑤ 无己、无功、无名,三者最关键的是"无己"。正所谓"开宗不明逍遥义,空读南华三十篇"。看到此处,请你"投入地笑一次,忘了自己!"

选文

秋水时至，百川灌河；泾流之大，两涘渚崖之间不辩牛马。于是焉河伯欣然自喜，以天下之美为尽在己。顺流而东行，至于北海，东面而视，不见水端。于是焉河伯始旋其面目，望洋向若而叹曰："野语有之曰：'闻道百，以为莫己若者'，我之谓也。且夫我尝闻少仲尼之闻而轻伯夷之义者，始吾弗信；今我睹子之难穷也，吾非至于子之门则殆矣，吾长见笑于大方之家。"

北海若曰："井蛙不可以语于海者，拘于虚也；夏虫不可以语于冰者，笃于时也；曲士不可以语于道者，束于教也。今尔出于崖涘，观于大海，乃知尔丑，尔将可与语大理矣。天下之水，莫大于海，万川归之，不知何时止而不盈；尾闾泄之，不知何时已而不虚；春秋不变，水旱不知。此其过江河之流，不可为量数。而吾未尝以此自多者，自以比形于天地而受气于阴阳，吾在于天地之间，犹小石小木之在大山也。方存乎见少，又奚以自多！计四海之在天地之间也，不似礨空之在大泽乎？计中国之在海内，不似稊米之在大仓乎？号物之数谓之万，人处一焉；人卒九州，谷食之所生，舟车之所通，人处一焉；此其比万物也，不似豪末之在于马体乎？五帝之所连，三王之所争，仁人之所忧，任士之所劳，尽此矣！伯夷辞之以为名，仲尼语之以为博，此其自多也；不似尔向之自多于水乎？"

河伯曰："然则吾大天地而小豪末，可乎？"

北海若曰："否。夫物，量无穷，时无止，分无常，终始无故。是故大知观于远近，故小而不寡，大而不多，知量无穷，证曏今故，故遥而不闷，掇而不跂，知时无止；察乎盈虚，故得而不喜，失而不忧，知分之无常也；明乎坦涂，故生而不说，死而不祸，知终始之不可故也。计人之所知，不若其所不知；其生之时，不若未生之时；以其至小求穷其至大之域，是故迷乱而不能自得也。由此观之，又何以知豪末之足以定至细之倪？又何以知天地之足以穷至大之域？"

……

庄子与惠子游于濠梁之上。庄子曰："儵鱼出游从容，是鱼之乐也。"惠子曰："子非鱼，安知鱼之乐？"庄子曰："子非我，安知我不知鱼之乐？"惠子曰："我非子，固不知子矣；子固非鱼也，子之不知鱼之乐，全矣。"庄子曰："请循其本。子曰'汝安知鱼乐'云者，既已知吾知之而问我。我知之濠上也。"

●思考与练习●

1.通篇《秋水》，一言蔽之就是"人性的批判"，请你说说人性的弱点。

2.《秋水》以河伯"望洋兴叹"开头，以庄周、惠子"濠上观鱼"结尾，想想这里面有何深意？

(3)胠箧

其一,认识庄子对儒家仁义的虚伪和当时社会的黑暗的深刻揭露和批判;其二,了解庄子宣扬"绝圣弃智"的思想和返归原始的政治主张;其三,还需思考的一个问题是,庄子的这种社会观和政治观消极吗?

清代学者吴文英在《庄子独见庄子论略》中写道:"庄子眼极冷,心肠极热,眼冷,故是非不管;心肠热,故悲慨万端。虽知无用,而未能忘情,到底是热肠挂住;虽不能忘情,终不下手,到底是冷眼看穿。"——这对我们理解庄子的精神境界很有帮助。

本文分三个部分:

第一部分:从讨论各种防盗的手段最终都会被盗贼所利用入手,指出当时治天下的主张和办法,都是统治者、阴谋家的工具。

第二部分:进一步提出摒弃一切社会文化的观点,使"绝圣"的主张和"弃智"的思想联系在一起。绝圣弃智的思想看似偏激,其实它是社会黑暗的一种折射,也是有限人生的一种无奈。

第三部分:通过对比"至德之世"与"三代以下"的治乱,表达缅怀原始社会的政治主张——返璞归真。这是庄子给这个乱世开出的药方。

选 文

将为胠箧、探囊、发匮之盗而为守备,则必摄缄縢、固扃镭;此世俗之所谓知也。然而巨盗至,则负匮、揭箧、担囊而趋;唯恐缄縢、扃镭之不固也。然则乡之所谓知者,不乃为大盗积者也?

故尝试论之,世俗之所谓知者,有不为大盗积者乎?所谓圣者,有不为大盗守者乎?何以知其然邪?昔者齐国邻邑相望,鸡狗之音相闻,罔罟之所布,耒耨之所刺,方二千余里。阖四竟之内,所以立宗庙、社稷,治邑、屋、州、闾、乡、曲者,曷尝不法圣人哉?然而田成子一旦杀齐君而盗其国,所盗者岂独其国邪?并与其圣知之法而盗之。故田成子有乎盗贼之名,而身处尧、舜之安,小国不敢非,大国不敢诛,专有齐国。则是不乃窃齐国①,并与其圣知之法,以守其盗贼之身乎?

尝试论之,世俗之所谓至知者,有不为大盗积者乎?所谓至圣者,有不为大盗守者乎?何以知其然邪?昔者龙逢斩,比干剖,苌弘胣,子胥靡。故四子之贤而身不免乎戮。故跖之徒问于跖曰:"盗亦有道乎?"跖曰:"何适而无有道邪?夫妄意室中之藏,圣也;入先,勇也;出后,义也;知可否,知也;分均,仁也。五者不备而能成大盗者,天下未之有也。"②由是观之,善人不得圣人之道不立,跖不得圣人之道不行;天下之善人少而不善人多,则圣人之利天下也少,而害天下也多。故曰:唇竭则齿寒,鲁酒薄而邯郸围,圣人生而

---

① 人世间最大的强盗叫窃国大盗!
② 成语"盗亦有道"的出处。

大盗起。掊击圣人，纵舍盗贼，而天下始治矣！

夫川竭而谷虚，丘夷而渊实。圣人已死，则大盗不起，天下平而无故矣。圣人不死，大盗不止。虽重圣人而治天下，则是重利盗跖也。为之斗斛以量之，则并与斗斛而窃之；为之权衡以称之，则并与权衡而窃之；为之符玺而信之，则并与符玺而窃之；为之仁义以矫之，则并与仁义而窃之。何以知其然邪？彼窃钩者诛，窃国者为诸侯，诸侯之门而仁义存焉。① 则是非窃仁义圣知邪？故逐于大盗，揭诸侯，窃仁义并斗斛、权衡、符玺之利者，虽有轩冕之赏弗能劝，斧钺之威弗能禁。此重利盗跖而使不可禁者，是乃圣人之过也。

故曰：鱼不可脱于渊，国之利器不可以示人。彼圣人者，天下之利器也，非所以明天下也。故绝圣弃知，大盗乃止；擿玉毁珠，小盗不起；焚符破玺，而民朴鄙；掊斗折衡，而民不争；殚残天下之圣法，而民始可与论议。擢乱六律，铄绝竽瑟，塞师旷之耳，而天下始人含其聪矣；灭文章，散五采，胶离朱之目，而天下始人含其明矣。毁绝钩绳而弃规矩，攦工倕之指，而天下始人含其巧矣。故曰：大巧若拙。削曾史之行，钳杨墨之口，攘弃仁义，而天下之德始玄同矣。彼人含其明，则天下不铄矣；人含其聪，则天下不累矣；人含其知，则天下不惑矣；人含其德，则天下不僻矣。彼曾、史、杨、墨、师旷、工倕、离朱，皆外立其德而以爚乱天下者也，法之所无用也。

子独不知至德之世乎？昔者容成氏、大庭氏、伯皇氏、中央氏、栗陆氏、骊畜氏、轩辕氏、赫胥氏、尊卢氏、祝融氏、伏牺氏、神农氏，当是时也，民结绳而用之，甘其食，美其服，乐其俗，安其居，邻国相望，鸡狗之音相闻，民至老死而不相往来。若此之时，则至治已。今遂至使民延颈举踵，曰："某所有贤者"，赢粮而趣之，则内弃其亲，而外弃其主之事；足迹接乎诸侯之境，车轨结乎千里之外，则是上好知之过也。上诚好知而无道，则天下大乱矣！

何以知其然邪？夫弓、弩、毕、弋、机变之知多，则鸟乱于上矣；钩饵、罔罟、罾笱之知多，则鱼乱于水矣；削格、罗落、罝罘之知多，则兽乱于泽矣；知诈渐毒、颉滑坚白、解垢同异之变多，则俗惑于辩矣。故天下每每大乱，罪在于好知。故天下皆知求其所不知，而莫知求其所已知者；皆知非其所不善，而莫知非其所已善者，是以大乱。故上悖日月之明，下烁山川之精，中堕四时之施，惴耎之虫，肖翘之物，莫不失其性。甚矣，夫好知之乱天下也！自三代以下者是已，舍夫种种之民，而悦夫役役之佞，释夫恬淡无为，而悦夫啍啍之意，啍啍已乱天下矣！

参考译文

为了对付撬箱子、掏口袋、开柜子的小偷而做防范准备，必定要收紧绳结、加固插闩和锁钥，这就是一般人所说的聪明做法。可是一旦大强盗来了，就背着柜子、扛着箱子、挑着口袋快步跑了，唯恐绳结、插闩与锁钥不够牢固哩。既然是这样，那么先前所谓的聪明做法，不就是给大盗做好了积聚和储备吗？

所以我曾试图讨论这种情况，世俗所谓的聪明人，有不替大盗积聚财物的吗？所谓

① 封建专制的秘密——双重标准。闪电——划破封建专制黑暗天空的一道闪电！

的圣人，有不替大盗守卫财物的吗？怎么知道是这样的呢？当年的齐国，邻近的村邑遥遥相望，鸡狗之声相互听闻，渔网所撒布的水面，犁锄所耕作的土地，方圆两千多里。整个国境之内，所有用来设立宗庙、社稷的地方，所有用来建置邑、屋、州、闾、乡、里各级行政机构的地方，何尝不是在效法古代圣人的做法！然而田成子一下子杀了齐国的国君也就窃据了整个齐国。他所盗窃夺取的难道又仅仅只是那样一个齐国吗？连同那里各种圣明的法规与制度也一块儿劫夺去了。而田成子虽然有盗贼的名声，却仍处于尧舜那样安稳的地位，小的国家不敢非议他，大的国家不敢讨伐他，世世代代窃据齐国。那么，这不就是盗窃了齐国并连同那里圣明的法规和制度，从而用来守卫他盗贼之身吗？

所以我曾试图讨论这种情况，世俗的所谓聪明人，有不替大盗积聚财物的吗？所谓的圣人，有不替大盗防守财物的吗？怎么知道是这样的呢？从前龙逢被斩首，比干被剖胸，苌弘被掏肚，子胥被抛尸江中任其腐烂。即使像上面四个人那样的贤能之士，仍不能免于遭到杀戮。因而盗跖的门徒向盗跖问道："做强盗也有规矩和准绳吗？"盗跖回答说："到什么地方会没有规矩和准绳呢？凭空推测屋里储藏着什么财物，这就是圣明；率先进到屋里，这就是勇敢；最后退出屋子，这就是义气；能知道可否采取行动，这就是智慧；事后分配公平，这就是仁爱。以上五样不能具备，却能成为大盗的人，天下是没有的。"从这一点来看，善人不能通晓圣人之道便不能立业，盗跖不能通晓圣人之道便不能行窃；天下的善人少，而不善的人多，那么圣人给天下带来好处也就少，而给天下带来祸患也就多。所以说：嘴唇向外翻开牙齿就会外露受寒，鲁侯奉献的酒味道淡薄致使赵国都城邯郸遭到围困，圣人出现了因而大盗也就兴起了。抨击圣人，释放盗贼，天下方才能太平无事。

溪水干涸山谷显得格外空旷，山丘夷平深潭显得格外充实。圣人死了，那么大盗也就不会再兴起，天下就太平而没有变故了。圣人不死，大盗也就不会中止。即使让整个社会都重用圣人治理天下，那么这也是让盗跖获得最大的好处。给天下人制定斗、斛来计量物品的多少，那么就连同斗斛一道盗窃走了；给天下人制定秤锤、秤杆来计量物品的轻重，那么就连同秤锤、秤杆一道盗窃走了；给天下人制定符、玺来取信于人，那么就连同符、玺一道盗窃走了；给天下人制定仁义来规范人们的道德和行为，那么就连同仁义一道盗窃走了。怎么知道是这样的呢？那些偷窃腰带环钩之类小东西的人受到刑戮和杀害，而窃夺了整个国家的人却成为诸侯；诸侯之门哪里会存有仁义呢。这不就是盗窃了仁义和圣智吗？所以，那些追随大盗、高居诸侯之位、窃夺了仁义以及斗斛、秤具、符玺之利的人，即使有高官厚禄的赏赐不可能劝勉，即使有行刑杀戮的威严不可能禁止。这些大大有利于盗跖而不能使他们禁止的情况，都是圣人的过错。

因此说，鱼儿不能脱离深潭，治国的利器不能随便拿给人看。那些所谓的圣人，就是治理天下的利器，是不可以用来明示天下的。所以，断绝圣人摒弃智慧，大盗就能中止；弃掷玉器毁坏珠宝，小的盗贼就会消失；焚烧符记破毁玺印，百姓就会朴实浑厚；打破斗斛折断秤杆，百姓就会没有争斗；尽毁天下的圣人之法，百姓方才可以谈论是非和曲直。搅乱六律，毁折各种乐器，并且堵住师旷的耳朵，天下人方能保全他们原本的听觉；消除纹饰，离散五彩，粘住离朱的眼睛，天下人方才能保全他们原本的视觉；毁坏钩弧和墨线，抛弃圆规和角尺，弄断工倕的手指，天下人方才能保有他们原本的智巧。因此说："最大的智巧就好像是笨拙一样。"削除曾参、史鰌的忠孝,钳住杨朱、墨翟善辩的嘴巴,摒弃仁义,天下人的德行方才能混同而齐一。人人都保有原本的视觉,那么天下就不会出现毁坏;人人都保有原本的听觉,那么天下就不会出现忧患;人人都保有原本的智巧,那么天下就不会出现迷惑;人人都保有原本的禀性,那么天下就不会出现邪恶。那曾参、史鰌、杨朱、墨翟、师旷、工倕和离朱,都外露并炫耀自己的德行,而且用来迷乱天下之人,这就是圣治之法之所以没有用处的道理。

你唯独不知道那盛德的时代吗? 从前容成氏、大庭氏、伯皇氏、中央氏、栗陆氏、骊畜氏、轩辕氏、赫胥氏、尊卢氏、祝融氏、伏栖氏、神农氏,在那个时代,人民靠结绳的办法记事,把粗疏的饭菜认作美味,把朴素的衣衫认作美服,把淳厚的风俗认作欢乐,把简陋的居所认作安适,邻近的国家相互观望,鸡狗之声相互听闻,百姓直至老死也互不往来。像这样的时代,就可说是真正的太平治世了。可是当今竟然达到使百姓伸长脖颈踮起脚跟说,"某个地方出了圣人",于是带着干粮急趋而去,家里抛弃了双亲,外边离开了主上的事业,足迹交接于诸侯的国境,车轮印迹往来交错于千里之外,而这就是统治者追求圣智的过错。统治者一心追求圣智而不遵从大道,那么天下必定会大乱啊!

怎么知道是这样的呢? 弓弩、鸟网、弋箭、机关之类的智巧多了,那么鸟儿就只会在空中扰飞;钩饵、渔网、鱼笼之类的智巧多了,那么鱼儿就只会在水里乱游;木栅、兽栏、兽网之类的智巧多了,那么野兽就只会在草泽里乱窜;伪骗欺诈、奸黠狡猾、言词诡曲、坚白之辩、同异之谈等等权变多了,那么世俗的人就只会被诡辩所迷惑。所以天下昏昏大乱,罪过就在于喜好智巧。所以天下人都只知道追求他所不知道的,却不知道探索他所已经知道的;都知道非难他所认为不好的,却不知道否定他所已经赞同的,因此天下大乱。所以对上而言遮掩了日月的光辉,对下而言消解了山川的精华,居中而言损毁了四时的交替,就连附生地上蠕动的小虫,飞在空中的蛾蝶,没有不丧失原有真性的。追求智巧扰乱天下,竟然达到如此地步! 自夏、商、周三代以来的情况就是这样啊,抛弃那众多淳朴的百姓,而喜好那钻营狡诈的谄佞小人;废置那恬淡无为的自然风尚,喜好那喋喋不休的说教。喋喋不休的说教已经搞乱了天下啊!

●思考与练习●

1."彼窃钩者诛,窃国者为诸侯,诸侯之门而仁义存焉。"一语中的,击中封建道德虚伪的要害。请你写一篇400字的短文,谈谈你此时此刻的想法。

2.你认为"绝圣弃智"对现代社会有什么启发?

人文拓展:如坐春风——孔子和他的学生们

任务 1.2　读史使人明智：史部探微——赏读《史记》

1.学习司马迁"不虚美，不隐恶"信史精神，求真知，做真人；

2.以史为鉴，把握《史记》丰富的思想内涵，树立正确的价值观、历史观、人生观；

3.赏析《史记》精妙的人物刻画，思考其中蕴含的人物评价，学习文章结构及语言表达。

1　不以成败论英雄：项羽本纪（节选）

导　读

首先，《史记》叙事有详略之分，一般情况下，司马迁对于事情发展的起因，往往都详写；而对于这种原因所引发的最终结果，往往是略写。其次，《史记》的叙事没有停留于对表面现象的陈述，而是追根溯源，揭示出隐藏在深层的起决定作用的因素。司马迁非常重视对事件因果关系的探究，其具有敏锐的目光和正确的判断力。他批判项羽"天之亡我，非战之罪"的说法，认为项羽失败的原因是"自矜功伐，奋其私智""欲以力征经营天下"。再次，司马迁有很强的驾驭材料的能力。本文的主体部分，司马迁选取了最能突出项羽性格的三个典型事件——巨鹿之战、鸿门宴、垓下之战，很好地塑造项羽这一失败的英雄形象。

选　文

项籍者，下相人也，字羽。初起时，年二十四。其季父项梁，梁父即楚将项燕，为秦将王翦所戮者也。项氏世世为楚将，封于项，故姓项氏。

项籍少时，学书不成，去学剑，又不成。项梁怒之。籍曰："书足以记名姓而已。剑一人敌，不足学，学万人敌。"于是项梁乃教籍兵法，籍大喜，略知其意，又不肯竟学。项梁尝有栎阳逮，乃请蕲狱掾曹咎书抵栎阳狱掾司马欣，以故事得已。项梁杀人，与籍避仇于吴中。吴中贤士大夫皆出项梁下。每吴中有大繇役及丧，项梁常为主办，阴以兵法部勒宾客及子弟，以是知其能。秦始皇帝游会稽，渡浙江，梁与籍俱观。籍曰："彼可取而代也。"梁掩其口，曰："毋妄言，族矣！"梁以此奇籍。籍长八尺余，力能扛鼎，才气过人，虽吴中子弟皆已惮籍矣。

……

项王军壁垓下，兵少食尽，汉军及诸侯兵围之数重。夜闻汉军四面皆楚歌，项王乃大惊曰："汉皆已得楚乎？是何楚人之多也！"项王则夜起，饮帐中。有美人名虞，常幸从；骏马名骓，常骑之。于是项王乃悲歌慷慨，自为诗曰："力拔山兮气盖世，时不利兮骓不逝。骓不逝兮可奈何，虞兮虞兮奈若何！"歌数阕，美人和之。项王泣数行下，左右皆泣，莫能仰视。

于是项王乃上马骑，麾下壮士骑从者八百余人，直夜溃围南出，驰走。平明，汉军乃觉之，令骑将灌婴以五千骑追之。项王渡淮，骑能属者百余人耳。项王至阴陵，迷失道，问一田父，田父绐曰"左"。左，乃陷大泽中。以故汉追及之。项王乃复引兵而东，至东城，乃有二十八骑。汉骑追者数千人。项王自度不得脱。谓其骑曰："吾起兵至今八岁矣，身七十余战，所当者破，所击者服，未尝败北，遂霸有天下。然今卒困于此，此天之亡我，非战之罪也。今日固决死，愿为诸君快战，必三胜之，为诸君溃围，斩将，刈旗，令诸君知天亡我，非战之罪也。"乃分其骑以为四队，四向。汉军围之数重。项王谓其骑曰："吾为公取彼一将。"令四面骑驰下，期山东为三处。于是项王大呼驰下，汉军皆披靡，遂斩汉一将。是时，赤泉侯为骑将，追项王，项王瞋目而叱之，赤泉侯人马俱惊，辟易数里与其骑会为三处。汉军不知项王所在，乃分军为三，复围之。项王乃驰，复斩汉一都尉，杀数十百人，复聚其骑，亡其两骑耳。乃谓其骑曰："何如？"

骑皆伏曰："如大王言。"

于是项王乃欲东渡乌江。乌江亭长檥船待，谓项王曰："江东虽小，地方千里，众数十万人，亦足王也。愿大王急渡。今独臣有船，汉军至，无以渡。"

项王笑曰："天之亡我，我何渡为！且籍与江东子弟八千人渡江而西，今无一人还，纵江东父兄怜而王我，我何面目见之？纵彼不言，籍独不愧于心乎？"乃谓亭长曰："吾知公长者。吾骑此马五岁，所当无敌，尝一日行千里，不忍杀之，以赐公。"乃令骑皆下马步行，持短兵接战。独籍所杀汉军数百人。项王身亦被十余创。顾见汉骑司马吕马童，曰："若非吾故人乎？"马童面之，指王翳曰："此项王也。"项王乃曰："吾闻汉购我头千金，邑万户，吾为若德。"乃自刎而死。王翳取其头，余骑相蹂践争项王，相杀者数十人。最其后，郎中骑杨喜，骑司马吕马童，郎中吕胜、杨武各得其一体。五人共会其体，皆是。故分其地为五：封吕马童为中水侯，封王翳为杜衍侯，封杨喜为赤泉侯，封杨武为吴防侯，封吕胜为涅阳侯。

……

太史公曰：吾闻之周生曰"舜目盖重瞳子"，又闻项羽亦重瞳子。羽岂其苗裔邪？何兴之暴也！夫秦失其政，陈涉首难，豪杰蜂起，相与并争，不可胜数。然羽非有尺寸，乘埶起陇亩之中，三年，遂将五诸侯灭秦，分裂天下，而封王侯，政由羽出，号为"霸王"，位虽不终，近古以来未尝有也。及羽背关怀楚，放逐义帝而自立，怨王侯叛己，难矣。自矜功伐，奋其私智而不师古，谓霸王之业，欲以力征经营天下，五年卒亡其国，身死东城，尚不觉寤而不自责，过矣。乃引"天亡我，非用兵之罪也"，岂不谬哉！

●思考与练习●

1."文学的生命在于细节。"《项羽本纪》有很多精彩的细节描写,请你列举数例,并以此谈谈你对项羽性格的理解。

2.项羽的失败对你有什么启发?

2 至圣先师、高山仰止:孔子世家赞

导读

选自《史记·孔子世家》(中华书局1959年版)。《史记》一百三十篇,每篇最后都以"太史公曰"的形式对所记的历史人物或事件加以评论,一般称为赞。赞,文体名。本文是《史记·孔子世家》的赞,是作者对孔子的评论。

传赞是人物传记末尾的评论,用以评价传主的历史地位和作用,以显示作者对人物的褒贬。优秀的传赞则能概括出人物的人格特征,把人物的精神面貌摄取在简约的赞语之中,给人以可以想见其人的感受。本文是传赞中的神品,被选入《古文观止》,代表文言文的最高水平,具有独立的欣赏价值。

选文

太史公曰:诗有之,"高山仰止,景行行止"。虽不能至,然心乡往之。余读孔氏书,想见其为人。适鲁,观仲尼庙堂车服礼器,诸生以时习礼其家,余祇回留之不能去云。天下君王至于贤人众矣,当时则荣,没则已焉。孔子布衣,传十余世,学者宗之。自天子王侯,中国言六艺①者折中于夫子,可谓至圣矣!

参考译文

太史公说:《诗经》上有句话:"巍峨的高山可以仰望,宽广的大道可以循着前进。"我虽然不能到达那里,但是心中一直向往它。我读孔子的书,由推理可以知道他的为人。

到了鲁国,看到孔子的祠堂,他的车子、衣服和礼器,许多儒生在他家里按时演习礼仪,我徘徊留恋,舍不得离开。

天下的君王以及贤人是很多的,(他们大多是)当时的荣耀,死后就完了。

孔子是一个平民,传到十几代,读书的人都尊崇他。从天子王侯,到全国研究六经的人,都以孔子的学说作为准则,孔子可以说是道德学问最高尚的人了!

---

① 《六艺》,指六经,即《诗》《书》《礼》《乐》《易》《春秋》。

3　舍本逐末、东门黄犬：李斯列传（节选）

导读

"鼠在所居,人固择地。斯效智力,功立名遂。置酒咸阳,人臣极位。一夫诳惑,变易神器。国丧身诛,本同末异。"

——对于李斯这个人物,司马迁反复刻画他外似刚愎而内实游移的矛盾状态:特别是在赵高废立之际,开始像是要以身殉国,经赵高劝之以利害,马上退缩妥协;对于秦二世的无道,本想犯颜直谏,一旦二世责问,立刻苟合求容。李斯的双重人格表现得非常充分,一个内心分裂的可悲形象跃然纸上。

司马迁在刻画人物时,一方面能把握他的基本特征,另一方面对其性格的次要方面也能给予充分的重视,多侧面地展现人物的精神风貌。

选文

李斯者,楚上蔡人也。年少时,为郡小吏,见吏舍厕中鼠食不洁,近人犬,数惊恐之。斯入仓,观仓中鼠,食积粟,居大庑之下,不见人犬之忧。

于是李斯乃叹曰:"人之贤不肖譬如鼠矣,在所自处耳!"

……

二世二年七月,具斯五刑,论腰斩咸阳市。斯出狱,与其中子俱执,顾谓其中子曰:"吾欲与若复牵黄犬俱出上蔡东门逐狡兔,岂可得乎!"遂父子相哭,而夷三族。

李斯已死,二世拜赵高为中丞相,事无大小辄决于高。高自知权重,乃献鹿,谓之马。二世问左右:"此乃鹿也?"左右皆曰"马也"。二世惊……

太史公曰:李斯以闾阎历诸侯,入事秦,因以瑕衅,以辅始皇,卒成帝业,斯为三公,可谓尊用矣。斯知六蓺之归,不务明政以补主上之缺,持爵禄之重,阿顺苟合,严威酷刑,听高邪说,废适立庶。诸侯已畔,斯乃欲谏争,不亦末乎!人皆以斯极忠而被五刑死,察其本,乃与俗议之异。不然,斯之功且与周、召列矣。

●思考与练习●

1.本文开头的一件生活琐事,李斯对比厕鼠、仓鼠,集中地反映了李斯的人生观、价值观;后来在和荀子告别时,他又说道:"故诟莫大于卑贱,而悲莫甚于穷困。"请你对这种极端功利的人生观、价值观进行讨论。

2.人之将死其言也善……"吾欲与若复牵黄犬俱出上蔡东门逐狡兔,岂可得乎!",改写"李斯之死"一段,写一篇400字以上的短文。

4　龙城飞将、李广难封：李将军列传①

导读

《太史公自序》作《史记》篇目提要中云："勇于当敌，仁爱士卒，号令不烦，师徒向之，作《李将军列传》第四十九。""七绝圣手"王昌龄《出塞》云："秦时明月汉时关，万里长征人未还。但使龙城飞将在，不教胡马度阴山。"初唐诗人王勃《秋日登洪府滕王阁饯别序》云："嗟乎！时运不齐，命途多舛；冯唐易老，李广难封。"俗话说："射虎天下闻，颂略终无功。才气或非时，造物误人深。"茅坤曾云："（李广）乃最名将，而最无功。"

本篇记述汉代名将李广的生平事迹。李广是英勇善战、智勇双全的英雄；他一生与匈奴战斗七十余次，常以少胜多，险中取胜，以致匈奴人闻名丧胆，称之为"飞将军"，"避之数岁"。李广又是一位最能体恤士卒的将领，他治军简易，对士兵从不苟刻，尤其是他与士卒同甘共苦的作风，深得将士们的敬佩。正是由于李广这种战斗中身先士卒，生活中先人后己的品格，使士兵都甘愿在他麾下，"咸乐为之死"。然而，这位战功卓著、备受士卒爱戴的名将，却一生坎坷，终生未得封爵。皇帝嫌他命运不好，不敢重用，贵戚也借机对他排挤，终于导致李广含愤自杀。李广是以自杀抗议朝廷对他的不公，控诉贵戚对他的无理。太史公也通过李广的悲剧结局揭露并谴责了统治者的任人唯亲、刻薄寡恩以及对贤能的压抑与扼杀，从而使这篇传记具有更深一层的政治意义。

选文

李将军广者②，陇西成纪人也。其先曰李信，秦时为将，逐得燕太子丹者也。故槐里，徙成纪。广家世世受射。③孝文帝十四年，匈奴大入萧关，而广以良家子从军击胡，用善骑射，杀首虏多，为汉中郎。广从弟李蔡亦为郎，④皆为武骑常侍，秩八百石。尝从行，有所冲陷折关及格猛兽，而文帝曰："惜乎，子不遇时！如令子当高帝时，万户侯岂足道哉！"⑤

及孝景初立，广为陇西都尉，徙为骑郎将。吴楚军时，广为骁骑都尉，从太尉亚夫击吴楚军，取旗，显功名昌邑下。以梁王授广将军印，还，赏不行。⑥徙为上谷太守，匈奴日

---

① 《卫将军骠骑列传》记录了"其（卫青）裨将校尉已为将者十四人"，而独"为裨将者曰李广，自有传"。李广与卫青都与匈奴作战，李广作为裨将，其传在《匈奴列传》之前，而卫青作为大将，其传反在《匈奴列传》之后，可见司马迁对两者的褒贬。

② 《史记》所载历代良将大都在篇题中直书其名，即使传主曾被封侯拜官，而以封号爵位为篇名，也在传文开首直呼姓名。李广官不过前将军，而得传名《李将军列传》，且在传首被司马迁称为"李将军广者"，可见作者对其敬重有加。

③ 名将之后。

④ 对比法，两人起点一样，李蔡在后文还会被几次提及——实在是"人比人，气死人。"

⑤ "李广难封"，时乎？命乎？

⑥ 注意，这是"李广难封"的最根本原因！

以合战。典属国公孙昆邪为上泣曰："李广才气，天下无双，自负其能，数与虏敌战，①恐亡之。"于是乃徙为上郡太守。后广转为边郡太守，徙上郡。尝为陇西、北地、雁门、代郡、云中太守，皆以力战为名。

匈奴大入上郡，天子使中贵人从广勒习兵击匈奴。中贵人将骑数十纵，见匈奴三人，与战。三人还射，伤中贵人，杀其骑且尽。中贵人走广。广曰："是必射雕者也。"广乃遂从百骑往驰三人。三人亡马步行，行数十里。广令其骑张左右翼，而广身自射彼三人者，杀其二人，生得一人，果匈奴射雕者也。已缚之上马，望匈奴有数千骑，见广，以为诱骑，皆惊，上山陈。广之百骑皆大恐，欲驰还走。广曰："吾去大军数十里，今如此以百骑走，匈奴追射我立尽。今我留，匈奴必以我为大军诱之，必不敢击我。"广令诸骑曰："前！"前未到匈奴陈二里所，止，令曰："皆下马解鞍！"其骑曰："虏多且近，即有急，奈何？"广曰："彼虏以我为走，今皆解鞍以示不走，用坚其意。"于是胡骑遂不敢击。有白马将出护其兵，李广上马与十余骑奔射杀胡白马将，而复还至其骑中，解鞍，令士皆纵马卧。是时会暮，胡兵终怪之，不敢击。夜半时，胡兵亦以为汉有伏军于旁欲夜取之，胡皆引兵而去。平旦，李广乃归其大军。大军不知广所之，故弗从。②

居久之，孝景崩，武帝立，左右以为广名将也，于是广以上郡太守为未央卫尉，而程不识亦为长乐卫尉，程不识故与李广俱以边太守将军屯。及出击胡，而广行无部伍行陈，就善水草屯，舍止，人人自便，不击刁斗以自卫，莫府省约文书籍事，然亦远斥候，未尝遇害。程不识正部曲行伍营陈，击刁斗，士吏治军簿至明，军不得休息，然亦未尝遇害。不识曰："李广军极简易，然虏卒犯之，无以禁也；而其士卒亦佚乐，咸乐为之死。我军虽烦扰，然虏亦不得犯我。"是时汉边郡李广、程不识皆为名将，然匈奴畏李广之略，士卒亦多乐从李广而苦程不识。程不识孝景时以数直谏为太中大夫。为人廉，谨于文法。③

后汉以马邑城诱单于，使大军伏马邑旁谷，而广为骁骑将军，领属护军将军。是时，单于觉之，去，汉军皆无功。其后四岁，广以卫尉为将军，出雁门击匈奴。匈奴兵多，破败广军，生得广。单于素闻广贤，令曰："得李广必生致之。"胡骑得广，广时伤病，置广两马间，络而盛卧广。行十余里，广详死，睨其旁有一胡儿骑善马，广暂腾而上胡儿马，因推堕儿，取其弓，鞭马南驰数十里，复得其余军，因引而入塞。匈奴捕者骑数百追之，广行取胡儿弓，射杀追骑，以故得脱。于是至汉，汉下广吏。吏当广所失亡多，为虏所生得，当斩，赎为庶人。

顷之，家居数岁。广家与故颍阴侯孙屏野居蓝田南山中射猎。尝夜从一骑出，从人田间饮。还至霸陵亭，霸陵尉醉，呵止广。广骑曰："故李将军。"尉曰："今将军尚不得夜行，何乃故也！"止广宿亭下。居无何，匈奴入杀辽西太守，败韩将军，后韩将军徙右北平。

---

① 李广是英雄，但绝非完人。司马迁的这种写法，就叫"不虚美，不隐恶"。这正是《史记》的过人之处。

② 上郡之战，遭遇战。在敌众我寡、紧张惊险的战斗中表现了李广惊人的机智和超人的胆略。

③ 程不识与李广经历及地位均相当，但程不识只附于《李传》中简单提其生平，与李广单独立传有天壤之别。

于是天子乃召拜广为右北平太守。广即请霸陵尉与俱,至军而斩之。① 广居右北平,匈奴闻之,号曰"汉之飞将军",避之数岁,不敢入右北平。②

广出猎,见草中石,以为虎而射之,中石没镞,视之石也。③ 因复更射之,终不能复入石矣。广所居郡闻有虎,尝自射之。及居右北平射虎,虎腾伤广,广亦竟射杀之。广廉,得赏赐辄分其麾下,饮食与士共之。终广之身,为二千石四十余年,家无余财,终不言家产事。广为人长,猿臂,其善射亦天性也,虽其子孙他人学者,莫能及广。广讷口少言,与人居则画地为军陈,射阔狭以饮。专以射为戏,竟死。广之将兵,乏绝之处,见水,士卒不尽饮,广不近水,士卒不尽食,广不尝食。④ 宽缓不苛,士以此爱乐为用。其射,见敌急,非在数十步之内,度不中不发,发即应弦而倒。用此,其将兵数困辱,其射猛兽亦为所伤云。⑤

居顷之,石建卒,于是上召广代建为郎中令。元朔六年,广复为后将军,从大将军军出定襄,击匈奴。诸将多中首虏率,以功为侯者,而广军无功。后二岁,广以郎中令将四千骑出右北平,博望侯张骞将万骑与广俱,异道。行可数百里,匈奴左贤王将四万骑围广,广军士皆恐,广乃使其子敢往驰之。敢独与数十骑驰,直贯胡骑,出其左右而还,告广曰:"胡虏易与耳。"军士乃安。广为圜陈外向,胡急击之,矢下如雨。汉兵死者过半,汉矢且尽。广乃令士持满毋发,而广身自以大黄射其裨将,杀数人,胡虏益解。会日暮,吏士皆无人色,而广意气自如,益治军。军中自是服其勇也。明日,复力战,而博望侯军亦至,匈奴军乃解去。汉军罢,弗能追。是时广军几没,罢归。汉法,博望侯留迟后期,当死,赎为庶人。广军功自如,无赏。⑥

初,广之从弟李蔡与广俱事孝文帝。景帝时,蔡积功劳至二千石。孝武帝时,至代相。以元朔五年为轻车将军,从大将军击右贤王,有功中率,封为乐安侯。元狩二年中,代公孙弘为丞相。蔡为人在下中,名声出广下甚远,然广不得爵邑,官不过九卿,而蔡为列侯,位至三公。诸广之军吏及士卒或取封侯。广尝与望气王朔燕语,曰:"自汉击匈奴而广未尝不在其中,而诸部校尉以下,才能不及中人,然以击胡军功取侯者数十人,而广不为后人,然无尺寸之功以得封邑者,何也?岂吾相不当侯邪?且固命也?"朔曰:"将军自念,岂尝有所恨乎?"广曰:"吾尝为陇西守,羌尝反,吾诱而降,降者八百余人,吾诈而同日杀之。至今大恨独此耳。"朔曰:"祸莫大于杀已降,此乃将军所以不得侯者也。"⑦

后二岁,大将军、骠骑将军大出击匈奴,广数自请行,天子以为老,弗许;良久乃许之,

---

① 杀霸陵尉:胸无城府,睚眦必报。

② "汉之飞将军",从此英雄美名天下扬!

③ 李广射虎。

④ 仁爱士卒。

⑤ 自负其能,匹夫之勇。

⑥ 脱险战,同样敌众我寡、紧张惊险。

⑦ 杀俘不祥。

以为前将军。是岁,元狩四年也。

广既从大将军青击匈奴,既出塞,青捕虏知单于所居,乃自以精兵走之,而令广并于右将军军,出东道。东道少回远,而大军行水草少,其势不屯行。广自请曰:"臣部为前将军,今大将军乃徙令臣出东道,且臣结发而与匈奴战,今乃一得当单于,臣愿居前,先死单于。"大将军青亦阴受上诫,以为李广老,数奇,^①毋令当单于,恐不得所欲。而是时公孙敖新失侯,为中将军从大将军,大将军亦欲使敖与俱当单于,故徙前将军广。广时知之,固自辞于大将军。大将军不听,令长史封书与广之莫府,曰:"急诣部,如书。"广不谢大将军而起行,意甚愠怒而就部,引兵与右将军食其合军出东道。军亡导,或失道,后大将军。大将军与单于接战,单于遁走,弗能得而还。南绝幕,遇前将军、右将军。广已见大将军,还入军。大将军使长史持糒醪遗广,因问广、食其失道状,青欲上书报天子军曲折。广未对,大将军使长史急责广之幕府对簿。广曰:"诸校尉无罪,乃我自失道。吾今自上簿。"

至莫府,广谓其麾下曰:"广结发与匈奴大小七十余战,今幸从大将军出接单于兵,而大将军又徙广部行回远,而又迷失道,岂非天哉!且广年六十余矣,终不能复对刀笔之吏。"遂引刀自刭。广军士大夫一军皆哭。百姓闻之,知与不知,无老壮皆为垂涕。而右将军独下吏,当死,赎为庶人。

广子三人,曰当户、椒、敢,为郎。天子与韩嫣戏,嫣少不逊,当户击嫣,嫣走。于是天子以为勇。当户早死,拜椒为代郡太守,皆先广死。当户有遗腹子名陵。广死军时,敢从骠骑将军。广死明年(即前118年),李蔡以丞相坐侵孝景园壖地,当下吏治,蔡亦自杀,不对狱,国除。^② 李敢以校尉从骠骑将军击胡左贤王,力战,夺左贤王鼓旗,斩首多,赐爵关内侯,食邑二百户,代广为郎中令。顷之,怨大将军青之恨其父,乃击伤大将军,大将军匿讳之。居无何,敢从上雍,至甘泉宫猎。骠骑将军去病与青有亲,射杀敢。去病时方贵幸,上讳云鹿触杀之。居岁余,去病死。而敢有女为太子中人,爱幸,敢男禹有宠于太子,然好利,李氏陵迟衰微矣。

李陵既壮,选为建章监,监诸骑。善射,爱士卒。天子以为李氏世将,而使将八百骑。尝深入匈奴二千余里,过居延视地形,无所见虏而还。拜为骑都尉,将丹阳楚人五千人,教射酒泉、张掖以屯卫胡。

数岁,天汉二年秋,贰师将军李广利将三万骑击匈奴右贤王于祁连天山,而使陵将其射士步兵五千人出居延北可千余里,欲以分匈奴兵,毋令专走贰师也。陵既至期还,而单于以兵八万围击陵军。陵军五千人,兵矢既尽,士死者过半,而所杀伤匈奴亦万余人。且引且战,连斗八日,还未到居延百余里,匈奴遮狭绝道,陵食乏而救兵不到,虏急击招降陵。陵曰:"无面目报陛下。"遂降匈奴。其兵尽没,余亡散得归汉者四百余人。

单于既得陵,素闻其家声,及战又壮,乃以其女妻陵而贵之。汉闻,族陵母妻子。自是之后,李氏名败,而陇西之士居门下者皆用为耻焉。^③

太史公曰:《传》曰"其身正,不令而行;其身不正,虽令不从"。其李将军之谓也? 余睹李将军悛悛如鄙人,口不能道辞。及死之日,天下知与不知,皆为尽哀。① 彼其忠实心诚信于士大夫也! 谚曰"桃李不言,下自成蹊"。此言虽小,可以谕大也。②

●思考与练习●

1.司马迁是如何塑造李广这样英雄形象的?

2.讨论"李广难封"的原因。

5 泰山鸿毛、发愤著书:报任安书

导读

　　用千回百转之笔,写出了自己的光明磊落之志,抒写了愤郁不平之气,传达了曲肠九回之情。《报任安书》是司马迁写给其友人任安的一封回信。在文中,司马迁以极其激愤的心情,申述了自己的不幸遭遇,抒发了内心的无限痛苦,大胆揭露了汉武帝的喜怒无常,刚愎自用,提出了人固有一死,或重于泰山,或轻于鸿毛的进步生死观,并表现出了他为实现可贵的理想而甘受凌辱,坚韧不屈的战斗精神。感情真挚,语言流畅,具有强烈的艺术感染力。这是一篇用血泪写成的至情之文,一字一滴泪,一句一滴血,句句慷慨激昂,段段唏嘘欲绝,它是被侮辱被损害者的血泪控诉,是不屈不挠者对黑暗社会声讨的檄文,是伟大的民族精英在身残处秽中关于人生观、世界观的宣言。

　　本文共分四部分:

　　第一部分:回信迟,不具备"推贤进士"的资格。

　　第二部分:主要申述自己遭受侮辱而不自杀的原因。这是本文的主体。

　　第三部分:《史记》的体例和宗旨。

　　第四部分:沉痛羞辱的愤懑心情,并陈说他对余生的看法。

　　金圣叹《天下才子必读书》中指出:"学其疏畅,再学其郁勃;学其迂回,再学其直注;学其阔略,再学其细琐;学其径遂,再学其重复。一篇文字,凡作十来番学之,恐未能尽也。"

---

　　① 像李广这样屡立战功、死后天下为之哀恸的人,却得不到封侯的爵赏,而那些外戚和夤缘攀附之士则能飞黄腾达,裂土封侯。这是对巧言令色的浮华之士的讥薄,也是针对当时社会现象的尖刻讽喻,其贬责之情是意在言外的。

　　② 此段作者感情自然流露,字里行间渗透了对传主李广精神品格的褒扬,以及对他遭遇的深厚同情。最后,用评论的形式,揭示李广的智勇双全、品德高尚都来自他的忠实厚道——谚语说:"桃树李树不会讲话,树下却自然地被人踩出一条小路。"这话虽然说的是小事,但可以用来比喻大道理呀。

选文

太史公牛马走司马迁,再拜言。

少卿足下:曩(nǎng)者辱赐书,教以慎于接物,推贤进士为务,意气勤勤恳恳,若望仆不相师,而用流俗人之言。仆非敢如此也。虽罢驽(nú),亦尝侧闻长者遗风矣。顾自以为身残处秽,动而见尤,欲益反损,是以独郁抑而无谁语。谚曰:"谁为(wèi)为(wéi)之?孰令听之?"盖钟子期死,伯牙终身不复鼓琴。何则?士为知己者用,女为说己者容。若仆大质已亏缺,虽材怀随和,行若由夷,终不可以为荣,适足以见笑而自点耳。书辞宜答,会东从上来,又迫贱事,相见日浅,卒卒无须臾之间,得竭至意。今少卿抱不测之罪,涉旬月,迫季冬,仆又薄从上雍,恐卒然不可为讳,是仆终已不得舒愤懑以晓左右,则长逝者魂魄私恨无穷。请略陈固陋。阙然久不报,幸勿为过!

仆闻之,修身者智之府也,爱施者仁之端也,取予者义之符也,耻辱者勇之决也,立名者行之极也。士有此五者,然后可以托于世,列于君子之林矣。故祸莫憯(cǎn)于欲利,悲莫痛于伤心,行莫丑于辱先,而诟莫大于宫刑。刑余之人,无所比数,非一世也,所从来远矣。昔卫灵公与雍渠载,孔子适陈;商鞅因景监见,赵良寒心;同子参乘,爰丝变色:自古而耻之。夫中材之人,事关于宦竖,莫不伤气,况忼慨之士乎!如今朝虽乏人,奈何令刀锯之余荐天下豪隽(jùn)哉!仆赖先人绪业,得待罪辇毂(gǔ)下,二十余年矣。所以自惟:上之,不能纳忠效信,有奇策材力之誉,自结明主;次之,又不能拾遗补阙,招贤进能,显岩穴之士;外之,不能备行伍,攻城野战,有斩将搴(qiān)旗之功;下之,不能累日积劳,取尊官厚禄,以为宗族交游光宠。四者无一遂,苟合取容,无所短长之效,可见于此矣。乡者,仆亦尝厕下大夫之列,陪外廷末议。不以此时引维纲,尽思虑,今已亏形为扫除之隶,在阘(tà)茸之中,乃欲昂首信眉,论列是非,不亦轻朝廷,羞当世之士邪!嗟乎!嗟乎!如仆,尚何言哉!尚何言哉!①

且事本末未易明也。仆少负不羁之才,长无乡曲之誉,主上幸以先人之故,使得奉薄伎,出入周卫之中。仆以为戴盆何以望天,故绝宾客之知,忘室家之业,日夜思竭其不肖之材力,务壹心营职,以求亲媚于主上。而事乃有大谬不然者。夫仆与李陵俱居门下,素非相善也,趣舍异路,未尝衔杯酒接殷勤之欢。然仆观其为人自奇士,事亲孝,与士信,临财廉,取予义,分别有让,恭俭下人,常思奋不顾身以殉国家之急。其素所畜积也,仆以为有国士之风。夫人臣出万死不顾一生之计,赴公家之难,斯已奇矣。今举事壹不当,而全躯保妻子之臣随而媒孽其短,仆诚私心痛之。且李陵提步卒不满五千,深践戎马之地,足历王庭,垂饵虎口,横挑强胡,昂亿万之师,与单于连战十余日,所杀过当。虏救死扶伤不给,旃裘之君长咸震怖,乃悉征左右贤王,举引弓之民,一国共攻而围之。转斗千里,矢尽道穷,救兵不至,士卒死伤如积。然李陵一呼劳军,士无不起,躬流涕,沫血饮泣,张空弮,

---

① 诟莫大于宫刑。奇耻大辱!奇耻大辱!尚何言哉!尚何言哉!

冒白刃,北首争死敌。① 陵未没时,使有来报,汉公卿王侯皆奉觞上寿。后数日,陵败书闻,主上为之食不甘味,听朝不怡。大臣忧惧,不知所出。仆窃不自料其卑贱,见主上惨凄怛悼,诚欲效其款款之愚,以为李陵素与士大夫绝甘分少,能得人之死力,虽古名将不过也。身虽陷败彼,彼观其意,且欲得其当而报汉。事已无可奈何,其所摧败,功亦足以暴于天下。仆怀欲陈之,而未有路。适会召问,即以此指推言陵功,欲以广主上之意,塞睚眦之辞。未能尽明,明主不深晓,以为仆沮贰师,而为李陵游说,遂下于理。拳拳之忠,终不能自列。因为诬上,卒从吏议。家贫,财赂不足以自赎,交游莫救,左右亲近不为壹言。身非木石,独与法吏为伍,深幽囹圄之中,谁可告愬(sù)者!此正少卿所亲见,仆行事岂不然邪?李陵既生降,隤其家声,而仆又茸之蚕室,重为天下观笑。悲夫!悲夫!②

事未易一二为俗人言也。仆之先人非有剖符丹书之功,文史星历,近乎卜祝之间,固主上所戏弄,倡优所畜,流俗之所轻也。假令仆伏法受诛,若九牛亡一毛,与蝼蚁何以异?而世又不与能死节者比,特以为智穷罪极,不能自免,卒就死耳。何也?素所自树立使然也。人固有一死,或重于泰山,或轻于鸿毛,用之所趋异也。③ 太上不辱先,其次不辱身,其次不辱理色,其次不辱辞令,其次诎体受辱,其次易服受辱,其次关木索、被箠楚受辱,其次剔毛发、婴金铁受辱,其次毁肌肤、断肢体受辱,最下腐刑极矣!④ 传曰"刑不上大夫。"此言士节不可不勉励也。猛虎在深山,百兽震恐,及在槛阱之中,摇尾而求食,积威约之渐也。故士有画地为牢,势不可入;削木为吏,议不可对,定计于鲜也。今交手足,受木索,暴肌肤,受榜箠,幽于圜墙之中,此之时,见狱吏则头枪地,视徒隶则心惕息。何者?积威约之势也。及已至是,言不辱者,所谓强颜耳,曷足贵乎!且西伯,伯也,拘于羑里;李斯,相也,具于五刑;淮阴,王也,受械于陈;彭越、张敖,南面称孤,系狱抵罪;绛侯诛诸吕,权倾五伯,囚于请室;魏其,大将也,衣赭衣,关三木;季布为朱家钳奴;灌夫受辱于居室。此人皆身至王侯将相,声闻邻国,及罪至罔加,不能引决自裁。在尘埃之中,古今一体,安在其不辱也?由此言之,勇怯,势也;强弱,形也。审矣,何足怪乎?且人不能早自裁绳墨之外,以稍陵迟,至于鞭箠之间,乃欲引节,斯不亦远乎!古人所以重施刑于大夫者,殆为此也。

夫人情莫不贪生恶死,念父母,顾妻子,至激于义理者不然,乃有不得已也。今仆不幸,早失父母,无兄弟之亲,独身孤立,少卿视仆于妻子何如哉?且勇者不必死节,怯夫慕义,何处不勉焉!仆虽怯懦,欲苟活,亦颇识去就之分矣,何至自沉溺缧绁之辱哉!且夫臧获婢妾,犹能引决,况若仆之不得已乎?所以隐忍苟活,幽于粪土之中而不辞者,恨私心有所不尽,鄙陋没世,而文采不表于后也。

---

① 这段叙述,激烈悲壮,感人至深;又是抒情,如怨如慕,如泣如诉;读者至此,能不唏嘘?

② "李陵之祸"始末。汉家天子刻薄寡恩!

③ "人固有一死,或重于泰山,或轻于鸿毛,用之所趋异也。"司马迁认识到生与死的价值,并做出了毫不含糊的解释。这种人生观发扬了孟子"生"与"义"的精神之髓,并将其发展到了一个更高的境界。

④ 钱锺书:"太上不辱云云,每下愈况,循次九而至底,'不辱'四,'受辱'五,事归一致而词判正反,变化以避板,得不谓为有意为文耶?……此书情文相生,兼纤徐卓荦之妙,后人口沫手胝,遂多仿构。李陵《重报苏武书》、刘知几《史通·杂说》下以来论定为赝托者,实效法迁此篇而作。杨恽《报孙会宗书》亦师其意。恽于迁为外孙,如何无忌之似舅矣。泻瓶有受,传灯不绝。(《管锥编》)

　　古者富贵而名磨灭，不可胜记，唯倜傥非常之人称焉。盖西伯（文王）拘而演《周易》；①仲尼厄而作《春秋》；②屈原③放逐，乃赋《离骚》；左丘④失明，厥有《国语》；孙子⑤膑脚，《兵法》修列；不韦⑥迁蜀，世传《吕览》；韩非⑦囚秦，《说难》《孤愤》；《诗》三百篇⑧，大底圣贤发愤之所为作也。此人皆意有所郁结，不得通其道，故述往事、思来者。乃如左丘无目，孙子断足，终不可用，退而论书策，以舒其愤，思垂空文以自见（xiàn）。⑨

　　仆窃不逊，近自托于无能之辞，网罗天下放失旧闻，略考其行事，综其终始，稽其成败兴坏之纪，上计轩辕，下至于兹。为十表，本纪十二，书八章，世家三十，列传七十，凡百三十篇。亦欲以究天人之际，通古今之变，成一家之言。⑩草创未就，会遭此祸，惜其不成，是以就极刑而无愠色。仆诚以著此书，藏之名山，传之其人，通邑大都，则仆偿前辱之责，虽万被戮，岂有悔哉？然此可为智者道，难为俗人言也！

　　且负下未易居，下流多谤议。仆以口语遇遭此祸，重为乡党所笑，以污辱先人，亦何面目复上父母之丘墓乎？虽累百世，垢弥甚耳！是以肠一日而九回，居则忽忽若有所亡，出则不知其所往。每念斯耻，汗未尝不发背沾衣也！⑪身直为闺阁之臣⑫，宁得自引深藏于岩穴邪！故且从俗浮沉，与时俯仰，以通其狂惑。今少卿乃教以推贤进士，无乃与仆私心刺谬乎？今虽欲自雕琢，曼辞以自饰，无益，于俗不信，适足取辱耳。要之死日，然后是非乃定。书不能悉意，故略陈固陋。

　　谨再拜。

---

　　① 西伯拘而演《周易》：传说周文王被殷纣王拘禁在羑里时，把古代的八卦推演为六十四卦，成为《周易》的骨干。

　　② 仲尼厄而作《春秋》：孔丘字仲尼，周游列国宣传儒道，在陈地和蔡地受到围攻和绝粮之苦，返回鲁国作《春秋》一书。

　　③ 屈原：曾两次被楚王放逐，幽愤而作《离骚》。

　　④ 左丘：春秋时鲁国史官左丘明。《国语》：史书，相传为左丘明撰著。

　　⑤ 孙子：春秋战国时著名军事家孙膑。膑脚：孙膑曾与庞涓一起从鬼谷子习兵法。后庞涓为魏惠王将军，骗膑入魏，割去了他的髌骨（膝盖骨）。孙膑有《孙膑兵法》传世。

　　⑥ 不韦：吕不韦，战国末年大商人，秦初为相国。曾命门客著《吕氏春秋》（一名《吕览》）。始皇十年，令吕不韦举家迁蜀，吕不韦自杀。

　　⑦ 韩非：战国后期韩国公子，曾从荀卿学，入秦被李斯所谗，下狱死。著有《韩非子》，《说难》《孤愤》是其中的两篇。

　　⑧ 《诗》三百篇：今本《诗经》共有三百零五篇，此举其成数。

　　⑨ 发愤著书。

　　⑩ 《史记》的创作目的。

　　⑪ 这既是叙述又是抒情，如怨如慕，如泣如诉。

　　⑫ 闺阁之臣：指宦官。闺阁都是宫中小门，代指禁宫。

人文拓展:《史记》导读

任务 1.3 世事洞明皆学问:集部举隅——品析《红楼梦》

学习目标

1."世事洞明皆学问,人情练达即文章",通过阅读《红楼梦》这样一部"大百科全书",更好地了解中国国情;

2.走入《红楼梦》人物的情感世界,感悟体会宝黛爱情的纯粹与美好,丰富情感,提升境界,滋养灵魂;

3.了解《红楼梦》"纵横交错,网状立体"的结构特点,泛读与精读结合,逐步养成"一目十行、过目成诵"的阅读习惯。

1 第七回 送宫花贾琏戏熙凤 宴宁府宝玉会秦钟(节选)

导 读

本回名为"送宫花",实则"十二钗正传":第一位是薛宝钗,接着是迎、探、惜,顺路交代一下李纨,然后是王熙凤,带出巧姐和秦可卿,最后一位是林黛玉。脂砚斋称赞本回为"间三带四攒花簇锦之文",写人栩栩如生,历来被视为《红楼梦》三大结构总纲之一,即"十二钗总纲"。

选 文

话说周瑞家的①送了刘姥姥去后,便上来回王夫人话。谁知王夫人不在上房,问丫鬟们时,方知往薛姨妈那边闲话去了。周瑞家的听说,便转出东角门至东院,往梨香院来。刚至院门前,只见王夫人的丫鬟名金钏儿,和一个才留了头的小女孩儿②站在台阶坡上顽。见周瑞家的来了,便知有话回,因向内努嘴儿。周瑞家的轻轻掀帘进去,只见王夫人和薛姨妈长篇大套的说些家务人情等语。

周瑞家的不敢惊动,遂进里间来。只见薛宝钗穿着家常衣服,头上只散挽着鬌儿,坐

---

① 周瑞家的:贾府管家,王夫人的陪房丫头,绝对亲信。
② 这小女孩儿是谁,本回第一次出现。

在炕里边，伏在小炕桌上同丫鬟莺儿正描花样子呢。见他进来，宝钗才放下笔，转过身来，满面堆笑让："周姐姐^①坐。"周瑞家的也忙陪笑问："姑娘好？"一面炕沿上坐了，因说："这有两三天也没见姑娘到那边逛逛去，只怕是你宝兄弟冲撞了你不成？"宝钗笑道："那里的话。只因我那种病^②又发了，所以这两天没出屋子。"周瑞家的道："正是呢，姑娘到底有什么病根儿，也该趁早儿请个大夫来，好生开个方子，认真吃几剂药，一势儿除了根才是。小小的年纪倒作下个病根儿，也不是顽的。"宝钗听了便笑道："再不要提吃药。为这病请大夫吃药，也不知白花了多少银子钱呢。凭你什么名医仙药，从不见一点儿效。后来还亏了一个秃头和尚，说专治无名之症，因请他看了。他说我这是从胎里带来的一股热毒，幸而先天壮，还不相干，若吃寻常药，是不中用的。他就说了一个海上方，又给了一包药末子作引子，异香异气的，不知是那里弄了来的。他说发了时吃一丸就好。倒也奇怪，吃他的药倒效验些。"

周瑞家的因问："不知是个什么海上方儿？姑娘说了，我们也记着，说与人知道，倘遇见这样病，也是行好的事。"宝钗见问，乃笑道："不用这方儿还好，若用了这方儿，真真把人琐碎死。东西药料一概都有限，只难得'可巧'二字：要春天开的白牡丹花蕊十二两，夏天开的白荷花蕊十二两，秋天的白芙蓉蕊十二两，冬天的白梅花蕊十二两。将这四样花蕊，于次年春分这日晒干，和在药末子一处，一齐研好。又要雨水这日的雨水十二钱，……"周瑞家的忙道："嗳哟！这么说来，这就得三年的工夫。倘或雨水这日竟不下雨，这却怎处呢？"宝钗笑道："所以说那里有这样可巧的雨，便没雨也只好再等罢了。白露这日的露水十二钱，霜降这日的霜十二钱，小雪这日的雪十二钱。把这四样水调匀，和了药，再加十二钱蜂蜜，十二钱白糖，丸了龙眼大的丸子，盛在旧磁坛内，埋在花根底下。若发了病时，拿出来吃一丸，用十二分黄柏^③煎汤送下。"

周瑞家的听了笑道："阿弥陀佛，真坑死人的事儿！等十年未必都这样巧的呢。"宝钗道："竟好，自他说了去后，一二年间可巧都得了，好容易配成一料。如今从南带至北，现在就埋在梨花树底下呢。"周瑞家的又问道："这药可有名子没有呢？"宝钗道："有。这也是那癞头和尚说下的，叫作'冷香丸'^④。"周瑞家的听了点头儿，因又说："这病发了时到底觉怎么着？"宝钗道："也不觉甚怎么着，只不过喘嗽些，吃一丸下去也就好些了。"

周瑞家的还欲说话时，忽听王夫人问："谁在房里呢？"周瑞家的忙出去答应了，趁便回了刘姥姥之事。略待半刻，见王夫人无语，方欲退出，薛姨妈忽又笑道："你且站住。我有一宗东西，你带了去罢。"说着便叫香菱。只听帘栊响处，方才和金钏顽的那个小丫头^⑤进来了，问："奶奶叫我作什么？"薛姨妈道："把匣子里的花儿拿来。"香菱答应了，向那边捧了个小锦匣来。薛姨妈道："这是宫里头的新鲜样法，拿纱堆的花儿十二支。昨儿我想

---

① 由于周瑞家的侍奉过薛宝钗的长辈，故有此称呼。

② 薛宝钗有病。

③ 功效：清热燥湿、泻火解毒、退热除蒸。宝钗功利心该解毒退热了。

④ 注意，背后有文章！

⑤ 这小女孩儿叫"香菱"，这是第二次出现。

起来,白放着可惜了儿的,何不给他们姊妹们戴去。昨儿要送去,偏又忘了。你今儿来的巧,就带了去罢。你家的三位姑娘,每人一对,剩下的六枝,送林姑娘两枝,那四枝给了凤哥罢。"王夫人道:"留着给宝丫头戴罢,又想着他们作什么。"薛姨妈道:"姨娘不知道,宝丫头古怪着呢,他从来不爱这些花儿粉儿的。"①

说着,周瑞家的拿了匣子,走出房门,见金钏仍在那里晒日阳儿。周瑞家的因问他道:"那香菱小丫头子,②可就是常说临上京时买的、为他打人命官司的那个小丫头子么?"金钏道:"可不就是他。"正说着,只见香菱笑嘻嘻的走来。周瑞家的便拉了他的手,细细的看了一会,因向金钏儿笑道:"倒好个模样儿,竟有些像咱们东府里蓉大奶奶的品格儿。"金钏儿笑道:"我也是这么说呢。"周瑞家的又问香菱:"你几岁投身到这里?"又问:"你父母今在何处? 今年十几岁了? 本处是那里人?"香菱听问,都摇头说:"不记得了。"周瑞家的和金钏儿听了,倒反为叹息伤感一回。③

一时间周瑞家的携花至王夫人正房后头来。原来近日贾母说孙女儿们太多了,一处挤着倒不方便,只留宝玉、黛玉二人这边解闷,却将迎、探、惜三人移到王夫人这边房后三间小抱厦内居住,令李纨陪伴照管。如今周瑞家的故顺路先往这里来,只见几个小丫头子都在抱厦内听呼唤呢。迎春的丫鬟司棋与探春的丫鬟侍书二人正掀帘子出来,手里都捧着茶钟,周瑞家的便知他们姊妹在一处坐着呢,遂进入内房,只见迎春、探春二人正在窗下下围棋。周瑞家的将花送上,说明缘故。二人忙住了棋,都欠身道谢,命丫鬟们收了。④

周瑞家的答应了,因说:"四姑娘不在房里,只怕在老太太那边呢。"丫鬟们道:"那屋里不是四姑娘?"周瑞家的听了,便往这边屋里来。只见惜春正同水月庵的小姑子智能儿一处顽耍呢,见周瑞家的进来,惜春便问他何事。周瑞家的便将花匣打开,说明原故。惜春笑道:"我这里正和智能儿说,我明儿也剃了头同他作姑子去呢,可巧又送了花儿来,若剃了头,可把这花儿戴在那里呢?"⑤说着,大家取笑一回,惜春命丫鬟入画⑥来收了。

周瑞家的因问智能儿:"你是什么时候来的? 你师父那秃歪剌往那里去了?"智能儿道:"我们一早就来了。我师父见了太太,就往于老爷府内去了,叫我在这里等他呢。"周瑞家的又道:"十五的月例香供银子可曾得了没有?"智能儿摇头儿说:"我不知道。"惜春听了,便问周瑞家的:"如今各庙月例银子是谁管着?"周瑞家的道:"是余信管着。"惜春听了笑道:"这就是了。他师父一来,余信家的就赶上来,和他师父咕唧了半日,想是就为这事了。"

---

① "藏愚守拙薛宝钗,孤标傲世林黛玉。"侧面描写,正话反说。风月宝鉴要反照,《红楼梦》要反读。切记切记。

② 香菱,就是第一回的甄英莲。《红楼梦》第一女孩,甄英莲谐音"真应怜"。第三次提到。

③ 三次提及香菱——十二钗的路标! 香菱的今天就是十二钗的明天! 一身冷汗啊!

④ 对侍奉过长辈的奴才必须客气——知书达理,大家闺秀。

⑤ 草蛇灰线,伏脉千里。可悲啊! 鲁迅先生说过:"悲凉之雾,被于华林,呼吸而领会者,独宝玉而已。"另外,先写迎春、探春,再重点写惜春,这种写法叫"点面结合"。

⑥ 加上抱琴,凑成"琴棋书画",非常雅致的丫头名字。

　　那周瑞家的又和智能儿唠叨了一会，便往凤姐儿处来。穿夹道从李纨后窗下过，①隔着玻璃窗户，见李纨在炕上歪着睡觉呢，遂越过西花墙，出西角门进入凤姐院中。走至堂屋，只见小丫头丰儿坐在凤姐房中门槛上，见周瑞家的来了，连忙摆手儿叫他往东屋里去。周瑞家的会意，忙蹑手蹑足往东边房里来，只见奶子正拍着大姐儿②睡觉呢。周瑞家的悄问奶子道："姐儿睡中觉呢？也该请醒了。"奶子摇头儿。正说着，只听那边一阵笑声，却有贾琏的声音。接着房门响处，平儿拿着大铜盆出来，叫丰儿舀水进去。平儿便到这边来，一见了周瑞家的便问："你老人家又跑了来作什么？"周瑞家的忙起身，拿匣子与他，说送花儿一事。平儿听了，便打开匣子，拿了四枝，转身去了。半刻工夫，手里拿出两枝来，先叫彩明吩咐道："送到那边府里给小蓉大奶奶③戴去。"次后方命周瑞家的回去道谢。

　　周瑞家的这才往贾母这边来。穿过了穿堂，抬头忽见他女儿打扮着才从他婆家来。周瑞家的忙问："你这会跑来作什么？"他女儿笑道："妈一向身上好？我在家里等了这半日，妈竟不出去，什么事情这样忙的不回家？我等烦了，自己先到了老太太跟前请了安了，这会子请太太的安去。妈还有什么不了的差事，手里是什么东西？"周瑞家的笑道："嗳！今儿偏偏的来了个刘姥姥，我自己多事，为他跑了半日，这会子又被姨太太看见了，送这几枝花儿与姑娘奶奶们。这会子还没送清楚呢。你这会子跑了来，一定有什么事。"他女儿笑道："你老人家倒会猜。实对你老人家说，你女婿前儿因多吃了两杯酒，和人分争，不知怎的被人放了一把邪火，说他来历不明，告到衙门里，要递解还乡。所以我来和你老人家商议商议，这个情分，求那一个可了事呢？"周瑞家的听了道："我就知道呢。这有什么大不了的事！你且家去等我，我给林姑娘送了花儿去就回家去。此时太太二奶奶④都不得闲儿，你回去等我。这有什么，忙的如此。"女儿听说，便回去了，又说："妈，好歹快来。"周瑞家的道："是了。小人儿家没经过什么事，就急得你这样了。"⑤说着，便到黛玉房中去了。

　　谁知此时黛玉不在自己房中，却在宝玉房中大家解九连环顽呢。周瑞家的进来笑道："林姑娘，姨太太着我送花儿与姑娘带来了。"宝玉听说，便先问："什么花儿？拿来给我。"一面早伸手接过来了。开匣看时，原来是宫制堆纱新巧的假花儿。黛玉只就宝玉手中看了一看，便问道："还是单送我一人的，还是别的姑娘们都有呢？"周瑞家的道："各位都有了，这两枝是姑娘的了。"黛玉冷笑道："我就知道，别人不挑剩下的也不给我。"⑥周瑞家的听了，一声儿不言语。宝玉便问道："周姐姐，你作什么到那边去了。"周瑞家的因说："太太在那里，因回话去了，姨太太就顺便叫我带来了。"宝玉道："宝姐姐在家作什么呢？

---

①　李纨，贾宝玉的寡嫂，其夫贾珠遗一子贾兰；故而无花，但不能不提及。

②　王熙凤的女儿，后来刘姥姥给取名叫"巧姐"。

③　秦可卿。

④　靠山。

⑤　狗仗人势。

⑥　个性化语言：尖酸刻薄，有恃无恐。好看！真好看！"最好的放在最后"，这正是做事做人作文的一大原则。

怎么这几日也不过这边来?"周瑞家的道:"身上不大好呢。"宝玉听了,便和丫头说:"谁去瞧瞧? 只说我与林姑娘打发了来请姨太太姐姐安,问姐姐是什么病,现吃什么药。论理我该亲自来的^①,就说才从学里来,也着了些凉,异日再亲自来看罢。"说着,茜雪^②便答应去了。周瑞家的自去,无话。

原来这周瑞的女婿,便是雨村的好友冷子兴,近因卖古董和人打官司,故教女人来讨情分。周瑞家的仗着主子的势利,把这些事也不放在心上,晚间只求求凤姐儿便完了。^③

```
●思考与练习●

    1.请你列举出"金陵十二钗"的姓名,并在课文中一一标出。
    2.黛玉冷笑道:"我就知道,别人不挑剩下的也不给我。"说说你对黛玉这一人物
的理解。
```

2 第十五回 王凤姐弄权铁槛寺 秦鲸卿得趣馒头庵(节选)

导读

"萍水相逢二丫头"。

二丫头是《红楼梦》中着笔最少的一个人物,区区几百字,却栩栩如生,令人难忘。她姓名不详,京都郊外的庄户女儿,约十七八岁。宝玉随凤姐等给秦氏送殡,途中在她家"打尖"时,将她的纺车拧转作耍,她赶忙跑来乱嚷:"别动坏了!"又说:"你们那里会弄这个,站开了,我纺与你瞧。"听见有老婆子教,便丢开纺车,一径去了,宝玉顿感怅然无趣。宝玉离开村庄时,只见二丫头怀里抱着她小兄弟,同着几个小女孩子说笑着,迎头走来,并不以宝玉为意。这是一个灵巧纯朴、阅世尚浅的村姑形象。脂砚斋批曰"如闻其声,如见其形",看来,《石头记》原稿八十回后有宝玉与村姑重遇的情节。

情圣用情"情不情"! 充满诗意,直达人心。

选文

一时凤姐进入茅堂,因命宝玉等先出去顽顽。宝玉等会意,因同秦钟出来,带着小厮们各处游顽。凡庄农动用之物,皆不曾见过。【庚辰侧批:真,毕真!】宝玉一见了锹、镢、锄、犁等物,皆以为奇,不知何项所使,其名为何。【甲戌侧批:凡膏粱子弟齐来着眼。】小厮在旁一一的告诉了名色,说明原委。【甲戌侧批:也盖因未见之故也。】宝玉听了,因点

---

①　来不了,被林妹妹缠住了。
②　宝玉房中的丫头,后来因为"枫露茶事件"被撵出贾府。《石头记》原稿八十回后有茜雪狱神庙探监的故事。
③　借周瑞家的这样一个奴才,写贾府权势熏天——上通朝廷,下结州府。

头叹道:"怪道古人诗上说:'谁知盘中餐,粒粒皆辛苦。'正为此也。"【甲戌侧批:聪明人自是一喝即悟。】【庚辰眉批:写玉兄正文总于此等处,作者良苦。壬午季春。】一面说,一面又至一间房屋前,只见炕上有个纺车,宝玉又问小厮们:"这又是什么?"小厮们又告诉他原委。宝玉听说,便上来拧转作耍,自为有趣。只见一个约有十七八岁的村庄丫头跑了来乱嚷:"别动坏了!"【庚辰侧批:天生地设之文。】众小厮忙断喝拦阻,宝玉忙丢开手,陪笑说道:【庚辰眉批:一"忙"字,二"陪笑"字,写玉兄是在女儿分上。壬午季春。】"我因为没见过这个,所以试他一试。"那丫头道:"你们那里会弄这个,站开了,【甲戌侧批:如闻其声,见其形。】【庚辰侧批:三字如闻。】【蒙侧批:这丫头是技痒,是多情,是自己生活恐至损坏? 宝玉此时一片心神,另有主张。】我纺与你瞧。"秦钟暗拉宝玉笑道:"此卿大有意趣。"【庚辰侧批:忙中闲笔;却伏下文。】宝玉一把推开,笑道:"该死的!【甲戌侧批:"的"是宝玉生性之言。】再胡说,我就打了!"【庚辰侧批:玉兄身分本心如此。】说着,只见那丫头纺起线来。宝玉正要说话时,【庚辰眉批:若说话,便不是《石头记》中文字也。】只听那边老婆子叫道:"二丫头,快过来!"那丫头听见,丢下纺车,一径去了。

宝玉怅然无趣。【甲戌侧批:处处点"情",又伏下一段后文。】只见凤姐儿打发人来叫他两个进去。凤姐洗了手,换衣服抖灰,问他们换不换。宝玉不换,只得罢了。家下仆妇们将带着行路的茶壶茶杯、十锦屉盒、各样小食端来,凤姐等吃过茶,待他们收拾完备,便起身上车。外面旺儿预备下赏封,赏了那本村主人,庄妇等来叩赏。凤姐并不在意,宝玉却留心看时,内中并没有二丫头。【庚辰侧批:妙在不见。】一时上了车,出来走不多远,只见迎头二丫头怀里抱着他小兄弟,【庚辰侧批:妙在此时方见,错综之妙如此!】同着几个小女孩子说笑而来。宝玉恨不得下车跟了他去,料是众人不依的,少不得以目相送,争奈车轻马快,【甲戌侧批:四字有文章。人生离聚亦未尝不如此也。】一时展眼无踪。

●思考与练习●

1.把"萍水相逢二丫头",如此美好的邂逅放在"第十五回　王凤姐弄权铁槛寺　秦鲸卿得趣馒头庵"里,请问,作者有何深意?

2.你认为宝玉会再次与二丫头相逢吗?假设能够再次相逢,请你为《红楼梦》写一段400字的续文。

3　第二十三回　西厢记妙词通戏语　牡丹亭艳曲警芳心

导读

本回以"入住大观园"为中心分三个部分:人事安排、父子"矛盾"和大观园风情。其中,大观园风情又具体写了写诗、读书、听曲三件事(在这里,贾宝玉只是陪衬),最为精彩的是写林黛玉的"西厢记妙词通戏语　牡丹亭艳曲警芳心"——这是中国文学经典中的经典。"读书"一节写林黛玉的才情("你说你会过目成诵,难道我就不能一目十行么?"),"听曲"一节写林黛玉的境界,"黛玉葬花"一节中的"撂在水里不好……日久不过随土化了,岂不干净"。简直就是一篇《葬花吟引》了。

可以用七个字概括"黛玉之美",那就是——"才情境界葬花吟"!

选文

【蒙回前诗:群艳大观中,柳弱絮春风。惜花与度曲,笑看利名空。】

话说贾元春自那日幸大观园回宫去后,便命将那日所有的题咏,命探春依次抄录妥协,自己编次,叙其优劣,又命在大观园勒石,为千古风流雅事。因此,贾政命人各处选拔精工名匠,在大观园磨石镌字,贾珍率领蓉、萍等监工。因贾蔷又管理着文官等十二个女戏并行头等事,不大得便,因此贾珍又将贾菖、贾菱唤来监工。一日,汤蜡钉朱,动起手来。这也不在话下。

且说那个玉皇庙并达摩庵两处,一班的十二个小沙弥并十二个小道士,如今挪出大观园来,贾政正想发到各庙去分住。不想后街上住的贾芹之母周氏,正盘算着也要到贾政这边谋一个大小事务与儿子管管,也好弄些银钱使用,可巧听见这件事出来,便坐轿子来求凤姐。凤姐因见他素日不大拿班作势的,便依允了,想了几句话【庚辰侧批:一派心机。】便回王夫人说:"这些小和尚道士万不可打发到别处去,一时娘娘出来就要承应。倘或散了,若再用时,可是又费事。依我的主意,不如将他们竟送到咱们家庙里铁槛寺去,月间不过派一个人拿几两银子去买柴米就完了。说声用,走去叫来,一点儿不费事呢。"王夫人听了,便商之于贾政。贾政听了笑道:"倒是提醒了我,就是这样。"即时唤贾琏来。

当下贾琏正同凤姐吃饭,一闻呼唤,不知何事,放下饭便走。凤姐一把拉住,笑道:"你且站住,听我说话。若是别的事我不管,若是为小和尚们的事,好歹依我这么着。"如此这般教了一套话。贾琏笑道:"我不知道,你有本事你说去。"凤姐听了,把头一梗,把筷子一放,【蒙侧批:活跳。】腮上似笑不笑的瞅着贾琏道:"你当真的,是玩话?"贾琏笑道:"西廊下五嫂子的儿子芸儿来求了我两三遭,【蒙侧批:发人一笑。】要个事情管管。我依了,叫他等着。好容易出来这件事,你又夺了去。"凤姐儿笑道:"你放心。园子东北角子上,娘娘说了,还叫多多的种松柏树,楼底下还叫种些花草。等这件事出来,我管保叫芸儿管这件工程。"贾琏道:"果这样也罢了。只是昨儿晚上,我不过是要改个样儿,你就扭手扭脚的。"【蒙侧批:粗蠢惜景可笑。】【蒙侧批:后将有大观园中一段奇情韵,不得不先为此等丑语一造(?),以作未火先烟之象。】【庚辰侧批:写凤姐风月之文如此,总不脱漏。】凤姐儿听了,嗤的一声笑了,【庚辰侧批:好章法!】向贾琏啐了一口,低下头便吃饭。

贾琏已经笑着去了,到了前面见了贾政,果然是小和尚一事。贾琏便依了凤姐主意,说道:"如今看来,芹儿倒大大的出息了,这件事竟交予他去管办。横竖照在里头的规例,每月叫芹儿支领就是了。"贾政原不大理论这些事,听贾琏如此说,便如此依了。贾琏回到房中告诉凤姐儿,凤姐即命人去告诉了周氏。贾芹便来见贾琏夫妻两个,感谢不尽。凤姐又作情央贾琏先支三个月的,叫他写了领字,贾琏批票画了押,登时发了对牌出去。银库上按数发出三个月的供给来,白花花二三百两。贾芹随手拈一块,撂予掌平的人,叫他们吃茶罢。于是命小厮拿回家,与母亲商议。登时雇了大叫驴,自己骑上,又雇了几辆车,至荣国府角门,唤出二十四个人来,坐上车,一径往城外铁槛寺去了。当下无话。

　　如今且说贾元春,因在宫中自编大观园题咏之后,忽想起那大观园中景致,自己幸过之后,贾政必定敬谨封锁,不敢使人进去骚扰,岂不寥落。况家中现有几个能诗会赋的姊妹,何不命他们进去居住,也不使佳人落魄,花柳无颜。【庚辰侧批:韵人行韵事。】却又想到宝玉自幼在姊妹丛中长大,【蒙侧批:何等精细!】不比别的兄弟,若不命他进去,只怕他冷清了,一时不大畅快,未免贾母王夫人愁虑,须得也命他进园居住方妙。【庚辰眉批:大观园原系十二钗栖止之所,然工程浩大,故借元春之名而起,再用元春之命以安诸艳,不见一丝扭捏。己卯冬夜。】想毕,遂命太监夏守忠到荣国府来下一道谕,命宝钗等只管在园中居住,不可禁约封锢,命宝玉仍随进去读书。

　　贾政,王夫人接了这谕,待夏守忠去后,便来回明贾母,遣人进去各处收拾打扫,安设帘幔床帐。别人听了还自犹可,惟宝玉听了这谕,喜的无可不可。正和贾母盘算,要这个,弄那个,忽见丫鬟来说:"老爷叫宝玉。"【庚辰侧批:多大力量写此句。余亦惊骇,况宝玉乎!回思十二三时,亦曾有是病来。想时不再至,不禁泪下。】宝玉听了,【蒙侧批:大家风范!】好似打了个焦雷,登时扫去兴头,脸上转了颜色,便拉着贾母扭的好似扭股儿糖,杀死不敢去。贾母只得安慰他道:"好宝贝,你只管去,有我呢,他不敢委屈了你。【蒙侧批:写尽祖母溺爱,作后文之本!】况且你又作了那篇好文章。想是娘娘叫你进去住,他吩咐你几句,不过不教你在里头淘气。他说什么,你只好生答应着就是了。"一面安慰,一面唤了两个老嬷嬷来,吩咐:"好生带了宝玉去,别叫他老子唬着他。"老嬷嬷答应了。

　　宝玉只得前去,一步挪不了三寸,蹭到这边来。可巧贾政在王夫人房中商议事情,金钏儿、彩云、彩霞、绣鸾、绣凤等众丫鬟都在廊檐底下站着呢,一见宝玉来,都抿着嘴笑。金钏一把拉住宝玉,【庚辰侧批:有是事,有是人。】悄悄的笑道:"我这嘴上是才擦的香浸胭脂,【庚辰侧批:活像活现。】你这会子可吃不吃了?"彩云一把推开金钏,笑道:"人家正心里不自在,你还奚落他。趁这会子喜欢,快进去罢。"宝玉只得挨进门去。原来贾政和王夫人都在里间呢。赵姨娘打起帘子,宝玉躬身进去。只见贾政和王夫人对面坐在炕上说话,地下一溜椅子,迎春、探春、惜春、贾环四个人都坐在那里。一见他进来,惟有探春和惜春、贾环站了起来。

　　贾政一举目,见宝玉站在跟前,神彩飘逸,秀色夺人,【庚辰侧批:"消气散"用的好。】看看贾环,人物委琐,举止荒疏,忽又想起贾珠来,【庚辰侧批:批至此,几乎失声哭出。】再看看王夫人只有这一个亲生的儿子,素爱如珍,自己的胡须将已苍白:因这几件上,把素日嫌恶处分宝玉之心不觉减了八九。【蒙侧批:为天下年老父母一哭!】半晌说道:"娘娘吩咐说,你日日外头嬉游,渐次疏懒,如今叫禁管,【庚辰眉批:写宝玉可入园,用"禁管"二字,得体理之至。壬午九月。】同你姊妹在园里读书写字。你可好生用心习学,再如不守分安常,你可仔细!"宝玉连连的答应了几个"是"。王夫人便拉他在身旁坐下。【蒙侧批:活现!】他姊弟三人依旧坐下。

　　王夫人摸挲着宝玉的脖项说道:"前儿的丸药都吃完了?"宝玉答道:"还有一丸。"王夫人道:"明儿再取十丸来,天天临睡的时候,叫袭人伏侍你吃了再睡。"宝玉道:"只从太太吩咐了，袭人天天晚上想着，打发我吃。"【庚辰侧批：大家细细听去，活似小儿口气。】贾政问道："袭人是何人？"王夫人道："是个丫头。"贾政道："丫头不管叫个什么罢了，是谁这样刁钻，起这样的名字？"王夫人见贾政不自在了，便替宝玉掩饰道："是老太太起的。"贾政道："老太太如何知道这话，一定是宝玉。"宝玉见瞒不过，只得起身回道："因素日读诗，曾记古人有一句诗云：'花气袭人知昼暖'。因这个丫头姓花，便随口起了这个名字。"王夫人忙又道："宝玉，你回去改了罢。老爷也不用为这小事动气。"贾政道："究竟也无碍，又何用改。【庚辰侧批：几乎改去好名。】只是可见宝玉不务正，专在这些浓词艳赋上作工夫。"说毕，断喝一声：【庚辰侧批：好收拾。】【蒙侧批：严父慈母，其事异，其行则一。】"作业的畜生，还不出去！"王夫人也忙道："去罢，只怕老太太等你吃饭呢。"宝玉答应了，慢慢的退出去，向金钏儿笑着伸伸舌头，带着两个嬷嬷一溜烟去了。

刚至穿堂门前，【庚辰双行夹批：妙！这便是凤姐扫雪拾玉之处，一丝不乱。】只见袭人倚门立在那里【蒙侧批：何等牵连！】，一见宝玉平安回来，堆下笑来问【庚辰侧批：等坏了，愁坏了。所以有"堆下笑来问"之话。】道："叫你作什么？"宝玉告诉他："没有什么，不过怕我进园去淘气，吩咐吩咐。"【就说大话，毕肖之至！】一面说，一面回至贾母跟前，回明原委。只见林黛玉正在那里，宝玉便问他："你住那一处好？"林黛玉正心里盘算这事，【庚辰侧批：颦儿亦有盘算事，拣择清幽处耳，未知择邻否？一笑。】忽见宝玉问他，便笑道："我心里想着潇湘馆好，爱那几竿竹子隐着一道曲栏，比别处更觉幽静。"宝玉听了拍手笑道："正和我的主意一样，我也要叫你住这里呢。我就住怡红院，咱们两个又近，又都清幽。"【庚辰侧批：择邻出于玉兄，所谓真知己。】【蒙侧批：作后文无限章本。】

两人正计较，就有贾政遣人来回贾母说："二月二十二日子好，哥儿姐儿们好搬进去的。这几日内遣人进去分派收拾。"薛宝钗住了蘅芜苑，林黛玉住了潇湘馆，贾迎春住了缀锦楼，探春住了秋爽斋，惜春住了蓼风轩，李氏住了稻香村，宝玉住了怡红院。每一处添两个老嬷嬷，四个丫头，除各人奶娘亲随丫鬟不算外，另有专管收拾打扫的。至二十二日，一齐进去，登时园内花招绣带，柳拂香风，【庚辰双行夹批：八字写得满园之内处处有人，无一处不到。】不似前番那等寂寞了。

闲言少叙。且说宝玉自进花园以来，心满意足，再无别项可生贪求之心。每日只和姊妹丫头们一处，或读书，【庚辰侧批：未必。】或写字，或弹琴下棋，作画吟诗，以至描鸾刺凤，【庚辰侧批：有之。】斗草簪花，低吟悄唱，拆字猜枚，无所不至，倒也十分快乐。他曾有几首即事诗，虽不算好，却倒是真情真景，略记几首云：

春夜即事

霞绡云幄任铺陈，隔巷蟆更听未真。

枕上轻寒窗外雨，眼前春色梦中人。

盈盈烛泪因谁泣，点点花愁为我嗔。

自是小鬟娇懒惯，拥衾不耐笑言频。

夏夜即事

倦绣佳人幽梦长,金笼鹦鹉唤茶汤。

窗明麝月开宫镜,室霭檀云品御香。

琥珀杯倾荷露滑,玻璃槛纳柳风凉。

水亭处处齐纨动,帘卷朱楼罢晚妆。

秋夜即事

绛芸轩里绝喧哗,桂魄流光浸茜纱。

苔锁石纹容睡鹤,井飘桐露湿栖鸦。

抱衾婢至舒金凤,倚槛人归落翠花。

静夜不眠因酒渴,沉烟重拨索烹茶。

冬夜即事

梅魂竹梦已三更,锦罽鹴衾睡未成。

松影一庭惟见鹤,梨花满地不闻莺。

女儿翠袖诗怀冷,公子金貂酒力轻。

却喜侍儿知试茗,扫将新雪及时烹。

【庚辰眉批:四诗作尽安福尊荣之贵介公子也。壬午孟夏。】

因这几首诗,当时有一等势利人,见是荣国府十二三岁的公子作的,抄录出来各处称颂,再有一等轻浮子弟,爱上那风骚妖艳之句,也写在扇头壁上,不时吟哦赏赞。因此竟有人来寻诗觅字、倩画求题的。宝玉亦发得了意,镇日家作这些外务。

谁想静中生烦恼,忽一日不自在起来,这也不好,那也不好,出来进去只是闷闷的。园中那些人多半是女孩儿,正在混沌世界,天真烂漫之时,坐卧不避,嬉笑无心,那里知宝玉此时的心事。那宝玉心内不自在,便懒在园内,只在外头鬼混,却又痴痴的。【庚辰双行夹批:不进园去,真不知何心事。】

茗烟见他这样,因想与他开心,左思右想,皆是宝玉顽烦了的,不能开心,惟有这件,宝玉不曾看见过。【庚辰侧批:书房伴读累累如是,余至今痛恨。】想毕,便走去到书坊内,把那古今小说并那飞燕、合德、武则天、杨贵妃的外传与那传奇角本买了许多来,引宝玉看。宝玉何曾见过这些书,一看见了便如得了珍宝。茗烟嘱咐他不可拿进园去:"若叫人知道了,我就吃不了兜着走呢。"宝玉那里舍的不拿进园去,踟蹰再三,单把那文理细密的拣了几套进去,放在床顶上,无人时自己密看。那粗俗过露的,都藏在外面书房里。

那一日正当三月中浣,早饭后,宝玉携了一套《会真记》,走到沁芳闸桥边桃花底下一块石上坐着,展开《会真记》,从头细玩。正看到"落红成阵",只见一阵风过,把树头上桃花吹下一大半来,【庚辰侧批:好一阵凑趣风。】落的满身满书满地皆是。宝玉要抖将下来,恐怕脚步践踏了,【庚辰双行夹批:情不情。】只得兜了那花瓣,来至池边,抖在池内。那花瓣浮在水面,飘飘荡荡,竟流出沁芳闸去了。

回来只见地下还有许多,宝玉正踟蹰间,只听背后有人说道:"你在这里作什么?"宝玉一回头，却是林黛玉来了，肩上担着花锄，【庚辰侧批：一幅采芝图，非葬花图也。】（黛玉葬花图，经典！）锄上挂着花囊，【蒙侧批：真是韵人韵事！】手内拿着花帚。【庚辰眉批：此图欲画之心久矣，誓不过仙笔不写，恐亵我颦卿故也。己卯冬。】【庚辰眉批：丁亥春间，偶识一浙省新发，其白描美人，真神品物，甚合余意。奈彼因宦缘所缠无暇，且不能久留都下，未几南行矣。余至今耿耿，怅然之至。恨与阿颦结一笔墨缘之难若此！叹叹！丁亥夏。畸笏叟。】宝玉笑道："好，好，来把这个花扫起来，【庚辰侧批：如见如闻。】撂在那水里。我才撂了好些在那里呢。"林黛玉道："撂在水里不好。你看这里的水干净，只一流出去，有人家的地方脏的臭的混倒，仍旧把花遭塌了。那畸角上我有一个花冢，【庚辰侧批：好名色！新奇！葬花亭里埋花人。】如今把他扫了，装在这绢袋里，拿土埋上，日久不过随土化了，【庚辰侧批：宁使香魂随土化。】岂不干净。"【庚辰双行夹批：写黛玉又胜宝玉十倍痴情。】宝玉听了喜不自禁，笑道："待我放下书，帮你来收拾。"【庚辰侧批：顾了这头，忘却那头。】黛玉道："什么书？"宝玉见问，慌的藏之不迭，便说道："不过《中庸》《大学》。"黛玉笑道："你又在我跟前弄鬼。趁早儿给我瞧，好多着呢。"宝玉道："好妹妹，若论你，我是不怕的。你看了，好歹别告诉别人去。真真这是好书！你要看了，连饭也不想吃呢。"一面说，一面递了过去。林黛玉把花具且都放下，接书来瞧，从头看去，越看越爱看，不到一顿饭工夫，将十六出俱已看完，自觉词藻警人，余香满口。① 虽看完了书，却只管出神，心内还默默记诵。

宝玉笑道："妹妹，你说好不好？"林黛玉笑道："果然有趣。"宝玉笑道："我就是个'多愁多病身'，你就是那'倾国倾城貌'。"【庚辰侧批：看官说宝玉忘情有之，若认作有心取笑，则看不得《石头记》。】②林黛玉听了，不觉带腮连耳通红，登时直竖起两道似蹙非蹙的眉，瞪了两只似睁非睁的眼，微腮带怒，薄面含嗔，指宝玉道："你这该死的胡说！好好的把这淫词艳曲弄了来，还学了这些混话来欺负我。我告诉舅舅舅母去。"说到"欺负"两个字上，早又把眼睛圈儿红了，转身就走。【庚辰侧批：唬杀！急杀！】宝玉着了急，向前拦住说道："好妹妹，千万饶我这一遭，原是我说错了。若有心欺负你，明儿我掉在池子里，教个癞头鼋吞了去，变个大忘八，等你明儿做了'一品夫人'病老归西的时候，我往你坟上替你驮一辈子的碑去。"【庚辰侧批：虽是混话一串，却成了最新最奇的妙文。〔此誓新鲜。〕】说的林黛玉"嗤"的一声笑了，【庚辰侧批：看官想用何等话，令黛玉一笑收科？】揉着眼睛，一面笑道："一般也唬的这个调儿，还只管胡说。呸，原来是'苗而不秀，是个银样镴枪头'。"【庚辰侧批：〔更借得妙！〕】宝玉听了，笑道："你这个呢？我也告诉去。"林黛玉笑道："你说你会过目成诵，难道我就不能一目十行么？"③【蒙侧批：儿女情，丝毫无淫念，韵雅直至！】

宝玉一面收书，一面笑道："正经快把花埋了罢，别提那个了。"二人便收拾落花，正才掩埋妥协，只见袭人走来，说道："那里没找到，摸在这里来。那边大老爷身上不好，姑娘们都过去请安，老太太叫打发你去呢。快回去换衣裳去罢。"宝玉听了，忙拿了书，别了黛

---

① "词藻警人，余香满口"，这是语文的人文性。

② 注意这句评语，这是忘情，不是取笑，更不是试探——很多人误读了红楼，误解了宝玉！

③ "过目成诵，一目十行"，这是语文的工具性。

34

玉,同袭人回房换衣不提。【庚辰双行夹批:一语度下。】

　　这里林黛玉见宝玉去了,又听见众姊妹也不在房,自己闷闷的。【庚辰双行夹批:有原故。】正欲回房,刚走到梨香院墙角上,只听墙内笛韵悠扬,歌声婉转。【庚辰侧批:入正文方不牵强。】林黛玉便知是那十二个女孩子演习戏文呢。只是林黛玉(a)素习不大喜看戏文,【庚辰双行夹批:妙法! 必云“不大喜看”。】便不留心,只管往前走。偶然两句吹到耳内,(b)明明白白,一字不落,唱【庚辰双行夹批:却一喜便总不忘,方见契得紧。】道是:“原来姹紫嫣红开遍,似这般都付与断井颓垣。”【庚辰眉批:情小姐故以情小姐词曲警之,恰极当极! 己卯冬。】林黛玉听了,倒也十分(c)感慨缠绵,便止住步侧耳细听,又听唱道是:“良辰美景奈何天,赏心乐事谁家院。”听了这两句,不觉(d)点头自叹,心下自思道:“原来戏上也有好文章。【庚辰侧批:非不及钗,系不曾于杂学上用意也。】可惜世人只知看戏,未必能领略这其中的趣味。”【庚辰侧批:将进门便是知音。】想毕,又后悔不该胡想,耽误了听曲子。又侧耳时,只听唱道:“则为你如花美眷,似水流年……”林黛玉听了这两句,不觉(e)心动神摇。又听道:“你在幽闺自怜”等句,亦发(f)如醉如痴,站立不住,便一蹲身坐在一块山子石上,细嚼“如花美眷,似水流年”八个字的滋味。忽又想起前日见古人诗中有“水流花谢两无情”之句,再又有词中有“流水落花春去也,天上人间”之句,又兼方才所见《西厢记》中“花落水流红,闲愁万种”之句,都一时想起来,凑聚在一处。仔细忖度,不觉(g)心痛神痴,眼中落泪。① 正没个开交,忽觉背上击了一下,及回头看时,原来是——且听下回分解。正是:

　　妆晨绣夜心无矣,对月临风恨有之。

　　【庚辰:前以《会真记》文,后以《牡丹亭》曲,加以有情有景消魂落魄诗词,总是急于令颦儿种病根也。看其一路不迹不离,曲曲折折写来,令观者亦自难持,况瘦怯怯之弱女乎!【蒙回末总评:诗童才女,添大观园之颜色;埋花听曲,写灵慧之悠娴。妒妇主谋,愚夫听命,恶仆殷勤,淫词胎邪。开楞严之密语,闭法戒之真宗,以撞心之言,与石头讲道,悲夫!】

●思考与练习●

　　1.本回主要表现“黛玉之美”,包含了《红楼梦》两个最为经典的画面——“黛玉葬花”和“共读《西厢》”,写一篇 400 字短文,谈谈你的感受。

　　2.阅读“听曲”一段,结合自己平时音乐欣赏的感受,谈谈音乐的境界。

---

　　①　a—g 可以理解为欣赏音乐的七个境界。

4 第二十四回 醉金刚轻财尚义侠 痴女儿遗帕惹相思（节选）

导读

本回写贾芸得到倪二的资助，贿赂王熙凤从而谋得差事，并在宝玉处结识红玉。这一回写三个小人物，贾芸、倪二和小红，这三个人物都是社会底层，他们的故事在后面还有发展。

关于"贾芸求职"，脂砚斋有两句重要评语：一是"金盆虽破分量在"，再一是"孝子可敬"。本回前文有"贾芸认父"一节，贾芸"最伶俐乖觉"，脂砚斋评道："虽是随机而应，伶俐人之语，余却伤心。"夹缝中求生的贾芸，此时尚在苦苦寻求一个"就业机会"。生活如此艰辛，以致让人失去尊严。有人用"虎口谋食"来形容求职之艰难。所幸的是，与贾芹不同，求生的艰难没有磨灭贾芸的善良与仗义，此是后话。

有一个细节在这里说说：卜世仁有个女儿叫"银姐"。这让人明白一个道理——卜世仁变成"不是人"，原因是，他想钱（银子）想疯啦——当一个人掉进钱眼里，这个人就自然变成"不是人"了，可悲可叹啊！

选文

且说贾芸进去见了贾琏，因打听可有什么事情。贾琏告诉他："前儿倒有一件事情出来，偏生你婶子再三求了我，【庚辰侧批：反说体面话，惧内人累累如是。】给了贾芹了①。他许了我，说明儿园里还有几处要栽花木的地方，等这个工程出来，一定给你就是了。"贾芸听了，半晌说道："既是这样，我就等着罢。叔叔也不必先在婶子跟前提我今儿来打听的话，【庚辰侧批：已得了主意了。】到跟前再说也不迟。"贾琏道："提他作什么，【庚辰侧批：已被芸哥瞒过了。】我那里有这些工夫说闲话儿呢。明儿一个五更，还要到兴邑去走一趟，须得当日赶回来才好。你先去等着，后日起更以后你来讨信儿，来早了我不得闲。"说着便回后面换衣服去了。

贾芸出了荣国府回家，一路思量，想出一个主意来，便一径往他母舅卜世仁家来。【庚辰侧批：既云"不是人"，如何肯共事？想芸哥此来空了。】原来卜世仁现开香料铺，方才从铺子里来，忽见贾芸进来，彼此见过了，因问他这早晚什么事跑了来。贾芸道："有件事求舅舅帮衬帮衬。我有一件事，用些冰片麝香使用，好舅舅每样赊四两给我，八月里按数送了银子来"【庚辰双行夹批：甥舅之谈如此，叹叹！】卜世仁冷笑道："再休提赊欠一事。

---

① 就业现状：僧多粥少，竞争激烈。贾府上下几百口人，家务繁杂，各项事务都需要人手照管，给贾氏宗亲创造了诸多"就业机会"。这些像贾芸一样的族人夹缝中求生、境遇卑微。贾府宗亲大多依附在贾府周围，自己或许有一些小产业（比如第九回中提到的贾璜），更多的则是在贾府内寻找执事的机会，再加上时常到贾府请请安，打点秋风，艰难度日。贾府宗亲：以第十三回参加秦可卿葬礼的贾府之外的宗亲为例，人字辈有一人（贾代儒，即贾瑞之祖父），反文字辈有三人（贾敕、贾效、贾敦），玉字辈有六人（贾扁、贾珩、贾珖、贾琛、贾琼、贾璘），草字辈有十三人（贾蔷、贾菖、贾菱、贾芸、贾芹、贾萰、贾萍、贾藻、贾蘅、贾芬、贾菌、贾芝），当然，这些人仅仅是贾氏宗亲的一部分。

【庚辰侧批：何如，何如？余言不谬。】前儿也是我们铺子里一个伙计，替他的亲戚赊了几两银子的货，至今总未还上。因此我们大家赔上，立了合同，再不许替亲友赊欠。谁要赊欠，就要罚他二十两银子的东道。况且如今这个货也短，你就拿现银子到我们这不三不四的铺子里来买，【庚辰侧批：推脱之辞。】也还没有这些，只好倒扁儿去。这是一。二则你那里有正经事，不过赊了去又是胡闹。你只说舅舅见你一遭儿就派你一遭儿不是。你小人儿家很不知好歹，也到底立个主见，赚几个钱，弄得穿是穿吃是吃的，我看着也喜欢。"

　　贾芸笑道："舅舅说的倒干净。我父亲没的时候，我年纪又小，不知事。后来听见我母亲说，都还亏舅舅们在我们家出主意，料理的丧事。难道舅舅就不知道的，还是有一亩地两间房子，如今在我手里花了不成？巧媳妇做不出没米的粥来，叫我怎么样呢？还亏是我呢，要是别个，死皮赖脸三日两头儿来缠着舅舅，【庚辰侧批：芸哥亦善谈，井井有理。】要三升米二升豆子的，【庚辰侧批：余二人亦不曾有是气？】舅舅也就没有法呢。"

　　卜世仁道："我的儿，舅舅要有，还不是该的。我天天和你舅母说，只愁你没算计儿。你但凡立的起来，到你大房里，就是他们爷儿们见不着，便下个气，和他们的管家或者管事的人们嬉和嬉和，【庚辰侧批：可怜可叹，余竟为之一哭。】也弄个事儿管管。前日我出城去，撞见了你们三房里的老四，骑着大叫驴，带着五辆车，有四五十和尚道士，【庚辰双行夹批：妙极！写小人口角，羡慕之言加一倍，毕肖。却又是背面傅粉法。】往家庙去了。他那不亏能干，这事就到他了！"贾芸听他韶刀的不堪，便起身告辞。【庚辰侧批：有志气，有果断。】卜世仁道："怎么急的这样，吃了饭再去罢。"一句未完，只见他娘子说道："你又糊涂了。【庚辰侧批：虽写小人家涩细，一吹一唱，酷肖之至，却是一气逼出，后文方不突然。《石头记》笔仗全在如此样者。】说着没有米，这里买了半斤面来下给你吃，这会子还装胖呢。留下外甥挨饿不成？"卜世仁说："再买半斤来添上就是了。"他娘子便叫女孩儿："银姐，往对门王奶奶家去问，有钱借二三十个，明儿就送过来。"夫妻两个说话，那贾芸早说了几个"不用费事"，去的无影无踪了。【庚辰侧批：有知识有果断人，自是不同。】

　　不言卜家夫妇，且说贾芸赌气离了母舅家门，一径回归旧路，心下正自烦恼，一边想，一边低头只管走，不想一头就碰在一个醉汉身上，把贾芸唬了一跳。【庚　讲　批：自上看来，可是一口气否？】听那醉汉骂道："臊你娘的！瞎了眼睛，碰起我来了。"贾芸忙要躲身，早被那醉汉一把抓住，对面一看，不是别人，却是紧邻倪二。原来这倪二是个泼皮，专放重利债，在赌博场吃闲钱，专管打降吃酒。如今正从欠钱人家索了利钱，吃醉回来，不想被贾芸碰了一头，正没好气，抢拳就要打。【庚辰眉批：这一节对《水浒》杨志卖大刀遇没毛大虫一回看，觉好看多矣。己卯冬夜。脂砚。】只听那人叫道："老二住手！是我冲撞了你。"倪二听见是熟人的语音，将醉眼睁开看时，见是贾芸，忙把手松了，趔趄着笑道：【庚辰侧批：写生之笔。】"原来是贾二爷，【庚辰侧批：如此称呼，可知芸哥素日行止，是"金盆虽破分量在"也。】我该死，我该死。这会子往那里去？"贾芸道："告诉不得你，平白的又讨了个没趣儿。"【庚辰侧批：本无心之谈也。】倪二道："不妨不妨，【庚辰侧批：如闻。】有什么不平的事，告诉我，替你出气。【庚辰侧批：写得酷肖，总是渐次逼出，不见一丝勉强。】这三街六巷，凭他是谁，有人得罪了我醉金刚倪二的街坊，管叫他人离家散！"贾芸道："老二,你且别气,听我告诉你这原故。"【庚辰侧批:可是一顺而来?】说着,便把卜世仁一段事告诉了倪二。倪二听了大怒,"要不是令舅,我便骂不出好话来,【庚辰侧批:仗义人岂有不知礼者乎? 何尝是破落户? 冤杀金刚了。】真真气死我倪二。也罢,你也不用愁烦,我这里现有几两银子,你若用什么,只管拿去买办。但只一件,你我作了这些年的街坊,我在外头有名放账,你却从没有和我张过口。也不知你厌恶我是个泼皮,【庚辰侧批:知己知彼之话。】怕低了你的身分;也不知是你怕我难缠,利钱重? 若说怕利钱重,这银子我是不要利钱的,也不用写文约;若说怕低了你的身分,【庚辰侧批:知己知彼之话。】我就不敢借给你了,各自走开。"一面说,一面果然从搭包里掏出一卷银子来。

贾芸心下自思:"素日倪二虽然是泼皮无赖,却因人而使,【庚辰侧批:四字是评,难得难得,非豪杰不可当。】颇颇的有义侠之名。若今日不领他这情,怕他臊了,倒恐生事。不如借了他的,改日加倍还他也倒罢了。"想毕笑道:"老二,你果然是个好汉,我何曾不想着你,和你张口。但只是我见你所相与交结的,都是些有胆量的有作为的人,似我们这等无能无力的你倒不理。【庚辰侧批:芸哥亦善谈,好口齿。】我若和你张口,你岂肯借给我。今日既蒙高情,我怎敢不领,回家按例写了文约过来便是了。"倪二大笑道:"好会说话的人。我却听不上这话。【庚辰侧批:"光棍眼内揉不下沙子"是也。】既说'相与交结'四个字,如何放账给他,使的利钱!【庚辰侧批:如今不单是亲友言利,不但亲友,即闺阁中亦然。不但生意新发户,即大户旧族颇颇有之。】既把银子借与他,图他的利钱,便不是相与交结了。闲话也不必讲。既肯青目,这是十五两三钱有零的银子,便拿去治买东西。你要写什么文契,趁早把银子还我,让我放给那些有指望的人使去。"【庚辰侧批:爽快人,爽快语。】贾芸听了,一面接了银子,一面笑道:"我便不写罢了,有何着急的。"倪二笑道:"这不是话。天气黑了,也不让茶让酒,我还到那边有点事情去,你竟请回去。我还求你带个信儿与舍下,叫他们早些关门睡罢,我不回家去了,倘或有要紧事儿,叫我们女儿明儿一早到马贩子王短腿家【庚辰侧批:常起坐处人,毕真。】来找我。"一面说,一面趔趄着脚儿去了,【庚辰侧批:仍应前。】不在话下。【庚辰眉批:读阅"醉金刚"一回,务吃刘铉丹家山楂丸一付,一笑。余卅年来得遇金刚之样人不少,不及金刚者亦不少,惜书上不便历历注上芳讳,是余不是心事也。壬午孟夏。】

且说贾芸偶然碰了这件事,心中也十分罕希,想那倪二倒果然有些意思,只是还怕他一时醉中慷慨,到明日加倍的要起来,便怎处,心内犹豫不决。【庚辰侧批:芸哥实怕倪二,并非以小人之心度君子也。】忽又想道:"不妨,等那件事成了,也可加倍还他。"想毕,一直走到个钱铺里,将那银子称一称,十五两三钱四分二厘。贾芸见倪二不撒谎,心下越发欢喜,收了银子,来至家门,先到隔壁将倪二的信捎了与他娘子知道,方回家来。见他母亲自在炕上拈线,见他进来,便问那去了一日。贾芸恐他母亲生气,便不说起卜世仁的事来,【庚辰侧批:孝子可敬。此人后来荣府事败,必有一番作为。】①【该批:果然。】只说在西府里等琏二叔的,问他母亲吃了饭不曾。他母亲已吃过了,说留的饭在那里。小丫头子拿过来与他吃。

---

① 注意脂砚斋的这则评语——"孝子可敬",这是贾芸求职成功的关键。

　　那天已是掌灯时候，贾芸吃了饭收拾歇息，一宿无话。次日一早起来，洗了脸，便出南门，大香铺里买了冰、麝，便往荣国府来。打听贾琏出了门，贾芸便往后面来。

　　到贾琏院门前，只见几个小厮拿着大高笤帚在那里扫院子呢。忽见周瑞家的从门里出来叫小厮们：“先别扫，奶奶出来了。”贾芸忙上前笑问：“二婶婶那去？”周瑞家的道：“老太太叫，想必是裁什么尺头。”正说着，只见一群人簇着凤姐出来了。【庚辰侧批：当家人有是派头。】贾芸深知凤姐是喜奉承尚排场的，【庚辰侧批：那一个不喜奉承？】忙把手逼着，恭恭敬敬抢上来请安。凤姐连正眼也不看，仍往前走着，只问他母亲好，“怎么不来我们这里逛逛？”贾芸道：“只是身上不大好，倒时常记挂着婶子，要来瞧瞧，又不能来。”凤姐笑道：“可是会撒谎，不是我提起他来，你就不说他想我了。”贾芸笑道：“侄儿不怕雷打了，就敢在长辈前撒谎。昨儿晚上还提起婶子来，说婶子身子生的单弱，事情又多，亏婶子好大精神，竟料理的周周全全，要是差一点儿的，早累的不知怎么样呢。”【庚辰眉批：自往卜世仁处去已安排下的。芸哥可用。己卯冬夜。】

　　凤姐听了满脸是笑，不由的便止了步，问道：“怎么好好的你娘儿们在背地里嚼起我来？”【庚辰侧批：过下无痕，天然而来文字。】贾芸道：“有个原故，【庚辰侧批：接得如何？】只因我有个朋友，家里有几个钱，现开香铺。只因他身上捐着个通判，前儿选了云南不知那一处，【庚辰侧批：随口语，极妙！】连家眷一齐去，把这香铺也不在这里开了。便把账物攒了一攒，该给人的给人，该贱发的贱发了，【蒙侧批：世法人情，随便招来，皆是奇妙文章。】象这细贵的货，都分着送与亲朋。他就一共送了我些冰片，麝香。我就和我母亲商量，【庚辰侧批：像得紧，何尝撒谎？】若要转买，不但卖不出原价来，而且谁家拿这些银子买这个作什么，便是很有钱的大家子，也不过使个几分几钱就挺折腰了，若说送人，也没个人配使这些，【蒙侧批：作者是何神圣，具此等大光明眼，无微不照？】倒叫他一文不值半文转卖了。因此我就想起婶子来。往年间我还见婶子大包的银子买这些东西呢，别说今年贵妃宫中，就是这个端阳节下，不用说这些香料自然是比往常加上十倍去的。因此想来想去，只孝顺婶子一个人才合式，方不算糟蹋这东西。”一边说，一边将一个锦匣举起来。

　　凤姐正是要办端阳的节礼，采买香料药饵的时节，忽见贾芸如此一来，听这一篇话，心下又是得意又是欢喜，便命：“丰儿接过芸哥儿的来，【庚辰侧批：像个婶子口气，好看杀！】送了家去，交给平儿。”因又说道：“看着你这样知好歹，怪道你叔叔常提你，说你说话儿也明白，心里有见识。”【庚辰双行夹批：看官须记，凤姐所喜者是奉承之言，打动了心，不是见物而欢喜，若说是见物而喜，便不是阿凤矣。】贾芸听这话入了港，便打进一步来，故意问道：“原来叔叔也曾提我的？”凤姐见问，才要告诉他与他管事情的那话，便忙又止住，心下想道：【庚辰侧批：的是阿凤行事心机笔意。】“我如今要告诉他那话，倒叫他看着我见不得东西似的，为得了这点子香，就混许他管事了。今儿先别提起这事。”想毕，便把派他监种花木工程的事都隐瞒的一字不提，随口说了两句淡话，便往贾母那里去了。贾芸也不好提的，只得回来。

　　……

那贾芸一径回家。至次日来至大门前,可巧遇见凤姐往那边去请安,才上了车,见贾芸来,便命人唤住,隔窗子笑道:"芸儿,你竟有胆子在我的跟前弄鬼。【庚讲批:也作得不像撒谎,用心机人可怕是此等处。】道你送东西给我,原来你有事求我。昨儿你叔叔才告诉我说你求他。"贾芸笑道:"求叔叔这事,婶子休提,我昨儿正后悔呢。早知这样,我竟一起头求婶子,这会子也早完了。谁承望叔叔竟不能的。"凤姐笑道:"怪道你那里没成儿,昨儿又来寻我。"贾芸道:"婶子辜负了我的孝心,我并没有这个意思。若有这个意思,昨儿还不求婶子。如今婶子既知道了,我倒要把叔叔丢下,少不得求婶子好歹疼我一点儿。"凤姐冷笑道:"你们要拣远路儿走,叫我也难说。【庚辰侧批:曹操语。】早告诉我一声儿,有什么不成的,多大点子事,耽误到这会子。那园子里还要种花,我只想不出一个人来,你早来不早完了。"贾芸笑道:"既这样,婶子明儿就派我罢。"凤姐半晌道:"这个我看着不大好。【庚辰侧批:又一折。】等明年正月里烟火灯烛那个大宗儿下来,再派你罢。"贾芸道:"好婶子,先把这个派了我罢。果然这个办的好,再派我那个。"凤姐笑道:"你倒会拉长线儿。罢了,要不是你叔叔说,我不管你的事。【庚辰侧批:总不认受冰、麝贿。】我也不过吃了饭就过来,你到午错的时候来领银子①,后儿就进去种树。"说毕,令人驾起香车,一径去了。

● **思考与练习** ●

1.《红楼梦》对小人物的刻画精妙绝伦,以本回的卜世仁为例,庚辰侧批:既云"不是人",如何肯共事? 想芸哥此来空了。请你谈谈对这一人物形象的理解。

2."世事洞明皆学问,人情练达即文章",请从这个角度谈谈本文对贾芸的人性刻画。

5 第三十回　宝钗借扇机带双敲　龄官划蔷痴及局外(节选)

导读

本回先写宝玉向黛玉道歉,二人和好,宝钗受二人嘲弄而失态;再写宝玉与金钏调情,王夫人将金钏撵出;最后写宝玉见龄官在地上画"蔷"字,遭雨淋回去后又误踢了袭人。标题可以称为"一个(贾宝玉)与五个(黛玉、宝钗、金钏、龄官、袭人)",分别写出情圣宝玉"女儿观"("女儿观"宣言:"女儿是水作的骨肉,男人是泥作的骨肉。我见个女儿,我便清爽。见了男人,便觉浊臭逼人。")的几个不同层次。

---

① 　贾芸从凤姐处谋得差事,并预领了二百两银子,但只花了五十两去买树,再花几两银子雇人挖坑。也就是说,五十多两就可以将大观园的二期绿化工程拿下。当然,贾芸马上把所借的二十两银子还给倪二。这一次贾芸赚了多少呢? 这还要参照当时的物价水平。让我们看看第三十九回刘姥姥算的一笔螃蟹账吧,刘姥姥算下来这次螃蟹宴大概花了二十多两银子,在她看来,"这一顿的钱够我们庄家人过一年了"。这样我们就不难推算这次贾芸赚了多少。

阅读"龄官划蔷"一节的关键是这句原文:"只见这女孩子眉蹙春山,眼颦秋水,面薄腰纤,袅袅婷婷,大有林黛玉之态。"所以"龄官划蔷"体现了情圣贾宝玉女儿观的最高境界——"情不情"。这样,读者对这一节印象特别深刻,也不乏有人对龄官喜爱有加,"龄官的结局之谜"自然就成为人们关注的重点。

脂砚斋说:"袭为钗副,晴有林风。"这句话对我们理解龄官这一类小人物很有帮助。

选文

林黛玉听见宝玉奚落宝钗,心中着实得意,才要搭言也趁势儿取个笑,不想靛儿因找扇子,宝钗又发了两句话,他便改口笑道:"宝姐姐,你听了两出什么戏?"宝钗因见林黛玉面上有得意之态,一定是听了宝玉方才奚落之言,遂了他的心愿,忽又见问他这话,便笑道:"我看的是李逵骂了宋江,后来又赔不是。"宝玉便笑道:"姐姐通今博古,色色都知道,怎么连这一出戏的名字也不知道,就说了这么一串子。这叫《负荆请罪》。"宝钗笑道:"原来这叫作《负荆请罪》! 你们通今博古,才知道'负荆请罪',我不知道什么是'负荆请罪'!"一句话还未说完,宝玉、林黛玉二人心里有病,听了这话早把脸羞红了。凤姐于这些上虽不通达,但只见他三人形景,便知其意,便也笑着问人道:"你们大暑天,谁还吃生姜呢?"众人不解其意,便说道:"没有吃生姜。"凤姐故意用手摸着腮,诧异道:"既没人吃生姜,怎么这么辣辣的?"宝玉、黛玉二人听见这话,越发不好过了。宝钗再要说话,见宝玉十分讨愧,形景改变,也就不好再说,只得一笑收住。别人总未解得他四个人的言语,因此付之流水。

一时宝钗、凤姐去了,林黛玉笑向宝玉道:"你也试着比我利害的人了。谁都像我心拙口笨的,由着人说呢。"宝玉正因宝钗多了心,自己没趣,又见林黛玉来问着他,越发没好气起来。待要说两句,又恐林黛玉多心,说不得忍着气,无精打采一直出来。①

谁知目今盛暑之时,又当早饭已过,各处主仆人等多半都因日长神倦之时,宝玉背着手,到一处,一处鸦雀无闻。从贾母这里出来,往西走过了穿堂,便是凤姐的院落。到他们院门前,只见院门掩着。知道凤姐素日的规矩,每到天热,午间要歇一个时辰的,进去不便,遂进角门,来到王夫人上房内。只见几个丫头子手里拿着针线,却打盹儿呢。王夫人在里间凉榻上睡着,金钏儿坐在旁边捶腿,也乜斜着眼乱恍。

宝玉轻轻的走到跟前,把他耳上带的坠子一摘,金钏儿睁开眼,见是宝玉。宝玉悄悄的笑道:"就困的这么着?"金钏抿嘴一笑,摆手令他出去,仍合上眼。宝玉见了他,就有些恋恋不舍的,悄悄的探头瞧瞧王夫人合着眼,便自己向身边荷包里带的香雪润津丹掏了出来,便向金钏儿口里一送。金钏儿并不睁眼,只管嘬了。宝玉上来便拉着手,悄悄的笑道:"我明日和太太讨你,咱们在一处罢。"金钏儿不答。宝玉又道:"不然,等太太醒了我就讨。"金钏儿睁开眼,将宝玉一推,笑道:"你忙什么! '金簪子掉在井里头,有你的只是有你的'②,连这句话语难道也不明白? 我倒告诉你个巧宗儿,你往东小院子里拿环哥儿

---

① 宝黛二人吵架自然是棋逢对手、将遇良才。只可怜贾宝玉遭了殃,身处夹缝,左右不是。

② 一语成谶。

同彩云去。"宝玉笑道:"凭他怎么去罢,我只守着你。"只见王夫人翻身起来,照金钏儿脸上就打了个嘴巴子,指着骂道:"下作小娼妇,好好的爷们,都叫你教坏了。"宝玉见王夫人起来,早一溜烟去了。这里金钏儿半边脸火热,一声不敢言语。登时众丫头听见王夫人醒了,都忙进来。王夫人便叫玉钏儿:"把你妈叫来,带出你姐姐去。"金钏儿听说,忙跪下哭道:"我再不敢了。太太要打骂,只管发落,别叫我出去就是天恩了。我跟了太太十来年,这会子撵出去,我还见人不见人呢!"王夫人固然是个宽仁慈厚的人,从来不曾打过丫头们一下,今忽见金钏儿行此无耻之事,此乃平生最恨者,故气忿不过,打了一下,骂了几句。虽金钏儿苦求,亦不肯收留,到底唤了金钏儿之母白老媳妇来领了下去。那金钏儿含羞忍辱的出去,不在话下。①

且说那宝玉见王夫人醒来,自己没趣,忙进大观园来。只见赤日当空,树阴合地,满耳蝉声,静无人语。刚到了蔷薇花架,只听有人哽噎之声。宝玉心中疑惑,便站住细听,果然架下那边有人。如今五月之际,那蔷薇正是花叶茂盛之际,宝玉便悄悄的隔着篱笆洞儿一看,只见一个女孩子蹲在花下,手里拿着根绾头的簪子在地下抠土,一面悄悄的流泪。宝玉心中想道:"难道这也是个痴丫头,又象颦儿来葬花不成?"②因又自叹道:"若真也葬花,可谓'东施效颦',不但不为新特,且更可厌了。"想毕,便要叫那女子,说:"你不用跟着那林姑娘学了。"话未出口,幸而再看时,这女孩子面生,不是个侍儿,倒象是那十二个学戏的女孩子之内的,却辨不出他是生旦净丑那一个角色来。宝玉忙把舌头一伸,将口掩住,自己想道:"幸而不曾造次。上两次皆因造次了,颦儿也生气,宝儿也多心,如今再得罪了他们,越发没意思了。"

一面想,一面又恨认不得这个是谁。再留神细看,只见这女孩子眉蹙春山,眼颦秋水,面薄腰纤,袅袅婷婷,大有林黛玉之态。③ 宝玉早又不忍弃他而去,只管痴看。只见他虽然用金簪划地,并不是掘土埋花,竟是向土上画字。宝玉用眼随着簪子的起落,一直一画一点一勾的看了去,数一数,十八笔。自己又在手心里用指头按着他方才下笔的规矩写了,猜是个什么字。写成一想,原来就是个蔷薇花的"蔷"字。宝玉想道:"必定是他也要作诗填词。这会子见了这花,因有所感,或者偶成了两句,一时兴至恐忘,在地下画着推敲,也未可知。且看他底下再写什么。"一面想,一面又看,只见那女孩子还在那里画呢,画来画去,还是个"蔷"字。再看,还是个"蔷"字。里面的原是早已痴了,画完一个又画一个,已经画了有几千个"蔷"。外面的不觉也看痴了,两个眼睛珠儿只管随着簪子动,心里却想:"这女孩子一定有什么话说不出来的大心事,才这样个形景。外面既是这个形景,心里不知怎么熬煎。看他的模样儿这般单薄,心里那里还搁的住熬煎。可恨我不能替你分些过来。"④

伏中阴晴不定,片云可以致雨,忽一阵凉风过了,唰唰的落下一阵雨来。宝玉看着那

---

① 不好!金钏儿这女孩儿最后竟然跳井而亡,还引出很多故事——被贾环污为"奸淫母婢"导致宝玉挨打;在王熙凤生日这一天,宝玉素服出城,在古井栏上祭奠的,应该就是金钏儿……
② 再次出现"黛玉葬花"。
③ 注意,龄官像黛玉。
④ "情不情"。

女子头上滴下水来,纱衣裳登时湿了。宝玉想道:"这时下雨。他这个身子,如何禁得骤雨一激!"因此禁不住便说道:"不用写了。你看下大雨,身上都湿了。"那女孩子听说倒唬了一跳,抬头一看,只见花外一个人叫他不要写了,下大雨了。一则宝玉脸面俊秀;二则花叶繁茂,上下俱被枝叶隐住,刚露着半边脸,那女孩子只当是个丫头,再不想是宝玉,因笑道:"多谢姐姐提醒了我。难道姐姐在外头有什么遮雨的?"一句提醒了宝玉,"嗳哟"了一声,才觉得浑身冰凉。低头一看,自己身上也都湿了。说声"不好",只得一气跑回怡红院去了,心里却还记挂着那女孩子没处避雨。①

●思考与练习●

1."只见这女孩子眉蹙春山,眼颦秋水,面薄腰纤,袅袅婷婷,大有林黛玉之态。"龄官像林黛玉,你能否在《红楼梦》中找到关于龄官的故事?

2.猜猜龄官的结局。

人文拓展:《红楼梦》导读

任务 1.4 博学广闻:时文精粹

学习目标

1.紧跟时代,博采众长,阅读经典书目以提高个人素养,阅读学术书目以提高理论水平。

2.克服功利阅读,享受阅读过程,广泛阅读各种书目,人的眼光自然而然会开阔,人生道路也会越走越顺畅。

3.多阅读,多思考,提倡深度阅读;凡有所学,皆成性格,变被动阅读为主动阅读。

---

① 宝玉这个人,做事"无事忙",用情"情不情"!"都云作者痴"啊!

1　一个国家、一个民族不能没有灵魂(习近平)

　　这是习近平总书记 2019 年 3 月 4 日在参加全国政协十三届二次会议文化艺术界、社会科学界委员联组会时的讲话。

选文

　　二〇一八年是极不平凡的一年。在实现"两个一百年"奋斗目标的道路上,我们满怀信心、坚定前行,很辛苦、也很充实,有付出、更有收获。中共中央团结带领全党全国各族人民,坚持稳中求进工作总基调,我国经济增长保持在合理区间,社会大局保持稳定,人民群众获得感、幸福感、安全感持续增强,实现了贯彻落实中共十九大精神开门红。我们隆重庆祝改革开放 40 周年,这是一个伟大的历史时期,在中国几千年的历史上,改革开放 40 年、中华人民共和国成立 70 年,这都是伟大的。总结改革开放伟大成就、宝贵经验,坚定不移全面深化改革开放,全党全国各族人民推进改革开放的决心信心更加坚定。这些成绩来之不易,是中共中央坚强领导的结果,是全国各族人民团结奋斗的结果,也凝结着包括在座各位同志在内的广大政协委员的心血和智慧。

　　党中央一直高度重视文化文艺事业、哲学社会科学事业。2014 年 10 月、2016 年 5 月,我分别主持召开文艺工作座谈会、哲学社会科学工作座谈会并作了讲话。几年来,文化艺术界、社会科学界增强"四个意识"、坚定"四个自信"、做到"两个维护",紧紧围绕举旗帜、聚民心、育新人、兴文化、展形象的使命任务,在正本清源上展现新担当,在守正创新上实现新作为,马克思主义指导地位更加巩固,为人民创作的导向更加鲜明,文化文艺创作生产质量不断提升,中国特色哲学社会科学建设加快推进,取得了显著成绩。正本清源、守正创新,一个国家、一个民族不能没有灵魂,作为精神事业,文化文艺、哲学社会科学当然就是一个灵魂的创作,一是不能没有,一是不能混乱。

　　文化艺术界、社会科学界的政协委员做了大量工作,围绕培育和践行社会主义核心价值观、坚定文化自信讲好中国故事、推动社会主义文艺繁荣发展、完善公共文化服务体系、营造风清气正网络空间等协商议政。2018 年,就弘扬劳模精神和工匠精神、加强红色资源保护和利用、推动文化创意产业发展等调研建言,对促进科学决策、有效施政发挥了重要作用。

　　总的看,过去几年,文化艺术界、社会科学界明方向、正导向,转作风、树新风,出精品、育人才,事业发展欣欣向荣,队伍面貌焕然一新。

　　文化文艺工作、哲学社会科学工作在党和国家全局工作中居于十分重要的地位,在新时代坚持和发展中国特色社会主义中具有十分重要的作用。在去年召开的全国宣传思想工作会议上,我对做好新形势下文化文艺工作、哲学社会科学工作提出了要求。借这个机会,再讲几点意见。

第一,希望大家坚持与时代同步伐。古人讲:"文章合为时而著,歌诗合为事而作。"所谓"为时"、"为事",就是要发时代之先声,在时代发展中有所作为。去年,我们隆重庆祝改革开放40周年,表彰了100名改革先锋,其中就有许多作家艺术家、社会科学家,像李谷一、李雪健、施光南、蒋子龙、谢晋、路遥、樊锦诗、厉以宁、林毅夫、王家福、胡福明、许崇德、杜润生、郑德荣等,他们都是紧跟时代、奉献时代的优秀代表。

中国特色社会主义进入了新时代,新时代呼唤着杰出的文学家、艺术家、理论家,文艺创作、学术创新拥有无比广阔的空间。希望大家坚定文化自信,把握时代脉搏,聆听时代声音,承担记录新时代、书写新时代、讴歌新时代的使命,勇于回答时代课题,从当代中国的伟大创造中发现创作的主题、捕捉创新的灵感,深刻反映我们这个时代的历史巨变,描绘我们这个时代的精神图谱,为时代画像、为时代立传、为时代明德。

第二,希望大家坚持以人民为中心。人民是历史的创造者。一切成就都归功于人民,一切荣耀都归属于人民。面向未来,要战胜前进道路上的种种风险挑战,顺利实现中共十九大描绘的宏伟蓝图,必须紧紧依靠人民。正所谓"大鹏之动,非一羽之轻也;骐骥之速,非一足之力也"。中国要飞得高、跑得快,就得汇集和激发近14亿人民的磅礴力量。

文学艺术创造、哲学社会科学研究首先要搞清楚为谁创作、为谁立言的问题,这是一个根本问题。人民是创作的源头活水,只有扎根人民,创作才能获得取之不尽、用之不竭的源泉。文化文艺工作者要跳出"身边的小小的悲欢",走进实践深处,观照人民生活,表达人民心声,用心用情用功抒写人民、描绘人民、歌唱人民。哲学社会科学工作者要走出象牙塔,多到实地调查研究,了解百姓生活状况,把握群众思想脉搏,着眼群众需要解疑释惑、阐明道理,把学问写进群众心坎里。哲学社会科学包括文化文艺不接地气不行,要解释现实的社会问题,开什么处方治什么病,首先要把是什么病搞清楚。要把好脉,中国身体怎么样,如果有病是什么病,用什么药来治,对这心里要透亮透亮的。号脉都号不清楚,那治什么病?

第三,希望大家坚持以精品奉献人民。大师、大家,不是说有大派头,而是说要有大作品。我们提到老子、孔子、孟子,想到的是《道德经》、《论语》、《孟子》;提起陶渊明、李白、杜甫,想到的是他们的千古名篇;说到柏拉图、莎士比亚、亚当·斯密,想到的也是他们的《理想国》、《哈姆雷特》、《国富论》。如果不把心思和精力放在创作精品上,只想着走捷径、搞速成,是成不了大师、成不了大家的。我在文艺工作座谈会上也说过,没有优秀作品,其他事情搞得再热闹、再花哨,那也只是表面文章、过眼烟云。

一切有价值、有意义的文艺创作和学术研究,都应该反映现实、观照现实,都应该有利于解决现实问题、回答现实课题。希望大家立足中国现实,植根中国大地,把当代中国发展进步和当代中国人精彩生活表现好展示好,把中国精神、中国价值、中国力量阐释好。原创性是好作品的标志。文艺创作要以扎根本土、深植时代为基础,在观念和手段结合上、内容和形式融合上进行深度创新,提高作品的精神高度、文化内涵、艺术价值。哲学社会科学研究要立足中国特色社会主义伟大实践,提出具有自主性、独创性的理论观点,构建中国特色学科体系、学术体系、话语体系。去年,我在全国宣传思想工作会议上强调要增强"脚力、眼力、脑力、笔力",这也是创作精品力作的前提和基础。希望文化艺术界、社会科学界的委员带好头、作表率。除了天赋以外,确实要去积累、去挖掘,很多事情都是在细节,演电影、写小说都是细节,细节感人,细节要真实,而真实要去挖掘。

第四,希望大家坚持用明德引领风尚。《左传》讲"太上有立德,其次有立功,其次有立言",立德是最高的境界。文化文艺工作者、哲学社会科学工作者都肩负着启迪思想、陶冶情操、温润心灵的重要职责,承担着以文化人、以文育人、以文培元的使命。大家社会影响力大,理应以高远志向、良好品德、高尚情操为社会作出表率。

明明德,首先要明大德、立大德。新时代的文化文艺工作者、哲学社会科学工作者明大德、立大德,就要有信仰、有情怀、有担当,树立高远的理想追求和深沉的家国情怀,把个人的艺术追求、学术理想同国家前途、民族命运紧紧结合在一起,同人民福祉紧紧结合在一起,努力做对国家、对民族、对人民有贡献的艺术家和学问家。要坚守高尚职业道德,多下苦功、多练真功,做到勤业精业。要自觉践行社会主义核心价值观,在市场经济大潮面前自尊自重、自珍自爱,讲品位、讲格调、讲责任,抵制低俗庸俗媚俗。良好职业道德体现在执着坚守上,要有"望尽天涯路"的追求,耐得住"昨夜西风凋碧树"的清冷和"独上高楼"的寂寞,最后达到"蓦然回首,那人却在,灯火阑珊处"的领悟。

今年是新中国成立70周年。70年砥砺奋进,我们的国家发生了天翻地覆的变化,中华民族迎来了从站起来、富起来到强起来的伟大飞跃。无论是在中华民族历史上,还是在世界历史上,这都是一部感天动地的奋斗史诗。希望大家深刻反映70年来党和人民的奋斗实践,深刻解读新中国70年历史性变革中所蕴藏的内在逻辑,讲清楚历史性成就背后的中国特色社会主义道路、理论、制度、文化优势,更好用中国理论解读中国实践,为党和人民继续前进提供强大精神激励。

去年底,我在全国政协新年茶话会上强调,人心是最大的政治,共识是奋进的动力。实现"两个一百年"奋斗目标、实现中华民族伟大复兴的中国梦,需要汇聚全民族的智慧和力量,需要广泛凝聚共识、不断增进团结。我们要准确把握人民政协的性质定位,聚焦党和国家中心任务履职尽责,加强和改进政协民主监督工作,广泛凝聚实现中华民族伟大复兴的正能量。希望各位政协委员不断提高自身素质和能力,在方方面面都发挥带头作用,做到不负重托、不辱使命。

(选自习近平《论党的宣传思想工作》第365页至371页,中央文献出版社出版发行,2020年11月第1版。)

●思考与练习●

1."习语金句":人心是最大的政治,共识是奋进的动力。请模仿例句,再找出五则"习语金句"。

2."大师、大家,不是说有大派头,而是说要有大作品。"请选读以下经典:《道德经》《论语》《孟子》《理想国》《哈姆雷特》《国富论》。

2　幸福_(威廉·巴克莱)

导读

　　威廉·巴克莱(William Barclay 1907—1978):英国爱尔兰著名圣经注释学家、希腊文专家,曾担任过英国格拉斯哥大学神学院院长,同时兼任学院诗班指挥。失聪多年,靠助听器来助听,但仍坚持创作。其让新旧约以更加通俗易懂的方式走入人们的视线,融入生活,在欧美曾经风行一时。其最为著名的代表作是《花香满径》,其中《幸福》一文是《花香满径》中的第一篇。他主要撰写跟宗教有关的文字和专文。其写作风格:言简意赅;把对宗教文化的理解,用深入浅出的文字形式表达出来,给读者以高品质的精神享受。

　　感悟:幸福是我们每个人一生的追求,这则物语告诉我们希望是土里的种子,是黑夜里的光亮,是冬日里的期盼,是沙漠里的绿洲。再者,工作着的人最幸福。无事最容易生非,生活中清闲的时间越多,生命潜伏的危机越大。丘吉尔也说过:"一个人最大的幸福,就是在他最热爱的工作上充分施展自己的才华。"在你自己挑选的位置上勤奋工作,总能保持一种健旺的精神。正像劳累一天带来愉快的睡眠一样,勤劳的生命带来愉快的生活,那样的生命长久不衰,像一棵富有韧性的常春藤。一个人为事业而思考、行动,他会获得忙碌的快意和收获的喜悦。点点滴滴的才华都在一天天开花、结果,这种幸福感绵绵不绝。

　　胸中有希望,手中有事做,心中有他人,一、二、三,幸福其实很简单。

选文

　　幸福的生活有三个不可或缺的因素:

　　一是有希望。

　　二是有事做。

　　三是能爱人。

有希望

　　亚历山大大帝有一次大送礼物,表示他的慷慨。他给了甲一大笔钱,给了乙一个省份,给了丙一个高官,他的朋友听到这件事后,对他说:"你要是一直这样做下去,你自己会一贫如洗。"亚历山大回答说:"我哪会一贫如洗,我为我自己留下的是一份最伟大的礼物。我所留下的是我的希望。"

　　一个要是只生活在回忆中,却失去了希望,他的生命已经开始终结。回忆不能鼓舞我们有力地生活下去,回忆只能让我们逃避,好像囚犯逃出监狱。

有事做

　　一个英国老妇人,在她重病自知时日不多的时候,写下了如下的诗句:

　　现在别怜悯我,永远也不要怜悯我,

　　我将不再工作,永远永远不再工作。

　　很多人都有过失业或者没事做的时候,他就会觉得日子过得很慢,生活十分空虚。

有过这种经验的人都会知道,有事做不是不幸,而是一种幸福。

能爱人

诗人白朗宁曾写道:"他望了她一眼,她对他回眸一笑,生命突然苏醒。"生命中有了爱,我们就会变得焕发、谦卑、有生气,新的希望油然而生,仿佛有千百件事等着我们去完成。有了爱,生命就有了春天,世界也变得万紫千红。

最完美的祷告应该是:"主啊,求你让我有力量去帮助别人。"

●思考与练习●

1.谈谈你对幸福的理解。

2.同题作文:幸福。(模仿选文,字数 500 左右)

3　神位　官位　心位（史铁生）

导读

作家余华说过,所谓高尚,指的不是高贵,而是对苦难的超越。就个人命运而言史铁生苦难深重,但他终于理解了苦难,超越了苦难。指引他完成这一转变的是他对"神"的信仰,即一种在苦难时面向神秘、面向绝对价值(广博之爱)永远祈盼、永远追求、永不放弃的精神,史铁生称之为"宗教精神"。面对这样一个有信仰的人、一个高尚的人、一个纯粹的人,我们感到无比沉重、无限敬仰、无法释怀。

2010 年的最后一天,这个人已经再也不需要轮椅,离我们远行……

选文

有好心人劝我去庙里烧烧香,拜拜佛,许个愿,说那样的话佛就会救我,我的两条业已作废的腿就又可能用于走路了。

我说:"我不信。"

好心人说:"你怎么还不信哪?"

我说:"我不相信佛也是这么跟个贪官似的,你给他上供他就给你好处。"

好心人说:"哎哟,你还敢这么说哪!"

我说:"有什么不敢? 佛总不能也是'顺我者昌,逆我者亡'吧?"

好心人说:"哎哟哎哟,你呀,腿还想不想好哇?"

我说:"当然想。不过,要是佛太忙一时顾不上我,就等他有工夫再说吧,要是佛心也存邪念,至少咱们就别再犯一个拉佛下水的罪行。"

好心人苦笑,良久默然,必是惊讶着我的执迷不悟,痛惜着我的无可救药吧。我忽然心里有点怕。也许佛真的神通广大,只要他愿意就可以让我的腿好起来? 老实说,因为这两条枯枝一样的废腿,我确实丢失了很多很多我所向往的生活。梦想这两条腿能好起来,梦想它们能完好如初。二十二年了,我以为这梦想已经淡薄或者已经不在,现在才知道这梦想永远都不会完结,一经唤起也还是一如既往地强烈。唯一的改变是我能够不露声色了。不露声色但心里却有点怕,或者有点慌:那好心人的劝导,是不是佛对我的忠心所做的最后试探呢?会不会因为我的出言不逊,这最后的机缘也就错过,我的梦想本来可以实现但现在已经彻底完蛋了呢?

果真如此吗?

果真如此也就没什么办法:这等于说我就是这么个命。

果真如此也就没什么意思:这等于说世间并无净土,有一双好腿又能走去哪里?

果真如此也就没什么可惜:佛之救人且这般唯亲、唯利、唯蜜语,想来我也是逃得过初一逃不过十五。

果真如此也就没什么可怕:无非又撞见一个才高德浅的郎中,无非又多出一个吃贿的贪官或者一个专制的君王罢了。此"佛"非佛。

当然,倘这郎中真能医得好我这双残腿,倾家荡产我也宁愿去求他一次。但若这郎中偏要自称是佛,我便宁可就这么坐稳在轮椅上,免得这野心家一日得逞,众生的人权都要听其摆弄了。

我既非出家的和尚,也非在家的居士,但我自以为对佛一向是敬重的。我这样说绝不是承认刚才的罪过,以期佛的宽宥。我的敬重在于:我相信佛绝不同于图贿的贪官,也不同于专制的君王。我这样说也绝不是拐弯抹角的恭维。在我想来,佛是用不着恭维的。佛,本不是一职官位,本不是寨主或君王,不是有求必应的神明,也不是可卜凶吉的算命先生。佛仅仅是信心,是理想,是困境中的一种思悟,是苦难里心魂的一条救路。

这样的佛,难道有理由向他行贿和谄媚吗?烧香和礼拜,其实都并不错,以一种形式来寄托和坚定自己面对苦难的信心,原是极为正当的,但若期待现实的酬报,便总让人想起提着烟酒去叩长官家门的景象。

我不相信佛能灭一切苦难。如果他能,世间早该是一片乐土。也许有人会说:"就是因为你们这些慧根不足、心性不净、执迷不悟的人闹得,佛的宏愿才至今未得实现。"可是,真抱歉——这逻辑岂不有点像庸医无能,反怪病人患病无方吗?

我想,最要重视的当是佛的忧悲。常所谓"我佛慈悲",我以为即是说,那是慈爱的理想同时还是忧悲的处境。我不信佛能灭一切苦难,佛因苦难而产生,佛因苦难而成立,佛是苦难不尽中的一种信心,抽去苦难佛便不在了。佛并不能灭一切苦难,即是佛之忧悲的处境。佛并不能灭一切苦难,信心可还成立吗?还成立!落空的必定是贿赂的图谋,依然还在的就是信心。信心不指向现实的酬报,信心也不依据他人的证词,信心仅仅是自己的信心,是属于自己的面对苦难的心态和思路。这信心除了保证一种慈爱的理想之外什么都不保证,除了给我们一个方向和一条路程之外,并不给我们任何结果。

所谓"证果",我久思未得其要。我非佛门弟子,也未深研佛学经典,不知在佛教的源头上"证果"意味着什么,单从大众信佛的潮流中取此一意来发问:"果"是什么? 可以证得的那个"果"到底是什么?是苦难全数地消灭?还是某人独自享福?是世上再无值得忧悲之事？还是某人有幸独得逍遥，再无烦恼了呢？

苦难消灭自然也就无可忧悲，但苦难消灭一切也就都灭，在我想来那与一网打尽同效，目前有的是原子弹，非要去劳佛不可？若苦难不尽，又怎能了无烦恼？独自享福万事不问，大约是了无烦恼的唯一可能，但这不像佛法倒又像贪官庸吏了。

中国信佛的潮流里，似总有官的影子笼罩。求佛拜佛者，常抱一个极实惠的请求。求儿子，求房子，求票子，求文凭、求户口，求福寿双全……所求之事大抵都是官的职权所辖，大抵都是求官而不得理会，便跑来庙中烧香叩首。佛于这潮流里，那意思无非一个万能的大官，且不见得就是清官，徇私枉法乃至杀人越货者竟也去烧香许物，求佛保佑不致东窗事发抑或锒铛入狱。若去香火浓烈的地方做一次统计，保险：因为灵魂不安而去反省的、因为信心不足而去求教的、因为理想认同而去礼拜的，难得有几个。

我想，这很可能是因为中国的神位，历来少为人的心魂而设置，多是为君的权威而筹谋。"君权神授"，当然求君便是求神，求官便是求君了，光景类似于求长官办事先要去给秘书送一点礼品。君神一旦同一，神位势必日益世俗得近于衙门。中国的神，看门、掌灶、理财、配药，管红白喜事，管吃喝拉撒，据说连厕所都有专职的神来负责。诸神如此地务实，信徒们便被培养得淡漠了心魂的方位；诸神管理得既然全面，神通广大且点滴无漏，众生除却歌功颂德以求实惠还能何为？大约就只剩下吃大锅饭了。大锅饭吃到不妙时，还有一句"此处不养爷"来泄怨，还有一句"自有养爷处"来开怀。神位的变质和心位的缺失相互促进，以致佛来东土也只热衷俗务，单行其"慈"，那一个"悲"字早留在西天。这信佛的潮流里，最为高渺的祈望也还是为来世做些务实的铺陈——今生灭除妄念，来世可入天堂。若问：何为天堂？答曰：无苦极乐之所在。但无苦怎么会有乐呢？天堂是不是妄念？此问则大不敬，要惹来斥责，是慧根不够的征兆之一例。

电视剧《北京人在纽约》，曾引出众口一词的感慨以及嘲骂："美国也（他妈的）不是天堂。"可，谁说那是天堂了？谁曾告诉你纽约专门儿是天堂了？人家说那儿也是地狱，你怎么就不记着？这感慨和嘲骂，泄露了国产天堂观的真相：无论急于今生，还是耐心来世，那天堂都不是心魂的圣地，仍不过是实实在在的福乐。福不圆满，乐不周到，便失望，便怨愤，便嘲骂，并不反省，倒运足了气力去讥贬人家。看来，那"无苦并极乐"的向往，单是比凡夫俗子想念得深远：不图小利，要中一个大彩。

就算天堂真的存在，我的智力还是突破不出那个"证果"的逻辑：无苦并极乐是什么状态呢？独自享福则似贪官，苦难全消就又与集体服毒同效。还是那电视剧片头的几句话说得好，那儿是天堂也是地狱。是天堂也是地狱的地方，我想是有一个简称的：人间。就心魂的朝圣而言，纽约与北京一样，今生与来世一样，都必是慈与悲的同行，罪与赎的携手，苦难与拯救一致地没有尽头，因而在地球的这边和那边，在时间的此岸和彼岸，都要有心魂应对苦难的路途或方式。这路途或方式，是佛我也相信，是基督我也相信，单不能相信那是官的所辖和民的行贿。

还有"人人皆可成佛"一说，也作怪，值得探讨。怎么个"成"法儿？什么样儿就算"成"了呢？"成"了之后再往哪儿走？这问题，我很久以来找不到通顺的解答。说"能成"吧，又想象不出成了之后可怎么办；说"永远不能成"吧，又像是用一把好刀也吃不上的草料去逗引着驴儿转磨。所谓终极发问、终极关怀,总应该有一个终极答案、终极结果吧?否则岂不荒诞?

最近看了刘小枫先生的《走向十字架上的真理》,令我茅塞顿开。书中讲述基督性时说:人与上帝有着永恒的距离,人永远不能成为上帝。书中又谈到,神是否存在?神若存在,神便可见、可及,乃至可做,难免人神不辨,任何人就都可能去做一个假冒伪劣的神了;神若不存在,神学即成扯淡,神位一空,人间的造神运动便可顺理成章,肃贪和打假倒没了标准。这可如何是好?我理解那书中的意思是说:神的存在不是由终极答案或终极结果来证明的,而是由终极发问和终极关怀来证明的,面对不尽苦难的不尽发问,便是神的显现,因为恰是这不尽的发问与关怀可以使人的心魂趋向神圣,使人对生命取了崭新的态度,使人崇尚慈爱的理想。

"人人皆可成佛"和"人与上帝有着永恒的距离",是两种不同的生命态度,一个重果,一个重行,一个为超凡的酬报描述最终的希望,一个为神圣的拯救构筑永恒的路途。但超凡的酬报有可能是一幅幻景,以此来维护信心似乎总有悬危。而永恒的路途不会有假,以此来坚定信心还有什么可怕!

这使我想到了佛的本义,佛并不是一个名词,并不是一个实体,佛的本义是觉悟,是一个动词,是行为,而不是绝顶的一处宝座。这样,"人人皆可成佛"就可以理解了,"成"不再是一个终点,理想中那个完美的状态与人有着永恒的距离,人即可朝向神圣无止地开步了。谁要是把自己披挂起来,摆出一副伟大的完成态,则无论是光芒万丈,还是淡泊逍遥,都像是搔首弄姿。"烦恼即菩提",我信,那是关心,也是拯救。"一切佛法唯在行愿",我信,那是无终的理想之路。真正的宗教精神都是相通的,无论东方还是西方。任何自以为可以提供无苦而极乐之天堂的哲学和神学,都难免落入不能自圆的窘境。

●思考与练习●

1."佛的本义是觉悟,是一个动词,是行为,而不是绝顶的一处宝座。"你是怎么理解的?

2.课外阅读史铁生的作品。

4 短文四篇

之一 灯下漫笔(节选)(鲁迅)

导读

一事一议,这是人们平时说话办事写文章最容易想到、最经常看到、最愿意采纳的方法(没有之一)。鲁迅先生的《灯下漫笔》就是这类文章的典范。该文从银元兑钞票、钞票兑银元这一类生活小事说起,文中的"我"聪明异常却又狼狈不堪,让人忍俊不禁,最后得出的结论又是那么的严肃——"我们极容易变成奴隶,而且变了之后,还万分喜欢。"这令人想起今天的"钱奴""房奴""车奴"等各式各样的"奴隶",真的是"变成奴隶,而且还万分喜欢"。当然,这篇文章"两个时代"的论点广为人知,那就是:

"……任凭你爱排场的学者们怎样铺张,修史时候设些什么'汉族发祥时代''汉族发达时代''汉族中兴时代'的好题目,好意诚然是可感的,但措辞太绕弯子了。有更其直截了当的说法在这里——

一、想做奴隶而不得的时代;

二、暂时做稳了奴隶的时代。

这一种循环,也就是'先儒'之所谓'一治一乱';那些作乱人物,从后日的'臣民'看来,是给'主子'清道辟路的,所以说:'为圣天子驱除云尔。'……"

这种可怕的循环,到今天依然是那么振聋发聩!

选文

有一时,就是民国二三年时候,北京的几个国家银行的钞票,信用日见其好了,真所谓蒸蒸日上。听说连一向执迷于现银的乡下人,也知道这既便当,又可靠,很乐意收受,行使了。至于稍明事理的人,则不必是"特殊知识阶级",也早不将沉重累坠的银元装在怀中,来自讨无谓的苦吃。想来,除了多少对于银子有特别嗜好和爱情的人物之外,所有的怕大都是钞票了罢,而且多是本国的。但可惜后来忽然受了一个不小的打击。

就是袁世凯想做皇帝的那一年,蔡松坡先生溜出北京,到云南去起义。这边所受的影响之一,是中国和交通银行的停止兑现。虽然停止兑现,政府勒令商民照旧行用的威力却还有的;商民也自有商民的老本领,不说不要,却道找不出零钱。假如拿几十几百的钞票去买东西,我不知道怎样,但倘使只要买一枝笔,一盒烟卷呢,难道就付给一元钞票么?不但不甘心,也没有这许多票。那么,换铜元,少换几个罢,又都说没有铜元。那么,到亲戚朋友那里借现钱去罢,怎么会有?于是降格以求,不讲爱国了,要外国银行的钞票。但外国银行的钞票这时就等于现银,他如果借给你这钞票,也就借给你真的银元了。

我还记得那时我怀中还有三四十元的中交票,可是忽而变了一个穷人,几乎要绝食,很有些恐慌。俄国革命以后的藏着纸卢布的富翁的心情,恐怕也就这样的罢;至多,不过更深更大罢了。我只得探听,钞票可能折价换到现银呢?说是没有行市。幸而终于,暗暗地有了行市了:六折几。我非常高兴,赶紧去卖了一半。后来又涨到七折了,我更非常高兴,全去换了现银,沉垫垫地坠在怀中,似乎这就是我的性命的斤两。倘在平时,钱铺子如果少给我一个铜元,我是决不答应的。

但我当一包现银塞在怀中,沉垫垫地觉得安心,喜欢的时候,却突然起了另一思想,就是:我们极容易变成奴隶,而且变了之后,还万分喜欢。

之二 《贝多芬传》译者序(傅雷)

导读

　　傅雷,生于 1908 年 4 月 7 日,逝于 1966 年 9 月 3 日,翻译家,文艺评论家。有一套书是当枕头睡的,我大部分的艺术知识乃至做人道理处事原则都学自这套书;当然不是到处流行充斥肆虐的成功学,不是卡耐基或于丹,也不是读者文摘这种如厕伴侣;它叫《傅雷全集》。我读的第一本是《傅雷谈音乐》,第二本是《傅雷谈美术》,第三本是《世界美术名作二十讲》,然后是《傅雷家书》……原来世界上真的有什么都懂,还懂得特别深的人!

　　"行至水穷处,坐看云起时"——面对这种文章,面对这种音乐,面对这种美术名作,面对这种人,你三生有幸,因为你终于可以与世界上最伟大的灵魂面对面了!

　　"表示感激的最好的方式,是施予。"

选文

　　唯有真实的苦难,才能驱除浪漫底克的幻想的苦难;唯有看到克服苦难的壮烈的悲剧,才能够帮助我们承担残酷的命运;唯有抱着"我不入地狱谁入地狱"的精神,才能挽救一个萎靡而自私的民族:这是我十五年前初次读到本书时所得的教训。

　　不经过战斗的舍弃是虚伪的,不经劫难磨炼的超脱是轻佻的,逃避现实的明哲是卑怯的;中庸,苟且,小智小慧,是我们的致命伤:这是我十五年来与日俱增的信念。而这一切都由于贝多芬的启示。

　　我不敢把这样的启示自秘,所以十年前就移译了本书。现在阴霾遮蔽了整个天空,我们比任何时候都更需要精神的支持,比任何时都更需要坚忍、奋斗、敢于向神明挑战的大勇主义。现在,当初生的音乐界只知训练手的技巧,而忘记培养心灵的神圣工作的时候,这部《贝多芬传》对读者该有更深刻的意义。——由于这个动机,我重译了本书。

　　此外,我还有个人的理由。医治我青年时世纪病的是贝多芬,扶植我在人生中的战斗意志的是贝多芬,在我灵智的成长中给我大影响的是贝多芬,多少次的颠扑曾由他搀扶,多少的创伤曾由他抚慰,——且不说引我进音乐王国的这件次要的恩泽。除了把我所受的恩泽转赠给比我年青的一代之外,我不知道还有甚么方法可以偿还我对贝多芬,和对他伟大的传记家罗曼·罗兰所负的债务。表示感激的最好的方式,是施予。

　　为完成介绍的责任起见,我在译文以外,附加了一篇分析贝多芬作品的文字。我明知这是一件越俎的工作,但望这番力不从心的努力,能够发生抛砖引玉的作用。

译者

一九四二年三月

之三 炒股损失的不仅是钱 年轻人请远离股市(节选)(李晓鹏)

导读

李晓鹏,生于 1982 年,经济学博士,前哈佛大学肯尼迪政府学院 Ash 中心研究员。哈佛大学肯尼迪政府学院 Ash 研究中心,是肯尼迪学院主要关注亚洲问题的研究中心,其中国学者项目已有包括国家副主席李源潮在内的超过 100 名中国政府副部级(以上)高官人士在这里研修学习。

代表作《这个国家会好吗:中国崛起的经济学分析》,目的在于重新解读中国历史,阐明中国崛起的文化历史根源。"我用十年的时间,写了这一本书",作者如是说。

选文

人的一生,从 20 岁到 30 岁之间这一段时光——如果你不是富二代或者官二代的话,是比较难熬的。包括像任正非、柳传志、马云、刘强东这些白手起家的大牛人,他们在这个年龄也是生活比较黯淡的。因为这一段时间,从学校这个与世无争的世外桃源走进社会了,要自食其力了,但是资历、经验、关系网络什么的都不够,付出和收获很不成比例。不管是创业还是工作,其实都很难。你的个人期许和社会对你的承认程度,往往有很大的差距。

这段时期其实不是一个学习了很多年以后,开始收获的时期。应该是一个一半工作、一半学习的时期。就是说你即使去机关企业工作,你这种工作也带有学习的性质。所以机关企业并不会按照你的付出程度支付"足够"的报酬,因为你的工作能力各方面还很不成熟,他们同时也在为你提供一个学习进步的环境。严格来说只能叫作"半工半读"。通过一段很长时期的"半工半读"之后,等你对本职工作十分擅长了,人际管理的资源网络也比较健全了,才能度过这一段考验期,进入一个比较好的发展时期。

如果不考虑家庭因素,同龄人之间在 20 岁到 30 岁这段时间并不会拉开很大的差距,都差不多,工资高点低点也就是那么一点,农民工和硕士毕业的收入差距不是很大。没有飞来横财的话,大家都过着一样平凡的日子,默默地为自己的理想奋斗着、努力着。但是过了 30 岁以后,差距就会拉大了,成功的人可能非常成功,变身土豪名流,而没有进步的人可能会原地踏步,还是原来那样的地位或收入。这种差距可以是天上地下的区别。

正因为如此,年轻人如果把时间放到炒股票上去,每天被行情的波动折腾得对本职工作心不在焉,最大的损失不是钱,而是耽误自己能力素质的积累。对于那些一无所有的年轻人来说,他们最值钱的东西是自己的学识和才干。

●思考与练习●

1. "(年轻人炒股)最大的损失不是钱,而是耽误自己能力素质的积累。"你是怎么理解的?

2. 健康第一,安全第一,谈谈你如何保证自己的财产安全。

之四 做自己尊重的人（饶毅）

导读

535 字,3 分 56 秒。北大,2016 年本科生毕业典礼上教师代表的这一份致辞,堪称中国最高学府的最短毕业典礼致辞!

选文

在祝福裹着告诫呼啸而来的毕业季,请原谅我不敢祝愿每一位毕业生都成功、都幸福;因为历史不幸地记载着:有人成功的代价是丧失良知,有人幸福的代价是损害他人。

从物理学来说,无机的原子逆热力学第二定律出现生物是奇迹;从生物学来说,按进化规律产生遗传信息指导组装人类是奇迹。

超越化学反应结果的每一位毕业生都是值得珍惜的奇迹;超越动物欲望总和的每一位毕业生都应做自己尊重的人。

过去、现在、将来,能够完全知道个人行为和思想的只有自己;世界很多文化借助宗教信仰来指导人们生活的信念和世俗行为;而对无神论者——也就是中国大多数人——来说,自我尊重是重要的正道。

在你们加入社会后看到各种离奇现象,知道自己更多弱点和缺陷,可能还遇到小难大灾后,如何在诱惑和艰难中保持人性的尊严、赢得自己的尊重并非易事,却很值得。

这不是:自恋、自大、自负、自夸、自欺、自闭、自怜;而是:自信、自豪、自量、自知、自省、自赎、自勉、自强。

自尊支撑自由的精神、自主的工作、自在的生活。

我祝愿:退休之日,你觉得职业中的自己值得尊重;迟暮之年,你感到生活中的自己值得尊重。

不要问我如何做到,50 年后返校时告诉母校你如何做到:在你所含全部原子再度按热力学第二定律回归自然之前,它们——既经历过物性的神奇,也产生过人性的可爱。

5 唯有上帝监察人心——学习洛克的思维方式（苏小和）

在西方，约翰·洛克与牛顿、培根并称为影响力最大的"三大思想家"。本文来自《腾讯·文化》，作者苏小和。苏小和：诗人，财经作家，独立书评人。1968 年出生于常德市临澧县。在《南方周末》《南方人物周刊》《南都周刊》《新京报》《东方早报》《上海证券报》等多家媒体开设书评和人物专栏。

选文

约翰·洛克思考深刻的命题，通常都是以《圣经》为依据，比如在和菲尔麦爵士讨论政府权力问题，细读起来，会非常有趣。两个人都以《圣经·创世记》第一章第二十八节为基础发言：

"上帝就赐福给他们，又对他们说，要生养众多，遍满全地，治理大地，也要管理海中的鱼，空中的鸟，和各样在地上走动的动物。"

菲尔麦爵士由此得出的观点是，上帝创造人，所以人就拥有了管理这个世界一切生物的统治权，因此一定有一个人能够成为全世界的君王。政府的权力和君王的权力就来自于此，因此政府的威权是一种必然，也是一种必要。

但约翰·洛克的观点不是这样，他认为上帝虽然给了人管理统治万物的权力，但人对自己的同类却没有任何直接的权力，在上帝创造世界的秩序里，人明显不同于万物，因此，任何个人都没有获得一种基于上帝的特许而成为君王的权力。

正是从对《圣经》的仔细研读和思考，洛克找到了君王和政府行为的边界、权力和逻辑，界定了政府的意义。从历史的流变看，正是洛克先验的思考，人类才终于进入了一个可以通过制度进行约束的政府时代，而不是此前无边无际的大君王和大政府主义遮蔽人的个体尊严与权力的时代。

这样的思考，是真正意义上的荣神益人。由此，对于我而言，我更加感兴趣的是洛克的思维方式，是他的深邃的思考如何建立在《圣经》基础之上，靠着上帝的启示，终于找到了人类生存的方法。所以，当我面对"人心比万物都诡诈，唯有耶和华监察人心"这样一句重要的《圣经》箴言，我掩饰不住我的盎然的思考兴趣，试图进行一次稍微有一些洛克式的理性思考，看看这句上帝之语，能够把我的思想带到哪里。

第一，人心比万物都诡诈，这当然是说，人心或者人性非常幽暗，而且是这个世界上最幽暗的事物。不可能再有比人性更加复杂、更加黑暗的事物了。因此，面对人性，怀疑和深思，是唯一和必须的姿态。休谟写出《人性论》是不是受此影响，不得而知，但后来的中国人张灏写出《幽暗意识与民主传统》，的确让人眼前一亮，可谓幽暗意识思考的一种范式。

第二，人心比万物都诡诈，这说明人心的复杂性，或者说人性的智慧程度，肯定高过其他事物。人是万物的灵长,自然的奇迹,这是莎士比亚的赞美,是人文主义的滥觞;这也是牛顿的工作,是科学的滥觞。在上帝的秩序里,人是自由的人,是有想象力的人,人不是上帝的木偶,不是上帝的道具,人是值得赞美的,因为人是上帝的作品。爱我身边的人,就意味着我在爱上帝。爱不是口号,而是具体的细节和行为。

第三,人心比万物都诡诈,这说明人比万物都聪明,上帝造人,是要人运用自己的聪明,来管理万物,人是万物的尺度,人给万物命名。人指着一堆高土说,这就是喜马拉雅山,那么这就是喜马拉雅山;人指着一只鸟说,这是鸽子,那么这只鸟就是鸽子。语言来自上帝的恩赐,语言里隐藏着从上帝而来的力量,人类的心灵风景必须通过语言才能得以保存和延续,维特根斯坦的思考、艾略特的诗篇《四个四重奏》,大致与此有关。

第四,人是万物的尺度,那么谁是人的尺度呢?这是我终日思考的问题,我是谁,如果没有一个尺度,我就无法回答。感谢《圣经》给了我一个答案:唯有上帝监察人心。曾经读到过一句格言,每个人的内心都有一个巨大的空洞,只有上帝才能填满它。这句话据说刻在意大利的某堵墙上。每次看到这句话,我都想起奥康纳的小说《好人难寻》。

第五,唯有上帝监察人心,这句话是有前提的。我必须首先相信上帝。如果我不相信,我又会回到问题本身,永远走不出问题,我将被问题困死,直到永远。"敬畏耶和华是知识的开端",这句话要深思,一旦读懂,你会惊出一身冷汗。

第六,所以我选择相信,这是我的自由。我的身体来自尘土,灵魂来自上帝。这才是人的生命的逻辑,身体回到土地里,但是灵魂飞扬,去到上帝的身边。所以我选择祷告,为了我灵魂的方向,为了我的永恒的生命。托克维尔在《论美国的民主》里说了,人类信仰上帝,是一种常态的生活,言下之意,不信仰上帝,是一种边缘状态,他的话比较刺眼,但说的是事实。由此,托克维尔将美国的民主制度直接与美国人的基督信仰秩序联系起来思考,他坚定地认为,没有以基督信仰为基础的乡镇自治精神和民情秩序,美国的民主不会出现。

第七,唯有上帝监察人心。这句话最表面的意思,当时是随着上一句而来的,人是万物的尺度,但人不是人的尺度。这是对人的理性能力的边界的陈述,即人在面对人的意义这样重大的命题时,是无知的,也是无力的。人如何意识不到这一点,会走向理性的致命的自负。这大概是哈耶克曾经思考过的问题。

第八,谁是人的尺度呢,当然是上帝。这是个终极答案,也是这句箴言的核心观点。不过相关的理解要多向度进行。强调上帝是人的尺度,以此为基础,再强调人是万物的尺度,这才是一个完整的表述。必须防止人类走向背离上帝的错误境地,事实上,人类的行为经常偏执一隅,缺乏整全思考的能力。布克哈特的《意大利文艺复兴时期的文化》就谈到了相关的命题,人文主义兴起之后,的确在很多方面背离了神的秩序。这正是现代化的隐忧。但如果人类不强调人是万物的尺度,只强调上帝是人的尺度,则有可能导致这种超验的秩序原则被某些人僭越,人以上帝为名,将人类拖入被奴役的状态。

第九,上帝通过监察人心的方式,建立起关于人的尺度,这说明人的内心世界是非常重要的地方,重要到人的内心是上帝的工地,其他的任何力量都无权进入,除了上帝,任何事物对人的内心秩序,只能保持绝对尊重。这才是人本主义的完美解释,任何对个体的人的伤害,都是对人类整体的伤害,这个世界从人开始,到人终结,人是目的,也是方法,是原因,也是结果。思想家爱默生,经济学家阿玛蒂亚·森,尤其是森的《以自由看待发展》,大概价值观就建立在这样的基础上。胡适理解了这一点,所以他说,争你的自由,就是为国家争自由。

第十,一些关于这个世界的普世价值由此提出:既然人的内心是神的工地,那么任何人、任何组织,试图管理和践踏人的内心世界,剥夺人的内心的绝对自由权利,就是对上帝的僭越,是对人的良心自由权利的破坏,也是对整个人类的破坏。看看我们身边的生活,你轻而易举就能找到例子,所谓的反人类罪,正是基于这样的理解。

第十一,要提到伟大的言论自由秩序,因为所有的言论,都出自人的内心。更加重要的解释方式是,只有每个人的言论自由权利得到了维护,每个人才有可能成为真正的人,成为上帝所造之最初的人,历史终结以后的最后之人。众所周知,福山思考过这样的问题。

第十二,但是人的内心并不是一个不受约束的载体,所以要再次强调上帝是监察人心的唯一权柄,要相信,我作为一个人,我的内心秩序中任何一个想法和行为,上帝都在暗中查看,我不可失去做人做事的基本原则,要守住上帝给我们立的约,守住十诫,比如不能撒谎,不能杀人。这才是人的自由的深邃的意义,自由即自律,这是康德的观点,伟大的自由秩序不是为所欲为,而是有所不为,知道自己不能做什么。

第十三,人心比万物都诡诈,唯有上帝监察人心,这句话里,表面看是神对我们的警戒,是审判,是对我们的约束,但仔细思考,这种警戒和约束里面,还有上帝对我们永不舍弃的爱与救赎。约束和自由,审判与爱,幸福与苦难,在神的秩序里,一直如此完美地结合在一起。可以读读陀思妥耶夫斯基的《罪与罚》,他的深刻的小说方法,就与此有关。

第十四,一个普遍的秩序由此慢慢浮现:人心比万物都诡诈,唯有上帝监察人心,所以这个世界的基本秩序是,人的价值高于万物,但必须低于神。我是上帝的孩子,我的位置如此清晰,所以爱人吧,因为人是如此宝贵;所以敬畏上帝吧,因为上帝如此伟大。

● 思考与练习 ●
1.谈谈你对洛克的思维方式的理解。
2.课外阅读约翰·洛克的作品:《论宽容》《政府论》《人类理解论》。

人文拓展:幸福的要素

任务 1.5　名师风采：专家讲座

1.一场好的专家讲座,可以拓展学生的知识面,放宽眼界,甚至改变学生的思维方式。

2.读书治学,关键在路线图与方法论:听讲座是学习点石成金的一种有效途径,而只有掌握方法,遇事才能不为所难。

3.任何学习本质上都是自学,任何教育本质上都是自我教育;而学会思考、选择,拥有信念、自由,这是教育的目的,也是获得幸福的能力。

1　毛泽东的气质 (唐双宁)

导读

唐双宁,中国光大集团总公司党委书记、董事长,中共文献研究会副会长,中共党史人物研究会副会长。

正确地评价毛泽东同志的历史功过、确立毛泽东思想的历史地位,关系到党和国家未来的发展道路,体现了中国共产党人的政治智慧。《关于建国以来党的若干历史问题的决议》指出:"毛泽东同志是伟大的马克思主义者,是伟大的无产阶级革命家、战略家和理论家。他虽然在'文化大革命'中犯了严重错误,但是就他的一生来看,他对中国革命的功绩远远大于他的过失。他的功绩是第一位的,错误是第二位的。他为我们党和中国人民解放军的创立和发展,为中国各族人民解放事业的胜利,为中华人民共和国的缔造和我国社会主义事业的发展,建立了永远不可磨灭的功勋。他为世界被压迫民族的解放和人类进步事业做出了重大的贡献。"邓小平说:"没有毛主席,至少我们中国人民还要在黑暗中摸索更长的时间。"

本文是作者纪念毛泽东120周年诞辰的演讲。

选文

气质,语出宋代张载《语录钞》:"为学大益,在自求变化气质。"现代西方心理学的气质是指人的心理素质、内在修养的外在行为的总和,一般是指人的个性特点、风格气度。人的气质是先天与后天的统一,内在与外在的统一,率真与理智的统一。

作为中国人民的伟大领袖和伟大的思想家、政治家、军事家,毛泽东的天资特别是他经过长期革命实践的磨练,在领导中国革命的同时形成了自己特有的气质,对指导中国革命的胜利起到了特殊的作用,也影响和感染了几代中国人。对毛泽东的气质可以作如下的探讨:

一、英雄气质。 毛泽东的英雄气质可以说是他特征最为鲜明的气质

无论是广大人民群众、毛泽东的战友抑或是他的敌人,都不能不承认毛泽东身上存在的这样一种与生俱来的气质。毛泽东的英雄气质可以用英姿焕发、雄才大略、雄视天下等词语来表达。还在毛泽东十三岁就读东山学堂时,一首"独坐池塘如虎踞,绿杨树下养精神。春来我不先开口,哪个虫儿敢作声",就呈现出一种少年豪气。他在重庆谈判期间发表的《沁园春·雪》:"江山如此多娇,引无数英雄竞折腰",不知令多少人折服。据李银桥《走下神坛的毛泽东》回忆,毛泽东转战陕北期间,当他率领 300 人同百倍于己的国民党部队在陕北捉迷藏时,竞敢于冒险同追捕他的国民党部队相向而行,大有十万军中探囊取物的气概。抗战后期,美国向日本投放了两颗原子弹,一时间全世界"谈原子弹色变",延安的《解放日报》也在头版报道了这一消息。毛泽东得知后,立即将《解放日报》负责人叫到窑洞进行严厉的批评。他知道原子弹的厉害,他更知道信心的重要。此后,他多次谈到"一切反动派都是纸老虎","原子弹也是纸老虎"。1947 年 6 月他转战城南庄,国民党飞机投下炸弹,在尚未爆炸一些人连拖带拽拉他进防空洞时,他偏要指着丝丝冒烟的炸弹说"还可以打两把菜刀嘛"。这就是充溢着英雄气质的毛泽东,泰山崩于前而色不变,麋鹿兴于左而目不瞬。三大战役后,卫士给他梳头,发现他头上生出一根白发,他幽默地说:"打了三大战役,害得我白了一根头发。"

毛泽东的英雄气质,坚定了中国人民革命和建设的信心,成为中国共产党和中华民族的精神柱石。

二、天下气质。 天下气质就是胸怀天下,忧乐天下,以天下为己任

如果说英雄气质反映的是一种豪气,天下气质则是在英雄气质基础上又平添了一种境界,一种责任。项羽是英雄,但他的境界定格在"不能锦衣夜行"上;梁山好汉是英雄,但他们的境界定格在大碗喝酒、大块吃肉、大秤分金银上;唐宗宋祖是英雄,但他们的境界定格在"普天之下莫非王土"上;毛泽东的境界,是追求中华民族自立于世界民族之林,是追求社会主义、共产主义理想。青年毛泽东辞别父母留下的"孩儿立志出乡关,学不成名誓不还"的诗,充分反映了毛泽东从小志存高远、胸怀天下的抱负。还在长沙第一师范读书时,他就发出"天下者我们的天下,国家者我们的国家,社会者我们的社会,我们不说谁说?我们不干谁干?"的呼声。此后,从上海建党到安源罢工,从农运讲习所到挥师井冈山,从反围剿到长征,从抗战胜利到解放全中国……这一切,原动力都是毛泽东的"天下气质"。天下气质的背后是担当、是境界、是责任、是胸襟,也是对大势的把握和驾驭。毛泽东的这种以天下为己任的气质同他的革命实践相结合,领导中国人民取得了新民主主义革命、社会主义革命和社会主义建设一个又一个的伟大胜利。

三、求真气质。"求真"就是追求事物的本源,就是在科学理论与方法的指导下不断地认识事物的本质,把握事物的规律

求真气质是毛泽东从小养成并在求学和以后的革命实践中日益鲜明的气质。学生时代,在保守主义、自由主义、激进主义等各个主义的选择中,他认定了中国革命的出路,选择了马克思主义。苏联十月革命通过城市暴动取得胜利,实践证明是成功的。中国共产党的早期领袖照搬苏联经验,实践证明是不成功的。无数次失败的教训,促使毛泽东不断思考和探索,寻求中国革命成功的道路。秋收起义的目标本来是打长沙,这是上级的指示、中央的决定。但在如此敌众我寡的形势下,打长沙无异于以卵击石。"求真气质"促使毛泽东进行新的思考,寻找新的目标,建立了井冈山革命根据地,继之开辟了中央苏区,并探索出"农村包围城市、武装夺取政权"的道路。长征中,面对"左"倾错误路线指挥下红军遭受的挫折,"求真气质"促使毛泽东在担架上,在通道会议、黎平会议、猴场会议直至遵义会议上不断力争,使中国革命重新走上正确轨道。抗战中,面对"亡国论""速胜论"等思潮,"求真气质"促使毛泽东冷静分析中日力量对比,从战术到战略,从军力到人心,从国内到国际,最后以一篇《论持久战》奠定了抗战胜利的理论基础。"求真气质"贯穿了毛泽东的一生,甚至包括他后来的失误。失误,也是他在"求真",是他"求真"的代价。

四、善事气质。 善事包括善学、善思、善谋、善断、善处(处理实际问题)等多个方面,它反映的是一种智慧,一种能力,一种超越于"自发"的"大自觉"

善学,毛泽东一生手不释卷,从政治、历史、文学、哲学到自然科学、军事,无所不包。"善学"不仅指"学",更包括"善"。毛泽东的"善学"就是善于从各类书籍中吸取他人的智慧。他从《水浒传》《三国演义》中启发出军事斗争的灵感,从《资治通鉴》中学习到治国的经验,从马克思、恩格斯、列宁的著作中学习到立场、观点、方法。这些是读有字书。他还善于读无字书。还在湖南一师的时候,他就多次和同学好友结伴"游学",从现实生活中增长知识和智慧。在以后的革命斗争中,他把书本知识和实际相结合,不拘泥、不刻板、不教条,学用结合,学用相长,真正是学到了家、学到了真谛。

善思,他思维开阔,或纵情于天地万物之间,或驾驭于古今风云之上,忽天马行空,忽独辟蹊径,常常能想别人所不能想,思别人所不能思。他的思维大到政治上把地球"裁为三截",小到从科学上认定"基本粒子"还可再分。1977年,在夏威夷召开的第七届世界粒子物理学讨论会上,美国著名微粒子物理学家、诺贝尔物理学奖获得者格拉肖提议,把科学家新发现的构成"夸克"和"层子"的更基本的粒子命名为毛粒子(Maons),以纪念毛泽东。这一提议被大会通过。这个提议的起因是,1955年,毛泽东同钱三强等人曾有过一段对话。毛泽东问:"原子核是由中子和质子组成的吗?"钱三强回答:"是这样。"毛泽东又问:"质子、中子又是什么东西组成的呢?"这一问把这位科学家问住了,因为当时世界上认为,质子、中子是最小的基本粒子。停了一会儿,钱三强说:"根据现在科学研究的最新成果,质子、中子是构成原子的基本粒子。基本粒子也是最小的,不可分的。"毛泽东微笑着说:"从哲学的观点来说,物质是无限可分的,原子、中子也应该是可分的。一分为二,对立统一嘛!你们信不信?""你们不信,反正我信。"后来,毛泽东当着于光远和周培源的面又提起这件事,并引用了庄子《天下》篇中"一尺之棰,日取其半,万世不竭"的说法……在国际科学界,有用科学家的名字命名科学概念的,也有用发现者的名字命名新的科学发现的,但几乎没有用政治家的名字命名的。毛泽东是一个例外。

善谋,毛泽东的善谋表现在对复杂矛盾的判断上,表现在跳出局部范畴的大视野大思路上。在军阀割据中,他认为军阀与军阀之间的"几不管地带",正是给中国革命发展留出的空间,并借此谋划开辟了农村革命根据地。在风云变幻的世界格局中,他思考新的世界划分方式,改变了传统利益格局中东西两大阵营的划分,谋划出"三个世界"的理论,彻底打破了原有世界格局。

善断,是基于对复杂事务的深刻判断而表现出来的一种胆略,一种魄力。毛泽东的善断表现在每当革命处于危亡时刻,在他人无法找到出路的时候,他总能及时提出自己独到的主张并大胆决断。遵义会议后,面对敌人的四面围堵,毛泽东以出其不意、攻其不备的决断,指挥红军四渡赤水,甩开了敌人的围追堵截。"毛主席用兵真如神",这是当时红军指战员的心声,也是对毛泽东"善断"的由衷感佩。

善处,即与人共事的能力。毛泽东一生面临各种复杂情况,国际怎么处,国内怎么处,与敌人怎么处,与朋友怎么处,与自己的同志怎么处,顺利时怎么处,不顺时怎么处,处于多数的时候怎么处,处于少数的时候怎么处,他都有一套自己的办法。他的一句名言是:什么是政治,政治就是把自己的人搞得多多的,把敌人搞得少少的。这不啻于"善处"的最好诠释。

党内有"善学"者,但由于种种原因,学成了教条主义;有善学善思善谋者,但由于种种原因,缺少善断的魄力和善处的能力。由于"五善"兼具,使得毛泽东成为全党公认的领袖。这不是偶然,而是全党在革命斗争选择中的一种"必然"。

五、自信气质。 自信是一种健康向上的心理状态,一种坚定的自我价值体现

毛泽东自信气质贯穿一生。他曾多次引用少年时期的诗作"自信人生二百年,会当水击三千里",用以倾述自己的志向,表达自己的自信。如果说青年毛泽东的自信是一种志向和责任,那么参加革命后,实践斗争的锤炼又使他增加了一份能力和智慧。因为他找到了施展抱负的舞台,就是农村根据地;找到了在这个舞台上演出大剧的功夫,就是武装斗争;找到了这出大剧的脚本,就是农村包围城市最后夺取城市。1945年,在风云莫测、险象环生的背景下,毛泽东毅然应老对手蒋介石之邀到重庆谈判,坦然赴之,从容应对,平安归来。试问,此举非大智大勇者焉能处之,非充分自信者焉能为之?

毛泽东的自信气质表现在革命实践和日常生活的各个方面。政治上,他坚信"我们不但善于破坏一个旧世界,我们还将善于建设一个新世界";生活上,他畅游长江吟出"不管风吹浪打,胜似闲庭信步"。毛泽东的自信不是自我的盲目乐观,而是源于他对人类历史发展根本规律与最终归宿的洞察,源于他对社会矛盾的深入了解和精确判断,源于他为了崇高理想置生死于度外的大智大勇。他的那句"当着天空出现乌云的时候,我们就指出,这不过是暂时的现象,黑暗即将过去,曙光就在前头",至今还在影响着我们。

六、率性气质。"率性"是一种"真性情",是一种自我情感的天然流露

毛泽东是一个本真的人,处处表现出敢爱、敢恨、敢为、毫不做作的率性。毛泽东喜

欢游泳。赫鲁晓夫来访,本来是一场十分正规的外事活动,毛泽东却拉着赫鲁晓夫套上救生圈去游泳池里"会谈"。尼克松来访,本来这是惊动世界的大事,毛泽东却要和尼克松谈哲学问题,"正事"告诉他"同总理谈"。

毛泽东的率性气质更多地反映在生活上。据警卫员回忆,1958 年,毛泽东在上海看《白蛇传》看得入迷,他看到法海阻挠白娘子、许仙成婚时,在剧场当场站起来指责。当时由于他肚子大看演出时松开了皮带,以至于裤子掉了下来,害得警卫员急忙帮他提裤子。演出结束同演员握手时,毛泽东用两只手同"青蛇"握手,用一只手同"许仙"和"白蛇"握手,却没有理睬"法海"。毛泽东的"率性"很难用"好"和"不好"、"对"和"不对"来解释。毛泽东就是毛泽东——只能这样理解。

七、幽默气质。　幽默是一种寓含着"哲学思考"的乐观人生态度,是严肃话题的诙谐轻松表达

毛泽东可以说是语言表达大师,通过他的幽默气质,常常把复杂、紧张、刻板的问题简单化、趣味化,妙趣横生,令人忍俊不禁。1929 年他为红四军制定《教授法》时曾特别提出"说话要有趣味"。在谈到和朱德的关系时,他风趣地说:"你是'朱',我是'毛',我是你身上的一根毛,没有朱,哪有毛?"一句幽默的笑谈道出了两人的深情厚谊。1939 年 7 月 7 日,华北联大举行开学典礼,校长成仿吾请毛泽东作报告。毛泽东在演讲中说:"当年姜子牙下昆仑山,元始天尊赠了他杏黄旗、四不相和打神鞭三样法宝。现在你们出发(当时联大将迁到抗日根据地去)上前线,我也赠给你们三样法宝,这就是统一战线、武装斗争、党的建设。"在这里,毛泽东引用《封神演义》中姜子牙的神话故事,借题发挥,十分精练地将中国革命取得成功的根本经验概括成"三件法宝",给人留下十分深刻的印象。1945 年国共和谈期间,重庆各界邀请毛泽东演讲,突然有人提出:"假如此次和谈失败,国共再度开战,毛先生有无信心战胜蒋先生?"毛泽东机智巧妙地回答:"至于我和蒋先生嘛!蒋先生的'蒋'字,乃是将军的'将'字头上加了一棵草,他不过是一位草头将军而已。我这个'毛'字,可不是毛手毛脚的毛,而是一个反'手',反手即反掌。意思就是代表大多数中国民众意愿和利益的共产党,要战胜代表少数人利益的国民党,易如反掌。"此言一出,掌声雷动。毛泽东就是这样经常不经意间运用"幽默气质"的"四两"拨开压顶的"千斤"。

八、倔强气质。　倔强就是性格的刚强不屈

它展示的是一种执着,一种坚韧,一种毅力。在革命事业上,毛泽东一生克服了许多困难,从参加建党到秋收起义、到井冈山、到长征、到陕北直至"北京赶考"夺取全国胜利,经历了许多的曲折和危险,但他始终矢志不渝,从来没有在困难面前低头。从已知的文字记载和毛泽东大量诗词文章中都可见到他的刚强,也可透过刚强看到他的倔强。论资历,毛泽东是党的"一大"代表,早期曾经做过党内事实上的二号人物,但后来又多次降职,甚至被误传"开除党籍"。毛泽东几度沉浮,但都不曾灰心丧气。可以说毛泽东身上的巨大能量和对理想目标追求的意志力是常人难以比拟的。革命期间,有的人害怕了,有的人逃跑了,有的人叛变了,而毛泽东却始终思考着、坚持着、战斗着,这当然主要是毛泽东的历史责任感,是他的革命理想和信心的支撑,同时也是他的倔强气质使他能做到不妥协、不屈服。

毛泽东革命斗争中如此,生活上也是如此。也许是一方水土养一方人,毛泽东从小就越摧越坚,越压越硬。13岁时,因为同父亲发生争执,父亲要他下跪,他就威胁要跳池塘,最终以"一膝下跪"达成妥协。毛泽东喜欢挑战别人没有做或者不敢做的事情,他不听劝阻游长江、游湘江、游珠江,他还要游黄河,还要从头至尾考查黄河,甚至还要到密西西比河游泳。这些都反映了他敢于挑战一切的刚强和刚强中透出的倔强。

九、风雅气质。 毛泽东一生饱读,成就了他的风雅

毛泽东手不释卷、信手拈来,他的风雅不是矫揉造作,不是附庸风雅,而是真本性、纯天然的风雅,是大气度、雄万端的风雅。毛泽东一生创作诗词百余首,既有"我失娇杨君失柳"的柔肠,又有"为有牺牲多壮志"的豪情;既有"坐地日行八万里"的浪漫,又有"引无数英雄竞折腰"的慨叹。每一段柔肠、每一段豪情无不透视出他的风雅。人们最为叫绝的词作《沁园春•雪》,以其撼动山河、摇曳历史的气势,不但打赢了国共两党的文坛政治大战,而且成为中华诗词宝库中前无古人、后启来者的千古绝唱。

据回忆,毛泽东早年在湖南安化拜访一位老先生时,老先生写了一副上联摆在桌上:"绿杨枝上鸟声声,春到也,春去也。"毛泽东随即写出下联:"清水池中蛙句句,为公乎?为私乎?"其语中的内涵让老先生顿然亲近有加。在井冈山革命处于低潮时,当行军打仗人困马乏,吃不上喝不上许多人悲观失望时,毛泽东坚信"星星之火可以燎原",并用诗一样的浪漫语言预言革命高潮的到来:"它是站在海岸遥望海中已经看得见桅杆尖头了的一只航船,它是立于高山之巅远看东方已见光芒四射喷薄欲出的一轮朝日,它是躁动于母腹中的快要成熟了的一个婴儿。"

毛泽东一生不但创作了大量诗词,而且留下了许多墨宝,成为近现代攀上狂草高峰第一人。1999年新世纪来临之际,《中国书法》杂志和几家媒体举行了一次评选百年十大书法家的活动。通过专家评选和无记名投票,毛泽东被列为第五,列吴昌硕、林散之、康有为、于右任之后,与沈尹默并驾,排在沙孟海、谢无量、齐白石、李叔同之前。郭沫若诗赞毛泽东"泰山北斗,诗词余事"。诗词是毛泽东的余事,书法对于毛泽东就是余事的余事了。

毛泽东的风雅来自于他的浪漫情怀和高度自信,来自于他的文学功底和人生驾驭,这种风雅是黑暗岁月里民众看到的天边朝霞,是枪林弹雨中人们嗅到的战地黄花。

十、平民气质。 毛泽东生于农村,长于农村,一生保持平民本色

还在毛泽东幼年的时候,他就同情弱者,乐于助人。一次毛泽东的父亲买猪,并付了定金。等毛泽东去赶猪的时候,猪价上涨,毛泽东感到心里不安,自作主张退还定金,觉得不应"赚心灵不安的钱"。

工作中,毛泽东也许是平民气质使然,他一生倡导没有调查就没有发言权,经常深入群众向群众学习,向下级学习,先当学生后当先生。这种平民气质使他能体察下情,了解实际,写出了《湖南农民运动考察报告》《反对本本主义》《兴国调查》等大量著作,指导中国革命取得胜利。

毛泽东的平民气质表现在生活上,他喜欢自由自在、无拘无束,反感戒备森严、警卫重重,把自己和群众隔离;他更反对走形式,讲排场,比如众所周知的他最爱吃的就是"红烧肉",最爱穿的就是"布鞋便装"。他生活上不讲究,衣服破了可以补一补再穿,走路累了捡一根树枝可以当拐杖。毛泽东平民气质的本质是他始终把自己当作人民的一份子,和广大的劳动者打成一片,尊重他们的生活习俗,体会他们的温饱冷暖。他的每一次握手、每一次交谈、每一个玩笑,平民气质都使他赢得人民更多的尊敬和爱戴。

今天,在纪念毛泽东 120 周年诞辰的时候,我们从一个特定的角度研究毛泽东的气质。作为中华民族优秀分子的代表,毛泽东的气质可以说既有一般性,又有特殊性。从一般性讲,毛泽东的气质凝聚着中华民族的优秀品质与传统美德;从特殊性讲,毛泽东的气质展示了个人的独特魅力和人格风采。毛泽东特有的气质同他的革命理想、革命理论、革命实践相结合,领导中国革命取得成功,使其成为中国人民的伟大领袖。任何事物都是一分为二的,不可否认,毛泽东后来的失误,除了其他原因以外,同他的个人气质也有一定关系,但孰重孰轻,毋庸置疑。如果不怀有偏见,都应当承认毛泽东的气质是指导中国革命取得胜利的一个"特殊法宝"。毛泽东是人不是神,但他是一位 20 世纪的伟人。随着时间的推移,他的伟人定位越来越将被历史所证明。而毛泽东的气质,在一定意义上成就了这位伟人。

●思考与练习●

1.讨论文章中毛泽东的"善事气质"。

2.课外阅读《毛泽东选集》。

2　讲故事的人 (莫言)

导读

北京时间 2012 年 12 月 8 日凌晨,2012 年诺贝尔文学奖获得者、中国作家莫言身着胸前刺绣着"莫言"二字红色篆刻图案的深色中山装,面对着 200 多名中外听众,在瑞典学院发表文学演讲,主题为《讲故事的人》(storyteller)。演讲结束后,嘉宾都被莫言的故事感动,听众集体起立鼓掌长达一分钟。外媒评价其讲演简简单单,却透彻心扉。

开头部分:由获奖而谈起亲人,重点写对母亲的思念,感情真挚,催人泪下,并引出下文。

第一部分:母亲的故事。这是作者的创作源头,作品基因。

第二部分:自己的故事。主要介绍自己的成长经历。

第三部分:他人的故事。主要介绍点评自己的作品。

第四部分:最后三个小故事。对自己的灵魂进行深刻的解剖,"八个泥瓦匠的故事"更是对人性进行了无情的剖析。最好的故事，自然放在最后。

最后得出结论，即本文的中心句——"这些故事，让我坚信真理和正义是存在的。"

选文

尊敬的瑞典学院各位院士，女士们、先生们：

通过电视或者网络，我想在座的各位，对遥远的高密东北乡，已经有了或多或少的了解，你们也许看到了我的九十岁的老父亲，看到了我的哥哥姐姐我的妻子女儿和我的一岁零四个月的外孙女。但有一个我此刻最想念的人，我的母亲，你们永远无法看到了。我获奖后，很多人分享了我的光荣，但我的母亲却无法分享了。

我母亲生于1922年，卒于1994年，她的骨灰，埋葬在村庄东边的桃园里。去年，一条铁路要从那儿穿过，我们不得不将她的坟墓迁移到距离村子更远的地方。据开坟墓后，我们看到，棺木已经腐朽，母亲的骨殖，已经与泥土混为一体。我们只好象征性地挖起一些泥土，移到新的墓穴里，也就是从那一时刻起，我感到，我的母亲是大地的一部分，我站在大地上的诉说，就是对母亲的诉说。

我是我母亲最小的孩子。

我记忆中最早的一件事，是提着家里唯一的一把热水瓶去公共食堂打开水。因为饥饿无力，失手将热水瓶打碎，我吓得要命，钻进草垛，一天没敢出来。傍晚的时候，我听到母亲呼唤我的乳名。我从草垛里钻出来，以为会受到打骂，但母亲没有打我也没有骂我，只是抚摸着我的头，口中发出长长的叹息。

我记忆中最痛苦的一件事，就是跟随着母亲去集体的地里捡麦穗，看守麦田的人来了，捡麦穗的人纷纷逃跑，我母亲是小脚，跑不快，被捉住，那个身材高大的看守人搧了她一个耳光。她摇晃着身体跌倒在地。看守人没收了我们捡到的麦穗，吹着口哨扬长而去。我母亲嘴角流血，坐在地上，脸上那种绝望的神情让我终生难忘。多年之后，当那个看守麦田的人成为一个白发苍苍的老人，在集市上与我相逢，我冲上去想找他报仇，母亲拉住了我，平静地对我说："儿子，那个打我的人，与这个老人，并不是一个人。"

我记得最深刻的一件事是一个中秋节的中午，我们家难得地包了一顿饺子，每人只有一碗。正当我们吃饺子时，一个乞讨的老人，来到了我们家门口，我端起半碗红薯干打发他，他却愤愤不平地说："我是一个老人，你们吃饺子，却让我吃红薯干，你们的心是怎么长的？"我气急败坏地说："我们一年也吃不了几次饺子，一人一小碗，连半饱都吃不了！给你红薯干就不错了，你要就要，不要就滚！"母亲训斥了我，然后端起她那半碗饺子，倒进老人碗里。

我最后悔的一件事，就是跟着母亲去卖白菜，有意无意地多算了一位买白菜的老人一毛钱。算完钱我就去了学校。当我放学回家时，看到很少流泪的母亲泪流满面。母亲并没有骂我，只是轻轻地说："儿子，你让娘丢了脸。"

我十几岁时，母亲患了严重的肺病，饥饿、病痛、劳累，使我们这个家庭陷入困境，看不到光明和希望。我产生了一种强烈的不祥之感，以为母亲随时都会自寻短见。每当我劳动归来,一进大门,就高喊母亲,听到她的回应,心中才感到一块石头落了地。如果一时听不到她的回应,我就心惊胆战,跑到厨房和磨坊里寻找。有一次,找遍了所有的房间也没有见到母亲的身影,我便坐在院子里大哭,这时,母亲背着一捆柴草从外边走进来。她对我的哭很不满,但我又不能对她说出我的担忧。母亲看透我的心思,她说:"孩子,你放心,尽管我活着没有一点乐趣,但只要阎王爷不叫我,我是不会去的。"

我生来相貌丑陋,村子里很多人当面嘲笑我,学校里有几个性格霸蛮的同学甚至为此打我。我回家痛哭,母亲对我说:"儿子,你不丑。你不缺鼻子缺眼,四肢健全,丑在哪里?而且,只要你心存善良,多做好事,即便是丑,也能变美。"后来我进入城市,有一些很有文化的人依然在背后甚至当面嘲弄我的相貌,我想起了母亲的话,便心平气和地向他们道歉。

我母亲不识字,但对识字的人十分敬重。我们家生活困难,经常吃了上顿没下顿,但只要我对她提出买书买文具的要求,她总是会满足我。她是个勤劳的人,讨厌懒惰的孩子,但只要是我因为看书耽误了干活,她从来没批评过我。

有一段时间,集市上来了一个说书人。我偷偷地跑去听书,忘记了她分配给我的活儿。为此,母亲批评了我。晚上,当她就着一盏小油灯为家人赶制棉衣时,我忍不住地将白天从说书人那里听来的故事复述给她听,起初她有些不耐烦,因为在她心目中,说书人都是油嘴滑舌、不务正业的人,从他们嘴里,冒不出什么好话来。但我复述的故事,渐渐地吸引了她。以后每逢集日,她便不再给我排活儿,默许我去集上听书。为了报答母亲的恩情,也为了向她炫耀我的记忆力,我会把白天听到的故事,绘声绘色地讲给她听。

很快的,我就不满足复述说书人讲的故事了,我在复述的过程中,不断地添油加醋。我会投我母亲所好,编造一些情节,有时候甚至改变故事的结局。我的听众,也不仅仅是我的母亲,连我的姐姐,我的婶婶,我的奶奶,都成为我的听众。我母亲在听完我的故事后,有时会忧心忡忡地,像是对我说,又像是自言自语:"儿啊,你长大后会成为一个什么人呢?难道要靠耍贫嘴吃饭吗?"

我理解母亲的担忧,因为在村子里,一个贫嘴的孩子,是招人厌烦的,有时候还会给自己和家庭带来麻烦,我在小说《牛》里所写的那个因为话多被村里人厌恶的孩子,就有我童年时的影子。我母亲经常提醒我少说话,她希望我能做一个沉默寡言、安稳大方的孩子。但在我身上,却显露出极强的说话能力和极大的说话欲望,这无疑是极大的危险,但我的说故事的能力,又带给了她愉悦,这使她陷入深深的矛盾之中。

俗话说"江山易改,本性难移",尽管有我父母亲的谆谆教导,但我并没改掉我喜欢说话的天性,这使得我的名字"莫言",很像对自己的讽刺。

我小学未毕业即辍学,因为年幼体弱,干不了重活,只好到荒草滩上去放牧牛羊。当我牵着牛羊从学校门前路过,看到昔日的同学在校园里打打闹闹,我心中充满悲凉,深深地体会到一个人哪怕是一个孩子离开群体后的痛苦。

到了荒滩上,我把牛羊放开,让它们自己吃草。蓝天如海,草地一望无际,周围看不到一个人影,没有人的声音,只有鸟儿在天上鸣叫。

我感到很孤独，很寂寞，心里空空荡荡。有时候，我躺在草地上，望着天上懒洋洋地飘动着的白云，脑海里便浮现出许多莫名其妙的幻想。我们那地方流传着许多狐狸变成美女的故事。我幻想着能有一个狐狸变成美女与我来做伴放牛，但她始终没有出现。但有一次，一只火红色的狐狸从我面前的草丛中跳出来时，我被吓得一屁股蹲在地上。狐狸跑没了踪影，我还在那里颤抖。有时候我会蹲在牛的身旁，看着湛蓝的牛眼和牛眼中的我的倒影。有时候我会模仿着鸟儿的叫声试图与天上的鸟儿对话，有时候我会对一棵树诉说心声。但鸟儿不理我，树也不理我。许多年后，当我成为一个小说家，当年的许多幻想，都被我写进了小说。很多人夸我想象力丰富，有一些文学爱好者，希望我能告诉他们培养想象力的秘诀，对此，我只能报以苦笑。

就像中国的先贤老子所说的那样："福兮祸所伏，祸兮福所倚"，我童年辍学，饱受饥饿、孤独、无书可读之苦，但我因此也像我们的前辈作家沈从文那样，及早地开始阅读社会人生这本大书。前面所提到的到集市上去听说书人说书，仅仅是这本大书中的一页。

辍学之后，我混迹于成人之中，开始了"用耳朵阅读"的漫长生涯。二百多年前，我的故乡曾出了一个讲故事的伟大天才蒲松龄，我们村里的许多人，包括我，都是他的传人。我在集体劳动的田间地头，在生产队牛棚马厩，在我爷爷奶奶的热炕头上，甚至在摇摇晃晃地行进着的牛车上，聆听了许许多多神鬼故事、历史传奇、逸闻趣事，这些故事都与当地的自然环境、家族历史紧密联系在一起，使我产生了强烈的现实感。

我做梦也想不到有朝一日这些东西会成为我的写作素材，我当时只是一个迷恋故事的孩子，醉心地聆听着人们的讲述。那时我是一个绝对的有神论者，我相信万物都有灵性，我见到一棵大树会肃然起敬。我看到一只鸟会感到它随时会变化成人，我遇到一个陌生人，也会怀疑他是一个动物变化而成。每当夜晚我从生产队的记工房回家时，无边的恐惧便包围了我，为了壮胆，我一边奔跑一边大声歌唱。那时我正处在变声期，嗓音嘶哑，声调难听，我的歌唱，是对我的乡亲们的一种折磨。

我在故乡生活了二十一年，其间离家最远的是乘火车去了一次青岛，还差点迷失在木材厂的巨大木材之间，以至于我母亲问我去青岛看到了什么风景时，我沮丧地告诉她：什么都没看到，只看到了一堆堆的木头。但也就是这次青岛之行，使我产生了想离开故乡到外边去看世界的强烈愿望。

1976年2月，我应征入伍，背着我母亲卖掉结婚时的首饰帮我购买的四本《中国通史简编》，走出了高密东北乡这个既让我爱又让我恨的地方，开始了我人生的重要时期。我必须承认，如果没有三十多年来中国社会的巨大发展与进步，如果没有改革开放，也不会有我这样一个作家。

在军营的枯燥生活中，我迎来了八十年代的思想解放和文学热潮，我从一个用耳朵聆听故事，用嘴巴讲述故事的孩子，开始尝试用笔来讲述故事。起初的道路并不平坦，我那时并没有意识到我二十多年的农村生活经验是文学的富矿。那时我以为文学就是写好人好事，就是写英雄模范，所以，尽管也发表了几篇作品，但文学价值很低。

1984年秋，我考入解放军艺术学院文学系，在我的恩师著名作家徐怀中的启发指导下，我写出了《秋水》《枯河》《透明的红萝卜》《红高粱》等一批中短篇小说。在《秋水》这篇小说里,第一次出现了"高密东北乡"这个字眼,从此,就如同一个四处游荡的农民有了一片土地,我这样一个文学的流浪汉,终于有了一个可以安身立命的场所。我必须承认,在创建我的文学领地"高密东北乡"的过程中,美国的威廉·福克纳和哥伦比亚的加西亚·马尔克斯给了我重要启发。我对他们的阅读并不认真,但他们开天辟地的豪迈精神激励了我,使我明白了一个作家必须有一块属于自己的地方。一个人在日常生活中应该谦卑退让,但在文学创作中,必须颐指气使,独断专行。我追随在这两位大师身后两年,即意识到,必须尽快地逃离他们,我在一篇文章中写道:他们是两座灼热的火炉,而我是冰块,如果离他们太近,会被他们蒸发掉。根据我的体会,一个作家之所以会受到某一位作家的影响,其根本是因为影响者和被影响者灵魂深处的相似之处。正所谓"心有灵犀一点通"。所以,尽管我没有很好地去读他们的书,但只读过几页,我就明白了他们干了什么,也明白了他们是怎样干的,随即我也就明白了我该干什么和我该怎样干。

我该干的事情其实很简单,那就是用自己的方式,讲自己的故事。我的方式,就是我所熟知的集市说书人的方式,就是我的爷爷奶奶、村里的老人们讲故事的方式。坦率地说,讲述的时候,我没有想到谁会是我的听众,也许我的听众就是那些如我母亲一样的人,也许我的听众就是我自己,我自己的故事,起初就是我的亲身经历,譬如《枯河》中那个遭受痛打的孩子,譬如《透明的红萝卜》中那个自始至终一言不发的孩子,我的确曾因为干过一件错事而受到过父亲的痛打,我也的确曾在桥梁工地上为铁匠师傅拉过风箱。当然,个人的经历无论多么奇特也不可能原封不动地写进小说,小说必须虚构,必须想象,很多朋友说《透明的红萝卜》是我最好的小说,对此我不反驳,也不认同,但我认为《透明的红萝卜》是我的作品中最有象征性、最意味深长的一部。那个浑身漆黑、具有超人的忍受痛苦的能力和超人的感受能力的孩子,是我全部小说的灵魂,尽管在后来的小说里,我写了很多的人物,但没有一个人物,比他更贴近我的灵魂。或者可以说,一个作家所塑造的若干人物中,总有一个领头的,这个沉默的孩子就是一个领头的,他一言不发,但却有力地领导着形形色色的人物,在高密东北乡这个舞台上,尽情地表演。

自己的故事总是有限的,讲完了自己的故事,就必须讲他人的故事。于是,我的亲人们的故事,我的村人们的故事,以及我从老人们口中听到过的祖先们的故事,就像听到集合令的士兵一样,从我的记忆深处涌出来。他们用期盼的目光看着我,等待着我去写他们。我的爷爷、奶奶、父亲、母亲、哥哥、姐姐、姑姑、叔叔、妻子、女儿,都在我的作品里出现过,还有很多我们高密东北乡的乡亲,也都在我的小说里露过面。当然,我对他们,都进行了文学化的处理,使他们超越了他们自身,成为文学中的人物。

我最新的小说《蛙》中,就出现了我姑姑的形象。因为我获得诺贝尔奖,许多记者到她家采访,起初她还很耐心地回答提问,但很快便不胜其烦,跑到县城里她儿子家躲起来了。姑姑确实是我写《蛙》时的模特,但小说中的姑姑,与现实生活中的姑姑有着天壤之别。小说中的姑姑专横跋扈,有时简直像个女匪,现实中的姑姑和善开朗,是一个标准的贤妻良母,现实中的姑姑晚年生活幸福美满,小说中的姑姑到了晚年却因为心灵的巨大痛苦患上了失眠症,身披黑袍,像个幽灵一样在暗夜中游荡,我感谢姑姑的宽容,她没有因为我在小说中把她写成那样而生气,我也十分敬佩我姑姑的明智,她正确地理解了小说中人物与现实中人物的复杂关系。

母亲去世后,我悲痛万分,决定写一部书献给她,这就是那本《丰乳肥臀》。因为胸有成竹,因为情感充盈,仅用了83天,我便写出了这部长达50万字的小说的初稿。

在《丰乳肥臀》这本书里,我肆无忌惮地使用了与我母亲的亲身经历有关的素材,但书中的母亲情感方面的经历,则是虚构或取材于高密东北乡诸多母亲的经历。在这本书的卷前语上,我写下了"献给母亲在天之灵"的话,但这本书,实际上是献给天下母亲的,这是我狂妄的野心,就像我希望把小小的"高密东北乡"写成中国乃至世界的缩影一样。

作家的创作过程各有特色,我每本书的构思与灵感触发也都不尽相同,有的小说起源于梦境,譬如《透明的红萝卜》;有的小说则发端于现实生活中发生的事件,譬如《天堂蒜薹之歌》。但无论是起源于梦境还是发端于现实,最后都必须和个人的经验相结合,才有可能变成一部具有鲜明个性的,用无数生动细节塑造出了典型人物的,语言丰富多彩、结构匠心独运的文学作品,有必要特别提及的是,在《天堂蒜薹之歌》中,我让一个真正的说书人登场,并在书中扮演了十分重要的角色,我十分抱歉地使用了这个说书人真实姓名,当然,他在书中的所有行为都是虚构的。在我的写作中,出现过多次这样的现象,写作之初,我使用他们的真实姓名,希望能借此获得一种亲近感,但作品完成之后,我想为他们改换姓名时却感到已经不可能了,因此也发生过与我小说中人物同名者找到我父亲发泄不满的事情,我父亲替我向他们道歉,但同时又开导他们不要当真。我父亲说:"他在《红高粱》中,第一句就说'我父亲这个土匪种',我都不在意你们还在意什么?"

可能是因为我经历过长期的艰难生活,使我对人性有较为深刻的了解,我知道真正的勇敢是什么,也明白真正的悲悯是什么。我知道,每个人心中都有一片难用是非善恶准确定性的朦胧地带,而这片地带,正是文学家施展才华的广阔天地,只要是准确地、生动地描写了这个充满矛盾的朦胧地带的作品,也就必然地超越了政治并具备了优秀文学的品质。

在我的早期作品中,我作为一个现代的说书人,是隐藏在文本背后的,但从《檀香刑》这部小说开始,我终于从后台跳到了前台。如果说我早期的作品是自言自语,目无读者,从这本书开始,我感觉到自己是站在一个广场上,面对着许多听众,绘声绘色地讲述,这是世界小说的传统,更是中国小说的传统。我也曾积极地向西方的现代派小说学习,也曾经玩弄过形形色色的叙事花样,但我最终回归了传统,当然,这种回归,不是一成不变的回归。《檀香刑》和之后的小说,是继承了中国古典小说传统又借鉴了西方小说技术的混合文本。小说领域的所谓创新,基本上都是这种混合的产物。

最后,请允许我再讲一下我的《生死疲劳》。这个书名来自佛教经典,据我所知,为翻译这个书名,各国的翻译家都很头痛。我对佛教经典并没有深入研究,对佛教的理解自然十分肤浅,之所以以此为题,是因为我觉得佛教的许多基本思想,是真正的宇宙意识,人世中许多纷争,在佛家的眼里,是毫无意义的,这样一种至高眼界下的人世,显得十分可悲,当然,我没有把这本书写成布道词,我写的还是人的命运与人的情感,人的局限与人的宽容,以及人为追求幸福,坚持自己的信念所做出的努力与牺牲。小说中那位以一己之身与时代潮流对抗的蓝脸,在我心目中是一位真正的英雄。这个人物的原型,是我们邻村的一位农民,我童年时,经常看到他推着一辆吱吱作响的木轮车,从我家门前的道路上通过。给他拉车的,是一头瘸腿的毛驴,为他牵驴的,是他小脚的妻子。这个奇怪的劳动组合,在当时的集体化社会里,显得那么古怪和不合时宜,在我们这些孩子的眼里,也把他们看成是逆历史潮流而动的小丑,以至于当他们从街上经过时,我们会充满义愤地朝他们投掷石块,事过多年,当我拿起笔来写作时,这个人物,这个画面,便浮现在我的脑海中,我知道,我总有一天会为他写一本书,我迟早要把他的故事讲给天下人听,但一直到了2005年,当我在一座庙宇里看到"六道轮回"的壁画时,才明白了讲述这个故事的正确方法。

我获得诺贝尔文学奖后,引发了一些争议。起初,我还以为大家争议的对象是我,渐渐地,我感到这个被争议的对象,是一个与我毫不相关的人。我如同一个看戏人,看着众人的表演。我看到那个得奖人身上落满了花朵,也被掷上了石块,泼上了污水,我生怕他被打垮,但他微笑着从花朵和石块中钻出来,擦干净身上的脏水,坦然地站在一边,对着众人说。

对一个作家来说,最好的说话方式是写作。我该说的话都写进了我的作品里,用嘴说出的话随风而散,用笔写出的话永不磨灭。我希望你们能耐心地读一下我的书。

即便你们读了我的书,我也不期望你们能改变我的看法,世界上还没有一个作家,能让所有的读者都喜欢他。在当今这样的时代里,更是如此。

尽管我什么都不想说,但在今天这样的场合我必须说话,那我就简单地再说几句。

我是一个讲故事的人,我还是要给你们讲故事。

上世纪六十年代,学校里组织我们去参观一个苦难展览,我们在老师的引领下放声大哭,为了能让老师看到我的表现,我舍不得擦去脸上的泪水,我看到有几位同学悄悄地将唾沫抹到脸上冒充泪水,我还看到在一片真哭假哭的同学之间,有一位同学,脸上没有一滴泪,嘴巴里没有一点声音,也没有用手掩面,他睁着眼看着我们,眼睛里流露出惊讶或者是困惑的神情。事后,我向老师报告了这位同学的行为。为此,学校给了这位同学一个警告处分。多年之后,当我因自己的告密向老师忏悔时,老师说,那天来找他说这件事的,有十几个同学。这位同学十几年前就已去世,每当想起他,我就深感歉疚,这件事让我悟到一个道理,那就是:当众人都哭时,应该允许有人不哭;当哭成为一种表演时,更应该允许有人不哭。

我再讲一个故事:三十多年前,我还在部队工作,有一天晚上,我在办公室看书,有一位老长官推门进来,看了一眼我对面的位置,自言自语道:"噢,没有人?"我随即站起来,高声说:"难道说我不是人吗?"那位老长官被我顶得面红耳赤,尴尬而退,为此事,我洋洋得意了许久,以为自己是个英勇的斗士,但事过多年后,我却为此深感内疚。

请允许我讲最后一个故事,这是许多年前我爷爷讲给我听过的:有八个外出打工的泥瓦匠,为避一场暴风雨,躲进了一座破庙,外边的雷声一阵紧似一阵,一个个的火球,在庙门外滚来滚去,空中似乎还有吱吱的龙叫声,众人都胆战心惊,面如土色。有一个人说:"我们八个人中,必定有一个人干过伤天害理的坏事,谁干过坏事,就自己走出庙接受惩罚吧,免得让好人受到牵连。"自然没有人愿意出去,又有人提议道:"既然大家都不想出去,那我们就将自己的草帽往外抛吧,谁的草帽被刮出庙门,就说明谁干了坏事,那就请他出去接受惩罚。"于是大家就将自己的草帽往庙门外抛,七个人的草帽被刮回了庙内,只有一个人的草帽被卷了出去,大家就催这个人出去受罚,他自然不愿出去,众人便将他抬起来扔出了庙门。故事的结局我估计大家都猜到了那个人刚被扔出庙门,那座破庙轰然坍塌。

我是一个讲故事的人。

因为讲故事我获得了诺贝尔文学奖。

我获奖后发生了很多精彩的故事,这些故事,让我坚信真理和正义是存在的。

今后的岁月里,我将继续讲我的故事。

谢谢大家!

●思考与练习●

1."八个泥瓦匠的故事"是对人性进行了无情的剖析,你是如何理解的?

2.课外阅读莫言代表作:《红高粱》《檀香刑》《丰乳肥臀》《生死疲劳》《蛙》《天堂蒜薹之歌》。

3 马上得之,马下治之(孟昭庚)

导读

本文选自《帝王将相之道》,写于 1994 年,2007 年出版。作者孟昭庚,南京大学历史系教授,著名学者。这是一位毕生致力于中国古代史研究的学者耄耋之年的倾心之作,它高度归纳出中国古代帝王将相为政之道、御策之术、修身之诀。发前人未发之精论,让你深入体味中华古代文明的精髓。作者在《后记》中写道:"本人学识浅陋,只好淡于荣利,平生除参与他人著述编纂外,很少提笔写作,但在细读古人著书之余,亦深感古人许多显而易见的经验教训不为后人重视,甚至认为是老生常谈,不足挂怀,而行事上却一再重蹈覆辙。历史上同样的惨剧再三发生,使我心怀郁闷,常如骨鲠在喉。如今不觉已至耄耋之年,仍旧想一吐为快,于是信笔记来,希望有机会公之于世,以醒世人。"

偶然从网上读到此书,读罢,深深感叹于孟老淡泊名利,实乃古之遗贤,有相见恨晚之感。《马上得之,马下治之》是该书的第一篇《论帝王体统》的首章,讲的是打江山与坐江山完全是两个截然不同的课题,需要区别对待。应该特别指出,中国共产党已经从原来的革命党转变成现在的执政党:马上与马下,建国与治国,创业与守成。如何提高我们党的执政能力、执政水平,永葆社会主义红色江山——本文依然是那么的振聋发聩,具有非常重大的现实意义和特别深远的历史意义。

历史经典，是人类生存和成长的所有终极智慧的精华总结。不阅读历史经典，势必事倍功半。"已有的事，后必再有；已行的事，后必再行。日光之下，并无新事。"所有的问题前人都遭遇过了，解决之道都总结出来了，关键看你自己怎么吸收，怎么演绎。古往今来英雄无数，如果要总结一个共同的成功经验，无疑就是读书——阅读经典，以史为鉴。

选文

公元前 202 年，经过八年战争，一时强大无比的秦王朝灭亡了，不可一世的项羽（前 232—前 202 年）战败了。历经连年争战，刘邦（前 256—前 195 年）终于统一了中国，建立了汉王朝。天下初定，登上皇帝宝座的刘邦得意极了，以为自此可以安享富贵了。这时，偏偏有位儒生陆贾终日在他面前絮絮叨叨，卖弄渊博，张口经典，闭口《诗》《书》。刘邦大不耐烦，骂道："乃公①居马上得之，安事《诗》《书》!"老子是在马背上历经枪林弹雨争得天下的，要《诗》、《书》何用！不料这位儒生偏不买账，他反驳道："居马上得之，宁可马上治之乎？"马背上是可以夺得天下，但不改变观念，能用马背上的一套来管理国家吗？陆贾于是引古证今，说明马上得之不能马上治之的道理。刘邦面有惭色，令陆贾讲述秦亡汉兴及古今成败之理，写成《新语》一书。刘邦对陆贾大为赞赏，采纳了他的许多意见，展开他"马下治国"的政策与措施。

在历史上，大凡旧王朝消亡，新王朝初建时，全国形势大为改观，而这时正是新王朝能否稳定局势的关键时刻。

历代新王朝如果不是经过宫廷政变篡弑而成，则多是经过连年征战统一而成。新王朝建立伊始，往往是新旧王朝交替时留下来的满目疮痍。生产凋敝，田野荒芜，人口伤亡流散，民众嗷嗷待哺。这就是新王朝面临的客观现实。

统一战争结束以后，往日那位征战的首领和他生死与共的铁哥儿们，如今将成为新王朝的帝王将相。长期以来，他们一起出生入死，艰苦备尝，如今大功告成，该是分享权利安享富贵的时候了。而昔日的头领，在战争年代，为了取得战争的胜利，对部下亲之信之，爱之护之，哥儿们称兄道弟，平起平坐。如今他自己威风八面，高坐龙庭。昔日的哥儿们反而成为匍匐阶下、三跪九叩、山呼万岁的臣僚。甚至连原来的毛头小儿、黄脸老婆都成为亲王、皇后，往日的哥儿们对他们也照样得跪拜如仪，心理如何能平静下来！于是乎有些人居功自傲、桀骜不训便在所难免。新皇帝对此焉能不头痛生厌。同时，对新皇帝而言，吹喇叭、抬轿子的人纷至沓来，终日鞍前马后，左右转悠，甜言蜜语，歌颂吹捧，自己也不免飘飘欲仙，忘乎所以，甚至目空一切，把别人不放在眼下。加之生活安逸，享乐之意日增，进取之心日渐消磨。总之，新的统治集团的心态与以往大不相同了。这种心态绵延下去，新王朝的稳定就将成为空中楼阁。

新王朝成立，应立即成立国家机构，组织行政系统，创法立制，运转国家事务。但是，昔日争战的英雄，今日未必都是治国的良才。他们甚至仍然沉醉于战胜攻取叱咤风云的

---

① 乃公：意思是"你爸爸"。汉高祖粗俗的口头禅，专利啊！

精神状态中,哪有治国安邦的心怀!而同时却有大批社会人员闻风而动,涌向新政权。这批人员中,不免鱼龙混杂。其中虽不乏治国英才,也难免有许多利欲熏心的投机分子,加之旧政权中的残渣余孽,他们都可能是新政权的腐蚀剂。总之,如何收拢组织真正的治国人才,是当务之急。

封建社会的秩序是建立在"君君、臣臣、父父、子子"的等级秩序上的。儒家提倡的伦理观念,起着安定社会秩序的巨大作用:君使臣以礼,臣事君以忠,父慈子孝,兄友弟恭,夫和妻柔,朋友以信。于是乎上下有序,天下太平。这种等级秩序一旦混乱了,那也就天下大乱了。古代的法家,甚至想用严刑酷法,强行维持这种上下尊卑的等级秩序。但是,经过旧政权的衰败和连年战争,原来的等级秩序被搅乱了,原有效忠的对象旧皇帝消亡了。在战争中,父子兄弟不能相保,君臣关系自然也全面松动,今日是亲密的君臣,明日可能是反目的仇敌。此处不留爷,自有留爷处。效忠一主成为空谈。这种不稳定的君臣关系和与其相适应的功利观念,对建立新的统治秩序是十分不利的。

秦朝末年,历经秦始皇、秦二世的暴政,后又经连年战乱,广大民众饱受苦难,嗷嗷待哺。项羽大军入关攻取咸阳,秦朝灭亡。"天下之嗷嗷,新主之资也。"(《史记·秦始皇本纪》)这时正是收拢民心,"马下治国"的大好时机。然而项羽却"欲以力征经营天下",压根儿没有"下马治国"的理念。进入关中后,急急忙忙做的大事是"西屠咸阳,杀秦降王子婴,烧秦宫室,火三月不灭"。然后"收其货宝妇女而东"。于是乎天下失望。此后,刘邦以微弱之众与项羽周旋,屡战屡败,却一日日壮大;项羽屡战屡胜,却一天天走向穷途末路。最后终于兵败垓下,别姬自刎。这个血淋淋的现实,刘邦不能不正视,不能不思考。

自战国时起,在中国这片土地上便连年征战不息,秦始皇(前259—前210年)武力统一中国,该是人民息肩的时候了。但是他狂妄自大,好大喜功,巡游无度,征调不息,修长城,筑驰道,建宫室,修陵墓,求神仙。庶民轮流戍边,使他们长期脱离乡土。加之严刑酷法,民不聊生。二世(前230—前207年)即位,变本加厉,数月之间,陈胜、吴广揭竿而起,秦政权立即土崩瓦解。又经数年大战,战事停息,全国统一,天下民众多么希望回归乡里,过那和平恬静的日子!刘邦出身于乡村,曾任社会基层组织亭长,比较了解农民的心理要求,所以即位之初,就摆出一个与民休息的姿态。下令罢兵归农,回归乡里。还有一些草莽英雄,深恐法律制裁,仍然依据深山广泽,剽掠偷生,成为社会的不稳定因素。刘邦则下令,还其田园,恢复秦时的爵位,地方官不得借故刁难。那些因贫困而卖身为奴沦为马牛的农民,一律免为良民,回归生产岗位。刘邦这种复员归农的政策,对恢复生产、安定社会秩序起到了极大的作用。

秦自商鞅变法以来,土地私有已占上风,后经农民大起义,不但秦时苛政得以缓和,地方豪强也大多销声匿迹,各地土地产权比较分散,农民一般都有自己的可耕之地,一旦农民回归乡土,和土地结合起来,便会产生巨大的生产能力。为了与民休息,刘邦尽量减少兴建。一次他出征外地,回至长安,见宰相萧何修建未央宫,颇为壮丽,刘邦见后,大发雷霆,说:"天下匈匈,苦战数岁,成败未可知,是何治宫室过度也!"(《史记·汉高祖本纪》)后经他的子孙文、景二帝坚持无为而治的原则,数十年休养生息,终于形成空前昌盛的大汉帝国。

刘邦即位以后,在统治阶级内部,着重理顺君臣关系,首先是确定君臣名分。在战争年代中,那些忠于主子的人,特予宽容与奖励,背叛主子的人予以唾弃,甚至严惩不贷。

楚霸王项羽部下有位将军季布,在战争中数度追杀刘邦,使他陷于窘境,备受屈辱,项羽败后,逃入民间。刘邦即位后,怨愤难消,他下令以千金搜捕季布,敢于藏匿者诛灭三族。季布辗转逃亡,后不得不剃发锁胫,自卖为奴,投奔大侠朱家。朱家亲到长安,拜谒刘邦的亲信夏侯婴,向他诉说:当年季布追杀刘邦也不过是各为其主,如今你刘邦身为国君,时过境迁,追究当时的忠臣,以报私怨,是为君的体统吗?夏侯婴将此意转告刘邦,刘邦立即赦免季布,并召入京师,拜为郎中,成为皇帝的侍从官员,后成为汉室的骨鲠之臣。季布的舅舅丁固当年也是项羽的部将,当年刘邦大败彭城时,丁固追杀刘邦,追至眼前,情况危急,情急之下,刘邦大呼:难道两位贤者还想威逼吗?丁固果然放他一码,让他逃走。刘邦为帝后,丁固谒见刘邦,原以为刘邦会感恩戴德,封以一官半职,不料刘邦下令把他捆绑起来,巡行军中,宣示他为臣不忠,然后斩首示众。昔日窘辱他的人高官厚爵,放他一马的人斩首示众。理由很简单,昔日我要的是敌人的叛臣,今日我需要的是忠于主子的忠臣;昔日我在马上,今日我在马下。如此而已。

当年,刘邦和项羽在中原对峙,双方旗鼓相当,骑虎难下,战事处于胶着状态。正在这时,韩信(?—前196年)占据今山东及河北的广大地区,兵强将勇,他的动向决定着整个战争胜负的格局。一位叫蒯彻的辩士反复规劝韩信利用这一大好时机,和刘邦、项羽来个鼎足而立,坐山观虎斗,观察形势,伺机而动,可以成就大业。然而韩信最终感戴刘邦的知遇之恩,没有听从蒯彻的意见,麾军南下,助刘邦剿灭了项羽的势力。刘邦为帝后,设计幽禁了韩信。后来,刘邦的妻子吕后(前241—前180年)乘刘邦在外,诛杀韩信,并杀尽了他的家族。刘邦回来以后,问吕后韩信死前有何话讲。吕后说,他死前说:"悔不该不听蒯彻的劝告。"刘邦听罢,立刻下令追捕蒯彻。蒯彻到后,刘邦骂道:"你曾劝韩信反叛么?"蒯彻回答道:"不假,确有其事!这小子不听我的劝告,以致有如此下场!"刘邦喝道:"烹了他!"蒯彻大呼:"冤哉烹也!"刘邦说:"你调唆韩信反叛,有何冤枉!"蒯彻说:"当年,我是韩信的臣属,所以,在我眼中只有韩信没有你刘邦。当年角逐天下的人何止千万,如今你当了皇帝,难道都能翻旧账,全部烹杀么!"刘邦听后立刻命令:"放了他!"因为他是"忠臣"。

刘邦为帝后,最大的变化莫过于对儒生态度的转变。

刘邦出身社会底层,颇有几分流氓习气,尤其看不惯那些动辄《诗》《书》、夸夸其谈的儒生,见到他们,常常抢掉他们的儒冠,当众撒尿其中。当年刚刚起兵反秦时,兵过陈留高阳(今河南开封东南),有一个名叫郦食其(?—前203年)的人,身着儒生衣冠,求见刘邦。刘邦心不耐烦,命人传言:"我正在忙国家大事呢,没空和儒生闲谈!"那人照言传达,不料这位郦生大骂道:"滚!你给我滚进去报告,老子是高阳酒徒,不是什么儒生!"刘邦果然接见了这位"高阳酒徒"。这位"酒徒"日后立了不少汗马功劳,直至献出了自己的性命。

还有一位叔孙通,是个道道地地的山东儒生,秦朝末年,辗转投奔了刘邦。刘邦见他儒服儒冠,颇不自在。叔孙通识相,立刻改穿短衣窄袖的楚服,刘邦才收留了他。在争战过程中,叔孙通收拢了不少草莽英雄投入刘邦麾下,壮大了刘邦的队伍。刘邦登上皇帝宝座,叔孙通恢复了他儒生的面貌,大大发挥他儒生的专长。刘邦初登帝位,原来他的一群哥儿们放纵惯了,仍旧常常在大庭广众喧哗吵闹,甚至大发酒疯,争功吃醋,拔剑击柱,不成体统,刘邦大感头疼,却也无可奈何。这时叔孙通毛遂自荐,声称他可以叫他们听从指挥,服服帖帖。刘邦命他权且试试。叔孙通召集一批儒生和一些"有识"官员,参照前代各种礼仪,在旷野之中演练臣僚上朝威仪,练成以后,召集满朝文武照样操练。一日,刘邦上朝,群臣参拜如仪,山呼万岁。自始至终,众臣僚服服帖帖,井井有条,无一人敢于出声喧哗者,于是乎"龙颜大悦",刘邦乐滋滋地赞叹:"我今天才体味到皇帝尊贵的味道来!"于是立马任命他为太常卿,专管国家礼制。叔孙通不负所望,为汉朝制定一整套礼乐制度,并著书立说,成为汉初儒学的一代宗师。原来随从他的一批儒生也飞黄腾达起来,纷纷被拜为郎官,构成皇帝身边的"郎"群。刘邦对叔孙通信任有加,官至太子太傅,成为皇储的监护人。

在反秦战争中,刘邦乘项羽与秦军主力大战河北的间隙,自中原南下,突入武关,进驻关中,秦王出降。刘邦下令废除秦朝苛法,"约法三章",于是秦民大悦。但是全国统一后,那个"约法三章"只能是权宜之计,不能适应新的情况了,于是命令宰臣萧何等人制定法律。萧何等人根据秦律,参照古律损益改造,制成了汉律九章。后来叔孙通又将九章不足之处进行补充,制定旁章十八篇,把儒家的礼教糅进法令之中,成为儒法合流或外儒内法的法律章程,为巩固汉朝统治起重大作用,并成为后世法律章程发展变化的蓝本。创法垂制是任何新兴王朝"马下治国"的头等大事,没有法律章程的国家必败无疑。

刘邦即位后,最为棘手的莫过于对功臣的安排与处理。

历代农民起义军往往不败于敌人的进攻,却败于自身权力斗争的内讧中。有些短命的王朝也常常在亲族的内战中耗尽实力,为他人创造篡夺的机会。东晋十六国、南朝各朝走马灯似的轮换便是如此。

刘邦初即帝位,分封功臣二十余人,未免出于爱憎,有失公允,于是众武将怨声沸腾,人心浮动。后听从张良(?—前189年)的建议,匆匆忙忙把一个自己最怨恨的雍齿封为什方侯,以安众心,然后敦促宰相尽快论功行赏,分封王侯不下数十人,形势才暂时稳定下来。但总的说来,刘邦处理功臣名将的结果是失败的。他所分封的异姓王侯如韩信、彭越、黥布、陈豨、臧荼、卢绾等人都相继反叛,最后落得剿家灭族的下场。韩信被捕时悲愤地说:"狡兔死,良狗烹;高鸟尽,良弓藏;敌国破,谋臣亡。"(《史记·淮阴侯列传》)这声悲叹,成为后代开国名臣惊心动魄引以为戒的名言。刘邦处理功臣名将失败的原因,在功臣方面是因为他们大多出身于社会下层,无甚文化修养,不知谦恭为何物,一旦心怀不满就浮动跳躁,不计后果。在刘邦本人方面是他猜忌心重,对过去的恩怨,往往耿耿于怀,借故报复,加之背后又有一个心狠手辣权迷心窍的妻子吕后从中作祟,大臣们不能不心存疑虑。所以,一个功盖当世的韩信一经诛杀,立刻引起连锁反应,异姓诸侯们纷纷先发制人,举起了叛旗,以致已身衰多病的刘邦不得不仍旧戎马倥偬地南征北战。晚年,路过故里沛县(今江苏沛县)时,他高唱自作的《大风歌》:"大风起兮云飞扬,威加海内兮归故乡,安得猛士兮守四方!"然后泪下沾巾。正道出了他得意忘形而又忧心忡忡的矛盾心理。晚年和大臣们"剖符作誓",也算是一个完美的补救。

《汉书·高祖纪》最后的赞语说："天下既定,命萧何次律令,韩信申军法,张苍定章程,叔孙通制礼仪,陆贾造《新语》。又与功臣剖符作誓,丹书铁契,金匮石室,藏之宗庙。虽日不暇给,规摹弘远矣。"总之,刘邦不失为一个"马下治国"的典范人物。

刘邦的九代玄孙、建立东汉王朝的光武帝刘秀,其功业未必如刘邦辉煌,但他的"马下治国"理念却更自觉、更超前。

刘秀(前6—57年)自王莽地皇三年(公元22年)参与农民暴动,到他即位后的建武十三年(公元37年)全国统一,前后争战十五年之久。他的战斗经历比刘邦复杂得多,功臣名将数目更多,有所谓云台二十八将、三十二功臣之说。当他即位不久,国家尚未统一之前,便告诫他的臣属:"人情得足,苦于放纵,快须臾之欲,忘慎罚之义。"要想"传于无穷,宜如临深渊,如履薄冰,战战栗栗,日慎一日"(《后汉书·光武帝纪》)。那意思是:功臣如果自恃功高,飞扬跋扈,法律不容,后果难测。全国统一前后,立即大张旗鼓地敦儒术,兴太学,罢兵归农,少谈兵事,早早摆出一副偃武修文的架势。他的臣僚们也深深理解皇帝不愿功臣拥兵自重、坐镇京师的心理,纷纷自动交出兵权。而刘秀本人也感念功臣的功德,保全他们的声名富贵,避免他们触犯法律,一律以侯爵归第休养,加高荣位,参与朝廷各种朝会活动,小有过失,也多回护包容。各地的贡献物品,也必分赐功臣之家,宫中反而所余无几。而全国的行政,他却另起炉灶,设立尚书省,处理军国事务,直接受皇帝指挥。功臣们优哉游哉,安享他们的荣华富贵,所以终光武一世,无一人受到惩处。有一个戏曲剧目叫《上天台》,说的是光武帝听信谗言,将功臣名将斩尽杀绝,自己也绝吭而死,那绝对是和历史事实相违背的。刘秀处理功臣之所以成功,和刘邦适成对比。刘邦的部将多是莽夫,而刘秀的部将则多出身于名门豪族,有较深的儒学教养,深知功臣处世之不易,大都有功成身退的思想准备。刘邦心胸狭隘,对臣僚的过失往往耿耿于怀,甚至借机处置。只是他有顾全大局之心,善纳嘉言,强抑心头怒火,这是他过人之处。刘秀则心胸开阔,对臣僚过去的恩恩怨怨一笔勾销,决不秋后算账。这更是他过人之处。

公元23年,农民军攻入长安,王莽被杀,新莽政权覆灭。但是农民军拥立的皇帝是刘玄,那时刘秀还是他的部下。刘玄准备定都洛阳,命刘秀率先头部队进驻洛阳。先前,农民军的部队在洛阳进进出出,兵士们穿戴不整,行为吊儿郎当,洛阳市民暗自嘲笑,甚至惧而逃窜。及至刘秀大军入洛,军纪整肃,部队全着西汉时装束。自王莽篡位以来,二十余年,汉朝风范泯灭殆尽。农民战争爆发后,各地农民军各自为政,军纪涣散,装束五花八门,表现出时局的动荡不安。而今忽见汉时军人体貌,忽如隔世,旧时官员甚至涕泗交流,叹道:"不图今日复见汉官威仪!"此话日后成为感念故国的术语。

不久以后,刘秀又奉命镇抚黄河以北地区。所到之处,清除王莽苛政,召见地方官吏,考查官员的贤愚清浊,恢复汉家制度,处处表现出兴复汉室的姿态。

经过年余的争战,刘秀攻占了河北的广大地区,在部属的鼓励拥戴下,于公元25年在今河北柏乡县境自立为帝。但就全国而论,仍然处在分裂割据状态之中,各处依旧烽烟遍地,兵荒马乱。这时刘秀需要的仍然是奇谋权略和冲锋陷阵之士,然而他却忙不迭地将一个早已闲置在家的老官吏卓茂(前53—28年)从民间寻找出来,任命他为太傅,位在三公之上,儿辈也高官厚禄。这种不急之务似乎不近情理。原来,这位七十多岁的卓茂在西汉末年曾任密县县令,据说是专以礼教治民的良吏,"爱民如子",境内安宁和睦,"道不拾遗",因而远近闻名。刘秀此时把他提拔起来,是向人们召示:我刘秀才是爱护百姓的汉室正统,和盘踞各地的"草寇"不可同日而语。又召示各地官员:我刘秀要建立新王朝,急需廉洁奉公、忠厚慈爱的官员,那些贪赃枉法草菅人命的人趁早走开。虽在戎马倥偬之中,却早早做好了"下马治国"的准备。

戎马倥偬中,刘秀随时不忘"投戈讲艺,息马论道",摆出一个文明治国的架势,这和他的祖宗刘邦在战争中抢儒冠做尿壶的作风大大不同了。

刘秀统一全国后,大力贯彻偃武修文的治国方针,大张旗鼓地兴学校,倡儒学,又命诸大臣荐举"廉吏""茂才"(即秀才,避刘秀讳改),各地方官推荐民间的"孝廉",以为民众入仕的重要途径。他又深知战争带给人民的重要创伤,决不轻动干戈。早在他进攻四川割据势力公孙述前就慨叹:"每一发兵,头须为白!"公孙述亡后,全国统一,从此少谈兵事。当时,西域诸小国苦于匈奴盘剥,屡屡请求重开都护府,归服汉朝,刘秀坚决拒绝。后来,匈奴分为南北两部,双方争战连年。北匈奴连年荒旱,人畜疾疫,一片萧条景象,大臣臧宫等认为千载良机,请求发兵一举消灭北部外患,刘秀则下令说:"逸政(安民之政)多忠臣,劳政(劳民之政)多乱人。故曰务广地者荒,务广德者强。有其有者安,贪人有者残。残灭之政,虽成必败。今国无善政,灾变不息,百姓惊惶,人不自保,而复欲远事边外乎?"(《后汉书·臧宫传》)历观历代开国皇帝不明此理,往往为自己的赫赫战功冲昏头脑,建国后仍轻动干戈,造成极其不良的后果。

刘秀从政失败的地方是他对王公贵族、豪门大族的迁就姑息。刘秀自己出身于南阳(今河南南阳)豪族,随他南征北战的功臣也多是豪门大族。刘秀建国后,大封功臣贵胄,功臣增封邑者三百六十五人,外戚四十五人,绝国封邑者一百七十三人。这个庞大的贵族群体相互盘根错节,隐占田土,广树党羽,刘秀自称是以柔道治天下,对豪门贵族的约束就显得软弱无力。对豪门贵族的姑息,就是对民众的残酷。晚年,臣子歌功颂德,鼓励他封祭泰山,他下诏说:"即位三十年,百姓怨气满腹,吾谁欺,欺天乎?"(《续汉书·祭祀志上》)也算是有自知之明,与那些粉饰太平、自我夸饰的帝王相比高明多了。

在中国漫长的封建时代里,另一个深明"马下治国"道理的是唐太宗李世民(599—649年)。公元626年,李世民发动"玄武门之变",诛杀了自己的亲兄长建成和弟弟元吉,迫使父亲让出皇位,自己登上了皇帝的宝座。一次,他和大臣们讨论建国与守成哪个更困难,宰相房玄龄(579—648年)等人认为:"草昧之初,与群雄并起,角力而后臣之,创业难矣!"魏征(580—643年)反驳说:"自古帝王,莫不得之于艰难,失之于安逸,守成难矣!"李世民总结说:"玄龄与吾共取天下,出百死,得一生,故知创业之难。征与吾共安天下,常恐骄奢生于富贵,祸乱起于所忽,故知守成之难。然创业之难,既已往矣;守成之难,方当与诸公慎之!"(《贞观政要·君道》)这里说得很明白:昔日在马上,艰苦备尝;今日在马下,大意不得。两个阶段,不容混淆。

李世民出身高级贵族,在战场上是一个英勇无比的将军,性情刚烈。然而,贵族子弟的劣根性他也全部具备。一般来说,他应该是个治国的门外汉,然而最大的幸运是他有一个无与伦比的反面教员,那就是他父辈姨表兄弟隋炀帝杨广(569—618年)。隋炀帝即位之时,隋帝国是世界上最强大富庶的国家。然而经过他十余年折腾,便把它弄得分崩离析,烟消云散,杨氏家族剿灭殆尽。这个血淋淋的现实不能不使他惊心动魄,李世民无须名师教诲,无须乎读圣经贤传,只要参照隋炀帝的行为,照其反面行事就绰绰有余了。李世民初即帝位时,和隋炀帝在位时的富庶强大恰恰相反。田野萧条,人口稀少,加之连年荒旱,生产凋敝,北方强大的游牧帝国突厥汗国虎视眈眈,大军直逼京师,内忧外患迫在眉睫。李世民头脑清醒,小心谨慎,少兴建,少巡游,不轻易发动战争,轻徭薄赋,建立各种法令法规,修定《唐律》,妥善处理君臣关系,有条不紊地在"马下"治理他的国家,终于为一个昌盛的大唐帝国奠定了基础。

历史上有许多王朝,在其建国初期,一片大好形势,前途无限光明,但是,他们的统治者不明"马下"治国的道理,一味毫无章法地随意折腾,以致葬送了长治久安的大好前程。

元朝建国,其武功无与伦比,幅员之广阔前无先例,中外交通开阔绝无仅有,然而蒙古贵族一向以战争掠夺为天职。在中国这块土地上,他们不懂得治国的法则,依旧沉醉在战胜攻取的精神状态之中。忽必烈(1215—1294年)在位三十余年,几乎无岁不发动战争,近则朝鲜,远则日本、越南、缅甸、爪哇。然而昔日的战马在茫茫大海中却无用武之地,驰骋草原的健将们屡遭败北,但他绝不回头,大规模地征调弄得民怨沸腾,暴动此起彼伏。蒙古贵族进入中国,仍然迷恋他们的马上生活,把大批良田辟为牧场,又到处施行军事屯田,使无数农民流离失所。大凡游牧民族入主中原,必须接受先进的生产方式和文化传统,逐步走向民族融合的道路,才能在中国这块广袤的土地上长期站稳脚根,然而蒙元统治者往往反其道而行之。例如,他们进入中原后,把无数良民掠为奴婢,或者把一般的农民沦为受严格控制的农奴性质的佃农。纵观历史,劳动人民的人身枷锁往往要经过数百年乃至千年的斗争,才能得到某种程度的松弛,蒙古统治者反而加重人民的人身束缚,这种做法是极其反动的。蒙元统治者蔑视以儒学为中心的中国文化传统,他轻视儒生,有所谓"九儒十丐"之说(十等人中,儒生第九等,乞丐第十等)。儒生沦为与乞丐相提并论的下等人,有些儒生甚至被掠为贵族的奴隶。这种情况几乎是空前的。蒙元统治集团中,并不乏愿意接受汉化的官员,并与蒙古贵族进行不懈的斗争,但他们终归处于下风。这诸多作风便注定元朝是个短命的王朝。元朝的开国皇帝忽必烈在位三十五年,即位二十年才灭掉南宋,做统一的皇帝不过十五年。元朝最后一个皇帝在位三十六年,他即位十年后农民即大规模起义,元朝统治已接近尾声。首尾两个皇帝之间不过四十年,却换了十个皇帝。元朝真正作统一的皇帝不过七十余年,大约和五代时期割据政权吴越国的时间相当,这与元朝的武功和所具备的优越条件极不相称,这就是他们不善于下马治国造成的恶果。

历史上许多皇帝是"马上"的英雄,却不理会"马下"治国的道理。五代后唐的皇帝李存勖(885—926年),善于"马上"战斗,人称"斗鸡小儿",建国后仍不"下马",经常带着他的兵马随从,骑着高头大马驰骋在田野中,打猎取乐,践踏庄稼,伤害民田,他竖起指头:"老子靠指头取天下!"他却不知道取天下靠指头,治天下靠脑袋。他在位不过四年,就被他的部下乱箭射杀,他的指头再也动弹不得了。

汉朝初年,年轻的政论家贾谊(前200—前168年)写过一篇《过秦论》,其中说道:"夫兼并者高诈力,安危者贵顺权,此言取之与守不同术也。"两千多年前的政论家早已提出创业与守成不同术,"马上"与"马下"不同道。历史上许多人不明此理,以致不断出现建国的英雄,治国的庸才;短命王朝多,长治王朝少。道理即在于此。

●思考与练习●

1."马下治国"的政策与措施主要包括什么内容?

2.讨论"不断出现建国的英雄,治国的庸才;短命王朝多,长治王朝少"的历史原因。

4　中华文明的三个优点（余秋雨）

导读

每一种文化的理想人格是不一样的。中华民族的理想人格是君子。君子的对立面是小人。"成人之美"是君子重要的品德。

我们中国为什么有那么多的节气,其实是礼仪的普及场所。在元代的时候,外国传教士对中国老百姓评价最高的是"礼仪之邦"。

中庸之道不仅让大家不要走向深渊,而且要把现在已经在深渊的人也要救过来,所以是最高道德。

中国文化几千年一直不灭,其中一个重要原因就是它避免了一切极端主义。

选文

中华文明怎么能够延续那么久?中华文明长寿的秘密在哪里?在这里我必须讲中华文明的几个优点。

中华文明有些优点,因为我们讲的是"全球背景下的中华文化",所以我们要改变一个习惯。我们可爱的中国人有个习惯,经常用些形容词来形容我们的优点,忘记了全球背景。

我们老讲我们勤劳勇敢,外国人就笑了,哪个民族不勤劳,哪个民族不勇敢?我们打仗打得比你们还多,我们不勇敢吗?你们说,"己所不欲勿施于人",这是你们用文言文讲的,这句话在世界任何宗教里面都有。我们勤奋,我们刚健,我们"和而不同",等等,我们可以讲很多这样的词语。外国人讲,你们中国人啊,一会儿自卑,一会儿又把全人类的优点说成你们单独的优点。所以我们不要把全人类的优点说成我们单独的优点,这是我们的一大毛病。

我们在讲中华文化优点的时候,需要两个特性,一个是独特性,第二是持久性。这些事情是被中国人民一直做下来的,第一独特,可能西方也有,但主要是中国人在做。持久性就是它是一直做下来的,而且非常普及。我在纽约大学演讲的时候讲过,中华文化有"三个道"。我希望在座的朋友们记一记。

第一个:君子之道

这是我按照前面开始讲文化的时候讲到人格是文化的沉淀点,从人格的这个思维来引申的。既然我们的所有文化都沉淀为人格,每一种文化的理想人格是不一样的。我们知道,世界上有的文化、有的民族,它的理想人格是英雄,有的民族它的理想人格是先知,有的民族它的理想人格是绅士,有的民族它的理想人格是骑士,有的民族它的理想人格是浪人,有的民族它的理想人格是牛仔,中华民族的理想人格是君子。

君子这个词语也可以翻译成英文,但是,这跟我们中国人所理解的君子不太一样。君子不仅仅像绅士或者是好人、善良人,不完全是这样的。请大家记住,如果孔子千言万语对我们有什么遗嘱的话,有一个非常重要的遗嘱说,希望世世代代的人做个君子,不做小人——这是孔子给我们最重要的遗嘱。你们要你们的孩子、学生要继承中华文化,不要背那么多书,最重要的一点是做个君子,不做小人,这是我们的中华文化当中非常重要的一点。

孔子和他的学术战友们一起(我又要歌颂他们),他们非常了不起的地方是建立了一个人格理想。人格理想的好处是人人可以仿效,不单是去读一些古文。大家都知道中国古代的很多人都是不识字的,所以一定是人格榜样让人家仿效。而且,孔子还有一个好处,就是不给君子下定义。什么叫君子? 他不讲,因为没有文化的时代下个定义有什么用处? 他做了一些最了不起的学术上的事情,就是我不下定义,我树立一个他的对立面,这个对立面就是小人。按照现代逻辑学的概念就是边缘切割,树立一个边缘,一刀切下去,君子是什么就清楚了。君子的对立面是小人,然后他用一系列中国人都知道的句子,来告诉你什么是君子什么是小人,让每个中国人都能够记住。比如,"君子坦荡荡,小人长戚戚""君子成人之美,小人乘人之恶",等等,小人则反是,反过来。"君子和而不同,小人同而不和",等等。君子"怀德",小人"怀土",他比较在乎自己的道德。这个"土"碰巧和现在我们讲的"土豪"的"土"连在一起。"君子怀德,小人怀土",这是孔子讲的话,他都努力地去分,分君子和小人的差别,告诉大家君子是什么,小人是什么,千万不要做小人,努力做君子。而且很好做,比如"君子成人之美",小人则反是,也就是说"成人之美"是君子重要的品德。这个人不见得是你家里的人,不认识的人也叫"成人之美"。

我们听完演讲,走在昆明的街上,看到今天天气很好,一男一女在举办婚礼,站在饭店门口接待宾客,你虽然不认识他们,但是你投去一个灼热的目光,这就是君子的目光,"成人之美"。大家知道吗,君子的目光实际上很简单,随时随地。小人的目光就不一样了,小人就要动坏脑筋了,新娘子好看不好看啊。新娘子好看不好看,这当然也可能是君子目光的一部分——"成人之美",关键是下面不要进一步地动坏脑筋,这就是小人和君子的差别。

我有一本新书就要出版,就叫《君子之道》,从人格上讲中国文化是最简单的,那是不是普及了呢? 普及了。普及在哪里? 中国人,只要是中国人,不管在哪个土地上,只要是中国人,你讲他君子他一定很高兴,你讲他小人他一定很愤怒。尽管他没有文化,你讲他是小人他一定很难过,这就表示充分普及。有些人讲,你宁可讲我坏人也不要讲我小人。只要是中国人都很明白,做君子不做小人,这是充分普及了。我们在座的每个人都要想一想,你不要自称自己是君子,不要这么想,我们身上有君子的细胞也有小人的细胞,都会有,我们努力要做一个君子,是这一辈子的梦想。

我二十几年前辞去高校校长职务的时候,有很多的原因,其中一个原因是我突然发现我心中小人的细胞有点增长,这是为什么呢?我是一个高校校长,我在报纸上发现别的学校出现问题的时候,有一点暗暗的高兴,这就是小人细胞了。我就看到别人有问题,我警惕,我们学校不要发生这样的问题,这还不是小人;看到有竞争关系的学校,他们出了问题我怎么就高兴了呢?这就是小人了。如果长时间下去就很糟糕了,所以这也是我辞职非常重要的原因。

我举这个例子,说明我们每个人都要学做君子,尽量地避免做小人。到现在为止,我还找不到另外一种划分能够完全替代君子和小人的划分,很难找到划分的标准。小人不见得就是坏人,小人可怕的是他们不见得是坏人,甚至于你还抓不住他的罪名,但是事情全被他们搞坏了,心态全被他们搞坏了,但是始终还是抓不到他们什么辫子——切切戳戳的,阴暗的眼光,鬼鬼祟祟的动作,问一些莫名其妙的问题,把很多了不起的人搞得灰头土脸。我们千万要我们的孩子们做君子不做小人(不需要有太高的目标)。我曾经开玩笑地讲,我说,我们中国的一个男人,如果去世的时候,你的墓碑上不要写什么正厅级干部,也不要说你是北大的博士,你说"这里休息着一个真正的中国君子",就是最高的评价了。君子应该是很多,大家认为,不识字的也可能是君子啊,君子的范围可以很广。这一点我觉得孔子他们真了不起,他们把君子之道普及了。第一个是君子之道,在人格模式上,中国普及了君子之道。

第二个:礼仪之道

君子不能马上让所有人都学会做君子,因为这里边有教育过程,很难。你还没有做君子的时候,我就强迫性、半强迫性地让你接受礼仪。比如,一个孩子,他还不懂得孝道,但是你强迫他每天睡觉前要向爷爷奶奶请安,请安就是礼仪。你当时还不知道孝的重要性,还不知道爷爷奶奶的重要性,但是你说:"爷爷奶奶,今天晚上好好休息!我去睡了。"这是必需的,古代是这样的(现在未必如此)。第二天早晨的时候请安,这叫礼仪。礼仪不一定有实质性的内容,它把文化变成一种集体行为、行为的模式,这一点很重要。

我曾经讲过,我们中国为什么有那么多的节气,其实是礼仪的普及场所。为什么要有春节?节日来的时候,你对村子里的老人要有什么态度,对同辈要有什么态度?对舅舅要有什么样的语言,对舅妈要有什么样的语言?到元宵节是什么样,清明节又是什么样?一次次都是礼仪大普及。通过节气,普及礼仪。

礼仪在中国是多少年积淀下来的。有的礼仪太复杂,很难流传;有的不人道,逐渐被废除。比如在宋代的时候,对中国妇女的礼仪显然是太不人道的,所以一定要取消。但是简化礼仪、优化礼仪肯定是我们这个时代非常重要的把君子之道延续下去的一个扶手。否则,光讲君子之道不行,必须有行为模式的创建,你必须如此做。你不能和航空小姐说，你必须快乐，必须礼貌，不！必须手势，必须动作，必须一切符合礼仪。我们在航空小姐身上就看到了礼仪，不管她真诚与否（最好真诚）。不真诚，她也是完全符合礼仪，我们都感到很舒服。

北京奥运会结束以后，对世界各国的客人进行调查：你们最满意奥运会的是什么？是不是安全最好、安全不错，是不是开幕式最好？最后，大家的投票结果是，最满意的是中国年轻志愿者的礼仪。他们用非常简单的礼仪方式，让外国人深深感觉他们身上的动作和他们脸上的表情是中华文化的速写本，这就是礼仪。

我们有没有可能让我们的动作变成中华文化的速写本？有集体礼仪也有个人礼仪。古代（包括西南联大那些教授们）的礼仪一定是非常讲究的，他们有好多好多规则，好多好多礼仪，虽然贫困，他们也不会丢开自己的礼仪。我的老师（年纪很大，已经去世了），他们当年去看叶圣陶先生（叶先生是中国第一任教育部副部长）。那么老的一位老先生，不管谁去看，他一定要送到家门口，而且一定是打躬作揖。他的礼仪别人做不到，他必须这么做。每个人有自己的规则，有一定的礼仪。

在国外，在国际上，我们讲他是绅士派头，我们中国就是君子的礼仪，这是非常讲究的。为什么非常多的中国游客让外国人不舒服？一个非常重要的原因就是我们缺少最基本的礼仪。我在《中国文脉》里边引了一段话，在元代的时候，外国传教士对中国老百姓评价最高的是"礼仪之邦"，这不是中国人讲的，是外国传教士讲的。这说明当时中国的普通老百姓也很讲礼仪，包括乡村里边的老百姓。他说，他所住的乡村里边，一个农民少了一条牛，全村人怎么帮他找，等等。整个村庄都是非常有礼仪的。

那么我们的礼仪现在是失落了，失落了怎么办？我们不要痛心疾首，不要狠狠地批判，从有的学校，有的系科，从有的单位，从有的群体开始简单礼仪。礼仪简单，易行，慢慢的，比如包括我们昆明市，昆明市如果太大的话，包括有几个大的公司，大的学校（像我们学校），一点点做好。礼仪普及之后比其他都好，君子之道就落实了，变成行为了，否则只是空对空。

有的人可能这一辈子都没有成为君子，但是他一辈子老老实实地遵守礼仪，我认为他实际上就是君子，因为他做到了君子该做的一切。他的内心可能没有文化，他也读不到孔子的书，但是他是君子，因为他始终讲究礼仪，该怎么样都清清楚楚。这是我讲的在行为模式上普及了礼仪之道，中国到处都是如此。

第三个：中庸之道

这个"庸"啊，因为在中国文字当中和庸俗的"庸"是同一个字，所以在中国往往被误解，以为中庸之道是你好我好大家好，没有立场，没有观点。错了！中庸之道完全不是如此。中庸之道是一种非常重要的思维模式、行为哲学，孔子认为它是最高道德——至德。

孔子怎么会认为中庸之道是最高道德呢？是这样的，"中"是对一切问题考虑中间值，"庸"指的是对一切问题考虑平常态。"中间值"和"平常态"，非常重要，它使一切事情变得"可行"，本质是反对一切极端主义。极端主义在中国也流行过一段短时间。

中国文化的本性是中庸之道，反对一切极端主义。极端主义看起来很爽利、很痛快，但是最后一定坏事，一定是在边缘状态下的英雄呐喊，如果谁听了你，你和听你的人一起落入万丈深渊。中庸之道不仅让大家不要走向深渊，而且要把现在已经在深渊的人也要救过来，所以是最高道德。中国文化几千年一直不灭有好多原因，其中一个重要原因，就是它避免了一切极端主义。即使有极端主义，也常常以中庸之道来治疗，来和解，达到和谐，所以这是我们中国文化一个非常重要的优点。

我举个例子，我那次旅行到了波斯帝国所在地——伊朗。当时德黑兰的地铁全世界招标，中标的是我们中国的公司，几万中国工人在那里造地铁。他们在报纸上看到我们去了，在那儿多年没听中国学者讲课，他们就来到我的旅馆叫我去讲课。我那个时候已经几个月没吃到中国饭菜了，就觉得中国的工棚里一定有中国饭菜，就很高兴地去了。

去了以后我就讲，七世纪的伊朗有一件事跟我们中国人有关。在公元七世纪的时候，世界上有三个强权，第一强大的力量是中华帝国，第二是阿拉伯帝国，第三是波斯帝国。没想到，老二打老三，阿拉伯打波斯。老三的唯一办法是先向老大求援，他们派来信说，伟大的唐朝，你是我们的好邻居好伙伴，过去我们一直听你的，有没有可能帮我们一把，老二要来打我了。当时能够出兵的就是唐朝了。我们年轻人一听："出兵，当然出兵！一定要表现出我们的强悍来。"但是唐朝的官员认为，我们为什么出兵？我们不知道老二老三的矛盾出在哪儿，我如果从南方帮助了老三，老二可以从北边打我们，我们和老二就成为敌人了，而且战争要到什么时候我们也不知道。唐朝知道按照中庸之道应该怎么做，就写了一封信，大概内容是：我们是好朋友、好邻居，你受到侵略我们很同情。不过由于现在是冬天，如果我们要翻越世界最高的山，出兵几十万来帮你，行军有诸多不便。我们建议你们把整个王室迁到波斯和唐朝的边缘地带。当时像波斯帝国除了城市之外，都是一片沙漠。你们迁到我们唐朝的领土上，就叫波斯都护府，我们可以给你们钱给你们领土。而且，你们的代代世袭我们不管，你们的政治我们完全不管，我们保全你们整个王室，而且我相信老二不会来打。波斯就这么做了，把他们的国家王室搬到了唐朝，后来觉得不安全又换了地方，唐朝不予干涉而且给予帮助。他们在唐朝代代相继，最后造成了几个很好的结果。第一，保全了伊朗和波斯文明；第二，强化了唐朝文明。当年我们都能看到的低胸的薄料的那种女式衣服，就是波斯的物品。最重要的一点，阿拉伯以为我们会出手，不过没出手，结果阿拉伯和唐朝的关系也不错，阿拉伯和波斯在我们的国土上关系也很好。关键是公元七世纪的时候，老大老二老三是这样分的，如果当时一旦打起来，就是古代世界大战，世界大战的结果，人类文明还有没有就不知道了。所以我们靠中庸之道，避免了一场古代的战争，捍卫了人类文明。

中庸之道就是有这样的好处，我们现在在了解中国古代文明的中庸之道的时候，要继续反对一切极端主义。我们不要以为强大的时候可以放弃中庸之道，可以走极端主义道路。不对！极端主义从来没有好下场。我们的祖先，从孔子开始代代教育我们，我们是要用温和的心，用协调的方法来求得世界的和解，而不是玩极端主义，玩力量对比，完全不是如此，这是中华文明延续至今的原因。如果说"不行，我们打出去"，古代的史实告诉我们，任何军事远征都是文化自杀，无数历史证明了这一点。比如亚历山大，他是亚里士多德的学生，他带希腊文明远征，最后走向了文化自杀，不仅他不行了，连希腊的文化也开始走下坡路。因为一种文明被绑上了军队的马车，文化自身就变质了。而且，文化的继承者都变成了战士,文化继承者也就没有了,村子里留下了很多老弱病残的人,精英的人都在战场上成了将军成了战士,有的牺牲了,结果文化就灭亡了。在古代历史上,任何远征都是文化自杀。在这个意义上,我们要遵照祖先的遗嘱,这就是我们的中庸之道。

三个“道”,在人格模式上中华文化普及了君子之道,在行为模式上中华文化普及了礼仪之道,在思维模式上中华文化普及了中庸之道。这个三个“道”可以说是人所共知,千年不变的。而且,平心而论,世界其他文明很难模仿,很难有直接对应的东西能模仿我们这一切。

我仔细想过,尽管西方建立的绅士文明也建立了他们的礼仪之道,但我们的礼仪之道不仅有悠久的历史,还有一整套非常完整的强迫性和半强迫性,礼仪成了我们培养孩子的主要手段和城市管理者的主要手段,这一点需要我们很好地发扬光大。

●思考与练习●

1.谈谈你对中庸之道的理解。

2.如何培养君子之道?

5　一位老师的离别赠言(张彤)

导读

一篇毕业典礼上的发言,在短短一个小时内有了 56 万的浏览量。创造奇迹的,并非名人,而是深圳实验学校的一位语文老师张彤。“又到毕业季。有幸站在这里,在诸位即将翻开人生新篇章的时候,本着扶上马、送一程的原则,既代表在座的每位老师,也代表我自己,不抒情,不煽情,接地气地和大家聊几句实在的……”

2014 年 6 月,在一番洋洋洒洒 5000 多字的临别赠言里,张彤和高三毕业生们谈了关于“暑假”“大学”“出国”“处世”的四大话题,如同拉家常一样娓娓道来,风趣幽默且富有真情实感,感动了在场的所有学生,也打动了无数人。

许多人在朋友圈里刷屏,怀着激动的心情为她“点赞”。有网友评价:“如果当年我的老师能够有如此好的建议,我的人生就精彩多了。”

来深圳工作 19 年的张彤是“广东省五一劳动奖章”获得者、省名班主任工作室主持人,她并非传统意义上的那种“鞠躬尽瘁”的模范教师,而是学生们心目中的“明星教师”,充满爱、智慧与正能量。

多年来,无论是在校的还是毕业多年的学生,大家对张彤都有一个亲切的称呼“彤姐”——课上得好,又和学生打成一片;一日为师,可以终身为友。

这正是——君子离别,赠人以言。师生之情,君子之交! 清清爽爽,坦坦荡荡。送君千里,终有一别;听君一席话,胜读十年书!

各位家长、领导、老师、同学们：

大家下午好！

又到毕业季。有幸站在这里，在诸位即将翻开人生新篇章的时候，本着扶上马、送一程的原则，既代表在座的每位老师，也代表我自己，不抒情，不煽情，接地气地和大家聊几句实在的。

首先恭喜你，穿过了人生第一个艰难隧道，爬上了一个小土坡，从此以后，再碰到什么大考小考，天空就会飘来 N 个字"那都不是事儿"。

当人从长时间的紧张疲惫中，一下解脱出来，十有八九会进入失重状态，苦了那么久，你想尽情吃喝玩乐，带点报复和肆意的快感，很正常，我只想提醒你，安全，安全至上！日子还长，你慢慢来——除此以外，父母生你容易，养你不易，你的安全不只属于你自己，请你，且乐且珍惜。

我猜你吃喝玩乐两个礼拜以后，八成就会进入那么个状态——睡得昏天暗地，醒得晕头涨脑，目光呆滞地洗漱，蓬头垢脸地上网，热火朝天地聊天，两眼贼光地打游戏，父母心疼你苦了太久，懒得跟你大呼小叫，睁一眼闭一眼，由着你吧，然后你人就慢慢颓了，干啥都不起劲，一心等开学。

三个月说长也短，说话间你就上大学了，然后你会发现，你上当了！大学没有想象的那么自由和高大上，搞不好校舍没有我们学校洋气，课程比中学还乏味枯燥。你的中学老师，虽然是一群情智商都并不超群的人，但是他们谨慎胆小，善良心好，陪你成长，一起欢笑。什么时候想起来，都可以很温暖。然后，你的大学记忆里，同学永远比老师清晰。当然，大学里也可以碰到影响你一生的人生导师，看你运气。

大学上个一年半载，新鲜感过去，荷尔蒙的释放也无法缓解你的焦虑，未来茫然无头绪，有件一直困扰你的事儿，开始让你焦灼——要不要出国？当然要！张三李四都走了，凭啥落下我？父母也经过了一年的心理适应期，也愿意放你走更远的路。于是，各种忙碌，然后你就出国，然后你就头大了……再然后……此处省略几万字。

好了，我不再向下设想了，这样想下去，你未来的七八年，都没法儿过了。但是，这样想过去，你就知道这种过法，除了没劲，还是没劲，浪费时间，糟蹋青春。而这种浪费生命的活法，很可能就从明天就开始了……让我们把思路拉回来，换一种过法，或许可以改写生活——

青春不留白，但是不能失控。你的人生终久是你的，先规划，想好了，再去做。

一、关于暑假

这个假期，我给你一些可行的建议：报个名，去把驾照考了；约几个靠谱的朋友来趟靠谱的旅行；去听音乐会买畅销书看热门电影；去把一直想学的吉他学了，看你想看的书，干你一直想干的事儿。动起来，你会发现生活很美好，怎么都比在家傻宅着强。

但是，这个假期最重要的事儿不是瞎玩，而是陪父母，哄他们开心，修补一下被应试教育折磨得千疮百孔的亲子关系。你的人生，从某种意义上讲，和父母的分离已然开始了。在家的时间越来越少,注意力开始无限外放和分散,唯独注意不到身后逐日衰老的两个人。我十八岁离家求学后,几乎再也没有跟父母相处超过一个月的时间,我一直以为来日方长,不知道一向健康的父母会在十年之内相继离我而去,没有孝敬过他们,更谈不上好好的陪伴,终生遗憾。这世上有很多事都是"此情可待成追忆,只是当时已惘然",人生无常,岁月无情,如果你把我的话听进去了,一切都来得及。

二、关于大学

我们都知道,应试教育没有罪不可赦,它最大的问题是过度教育,基础教育的大部分时段,都在揠苗助长,每一个中国孩子的成长过程中,最遗憾的莫过于没什么机会好好发展情商、没什么时间认真读读真正的好书。

今天回头看,人的核心竞争力,有一半以上都来自专业以外的不急之务,譬如多年阅读累积出的大智慧,譬如长期锻炼而来的好身体,譬如良好的家庭教养内涵,譬如人际沟通表达能力,譬如人脉资源,等等。

所以,在大学里,除了专业学习以外,你要做的事儿还很多。

首先要广泛阅读,读罗素说的"没用的书"——

读一点小说,因为你阅历有限,可以在故事中窥视人性,预演人生。但是,小说对于人性的想象永远超越不了现实,现实生活总是比小说家闭门想象出来的还要狗血、惊悚。等你真正进入社会后,大可以少看小说、多看新闻。但那时候,你就会发现,曾经的阅读体验给你开了天眼,你可以用这第三只眼观察生活,洞悉人性,进退从容。

读一点历史,"任何历史都是当代史",历史永远在轮回,人性却从未改变,光芒与丑陋轮番上演。历史让人活在当下,更容易清醒和睿智,民族文化和价值观大部分都可以在史书里窥见。

读一点文学,纯文学的诗歌和散文。北岛说,"诗在纠正生活"。那些唯美的文字会让你在浊世中保持一份赤子情怀。让你有心情在抖落满身的疲惫后,站在窗前看万家灯火;即使未来身体蜗居陋室,心灵也可以诗意栖居;哪怕摆脱不了俗世的纷扰,也可以在内心自在逍遥。这在今天整体焦虑的社会状态下,很重要。不忘初心,方得始终。

读一点哲学书,看一看康德、柏拉图,也读读老庄、孔子,当然也要翻翻冯友兰、周国平的书。人生的某个时段,自我救赎,可能都要靠这些前辈和现世高人的指点。

除此以外,书不妨看得杂一点,那些不实用但有趣的书籍,让人轻松愉快。按照你的喜好,读些关于体育娱乐、时尚饮食、专业动向的小文章,人间烟火里有百般滋味,细品之下都可以很美好。幸福往往被琐碎裹挟,挖掘生活中的"小确幸",多少要点智慧。毕竟我们是在用心生活,而不仅仅是活着。

去寻找所有能营养你的东西,那些跟艺术、跟美、跟普世价值有关的东西。譬如听一些好的音乐,既能让你血脉偾张,也可以让你沉默安详;看一些经典好片,体会光影背后的深邃;还有那些有质量的讲座、培训、脱口秀和公开课,能吸收就不要错过。

凡有所学,皆成性格。人的气质、气场、气魄、气量、气概,很可能跟他的阅读、历练构成因果关系。俞敏洪谈到他的大学生活时,说:"不管北大给了我什么样的影响,大学五年读的五百本书，才是真正决定我人生和未来的关键。"如果这四年你没有荒废，未来四十年你就有可能开始相对从容。读"无用的书"，日后方能做"有用的人"。

二十岁前后是人生的上升期，做加法，多读书、广交友、勤做事。互联网虽然可以让秀才不出门，神游八万里，但是人与人的沟通交流，肯定不能靠互联网完成。走出门去，读书，也读人。

跟有"料"的人做朋友，"听君一席话，胜读十年书"——这种情况，是有的。主动去结交一些大朋友，那些年长你两三岁，甚至三到六岁的人，这种年龄差距不会在价值观上与你形成断层，他们刚从你的年纪走过，理解你的想法和困惑，有很多经验和教训值得借鉴吸取，这会让你在未来三五年内少走不少弯路。人生苦短，没必要把时间全浪费在酒肉朋友的觥筹交错间，卡拉次数多了，人的感觉不是OK，是无聊。

多做运动，切莫放纵。因为年轻，所有的身体指征良好到会让你失去警惕性。我亲眼见过在企业招聘中千里挑一胜出的大学生，在随后的体检中惨遭淘汰，拿着报告单在医院走廊里放声痛哭，忏悔自己四年疏于运动，作息不规律等等。

除非你有后顾之忧，否则，我不太主张读书的时候打工，或者长期打工。写不进简历的工作经历，不要也罢。好好利用这四年，这是真正的黄金年华，读书、交友、运动、活动，一个都不能少。

工欲善其事，必先利其器。

中年人热衷于致青春，就是因为青春太好了，怎么过都觉得浪费，也因为青春太短暂了，她的消逝远比你想象的要快，快很多。好好珍惜这四年，这几年在你整个人生过程中的影响之大，你以后就知道了。

三、关于出国

如果你留心观察，就会发现出国留学的大军中，很大部分人都是盲从的。家长当然希望孩子能跟世界接轨，但除了大学排名，至于东西方教育的差异性在哪里，出国去学什么，对一个人改变是什么，关注不多。当然更隐藏着某种期待：最好留在国外，立稳脚跟，传宗接代，再别回来。万一孩子毕业求职无望、移民没戏，海归变海待，不仅没跟国际接轨，反而和国内脱节了，就会很沮丧，觉得白忙了，几十万元上百万元的学费打了水漂，还不如给他买房子当首付，还不如给他创业做启动资金，如何如何，可怜天下父母心呐。

教育越来越像投资，付出时间精力金钱，需要一个好的收入、体面的职业作为回报，至于精神是否压抑，人是否快乐，考虑不多。

从学生的角度看，对西方教育的向往只怕也是盲目居多，老觉得谁谁出去都能变学霸，我出去看能变个啥？

中国教育现状虽然不能尽如人意，但寄希望于外国月亮更圆，也是不现实的。

东西方教育各有千秋，西方的公立学校和普通大学是一种公民教育，培养普世情怀，对群体的整体素质提升，功不可没；私立学校和重点大学则是精英教育，培养学生领袖，注重济世情怀，对整个族群的引领，因此非常注重培养个人的社会责任感和担当意识。这和儒家提倡的"穷则独善其身，达则兼济天下"的教育理念是异曲同工的。从受教育的终极目标上看，东西方一致，也不一定非出国接受再教育不可。

但是，在今天的国际大视野下，如果有机会，都可以出去走走看看，这对我们这个国家、民族、时代，都是好事情，因为人的素质和思想都会有个较大的提升。如果你想学业精进，也不一定非把目光锁定英美，德国有那么好的文科类大学，意大利有极棒的设计学院……认识世界的方式也是多样的，不一定非得从校门到校门。你可以申请新西兰 B2 签证，去当一年果农；也可以申请到迪拜去当一年酒店服务员；也可以参与 NGO 组织，去中南美洲接触雨林土著；考一个双语双城导游证，看看世界，顺道传播国学，也是极好的……间隔年经历可能比一个学位更有意义，"世事洞明皆学问，人情练达即文章"。这些对英语的要求不过是雅思 5.5 分以上，提前一年递申请即可，获签率很高。

只要你动脑去想，然后谨慎地付诸实现，这个世界真的很有趣，前提是动脑打开思路，然后用行动力带来好运气。

东西方教育最大的不同其实是教育方式，他们是唤醒，我们是灌输。但是不管是哪里的教育，都希望打造出一个这样的人——健康、自信、会思考、有正向价值观。然后让他自己去选择未来——职业、配偶、生活方式。

四、关于处世

"这是最好的时代，这也是最坏的时代"——人均 GDP 3000～10000 美元就是这样的时代，物质生活得到空前满足，价值观却扭曲混乱，道德和诚信都缺乏底线，整个社会乱象横生，匪夷所思。站在历史的角度看，每个社会转型期都这样，这是一个必然阶段，我们刚好赶上了而已。只要没有战争，和平年代从来都没有最好和最差的分别，要感恩，你生活在这么富庶发达的历史阶段，不必纠结"这个世界会好吗？"答案是肯定的。你要坚信未来一定会很好，这个阶段不过是产前阵痛，时间会证明它终将过去。

越是年轻，越要有意识地积累智慧，辩证思维，不偏激地看问题，尤其不要在网上胡乱吐槽泄愤，逞口舌之快，做无用之功。与其抱怨，不如实干。"30 岁以前没抱怨过，30 岁以后还抱怨，人都废了"。

肯尼迪说："不要总是问国家为你做了什么，你要常问自己为国家做了什么。"这话适用于全世界的年轻人，用来解读个人和国家的关系。以一己之力，或许对全局没有大的改观，但是鲁迅先生早就说过：世上本没有路，走的人多了，也就成了路。借一句网络金句，更加直白简单——"你有阳光，中国就不会黑暗。"

总之，带正知正见去生活，努力让自己内心强大，就无须在意众声喧哗！

有一句流传甚广的混账话"不要让孩子输在起跑线上"，用在基础教育的任何学段都是滑稽和不合理的。人生哪有什么起跑线？一定要划，划在走上工作岗位之前，也罢了。所以，未来几年，你要怎么过？请三思而后行。

感谢在座的同学们，我们相伴三年，缘牵一生。青春是人生最美的歌，愿你们好好谱写，唱响未来的每一个日子，无怨无悔！

谢谢各位。

●思考与练习●

1.你心目中理想的大学是什么样子的?

2.为什么说,读"无用的书",日后方能做"有用的人"?

6　思维之变:撬动世界的力量(钱旭红)

导读

　　钱旭红,1962年生于江苏宝应,1978年进入华东化工学院(现华东理工大学),1988年获博士学位,随后在美国、德国从事博士后研究,1992—2000年回母校任讲师、副教授、教授,自1995年起任校长助理、副校长,2000—2004年任大连理工大学长江学者特聘教授,2004年回母校任校长。曾任亚洲及太平洋化工联盟主席。现任国家自然科学基金会咨询委员会委员、中国化工学会副理事长、英国皇家化学会会士、德国洪堡基金会学术大使、英国女王大学名誉博士。2011年当选中国工程院院士。著有《改变思维》(上海文艺出版社)等。

　　2013年3月,中国工程院院士、华东理工大学校长钱旭红,在上海"文汇科技创新沙龙"上做了题为《改变思维》的演讲。钱旭红院士认为,在现今信息爆炸的时代,思维才是力量。要想改变世界,先要改变自己;要想改变自己,首先就要改变思维。面对未来和未知,需要自由思维和独立精神,并进而发展超越性思维。钱旭红在演讲中指出,人类即将进入脑科学的时代,在这"三千年未有之大变局"的时代关口,我们应当在理性反思中建立民族和个人的自信自觉,通过改变你我,继而改变中国,改变世界,把握未来。

　　本项目任务四的最后一课谈的是"学习洛克的思维方式",任务五的最后一个话题依然是"改变思维方式",这实在是太巧了!正如本文标题《思维之变:撬动世界的力量》。看来,我们的《经典阅读　感悟人生》不单单是"故纸堆",不单单是"之乎者也",不单单是"经史子集",也应该学习借鉴人类一切文明,也应该讲科学精神,也应该与时俱进啊!

选文

　　一百多年前诞生的量子力学,其对物质世界的理解和解释赋予人类完全不同于肉眼直接观察和惯性思维的思维方式。从某种意义上而言,量子思维是一种革命。

　　一千多年前中国的禅修里有这样的思维方式:"见山是山,见水是水",这是第一句话;第二句话,"见山不是山,见水不是水";第三句话,"见山只是山,见水只是水"。尽管那个时代的古中国人没有任何实质的量子力学科学实验基础,但是已经拥有这种思维方式了。

　　你不能绝对地、分割地看一个问题。就像对同一个人,不同的人对他的评价会大相径庭一样。这在机械的世界里是不存在的,而量子的世界就不一样了。

（一）重温历史和先贤有关思维的思考

今天想和大家探讨的话题是"改变思维"。这里面有的是良知，有的是共识，有的仅仅是假设。狄更斯在《双城记》里有句经典的话："这是最好的时代，也是最坏的时代。"无论是对当今世界而言，对我们国家面临的形势而言，甚至对每个人而言，这句话有时候都非常耐人回味。

如果你到伦敦威斯敏斯特大教堂，里面有从牛顿到达尔文等许多名人墓碑，其中一块墓碑上的文字给人们留下深刻印象："年轻时的我，梦想改变世界，成熟后，发现我不能够改变世界，于是将目光缩短，决定只改变我的国家。暮年后，发现我不能够改变国家，最后愿望仅是改变一下我的家庭。但，这也不可能。当我躺在床上，行将就木时突然醒悟：如果一开始仅去改变自己，然后作为榜样，我可能改变我的家庭；进而在家人帮助下，为国家做些事情，甚至可能最终改变世界！"据说，原来主张暴力革命的曼德拉，受此碑文影响，改而走上非暴力和平斗争之路，最后取得胜利，成为南非的"开国之父"。这段碑文告诉我们，撬起这个世界的支点，不是地球、国家、民族等更宏观的事物，而是自己的心灵，要改变世界先要从自己做起，从改变自己的心灵开始，最重要的就是改变思维方式，①这无论对东方、西方，对社会还是个人，都是一样。

康德在墓碑上写有一句话："重要的不是给予思想，而是给予思维。"②很多人都知道，400 多年前培根说过的那句令人印象最深刻并影响到今天的话："知识就是力量。"但如果我们换个角度，提"思维才是力量"③，不知能在多大程度上赢得人们的共鸣。

谈思维，离不开思考的切入点。我的切入点是文明进程，特别是科学技术在这个文明进程中所起的作用。为什么要从科学技术看，因为它具有物质和精神的双重作用，而且它一直颠覆性地改变着文明和社会的进程。

既然谈思维，首先离不开大脑。中华民族具有极高的智商，不同的抽样调查均显示出这一结果。

华人为何智商高，没有现成的结论。我在这里提供一个假设：这可能与我们中华母语文字有关。为什么？我们知道通常的文字语言、运算等逻辑思维由左脑掌控，而右脑管图片、音乐等形象思维部分。人的右脑 3 岁左右开始发育发达，到 12 岁后主要是左脑部分的发育。由于图片和音乐占用的空间非常之大，右脑容量是左脑的 100 万倍。中国语言文字与西方的拼音文字有着显著的不同，即它还是生动的图像（象形文字）、悦耳的音乐（汉语四声语调）。象形又如歌的文字和语调，提供了我们许许多多形象思维的素材和精神营养，所以右脑发育较快，随后左脑也慢慢发达，这可能造成了我们现在的高智商。

既然中国人智商高，那按理应该是我们的文明一直处于领先地位，但事实不是这样。比较一下中国与西欧 GDP 的平均水平，会看到几个拐点，对应于我称之的"三次失速"，

---

① 　点题。

② 　按照中国古人的说法就是，授人以鱼不如授人以渔，"鱼"是名词，"渔"是动词。

③ 　再次点题。

分别在 1300 年左右,1800 年左右和 1900 年左右。

曾经数度文明领先的民族在其发展史上数度失速,甚至灭亡的都不是个案。这就说明物质丰富代替不了精神的升华和思维的活跃,而精神萎靡和思想僵化必带来日后的衰亡。①

1800 年以前,欧洲贵族一直以拿到一片中国的丝绸和陶瓷而感到荣耀,因为中国非常之先进。但是二次大战之前,罗斯福就在公开演讲中嘲笑过中国,在他眼里中国几乎到了一钱不值的地步。为什么以前领先那么多,曾经有过那么聪慧童年的民族后天开始迟钝了呢?

我们思考这个问题,首先要回顾、反省,因为没有回顾和反省的自觉和自信是可怕的。我们需要由近而远,查一查我们的文明基因是如何遗传的,以及明晰在历史过程中有哪些重要文明基因被沉默了,并思考如何让它再次激活,使得我们能掌握未来。光关注过去还不够,我们更需要预测把控未来,这就需要具备卓越的预见能力。譬如有不少人预测下一个可能的科技突破点是人的大脑,脑科学研究将成为未来竞争的聚焦点之一。

(二)经典思维与量子思维

经典思维源于经典力学。牛顿力学教会我们用看待机器的方式去观察和理解世界。牛顿力学又可被认为是"肉眼观察和惯性思维的显形化"。牛顿力学之前,人们不知道这个世界有这么多规律可以如此精确描述。有了牛顿力学后,人们认为世界就该如此,天经地义。算到今天,经典力学及其思维统治人脑已有数百年。

一百多年前诞生的量子力学,其对物质世界的理解和解释赋予人类完全不同于肉眼直接观察和惯性思维的思维方式,从某种意义上而言,量子思维是一种革命,这一变换飘忽的思维,引发了一系列不可思议的变化。这其中美国和日本抓住了这个机会。

这些不可思议的变化,成就了半导体、大规模集成电路,电脑、网络、手机、超导、激光乃至医药设计等等,包括现在最新的"量子纠缠"。可以说我们今天的世界,除了牛顿时代催生的机械性的东西以外,所有这些都是来自量子力学。

量子力学的思维方式是极其独特的"波粒二象性思维",即,光既是波也是粒子。事实上,这话并不完全正确,若干年后我才悟出来,光既是波,也是粒子,这是第一句话;第二句话:光不是波,也不是粒子;第三句话:光仅仅是光量子。实际上,在一千多年前的中国禅修里也有类似的思维方式:"见山是山,见水是水",这是第一句话;第二句话"见山不是山,见水不是水";第三句话"见山只是山,见水只是水"。尽管那个时代的古中国人没有任何实质的量子力学科学实验基础,但是已经拥有这种思维方式了。

量子思维的基本特点是,所有的观察结果和观察者都有极其密切的关系,你不能绝对地、分割地看一个问题。就像对同一个人,不同的人对他的评价会大相径庭一样。这在机械的世界里是不存在的,而量子的世界就不一样了。

---

① 发人深省。

年初加拿大一位教授给奥巴马写信,他说要使美国永远保持领先,必须从中小学起开始教授量子力学。我想这个人的建议非常厉害,值得我们深思。其实教授量子力学最关键的是把这种量子思维方式教给学生,一个掌握了量子思维的人会知道,我们今天不能解释的某个东西,其实是可能从另外的角度给出解释的。

小结一下两种思维方式各自带来了什么。

经典的世界及其思维强调机械、肯定、精确、定域、因果、被动、计划;而量子境界及其思维带来的是差异、可能、不准、离域、飘忽、互动、变幻。最典型就是"薛定谔之猫"这个解释。从经典世界看到的是猫要么是死的,要么是活的;而从量子力学或量子思维角度看,这个猫既是活的又是死的,其仅仅在你观察时"崩塌"成你所发现的那个唯一状态。

两种思维导致两种世界观,不同的世界观对经济、社会和教育的认知当然有很大的差异。如我们今天的教育,基本上还是按照经典思维进行,习惯用大同小异类近的模式,甚至完全格式化的样式,同时开学,同时下课,同样的教学课本,同样的教育方法。① 如果按照量子思维,教育的方式、手段应该是差异很大的,至少教学之间应该互动启发,因为主客间会相互诱导变化的。

(三)知识和学科产生的中西两条思维路径②

在西方,早期所有的知识一开始也是糅在一起的,以后开始分类并且这种分类越来越细化,这种思维就是先分解,后加和。今天的知识来自知识的分类研究法,分解形成了数学、物理、化学和生物等学科乃至更多的再细化的学科。但部分之和不一定等于整体。所以,学科需要不停顿地渗透与交叉,以弥补分解中丢失的信息。如物理化学这两大学科交叉衍生出物理化学、化学物理学等,以及与生物交叉,衍生出生物化学、化学生物学、生物信息学、化学生物信息学等等学科。

在古代中国,受《易经》的影响,我们强调天人合一,万物联系。由于知识早早发达,也早有炼丹等劳动实践,我们先人早于西方系统地完成了自己的大百科全书,如《永乐大典》等。我们在有效地强调联系,有效地保留所有原始信息时,可惜很少关注微观和宏观的严密逻辑关系,我们的经史子集,讲植物的可讲到哲学,讲军事的能讲到地理和天象,所有的都能联系在一起。导致这个结果是因为我们不愿探究辨析原理的差异,没有原理的支撑,用联想类比代替了原理证明。

原理是推动新学科生成最核心的部分。学科间从纯粹到应用是通过原理建立起联系的,学科和知识发育的关键就是原理的发现与完善。大概150年前,当时美国刚刚兴起,美国物理学会第一任会长罗兰在《科学》创刊号开篇中说:"中国人知道火药的应用已经若干世纪,但是他们已经成为野蛮人,因为他们没有从炸药中发展出化学、物理学,因为他们不关注原理的发现、发展和完善。"③美国的化学工程学、化学工业能超越欧洲,就

---

① 针砭时弊。

② 两种思维路径:辩证逻辑、形式逻辑。

③ 中国人讲"一念之差",这正是"一失足成千古恨"啊! 我们落后了、挨打了,要搞清楚原因啊! 从根本上讲,这是因为我们思维落后了。看看这个美国人怎么说我们中国人的,一针见血!

是从蒸馏等简单操作中,凭借原理创新一步步走出来的。

两种思维方式导致两大不同学科的另一案例是中医和西医。中医是以辩证逻辑为主,西医是以形式逻辑为主。一部分人比喻西医是分解合成观、逆势疗法,即解剖死人,理解死人再治活人。另外,随着专业分化越来越细,西医中分出越来越多的科室,将来有一天可能不知道看病到哪个科室。另一部分人比喻中医是整体平衡观,顺势疗法。中医的"中"讲的是中和平衡,琢磨活人治活人。针对慢性疾病、亚健康时较为有效。但也有人认为,两者各有缺陷。例如,中药常用有肾毒性,西药常用有抗药性。又如,中医、西医对待感冒的方法差异极大,中医说你要喝热水,西医说你要喝冰水。人在感冒以后,"发烧"体温上升是为了消灭病毒和病菌,他的免疫系统在发挥作用,这个时候不适当喝冰水就可能使人的病程延长,当然如果你喝热水控制不好,人的大脑可能被烧坏。上述这些有关中医西医的简单断言可能片面、说不上准确合理,但两者在思维方式上的差异由此立等可见。

如果尊重并超越这两种思维,说不定会有新的发现。从事生物信号传导研究的人都知道,目前发现的信号传导分子几乎都是气体小分子。迄今中医的经络理论并未达到确切的证明,所以它现在还不是一个科学而仅仅是一种经验。经络存在吗?被称为精气神的"气"和这些气体信号分子有没有关系?没人做过这方面详细的研究。

(四)《圣经》和《易经》的尊崇变迁与思维影响

谈文明的进程和科学的发展,无法回避《圣经》和《易经》[①]社会地位的尊崇变迁,及其对思维的影响。《圣经》和《易经》最初与科学均有着藕断丝连的复杂关系,随后都面临着科学的挑战。

《圣经》[②]强调信奉上帝是不变的真理,可是,《圣经》思维垄断导致的宗教狂热,曾将西方带入黑暗近千年的中世纪。文艺复兴只是导致欧洲强盛的间接原因,而直接原因,却是文艺复兴发现了人性、解放了理性后,把科学从笼子里放了出来,打破了《圣经》的一统天下,科学摆脱奴仆地位,终登历史舞台。而其中极其关键又易被人忽视的步骤是,人们重新发现了源于古希腊的《平面几何》,从而逐步走向理性的科学,最后催生工业革命,建立了延续至今的现代文明。现在的所有科学几乎均是模仿《平面几何》建立起来的知识和论述体系,这就是为什么我们在中学必须学习《平面几何》的深刻原因。它表面强调的是边、线、角,实质传授的是形式逻辑!然而,在我们的中学教育中,有多少人认知到其蕴含的深意?!因独尊儒家而兴盛的《易经》,强调一切皆变,而其本身一直保持着古老的形式。《易经》催生了古代中华科技和文明,使得中国领先世界近千年,但以联想、类比、辩证为特色的《易经》的思维垄断、一统天下和它本身的某些缺陷,相当程度上给近代的

---

① 这两本书都是人世间屈指可数的最重要的经典,对于这种书,不去读,视而不见,甚至有意回避,这些都是不可想象的。孔子说:"困而不学,民斯为下矣!"

② 《圣经》从最早成书的约伯记在距今 3500 年左右(约公元前 1500 年)到最后成书的启示录(公元 90—96 年之间),历经 1600 年左右,共有超过 40 个作者,多为犹太人。《圣经》是西方文明的基石,以色列国家的宪法。

中华文明带来了厄运。从自然科学哲学角度,细心研究道家思想的起源、道家的《道德经》和墨家的《墨经》,很容易发现其与《易经》的明显差异。①

《道德经》早于量子力学,在宇宙起源上是最早清晰解释"无"的意义;《墨经》先于《平面几何》,早早开始了形式逻辑。儒家跳过《道德经》,用《易经》诠释始于炎黄和伏羲的"道"。《易经》的思维独断和广为流传,泯灭了墨家,边缘化了道家,一些道家只得异化为道教,另一些道家只得借用佛教的外衣,以禅修的面貌呈现流行于世。

墨子代表的本土形式逻辑被沉默遗失后,直到明朝上海人徐光启引进西方的《平面几何》,才使得个别国人可以跨越《易经》再次接触形式逻辑。上海徐家汇地名的由来,历史性地铭记着徐光启②的诸多功绩。

(五)改变思维、改变世界

再来讲一下我们最后的精神家园大学。大学是有使命的,人是不完美的神,大学的使命就是强大学生的能力,升华学生的灵魂。一个人在大学几年,如果能实现知识、素养、能力、思维、精神超越自然的增殖,这就说明你上对了大学,你确实在大学努力了,这就是大学的价值。如果一个人在大学里没做到这一点,要么这人不是真正的、合格的大学生,要么这所大学离真正的大学还很远。可是你按照这个来比较和衡量,我们又有多少大学能符合这样的要求?

我们未来使命是什么?

智商高、人口多、领土阔,但是我们情商高吗?所谓情商③就是,情绪稳定、善解人意。这两条不具备,情商一定低。逻辑、想象力、社会形态等,都关乎竞争力。

我们这个智商甚高、人口众多的民族,时常不会思考,不敢思考,不想思考。特别是现在互联网上简单复制和粘贴,正在造就新的年轻痴呆和四体不勤。同时僵化和封闭,也正在增加老年痴呆的风险。需要明确,如果要创造文明新辉煌,两件事必须做:一是用大脑引导我们前进的方向,二是用双手铸造我们隐性的翅膀。最核心的就是思维产生力量。通过改变思维,我们每个人改变自己,最后改变中国,最终改变世界。④

(六)现在更需要强调自由思维和独立精神的重要性

不要认为知识就是万能的,不能盲目夸大知识的作用。⑤ 知识有正负效应,知识少:

---

① 西方的问题主要是思维垄断,它导致了宗教狂热、中世纪黑暗;而中国的问题主要还是思维垄断,它导致的却是缺乏科学精神。看来,思维问题是个大问题,不容小觑;改变思维,刻不容缓。

② 1600年徐光启见到耶稣会派到中国来传教的意大利人利玛窦,三年后,徐光启在南京接受洗礼,全家加入了天主教;1606年,利玛窦向徐光启传授西方的科学知识,每两天讲授一次;这年冬天,徐光启在利玛窦的帮助下开始翻译《平面几何》。

③ "未来的世界:方向比努力重要,能力比知识重要,健康比成绩重要,生活比文凭重要,情商比智商重要!"——清华大学顾秉林校长留给毕业生的一段话。

④ 本演讲的中心句。

⑤ 《庄子·养生主》:"吾生也有涯,而知也无涯。以有涯随无涯,殆已;已而为知者,殆而已矣!"说的就是这个道理。

有两种可能性,或是愚昧无知、装神弄鬼,或是勇敢无忌、鲁莽无畏;知识多,也有两种可能性,或是学富五车、融会贯通,或是生搬硬套、僵化保守。培根讲过"知识就是力量",那是因为 400 年前人类的知识极其贫乏,互联网时代的今天还能继续这么讲吗?培根毫无疑问是极其伟大的,但在知识爆炸性增加和快速流动的今天,思维与精神的重要性更加凸显。知识有产生的区域和适用的边界,超过边界就是谬误。知识是对现有世界的总结看法,未来毕竟会出现反例,知识无法面对未来真正的挑战。因为知识会不停地更新淘汰,而思维和精神具有极强的延展性、适应性,会代代流传。[①] 所以面对未来和未知,需要的是自由思维、独立精神,以超越知识本身的局限。

逻辑思维和形象思维的有机结合,才能使人思维自由。不少人羡慕来自美国的形象思维,如《阿凡达》这部电影传递的信息。事实上,我们的形象思维比它更早,更伟大,如 500 年前的《西游记》等。《西游记》中孙猴子拔出毛以后,七十二变变成很多小猴子。如果你把它大胆想象为是干细胞技术加克隆技术的雏形,也并非没有可取之处。

大家都知道逻辑的形式与辩证。我们的古人强调辩证逻辑,当今也更强调辩证逻辑,而形式逻辑却一直极其弱化,而现代科学来自于实验加逻辑,特别是形式逻辑。我们这个民族擅长类比缺乏推演,甚至没有推演。类比其实是一种非常宽泛的想象,尽管宏观上大致正确,但你常常没法验证。

只有找回丢失的逻辑[②],才可能激活我们隐性的文明基因。我们丢失了自己的东方的形式逻辑。墨子的形式逻辑早于古希腊,墨子的实验早于英国培根。然而我们却给他起了一个贬义的成语叫"墨守成规",这个成规的"成",不是陈旧的"陈",而是成就的"成"、成功的"成"、成熟的"成"。因为墨子反对家长制的社会结构,强调兼爱,墨子这个流派因而在历史的长河中被泯灭了。

形式逻辑做得比较好的,如德国、日本,其特点是严谨而仔细。我们民族当中一些性格弱点,如忽视过程、忽视原理、忽视结构、忽视程序,以至于马虎、经不起推敲成了通病,开玩笑叫拍脑袋决策,拍胸脯落实,拍屁股走人。而这些究其本源,与我们民族忽视形式逻辑的训练不无关系。

因《平面几何》形式逻辑兴起而后强大的西洋东洋,对富裕的中国予以沉重打击。鸦片战争时期的英国,其 GDP 远没有中国高,但是它的结构优于中国,所以我们打输了;甲午海战时日本的经济总量也远远不如中国,但是它结构远胜于中国,所以我们被打败了。结构与功能与竞争力息息相关,结构来自于逻辑。我们的教育总在扩大规模上做文章,有谁大力调整过结构吗?文科和理科及相关的各个专业的比例多年来没有实质性的调整。我们产业也常是简单地放大,这些社会现象究其本源,还是因为扩大规模皆大欢喜,调整结构遭人怨恨。

在思维精神方面,今天更要强调独立精神,独立才能承担责任。古代的屈原就是具

---

①　"薪火相传"之意。

②　当然更强调形式逻辑。

有自由思维和独立精神的中国士大夫典范。独立精神就是科学精神和人文精神的结合。科学知识不等于科学精神,人文知识也不等于人文精神。我个人认为,科学精神的第一要素是质疑,人文精神的第一要素是关爱。① 一个人如果只有科学知识没有人文素养②,或者只有人文知识没有科学素养,这人也难有独立精神。

●思考与练习●

1.思考以下几个概念:辩证思维、逻辑思维和形象思维。

2.本文反复强调形式逻辑,对此,你怎么看?

人文拓展(一):什么是怀着爱意的劳作?

人文拓展(二):伟大的 20 世纪 80 年代——我生命中的四个贵人

---

① 台湾一所大学的校训——"对外求生存,对内求自处",这可能是对"人文精神"的最好诠释。

② 好的人文素养,是指"无论什么时间,什么地方,什么情况,什么条件,什么境遇,都能够自得其乐"。

• 项目 2　赏读文学　提升品位 •

任务 2.1　魂魄心声的智慧宝藏——诗歌

学习目标

1.了解和把握诗歌的审美特点和欣赏要素,进一步掌握诗歌的欣赏技巧和方法。

2.培养阅读、理解、品评诗歌的能力,感受精致情思。

3.陶冶情操,提高品德修养、科学文化素养。

2.1.1 家国情怀

1　国殇[(1)]（屈原）

导读

屈原(约前340—前278),名平,字原,战国时期楚国人。屈原是伟大的爱国诗人,留下来的作品主要有《离骚》《九歌》《九章》《天问》等,是我国古代浪漫主义诗歌的第一个高峰。

《国殇》是屈原所作《九歌》中的第十首,是一首追悼为国殉难的楚国将士的祭歌,也是一首激动人心的爱国主义、英雄主义的赞歌。

选文

操吴戈兮被犀甲[(2)],车错毂兮短兵接[(3)]。旌蔽日兮敌若云[(4)],矢交坠[(5)]兮士争先。凌[(6)]余阵兮躐余行,左骖殪兮右刃伤[(7)]。霾两轮兮絷四马[(8)],援玉枹兮击鸣鼓[(9)]。天时怼兮威灵怒[(10)],严杀尽兮弃原野[(11)]。

出不入兮往不反[(12)],平原忽兮路超远[(13)]。带长剑兮挟秦弓[(14)],首身离兮心不惩[(15)]。诚既勇兮又以武[(16)],终刚强兮不可凌[(17)]。身既死兮神以灵[(18)],魂魄毅兮为鬼雄[(19)]。

注释

(1)国殇:是追悼阵亡将士的祭歌。死于国事叫作国殇。殇:原指未成年而死,后泛指死难的人。戴震《屈原赋注》:"殇之义二:男女未冠(男二十岁)笄(女十五岁)而死者,谓之殇;在外而死者,谓之殇。殇之言伤也。国殇,死国事,则所以别于二者之殇也。"

(2)操吴戈兮被(pī)犀甲:手里拿着吴国的戈,身上披着犀牛皮制作的甲。吴戈:吴国制造的戈,当时吴国的冶铁技术较先进,吴戈因锋利而闻名。被,通"披",穿着。犀甲:犀牛皮制作的铠甲,特别坚硬。

（3）车错毂(gǔ)兮短兵接:敌我双方战车交错,彼此短兵相接。毂:车轮的中心部分,有圆孔,可以插轴,这里泛指战车的轮轴。错:交错。短兵:指刀剑一类的短兵器。

（4）旌蔽日兮敌若云:旌旗遮蔽的日光,敌兵像云一样涌上来。极言敌军之多。

（5）矢交坠:两军相射的箭纷纷坠落在阵地上。

（6）凌:侵犯。躐(liè):践踏。行:行列。

（7）左骖(cān)殪(yì)兮右刃伤:左边的骖马倒地而死,右边的骖马被兵刃所伤。殪:死。

（8）霾(mái)两轮兮絷(zhí)四马:战车的两个车轮陷进泥土被埋住,四匹马也被绊住了。霾:通"埋"。古代作战,在激战将败时,埋轮缚马,表示坚守不退。

（9）援玉枹(fú)兮击鸣鼓:手持镶嵌着玉的鼓槌,击着声音响亮的战鼓。先秦作战,主将击鼓督战,以旗鼓指挥进退。枹:鼓槌。鸣鼓:很响亮的鼓。

（10）天时怼(duì)兮威灵怒:天地一片昏暗,连威严的神灵都发起怒来。天怨神怒。天时:上天际会,这里指上天。天时怼:指上天都怨恨。怼:怨恨。威灵:威严的神灵。

（11）严杀尽兮弃原野:在严酷的厮杀中战士们全都死去,他们的尸骨都丢弃在旷野上。严杀:严酷的厮杀。一说"残杀",士兵被杀。一说严壮,指士兵。尽:皆,全都。野:古读"暑",和"怒"字押韵。

（12）出不入兮往不反:出征以后就不打算生还。反:通"返"。

（13）忽:渺茫,不分明。超远:遥远无尽头。

（14）秦弓:指良弓。战国时,秦地木材质地坚实,制造的弓射程远。

（15）首身离:身首异处。心不惩:壮心不改,勇气不减。惩:悔恨。

（16）诚:诚然,确实。以:且,连词。武:威武。

（17）终:始终。凌:侵犯。

（18）神以灵:指死而有知,英灵不泯。神:指精神。

（19）鬼雄:战死了,魂魄不死,即使做了死鬼,也要成为鬼中的豪杰。

●**思考与练习**●

1.这首诗的前一部分生动地叙述了楚国将士和敌人进行决战直至牺牲的情形,后一部分赞颂了英雄们宁死不屈的刚强精神,这样写对突出全诗的中心有什么作用?

2.这首诗描写战斗场面,既有概括叙述,也有具体描写;既有动态描绘,也有静态画面;既有明写,也有暗写。试作简要分析,并说说这样写的好处。

2 祖国啊，我亲爱的祖国（舒婷）

导读

舒婷(1952—   )，当代女诗人，原名龚佩瑜，福建泉州人。著有诗集《双桅船》《舒婷顾城抒情诗选》《会唱歌的鸢尾花》《五人诗选》等。作品曾被译成德、法、英、日等多种文字。

《祖国啊，我亲爱的祖国》是一首向祖国母亲倾吐深情的诗。诗中抒发了对祖国的挚爱，表达了渴望祖国强盛的心愿和愿为祖国富强而献身的精神，情感真挚，抒情手法独特。这首诗获得中国作协"1979—1980 年全国中青年优秀诗作奖"。

选文

我是你河边上破旧的老水车，

数百年来纺着疲惫的歌；

我是你额上熏黑的矿灯，

照你在历史的隧洞里蜗行摸索；

我是干瘪的稻穗，是失修的路基；

是淤滩上的驳船

把纤绳深深

勒进你的肩膊；

——祖国啊！

我是贫困，

我是悲哀。

我是你祖祖辈辈

痛苦的希望啊，

是"飞天"袖间

千百年来未落到地面的花朵，

——祖国啊！

我是你簇新的理想，

刚从神话的蛛网里挣脱；

我是你雪被下古莲的胚芽；

我是你挂着眼泪的笑涡；

我是新刷出的雪白的起跑线；

是绯红的黎明

正在喷薄

——祖国啊！

我是你的十亿分之一，

是你九百六十万平方的总和；

你以伤痕累累的乳房，

喂养了

迷惘的我，深思的我，沸腾的我；

那就从我的血肉之躯上

去取得

你的富饶、你的荣光、你的自由；

——祖国啊，

我亲爱的祖国！

1979 年 4 月 20 日

●思考与练习●

1. 这首诗是以第一人称来写的，怎样理解诗中的"我"？

2. 本诗是怎样运用象征意象来表达诗人对祖国的深厚感情的？

2.1.2 思乡怀人

1　《诗经》二首

导读

《诗经》是我国最早的一部诗歌总集，大抵是周初至春秋中叶 500 多年间的作品。相传为孔子所编订，实际收录诗歌 305 篇，举其成数，故又称"诗三百"。《诗经》分"风""雅""颂"三大类。句式以四言为主，多用重章叠句和赋、比、兴的表现手法，语言质朴优美。《诗经》奠定了我国诗歌现实主义的传统，对后代文学有深远的影响。

《子衿》选自《国风》，写一个女子在城楼上等候她的恋人的情景。《采薇》选自《小雅》，是一首征战归来的边防士兵所赋的诗，诗中反映了士兵的征战生活和内心感受，末章抒发归途遇雪，忍饥受渴的辛苦和悲伤，诗味最浓。

之一　子衿

《诗经》

选文

青青子[1]衿[2]，悠悠[3]我心。

纵我不往,子宁⁽⁴⁾不嗣⁽⁵⁾音⁽⁶⁾?

青青子佩,悠悠我思。

纵我不往,子宁不来?

挑兮达兮⁽⁷⁾,在城阙⁽⁸⁾兮。

一日不见,如三月兮。

注释

(1)子:男子的美称。

(2)衿:衣领。

(3)悠悠:此指忧思深长不断。

(4)宁:难道。

(5)嗣,通"贻",音 yí,给、寄的意思。

(6)音:音讯。

(7)挑达:音 táotà,独自来回走动。

(8)城阙:城门楼。

之二 采薇⁽¹⁾
《诗经》

选文

采薇采薇,薇亦作止⁽²⁾。曰归曰归,岁亦莫⁽³⁾止。靡室靡家,猃狁⁽⁴⁾之故。不遑⁽⁵⁾启居,猃狁之故。采薇采薇,薇亦柔⁽⁶⁾止。曰归曰归,心亦忧止。忧心烈烈,载饥载渴。我戍未定,靡使归聘⁽⁷⁾。

采薇采薇,薇亦刚⁽⁸⁾止。曰归曰归,岁亦阳⁽⁹⁾止。王事靡盬⁽¹⁰⁾,不遑启处。忧心孔疚⁽¹¹⁾,我行不来!彼尔⁽¹²⁾维何?维常之华。彼路⁽¹³⁾斯何?君子之车。戎车既驾,四牡业业⁽¹⁴⁾。岂敢定居?一月三捷⁽¹⁵⁾。驾彼四牡,四牡骙骙⁽¹⁶⁾。君子所依,小人所腓⁽¹⁷⁾。四牡翼翼⁽¹⁸⁾,象弭⁽¹⁹⁾鱼服。岂不日戒?猃狁孔棘⁽²⁰⁾!昔我往矣,杨柳依依⁽²¹⁾。今我来思,雨雪霏霏⁽²²⁾。行道迟迟,载渴载饥。我心伤悲,莫知我哀!

注释

(1)薇:一种野菜。

(2)亦:语气助词,没有实义。作:初生。止:语气助词,没有实义。

(3)莫:同"暮",晚。

(4)猃狁:北方少数民族戎狄。

(5)遑:空闲。启:坐下。居:住下。

(6)柔:软嫩。这里指薇始生时的柔弱状态。

（7）聘：问候。

（8）刚：坚硬。这里指薇已长大。

（9）阳：指农历十月。

（10）盬：止息。

（11）疚：病。

（12）尔：花开茂盛的样子。

（13）路：辂，大车。

（14）业业：强壮的样子。

（15）捷：交战，作战。

（16）骙骙：马强壮的样子。

（17）腓：隐蔽，掩护。

（18）翼翼：排列整齐的样子。

（19）弭：弓两头的弯曲处。鱼服：鱼皮制的箭袋。

（20）棘：危急。

（21）依依：茂盛的样子。

（22）霏霏：纷纷下落的样子。

●思考与练习●

1.分析《子衿》一诗所表达的主要内容。

2.《采薇》这首诗的感情基调是什么？

3.分析"昔我往矣，杨柳依依。今我来思，雨雪霏霏。行道迟迟，载渴载饥。我心伤悲，莫知我哀！"的抒情特点，并体会这首诗歌中景物描写的作用。

2　春江花月夜（张若虚）

导读

张若虚（约660—约720），扬州人，唐代诗人。曾以"文词俊秀"而名显长安，与贺知章、包融、张旭并称"吴中四士"。今仅存《代答闺梦还》《春江花月夜》两首诗。

《春江花月夜》以"月"为主体贯穿全诗，紧扣春、江、花、月、夜的背景来写，展现出一片优美澄澈、宁静深邃的自然景观，表现了诗人对青春年华的珍惜，对生命的热爱，对人间美好情感的赞美以及对人生哲理的探求，艺术境界奇妙，一千多年来为世人所倾倒。闻一多先生誉之为"诗中的诗，顶峰上的顶峰"，诗人张若虚也因这一首诗，"孤篇横绝，竟为大家"。

选文

春江潮水连海平,海上明月共潮生。

滟滟(1)随波千万里,何处春江无月明。

江流宛转绕芳甸(2),月照花林皆似霰(3)。

空里流霜(4)不觉飞,汀(5)上白沙看不见。

江天一色无纤尘(6),皎皎空中孤月轮(7)。

江畔何人初见月,江月何年初照人。

人生代代无穷已(8),江月年年只相似。

不知江月待何人,但见(9)长江送流水。

白云一片去悠悠(10),青枫浦(11)上不胜愁。

谁家今夜扁舟(12)子,何处相思明月楼(13)。

可怜楼上月徘徊(14),应照离人(15)妆镜台(16)。

玉户(17)帘中卷不去,捣衣砧(18)上拂还来。

此时相望不相闻(19),愿逐(20)月华(21)流照君。

鸿雁长飞光不度,鱼龙潜跃水成文(22)。

昨夜闲潭(23)梦落花,可怜春半不还家。

江水流春去欲尽,江潭落月复西斜。

斜月沉沉藏海雾,碣石潇湘(24)无限路(25)。

不知乘月(26)几人归,落月摇情(27)满江树。

注释

(1)滟(yàn)滟:波光闪动的光彩。

(2)芳甸(diàn):遍生花草的原野。

(3)霰(xiàn):雪珠,小冰粒。

(4)流霜:飞霜,古人以为霜和雪一样,是从空中落下来的,所以叫流霜。这里比喻月光皎洁,月色朦胧、流荡,所以不觉得有霜霰飞扬。

(5)汀(tīng):沙滩

(6)纤尘:微细的灰尘。

(7)月轮:指月亮,因月圆时像车轮,故称月轮。

(8)穷已:穷尽。

(9)但见:只见、仅见。

(10)悠悠:渺茫、深远。

(11)青枫浦上:青枫浦,地名,今湖南浏阳市境内有青枫浦。这里泛指游子所在的地方。浦上:水边

(12)扁舟:孤舟,小船。

(13)明月楼:月夜下的闺楼。

(14)月徘徊:指月光移动。

(15)离人:此处指思妇。

(16)妆镜台:梳妆台。

(17)玉户:形容楼阁华丽,以玉石镶嵌。

(18)捣衣砧(zhēn):捣衣石、捶布石。

(19)相闻:互通音信。

(20)逐:跟从、跟随。

(21)月华:月光。

(22)文:同"纹"。

(23)闲潭:安静的水潭。

(24)潇湘:湘江与潇水。

(25)无限路:言离人相去很远。

(26)乘月:趁着月光。

(27)摇情:激荡情思,犹言牵情。

●思考与练习●

1.品味这首诗的思想情感意蕴。

2.分析这首诗借景抒情,情景交融的艺术特色。

3 乡愁四韵(余光中)

导读

余光中(1928—2017),祖籍福建永春,当代台湾著名诗人、散文家、学者,台湾诗坛著述最丰的学者型诗人。其曾因作品涉猎广泛,内容丰富,风格多样,被誉为"艺术上的多妻主义诗人"。著有诗集《舟子的悲歌》《蓝色的羽毛》《钟乳石》《万圣节》《白玉苦瓜》等十余种。

思念故国、眷念中华民族而产生的乡愁,是余光中笔下最浓重的情结。《乡愁四韵》是他怀乡诗篇中最典型的代表作之一。诗歌精选四个极具中华民族特色和个性风格的意象渲染炽热浓烈的乡愁。全诗格律齐整,音韵和谐,具有抒情性和音乐美。

选文

给我一瓢长江水啊长江水

酒一样的长江水

醉酒的滋味

是乡愁的滋味

给我一瓢长江水啊长江水

给我一张海棠红啊海棠红

血一样的海棠红

沸血的烧痛

是乡愁的烧痛

给我一张海棠红啊海棠红

给我一片雪花白啊雪花白

信一样的雪花白

家信的等待

是乡愁的等待

给我一片雪花白啊雪花白

给我一朵腊梅香啊腊梅香

母亲一样的腊梅香

母亲的芬芳

是乡土的芬芳

给我一朵腊梅香啊腊梅香

1974 年 3 月

（本文选自《中国现当代文学名篇佳作选——诗歌卷》）

●思考与练习●

1.谈谈这首诗意象的选择和组合,表达了诗人内心怎样深沉的思想情感?

2.赏析这首诗的抒情特色。

2.1.3 爱情之河

1 钗头凤 (陆游)

导读

陆游(1125—1210),字务观,号放翁,晚号龟堂老人,越州山阴(今浙江省绍兴市)人。今存诗近万首,题材广泛,内容丰富,还有词作一百三十首和大量的散文。有《剑南诗稿》、《渭南文集》(此集子包括词二卷)、《南唐书》、《老学庵笔记》等传世。

这首词写的是陆游自己的爱情悲剧。陆游的原配夫人是同郡唐氏士族的一个大家闺秀,结婚以后,他们是一对情投意合的恩爱夫妻。不料,作为婚姻包办人之一的陆母却对儿媳产生了厌恶,逼迫陆游休弃唐氏。在陆游百般劝谏、哀求而无效的情况下,二人终于被迫分离,唐氏改嫁"同郡宗子"赵士程,彼此之间也就音讯全无了。几年以后的一个春日,陆游在家乡山阴(今绍兴市)城南禹迹寺附近的沈园,与偕夫同游的唐氏邂逅。唐氏安排酒肴,聊表对陆游的抚慰之情。陆游见人感事,心中感触很深,遂乘醉吟赋这首词,信笔题于园壁之上。

选文

　　红酥手,黄縢(1)酒。满城春色宫墙(2)柳。东风(3)恶,欢情薄,一怀愁绪,几年离索(4)。错、错、错。

　　春如旧,人空瘦,泪痕红浥(5)鲛绡(6)透。桃花落,闲池阁(7),山盟(8)虽在,锦书(9)难托。莫、莫、莫!(10)

注释

　　(1)黄縢(téng):此处指美酒。宋代官酒以黄纸为封,故以黄封代指美酒。

　　(2)宫墙:南宋以绍兴为陪都,绍兴的某一段围墙,故有宫墙之说。

　　(3)东风:喻指陆游的母亲。

　　(4)离索:离群索居的简括。

　　(5)浥:湿润。

　　(6)鲛绡:神话传说鲛人所织的绡,极薄,后用以泛指薄纱,这里指手帕。绡,生丝,生丝织物。

　　(7)池阁:池上的楼阁。

　　(8)山盟:旧时常用山盟海誓,指对山立盟,对海起誓。

　　(9)锦书:写在锦上的书信。

　　(10)莫:相当于今"罢了"意。

●思考与练习●

1.陆游《钗头凤》表达了作者怎样的情感? 是怎样表达出来的?

2.课外阅读并赏析唐琬的《钗头凤》。

2　一棵开花的树(席慕蓉)

导读

　　席慕蓉(1943—),本名穆伦·席连勃,蒙古族,出生于四川。台湾著名女诗人、散文家、画家。主要诗集有《无怨的青春》《时光九篇》等,另外她还写了大量的散文作品。席慕蓉的诗多写爱情、人生、乡愁,写得淡雅别透,抒情灵动,饱含着对生命的挚爱真情,而且有一种别致而自然的艺术构思和艺术表现,给人以美的享受。

《一棵开花的树》表达的是对爱情执着的期盼与失落的悲伤。

选文

如何让你遇见我

在我最美丽的时刻

为这

我已在佛前求了五百年

求佛让我们结一段尘缘

佛于是把我化做一棵树

长在你必经的路旁

阳光下

慎重地开满了花

朵朵都是我前世的盼望

当你走近

请你细听

那颤抖的叶

是我等待的热情

而当你终于无视地走过

在你身后落了一地的

朋友啊

那不是花瓣

那是我凋零的心

1980 年 10 月

(本文选自《七里香》,台湾大地出版社,1981 年版)

●思考与练习●

1.谈谈这首诗如何通过"树"的意象的转换来表达诗人思想感情的变化。

2.课外阅读席慕蓉的爱情诗,体会其清奇疏淡的艺术特色。

3　当你老了(叶芝)

导读

　　叶芝(1865—1939),爱尔兰著名诗人、剧作家。被诗人艾略特誉为"当代最伟大的诗人"。他的诗作主要有《钟楼》《盘旋的楼梯》《驶向拜占庭》等,先后写过 26 部剧本。1923 年获得诺贝尔文学奖,获奖的理由是"以其高度艺术化且洋溢着灵感的诗作,表达了整个民族的灵魂"。

　　《当你老了》写于 1893 年,是叶芝为他痴心爱恋的茅德•冈所作的一首诗歌。茅德•冈是爱尔兰争取民族自治运动的领导人之一,是叶芝长期追求的对象。虽然他们最终未能结合,但叶芝始终把她当作理想的化身。此诗写于茅德•冈嫁给爱尔兰军官麦克•布莱德少校的那一年。诗中诗人虚拟了一个暮年的老人,回忆自己的青春爱情,字字句句都是诗人的表白,诗人相信时光验证、创造了爱情。

选文

当你老了,头白了,睡思昏沉,
炉火旁打盹,请取下这部诗歌,
慢慢读,回想你过去眼神的柔和,
回想它们昔日浓重的阴影;

多少人爱你青春欢畅的时辰,
爱慕你的美丽,假意和真心,
只有一个人爱你朝圣者的灵魂,
爱你衰老了的脸上痛苦的皱纹;

垂下头来,在红火闪耀的炉子旁,
凄然地轻轻诉说那爱情的消逝。
在头顶的山上它缓缓地踱着步子,
在一群星星中间隐藏着脸庞。

1983 年

●思考与练习●

1.谈谈你对诗歌中抒情意象的理解。

2.如何理解诗歌第二节中所表达的爱情观?

2.1.4 信念之光

相信未来（食指）

食指(1948—　)，原名郭路生，出生于河北，山东鱼台人，中国著名诗人。著有诗集《相信未来》《食指、黑大春现代抒情诗合集》《诗探索金库·食指卷》《食指的诗》等。2001年4月28日，他与已故诗人海子共同获得第三届人民文学奖诗歌奖。食指的创作为一代诗人的崛起奠定了定向的基石，被人们称为"新诗第一人"。

《相信未来》一诗创作于1968年，该诗以其深刻的思想、优美的意境、朗朗上口的诗风阐释了在逆境中怎样好好地生活，怎样自我鼓励，怎样矢志不渝地恪守自己对明天的承诺的人生真谛。

选 文

当蜘蛛网无情地查封了我的炉台
当灰烬的余烟叹息着贫困的悲哀
我依然固执地铺平失望的灰烬
用美丽的雪花写下：相信未来

当我的紫葡萄化为深秋的露水
当我的鲜花依偎在别人的情怀
我依然固执地用凝霜的枯藤
在凄凉的大地上写下：相信未来

我要用手指那涌向天边的排浪
我要用手掌那托住太阳的大海
摇曳着曙光那枝温暖漂亮的笔杆
用孩子的笔体写下：相信未来

我之所以坚定地相信未来
是我相信未来人们的眼睛
她有拨开历史风尘的睫毛
她有看透岁月篇章的瞳孔

不管人们对于我们腐烂的皮肉
那些迷途的惆怅、失败的苦痛
是寄予感动的热泪、深切的同情

还是给以轻蔑的微笑、辛辣的嘲讽

我坚信人们对于我们的脊骨

那无数次的探索、迷途、失败和成功

一定会给予热情、客观、公正的评定

是的,我焦急地等待着他们的评定

朋友,坚定地相信未来吧

相信不屈不挠的努力

相信战胜死亡的年轻

相信永不衰竭的斗志

相信未来、热爱生命

1968 年

●思考与练习●

1.作者用哪些形象的语言进行对比,来突出作者的信念?

2.仔细阅读诗歌,找出诗人运用的意象,并思考这些意象的含义。

2.1.5 雅致别趣

山园小梅(林逋)

导读

林逋(967—1028),字君复,钱塘(今浙江省杭州市)人。他通晓经史百家,为人恬淡好古,不慕荣华富贵。他终身未娶,喜欢种梅养鹤,人们说他"梅妻鹤子"。死后,谥号"和靖先生"。其诗风格清新淡婉,其词富有民歌风味。今存《林和靖诗集》四卷,《补遗》一卷,《全宋词》录其词三首。

《山园小梅》是历代咏梅诗中的名作,它以轻巧的笔法,着力写出了梅之美、之高洁、之孤傲不俗的品格,寓以作者恬淡自适的情趣。

选文

众芳摇落独暄妍(1),占尽风情向小园。疏影横斜水清浅(2),暗香浮动月黄昏(3)。霜禽(4)欲下先偷眼,粉蝶如知合(5)断魂。幸有微吟(6)可相狎(7),不须檀板(8)共金樽(9)。

111

注 释

(1)众芳:百花。摇落:被风吹落。暄妍:明媚美丽。

(2)疏影横斜:梅花疏疏落落,斜横枝干投在水中的影子。

(3)暗香浮动:梅花散发的清幽香味在飘动。

(4)霜禽:一指"白鹤";二指"冬天的禽鸟",与下句中夏天的"粉蝶"相对。

(5)合:应该。

(6)微吟:低声地吟唱。

(7)狎:亲近,狎玩。

(8)檀板:演唱时用的檀木柏板。

(9)金樽:豪华的酒杯。

●**思考与练习**●

《山园小梅》抒发了作者怎样的情怀? 表现出了作者怎样的情趣?

人文拓展:诗歌欣赏

任务 2.2　抒情言志的情感载体——散文

学习目标

　　1.了解和把握散文的审美特点和欣赏要素,进一步掌握散文的欣赏技巧和方法。

　　2.培养散文鉴赏能力、健康审美情趣。

　　3.具备一定的散文写作能力,提高综合人文素养。

2.2.1 生命追问

1　珍爱生命（周国平）

导 读

　　周国平(1945—　)，上海人，著名诗人、散文家、哲学家。作品有纪实文学《妞妞——一个父亲的札记》，学术著作《尼采：在世纪的转折点上》，随感集《人与永恒》《风中的纸屑》，诗集《忧伤的情欲》，散文集《守望的距离》《各自的朝圣路》《安静》，自传《岁月与性情》以及《人生哲思录》《周国平人文讲演录》等。

　　人最宝贵的是什么？生命。因为它给人只有一次。"生命是我们最珍爱的东西，它是我们所拥有的一切的前提，失去了它，我们就失去了一切。"只有珍爱生命，生命才是长久的，有意义的。本文多角度地阐释了生命的本质。

选 文

　　生命是宇宙间的奇迹，它的来源神秘莫测。是进化的产物，还是上帝的创造？这并不重要。重要的是用你的心去感受这奇迹。于是，你便会懂得欣赏大自然中的生命现象，用它们的千姿百态丰富你的心胸。于是，你便会善待一切生命，从每一个素不相识的人，到一头羚羊，一只昆虫，一棵树，从心底里产生万物同源的亲近感。于是，你便会怀有一种敬畏之心，敬畏生命，也敬畏创造生命的造物主，不管人们把它称作神还是大自然。

　　生命是我们最珍爱的东西，它是我们所拥有的一切的前提，失去了它，我们就失去了一切。生命又是我们最忽略的东西，我们对于自己拥有它实在太习以为常了，而一切习惯了的东西都容易被我们忘记。因此，人们在道理上都知道生命的宝贵，实际上却常常做一些损害生命的事情，抽烟、酗酒、纵欲、不讲卫生、超负荷工作，等等。因此，人们为虚名浮利而忙碌，却舍不得花时间来让生命本身感到愉快，来做一些实现生命本身的价值的事情。往往是当我们的生命真正受到威胁的时候，我们才幡然醒悟，生命的不可替代的价值才突现在我们的眼前。但是，有时候醒悟已经为时已晚，损失已经不可挽回。

　　"生命"是一个美丽的词，但它的美被琐碎的日常生活掩盖住了。我们活着，可是我们并不是时时对生命有所体验的。相反，这样的时候很少。大多数时候，我们倒是像无生命的机械一样活着。

　　人们追求幸福，其实，还有什么时刻比那些对生命的体验最强烈最鲜明的时刻更幸福呢？当我感觉到自己的肢体和血管里布满了新鲜的、活跃的生命时，我的确认为，此时此刻我是世界上最幸福的人了。

　　生命平静地流逝，没有声响，没有浪花，甚至连波纹也看不见，无声无息。我多么厌恶这平坦的河床，它吸收了任何感觉。突然，遇到了阻碍，礁岩崛起，狂风大作，抛起万丈浪。我活着吗？是的，这时候我才觉得我活着。

生命害怕单调甚于害怕死亡，仅此就足以保证它不可战胜了。它为了逃避单调必须丰富自己，不在乎结局是否徒劳。

文化是生命的花朵。离开生命本原，文化不过是人造花束，中西文化之争不过是绢花与塑料花之争。

每个人都只有一个人生，她是一个对我们从一而终的女子。我们不妨尽自己的力量引导她，充实她，但是，不管她终于成个什么样子，我们好歹得爱她。

●思考与练习●

学习本文写法，写一篇珍爱生命的短文，字数在 300 字以上。

2　百年思索（龙应台）

导读

龙应台(1952—　)，台湾著名文化人及公共知识分子，台湾著名女作家，作品有《百年思索》《野火集》《面对大海的时候》等。

本文是 1999 年 5 月作者在台湾大学法学院演讲的整理稿(有删节)。在演讲中，作者形象地阐释了"政治人"要有什么样的人文素养，并从文学、哲学和历史三个方面对此作了别开生面的发挥，引人思考：专注于技术与职业的大学生们又应该具备什么样的知识和素养呢？

选文

今天我演讲的题目不是"政治人物"——而是"政治人"——要有什么样的人文素养。为什么不是"政治人物"呢？因为对今天已经是四十岁以上的人要求他们有人文素养，是太晚了一点，今天面对的你们大概二十岁；在二十五年之后，你们之中今天在座的，也许就有人要成为领导人。你们将来很可能影响社会。

我们为什么要关心今天的政治人，明天的政治人物？因为他们掌有权力，他将决定一个社会的走向，所以我们最殷切的期望就是，你这个权力在手的人，请务必培养价值判断的能力。

今天所要跟你们共同思索的是：我们如何对一个现象形成判断。二十五年之后，你们之中的某个人也许必须决定：在"五四"一〇五周年的那一天，你要做什么样的谈话来回顾历史？二十五年之后，你也许要决定，到底日本跟中国的关系，战争的罪责和现代化的矛盾，应该怎么样去看？中国文化在世界的历史发展上，又处在什么地位？甚至于西方跟东方的文明，它们之间全新的交错点应该在哪里？二十五年之后，你们要面对这些我们没有解决的旧问题，加上我们现在也许无能设想的新的问题，而且你们要带着这个社会走向新的方向。我希望我们今天的共同思索是一个走向未来的小小预备。

人文是什么呢？我们可以暂时接受一个非常粗略的分法，就是"文"、"史"、"哲"。

文学——白杨树的湖中倒影

为什么需要文学？了解文学、接近文学，对我们形成价值判断有什么关系？如果说，文学有一百种所谓"功能"，而我必须选择一种最重要的，我的答案是："使看不见的东西被看见。"在我自己的体认中，这就是文学跟艺术的最重要、最实质、最核心的一个作用。我不知道你们这一代人熟不熟悉鲁迅的小说，鲁迅的短篇《药》，讲的是一户人家的孩子生了痨病。民间的迷信是，馒头沾了鲜血给孩子吃，他的病就会好。或者说《祝福》里的祥林嫂，祥林嫂是一个唠唠叨叨的近乎疯狂的女人，她的孩子给狼叼走了。

让我们假想，如果你我是生活在鲁迅所描写的那个村子里头的人，那么我们看见的，理解的，会是什么呢？祥林嫂，不过就是一个让我们视而不见或者绕道而行的疯子。而在《药》里，我们本身可能就是那一大早去买馒头，等看人砍头的父亲或母亲，就等着要把那个馒头泡在血里，来养自己的孩子。再不然，我们就是那小村子里头最大的知识分子，一个口齿不清的秀才，大不了对农民的迷信表达一点不满。

但是透过作家的眼光，我们和村子里的人生就有了艺术的距离。在《药》里，你不仅只看见愚昧，你同时也看见愚昧后面人的生存状态，看见人的生存状态中不可动摇的无可奈何与悲伤。在《祝福》里，你不仅只看见贫穷粗鄙，你同时看见贫穷下面"人"作为一种原型最值得尊敬的痛苦。文学，使你"看见"。

文学与艺术使我们看见现实背面更贴近生存本质的一种现实，在这种现实里，除了理性的深刻以外，还有直觉的对"美"的顿悟。美，也是更贴近生存本质的一种现实。

十年生死两茫茫，不思量，自难忘。千里孤坟，无处话凄凉。纵使相逢应不识，尘满面，鬓如霜。夜来幽梦忽还乡，小轩窗，正梳妆。相顾无言，惟有泪千行。料得年年断肠处，明月夜，短松岗。

这短短七十个字，它带给我们什么？它对我们的价值判断有什么作用？你说没有，也不过就是在夜深人静的时候，那欲言又止的文字，文字里幽渺的意象，意象所激起的朦胧的感觉，使你停下来叹一口气，使你突然看向窗外倏然灭掉的路灯，使你久久地坐在黑暗里，让孤独笼罩，与隐藏最深的自己素面相对。但是它的作用是什么呢？如果鲁迅的小说使你看见了现实背后的纵深，那么，一首动人、深刻的诗，我想，它提供了一种"空"的可能，"空"相对于"实"。空，是另一种现实。我们平常看不见的、更贴近存在本质的现实。

假想有一个湖，湖里当然有水，湖岸上有一排白杨树，这一排白杨树当然是实体的世界，你可以用手去摸，感觉到它树干的凹凸的质地。这就是我们平常理性的现实的世界，但事实上有另外一个世界，我们不称它为"实"，甚至不注意到它的存在。水边的白杨树，不可能没有倒影，只要白杨树长在水边就有倒影。而这个倒影，你摸不到它的树干，而且它那么虚幻无常：风吹起的时候，或者今天有云，下小雨，或者满月的月光浮动，或者水波如镜面，而使得白杨树的倒影永远以不同的形状，不同的深浅，不同的质感出现，它是破碎的,它是回旋的,它是若有若无的。但是你说,到底岸上的白杨树才是唯一的现实,还是水里的白杨树,才是唯一的现实。然而在生活里,我们通常只活在一个现实里头,就是岸上的白杨树那个层面,手可以摸到、眼睛可以看到的层面,而往往忽略了水里头那个"空"的,那个随时千变万化的,那个与我们的心灵直接观照的倒影的层面。

文学,只不过就是提醒我们:除了岸上的白杨树外,有另外一个世界可能更真实存在,就是湖水里头那白杨树的倒影。

哲学——迷宫中望见星空

哲学是什么?我们为什么需要哲学?

欧洲有一种迷宫,是用树篱围成的,非常复杂。你进去了就走不出来。我们每个人的人生处境,当然是一个迷宫,充满了迷惘和彷徨,没有人可以告诉你出路何在。

就我个人体认而言,哲学就是,我在绿色的迷宫里找不到出路的时候,晚上降临,星星出来了,我从迷宫里抬头往上看,可以看到满天的星斗;哲学,就是对于星斗的认识,如果你认识了星座,你就有可能走出迷宫,不为眼前障碍所惑,哲学就是你望着星空所发出来的天问。

天何所沓十二焉分日月安属列星安陈
何阖而晦何开而明角宿未旦曜灵安藏

两千多年以前,屈原站在他绿色的迷宫里,仰望满天星斗,脱口而出这样的问题。他问的是,天为什么和地上下相合,十二个时辰怎样历志?日月附着在什么地方,二十八个星宿根据什么排列,为什么天门关闭,为夜吗?为什么天门张开,为昼吗?角宿值夜,天还没有亮,太阳在什么地方隐藏?

基本上,这是一个三岁的孩子,眼睛张开第一次发现这个世界上有天上这闪亮的碎石子的时候所发出来的疑问,非常原始;因为原始,所以深刻而巨大,所以人,对这样的问题,无可回避。

掌有权力的人,和我们一样在迷宫里行走,但是权力很容易使他以为自己有能力选择自己的路,而且还要带领群众往前走,而事实上,他可能既不知道他站在什么方位,也不知道这个方位在大格局里有什么意义;他既不清楚来的走的是哪条路,也搞不明白前面的路往哪里去;他既未发觉自己深处迷宫中,更没发觉,头上就有纵横的星图。这样的人,要来领导我们的社会,实在令人害怕。其实,所谓走出思想的迷宫,走出历史的迷宫,在西方的历史里,已经有特定的名词,譬如说,"启蒙",十八世纪的启蒙。所谓启蒙,不过就是在绿色的迷宫里头,发觉星空的存在,发出天问,思索出路、走出去。对于我,这就是启蒙。所以,如果说文学使我们看见水里白杨树倒影,那么哲学,使我们能借着星光的照亮,摸索地走出迷宫。

史学——沙漠玫瑰的开放

我把史学放在最后。历史对于价值判断的影响,好像非常清楚。鉴往知来,认识过去才能以测未来,这话都已经说烂了。我不太用成语,所以试试另外一个说法。

一个朋友从以色列来,给我带了一朵沙漠玫瑰。沙漠里没有玫瑰,但是这个植物的名字叫作沙漠玫瑰。拿在手里,是一蓬干草,真正的枯萎,干的,死掉的草,这样一把,很难看。但是他要我看说明书。说明书告诉我,这个沙漠玫瑰其实是一种地衣,针叶型,有点像松枝的形状。你把它整个泡在水里,第八天它会完全复活;把水拿掉的话,它又会渐渐干掉,枯干如沙。把它再藏个一年两年,然后哪一天再泡在水里,它又会复活。这就是沙漠玫瑰。

我就把这团枯干的草,用一个大玻璃碗盛着,注满了清水,放在那儿。从那一天开始,我跟我两个宝贝儿子,就每天去探看沙漠玫瑰怎么样了。第一天去看它,没有动静,还是一把枯草浸在水里……第二天去看的时候发现,它有一个中心,这个中心已经从里头往外头,稍稍舒展松了,而且有一点绿的感觉,还不是颜色。第三天再去看,那个绿的模糊的感觉已经实实在在是一种绿的颜色,松枝的绿色,散发出潮湿青苔的气味,虽然边缘还是干死的。它把自己张开,已经让我们看出了它真有玫瑰形的图案。每一天,它核心的绿意就往外扩展一寸。我们每天给它加清水,到了有一天,那个绿色已经渐渐延伸到它所有的手指,层层舒展开来。

第八天,当我们去看沙漠玫瑰的时候,刚好我们的邻居也在,他就跟着我们一起到厨房里去看。这一天,展现在我们眼前的是完整的、丰润饱满、复活了的沙漠玫瑰!我们三个疯狂大叫出声,因为太快乐了,我们看到一朵尽情开放的浓绿的沙漠玫瑰。

这个邻居在旁边很奇怪地说,这一把杂草,你们干嘛呀?我愣住了。

是啊,在他的眼中,它不是玫瑰,它是地衣啊!你说,地衣再美,美到哪里去呢?他看到的就是一把挺难看、气味潮湿的低等植物,搁在一个大碗里;也就是说,他看到的是现象的本身定在那一个时刻,是孤立的,而我们所看到的是现象和现象背后一点一滴的线索,辗转曲折、千丝万缕的来历。

于是,这个东西在我们的价值判断里,它的美是惊天动地的,它的复活过程就是宇宙洪荒初始的惊骇演出。我们能够对它欣赏,只有一个原因;我们知道它的起点在哪里。知不知道这个起点,就形成我们和邻居之间价值判断的南辕北辙。

不必说鉴往知来,我只想告诉你沙漠玫瑰的故事罢了。对于任何东西、现象、目的、人、事件,如果不认识它的过去,你如何理解它的现在到底代表什么意义?不理解它的现在,又何从判断它的未来?不认识过去,不理解现在,不能判断未来,你又有什么资格来做我们的"国家领导人"?

文学让你看见水里白杨树的倒影,哲学使你从思想的迷宫里认识星星,从而有了走出迷宫的可能;那么历史就是让你知道,沙漠玫瑰有它的特定起点,没有一个现象是孤立存在的。

会弹钢琴的刽子手

素养跟知识有没有差别?当然有,而且有着极其关键的差别。我们不要忘记,纳粹头子很多会弹钢琴、有哲学博士学位。这些政治人物难道不是很有人文素养吗?我认为,他们所拥有的是人文知识,不是人文素养。知识是外在于你的东西,是材料、是工具、是可以量化的知道；必须让知识进入人的认知本体，渗透他的生活与行为，才能称之为素养。人文素养是在涉猎了文、史、哲学之后，更进一步认识到，这些人文"学"到最后都有一个终极的关怀，对"人"的关怀。脱离了对"人"的关怀，你只能有人文知识，不能有人文素养。

素养和知识的差别，容许我窃取王阳明的语言来解释。学生问他为什么许多人知道孝悌的道理，却做出邪恶的事情，王阳明说："此已被私欲隔断，不是知行的本体了。未有知而不行者；知而不行，只是未知。"在我个人的解读里，王阳明所指知而不行的"未知"就是"知识"的层次，而素养，就是"知行的本体"。王阳明用来解释"知行的本体"的四个字很能表达我对"人文素养"的认识：真诚恻怛。

对人文素养最可怕的讽刺莫过于：在集中营里，纳粹要犹太音乐家们拉着小提琴送他们的同胞进入毒气房。一个会写诗、懂古典音乐、有哲学博士学位的人，不见得不会妄自尊大、草菅人命。但是一个真正认识人文价值而"真诚恻怛"的人，也就是一个真正有人文素养的人，我相信，他不会违背以人为本的终极关怀。

在我们的历史里，不论是过去还是眼前，不以人为本的政治人物可太多了啊。

一切价值的重估

我们今天所碰到的好像是一个"什么都可以"的时代。从一元价值的时代，进入一个价值多元的时代。但是，事实上，什么都可以，很可能也就意味着什么都不可以：你有知道的权利我就失去了隐密的权利；你有掠夺的自由我就失去了不被掠夺的自由。解放不一定意味着真正的自由，而是一种变相的捆绑。而价值的多元是不是代表因此不需要固守价值？我想当然不是的。

我们所面临的绝对不是一个价值放弃的问题，而是一个"一切价值都必须重估"的巨大考验；一切价值的重估，正好是尼采的一个书名，表示在他的时代有他的困惑。重估价值是多么艰难的任务，必须是一个成熟的社会，或者说，社会里头的人有能力思考、有能力做成熟的价值判断，才有可能担负这个任务。

你如果看不见白杨树水中的倒影，不知道星空在哪里，同时没看过沙漠玫瑰，而你是政治系毕业的；二十五年之后，你不知道文学是什么，哲学是什么，史学是什么，或者说，更糟的，你会写诗、会弹钢琴、有哲学博士学位同时却又迷信自己、崇拜权力，那么拜托，你不要从政吧！我想我们这个社会，需要的是"真诚恻怛"的政治家，但是它却充满了利欲熏心和粗暴恶俗的政客。政治家跟政客之间有一个非常非常重大的差别，这个差别，我个人认为，就是人文素养的有与无。

● 思考与练习 ●

1.结合课文思考:一个人,尤其是一个领导人为什么必须有人文素养。

2.文章中说:"文学与艺术使我们看见现实背面更贴近生存本质的一种现实,在这种现实里,除了理性的深刻以外,还有直觉的对'美'的顿悟。"谈谈对这句话的理解。

3.课文中作者讲述"沙漠玫瑰"这个故事想说明什么观点?

2.2.2 人生思辨

1 **人生的境界**(冯友兰)

导 读

冯友兰(1895—1990),河南唐河人,哲学家。编著有《中国哲学史新编》,《三松堂全集》等。

人生是一个过程,寄居于天地之间,追求不同,境界也就存在着高低的差别。本文中,作者用生动朴实的语言向我们阐释了人生的境界,把深奥的哲学化为平常的道理,告知我们应该脱离单纯的实用目的,找准自己的精神航向,从而走向人生的高境界。

选 文

哲学的任务是什么? 我曾提出,按照中国哲学的传统,它的任务不是增加关于实际的积极的知识,而是提高人的精神境界。在这里更清楚地解释一下这个话的意思,似乎是恰当的。

我在《新原人》一书中曾说,人与其他动物的不同,在于人做某事时,他了解他在做什么,并且自觉地在做。正是这种觉解,使他正在做的事对于他有了意义。他做各种事,有各种意义,各种意义合成一个整体,就构成他的人生境界。如此构成各人的人生境界,这是我的说法。不同的人可能做相同的事,但是各人的觉解程度不同,所做的事对于他们也就各有不同的意义。每个人各有自己的人生境界,与其他任何个人的都不完全相同。若是不管这些个人的差异,我们可以把各种不同的人生境界划分为四个等级。从最低的说起,它们是:自然境界,功利境界,道德境界,天地境界。

一个人做事,可能只是顺着他的本能或其社会的风俗习惯。就像小孩和原始人那样,他做他所做的事,然而并无觉解,或不甚觉解。这样,他所做的事,对于他就没有意义,或很少意义。他的人生境界,就是我所说的自然境界。

一个人可能意识到他自己,为自己而做各种事。这并不意味着他必然是不道德的人。他可以做些事,其后果有利于他人,其动机则是利己的。所以他所做的各种事,对于他,有功利的意义。他的人生境界,就是我所说的功利境界。

还有的人,可能了解到社会的存在,他是社会的一员。这个社会是一个整体,他是这个整体的一部分。有这种觉解,他就为社会的利益做各种事,或如儒家所说,他做事是为了"正其义不谋其利"。他真正是有道德的人,他所做的都是符合严格的道德意义的道德行为。他所做的各种事都有道德的意义。所以他的人生境界,是我所说的道德境界。

最后,一个人可能了解到超乎社会整体之上,还有一个更大的整体,即宇宙。他不仅是社会的一员,同时还是宇宙的一员。他是社会组织的公民,同时还是孟子所说的"天民"。有这种觉解,他就为宇宙的利益而做各种事。他了解他所做的事的意义,自觉他正在做他所做的事。这种觉解为他构成了最高的人生境界,就是我所说的天地境界。

这四种人生境界之中,自然境界、功利境界的人,是人现在就是的人;道德境界、天地境界的人,是人应该成为的人。前两者是自然的产物,后两者是精神的创造。自然境界最低,往上是功利境界,再往上是道德境界,最后是天地境界。它们之所以如此,是由于自然境界,几乎不需要觉解;功利境界、道德境界,需要较多的觉解;天地境界则需要最多的觉解。道德境界有道德价值,天地境界有超道德价值。

照中国哲学的传统,哲学的任务是帮助人达到道德境界和天地境界,特别是达到天地境界。天地境界又可以叫作哲学境界,因为只有通过哲学,获得对宇宙的某些了解,才能达到天地境界。但是道德境界,也是哲学的产物。道德认为,并不单纯是遵循道德律的行为;有道德的人也不单纯是养成某些道德习惯的人。他行动和生活,都必须觉解其中的道德原理,哲学的任务正是给予他这种觉解。

生活于道德境界的人是贤人,生活于天地境界的人是圣人。哲学教人以怎样成为圣人的方法。我在第一章中指出,成为圣人就是达到人作为人的最高成就。这是哲学的崇高任务。

在《理想国》中,柏拉图说,哲学家必须从感觉世界的"洞穴"上升到理智世界。哲学家到了理智世界,也就是到了天地境界。可是天地境界的人,其最高成就,是自己与宇宙同一,而在这个同一中,他也就超越了理智。

中国哲学总是倾向于强调,为了成为圣人,并不需要做不同于平常的事。他不可能表演奇迹,也不需要表演奇迹。他做的都只是平常人所做的事,但是由于有高度的觉解,他所做的事对于他就有不同的意义。换句话说,他是在觉悟状态做他所做的事,别人是在无明状态做他们所做的事。禅宗有人说,觉字乃万妙之源。由觉产生的意义,构成了他的最高的人生境界。

所以中国的圣人是既入世而又出世的,中国的哲学也是既入世而又出世的。随着未来的科学进步,我相信,宗教及其教条和迷信,必将让位于科学;可是人的对于超越人世的渴望,必将由未来的哲学来满足。未来的哲学很可能是既入世而又出世的。在这方面,中国哲学可能有所贡献。

●思考与练习●

1.作者把人生分为哪几种境界?划分人生境界的依据又是什么?

2.仔细阅读课文,品味课文有感而发的特点,并结合自己的生活实践与思考,说说我们应该追求怎样的人生境界。

2 我们对于一棵古松的三种态度——实用的、科学的、美感的（朱光潜）

导读

朱光潜(1897—1986),笔名孟实、盟石,安徽桐城(今安庆市枞阳县)人。中国美学家、文艺理论家、教育家、翻译家,是我国现代美学的奠基人和开拓者之一。主要编著有《文艺心理学》《悲剧心理学》《谈美》《诗论》《谈文学》《西方美学史》《美学批判论文集》《谈美书简》等。

本文以"我们对于一棵古松的三种态度"为切入点,剖析了"实用的、科学的、美感的"三种人生体悟和境界,通俗易懂,妙趣横生,别有韵味。

选文

我刚才说,一切事物都有几种看法。你说一件事物是美的或是丑的,这也只是一种看法。换一个看法,你说它是真的或是假的;再换一种看法,你说它是善的或是恶的。同是一件事物,看法有多种,所看出来的现象也就有多种。

比如园里那一棵古松,无论是你是我或是任何人一看到它,都说它是古松。但是你从正面看,我从侧面看,你以幼年人的心境去看,我以中年人的心境去看,这些情境和性格的差异都能影响到所看到的古松的面目。古松虽只是一件事物,你所看到的和我所看到的古松却是两件事。假如你和我各把所得的古松的印象画成一幅画或是写成一首诗,我们俩艺术手腕尽管不分上下,你的诗和画与我的诗和画相比较,却有许多重要的异点。这是什么缘故呢?这就由于知觉不完全是客观的,各人所见到的物的形象都带有几分主观的色彩。

假如你是一位木商,我是一位植物学家,另外一位朋友是画家,三人同时来看这棵古松。我们三人可以说同时都"知觉"到这一棵树,可是三人所"知觉"到的却是三种不同的东西。你脱离不了你的木商的心习,你所知觉到的只是一棵做某事用值几多钱的木料。我也脱离不了我的植物学家的心习,我所知觉到的只是一棵叶为针状、果为球状、四季常青的显花植物。我们的朋友——画家——什么事都不管,只管审美,他所知觉到的只是一棵苍翠劲拔的古树。我们三人的反应态度也不一致。你心里盘算它是宜于架屋或是制器,思量怎样去买它,砍它,运它。我把它归到某类某科里去,注意它和其他松树的异点,思量它何以活得这样老。我们的朋友却不这样东想西想,他只在聚精会神地观赏它的苍翠的颜色,它的盘屈如龙蛇的线纹以及它的昂然高举、不受屈挠的气概。

从此可知这棵古松并不是一件固定的东西,它的形象随观者的性格和情趣而变化。各人所见到的古松的形象都是各人自己性格和情趣的返照。古松的形象一半是天生的,一半也是人为的。极平常的知觉都带有几分创造性;极客观的东西之中都有几分主观的成分。

美也是如此。有审美的眼睛才能见到美。这棵古松对于我们的画画的朋友是美的,因为他去看它时就抱了美感的态度。你和我如果也想见到它的美,你须得把你那种木商的实用的态度丢开,我须得把植物学家的科学的态度丢开,专持美感的态度去看它。

这三种态度有什么分别呢?

先说实用的态度。做人的第一件大事就是维持生活。既要生活,就要讲究如何利用环境。"环境"包含我自己以外的一切人和物在内,这些人和物有些对于我的生活有益,有些对于我的生活有害。有些对于我不关痛痒。我对于他们于是有爱恶的情感,有趋就或逃避的意志和活动。这就是实用的态度。实用的态度起于实用的知觉,实用的知觉起于经验。小孩子初出世,第一次遇见火就伸手去抓,被它烧痛了,以后他再遇见火,便认识它是什么东西,便明了它是烧痛手指的,火对于他于是有意义。事物本来都是很混乱的,人为便利实用起见,才像被火烧过的小孩子根据经验把四围事物分类立名,说天天吃的东西叫做"饭",天天穿的东西叫做"衣",某种人是朋友,某种人是仇敌,于是事物才有所谓"意义"。意义大半都起于实用。在许多人看,衣除了是穿的,饭除了是吃的,女人除了是生小孩的一类意义之外,便寻不出其他意义。所谓"知觉",就是感官接触某种人或物时心里明了他的意义。明了他的意义起初都只是明了他的实用。明了实用之后,才可以对他起反应动作,或是爱他,或是恶他,或是求他,或是拒他。木商看古松的态度便是如此。

科学的态度则不然。它纯粹是客观的,理论的。所谓客观的态度就是把自己的成见和情感完全丢开,专以"无所为而为"的精神去探求真理。理论是和实用相对的。理论本来可以见诸实用,但是科学家的直接目的却不在于实用。科学家见到一个美人,不说我要去向她求婚,她可以替我生儿子,只说我看她这人很有趣味,我要来研究她的生理构造,分析她的心理组织。科学家见到一堆粪,不说它的气味太坏,我要掩鼻走开,只说这堆粪是一个病人排泄的,我要分析它的化学成分,看看有没有病菌在里面。科学家自然也有见到美人就求婚、见到粪就掩鼻走开的时候,但是那时候他已经由科学家还到实际人的地位了。科学的态度之中很少有情感和意志,它的最重要的心理活动是抽象的思考。科学家要在这个混乱的世界中寻出事物的关系和条理,纳个物于概念,从原理演个例,分出某者为因,某者为果,某者为特征,某者为偶然性。植物学家看古松的态度便是如此。

木商由古松而想到架屋、制器、赚钱等等,植物学家由古松而想到根茎花叶、日光水分等等,他们的意识都不能停止在古松本身上面。不过把古松当作一块踏脚石,由它跳到和它有关系的种种事物上面去。所以在实用的态度中和科学的态度中,所得到的事物的意象都不是独立的、绝缘的,观者的注意力都不是专注在所观事物本身上面的。注意力的集中,意象的孤立绝缘,便是美感的态度的最大特点。比如我们的画画的朋友看古松,他把全副精神都注在松的本身上面,古松对于他便成了一个独立自足的世界。他忘记他的妻子在家里等柴烧饭,他忘记松树在植物教科书里叫做显花植物,总而言之,古松完全占领住他的意识,古松以外的世界他都视而不见、听而不闻了。他只把古松摆在心眼面前当作一幅画去玩味。他不计较实用,所以心中没有意志和欲念;他不推求关系、条理、因果等等,所以不用抽象的思考。这种脱净了意志和抽象思考的心理活动叫做"直觉",直觉所见到的孤立绝缘的意象叫做"形象"。美感经验就是形象的直觉,美就是事物呈现形象于直觉时的特质。

实用的态度以善为最高目的,科学的态度以真为最高目的,美感的态度以美为最高目的。在实用态度中,我们的注意力偏在事物对于人的利害,心理活动偏重意志;在科学的态度中,我们的注意力偏在事物间的互相关系,心理活动偏重抽象的思考;在美感的态度中,我们的注意力专在事物本身的形象,心理活动偏重直觉。真善美都是人所定的价值,不是事物所本有的特质。离开人的观点而言,事物都混然无别,善恶、真伪、美丑就漫无意义。真善美都含有若干主观的成分。

就"用"字的狭义说,美是最没有用处的。科学家的目的虽只在辨别真伪,他所得的结果却可效用于人类社会。美的事物如诗文、图画、雕刻、音乐等等都是寒不可以为衣,饥不可以为食的。从实用的观点看,许多艺术家都是太不切实用的人物。然则我们又何必来讲美呢? 人性本来是多方的,需要也是多方的。真善美三者俱备才可以算是完全的人。人性中本有饮食欲,渴而无所饮,饥而无所食,固然是一种缺乏;人性中本有求知欲而没有科学的活动,本有美的嗜好而没有美感的活动,也未始不是一种缺乏。真和美的需要也是人生中的一种饥渴——精神上的饥渴。疾病衰老的身体才没有口腹的饥渴。同理,你遇到一个没有精神上的饥渴的人或民族,你可以断定他的心灵已到了疾病衰老的状态。

人所以异于其他动物的就是于饮食男女之外还有更高尚的企求,美就是其中之一。是壶就可以贮茶,何必又求它形式、花样、颜色都要好看呢? 吃饱了饭就可以睡觉,何必又呕心血去做诗、画画、奏乐呢? "生命"是与"活动"同义的,活动愈自由生命也就愈有意义。人的实用的活动全是有所为而为,是受环境需要限制的;人的美感的活动全是无所为而为,是环境不需要他活动而他自己愿意去活动的。在有所为而为的活动中,人是环境需要的奴隶;在无所为而为的活动中,人是自己心灵的主宰。这是单就人说,就物说呢,在实用的和科学的世界中,事物都借着和其他事物发生关系而得到意义,到了孤立绝缘时就都没有意义;但是在美感世界中它却能孤立绝缘,却能在本身现出价值。照这样看,我们可以说,美是事物的最有价值的一面,美感的经验是人生中最有价值的一面。

许多轰轰烈烈的英雄和美人都过去了,许多轰轰烈烈的成功和失败也都过去了,只有艺术作品真正是不朽的。数千年前的《采采卷耳》和《孔雀东南飞》的作者还能在我们心里点燃很强烈的火焰,虽然在当时他们不过是大皇帝脚下的不知名的小百姓。秦始皇并吞六国,统一车书(1),曹孟德带八十万人马下江东,舳舻千里,旌旗蔽空,这些惊心动魄的成败对于你有什么意义? 对于我有什么意义? 但是长城和《短歌行》对于我们还是很亲切的,还可以使我们心领神会这些骸骨不存的精神气魄。这几段墙在,这几句诗在,他们永远对于人是亲切的。由此类推,在几千年或是几万年以后看现在纷纷扰扰的"帝国主义"、"反帝国主义"、"主席"、"代表"、"电影明星"之类对于人有什么意义?我们这个时代是否也有类似长城和《短歌行》的纪念坊留给后人,让他们觉得我们也还是很亲切的呢?悠悠的过去只是一片漆黑的天空,我们所以还能认识出来这漆黑的天空者,全赖思想家和艺术家所散布的几点星光。朋友,让我们珍重这几点星光!让我们也努力散布几点星光去照耀那和过去一般漆黑的未来!

(本文选自《朱光潜全集:谈美·文艺心理学》新编增订本,中华书局 2012 年版)

注 释

(1)车书:语出《中庸》:"今天下车同轨,书同文。"车乘的轨辙相同,书牍的字体相同,表示文物制度的划一,天下一统。后因以"车书"指国家的文物制度。

●**思考与练习**●

1.试概括文中"实用的、科学的、美感的"三种态度各自的特点及区别。"珍重这几点星光"和"努力散布几点星光"饱含着作者怎样的感慨?

2.试着把文章标题换成"实用的、科学的、美感的",把文章中有关"古松"的描写全部去掉,重新阅读文章,比较一下与原文的表达效果有何不同。

3.有人说:"人类第一次对着一朵花微笑,是历史上开天辟地的大事。"请用文章中的观点分析这句话。

2.2.3 润物师情

大学授业恩师速写(廖伏树)

导 读

廖伏树(1966—),笔名蓝溪,研究员、中国作家协会会员、中国散文诗研究会理事,著有《阅读人生》《田园风光》《握别青春》等文学作品集 3 部,散文集《阅读人生》于 2010 年获第 24 届福建省文学奖。

本文与著名作家余秋雨、《人民文学》原主编阎纲等所写的九篇佳作,2018 年同榜斩获第二届"汪曾祺散文奖"。授奖辞为:"廖伏树的文字鲜活灵动,充满趣味,意蕴隽永。《大学授业恩师速写》拭去记忆里厚重的蒙尘,用丰富的细节观察和记录,抓取几位老师别具特色的瞬间,将他们的鲜明形象定格纸上。细节的力量是惊人的,而捕捉细节的这双眼睛则更是可贵。"文章写了六位老师,一个个鲜活的形象跃然纸上,妙趣横生!

选 文

　　大学是人生的重要驿站，许多人的情感底色、思维方式、审美情趣，乃至世界观人生观价值观的形成，都离不开大学的教化和滋养。我从福建师范大学毕业30年了。30年生活之路，消蚀了多少生命往事。而唯有一些授业恩师的形象，令人难以忘怀，甚至影响着我们深深浅浅的人生之路。

　　系党总支副书记罗萤老师。罗老师上"大学生思想品德"课，这是老师们普遍认为最难上的课，也是同学们普遍认为最枯燥无味的课。但罗老师的第一堂课彻底征服了我们。他凭什么？当天晚上，我们宿舍讨论争吵到半夜，就为这事。得出的结论有五：一，他这么年轻就当系党总支副书记，不是偶然的，今天就见识了他的干练和老到，这个人以后会做大官（罗萤老师真的先后担任福建中医药大学党委副书记、福建医科大学党委书记、福建师范大学党委书记、福建省人大常委会委员，这是后话）。二，都说"聪明看耳目"，他的眼睛真的是炯炯有神，"属于深邃透亮的那一种，而不是狡黠贼亮的那一种"，我们做了这样的补充说明。三，他的板书潇洒漂亮，"肯定比书法课老师的漂亮，书法课老师的毛笔字漂亮，但板书比不上罗老师"，全宿舍7：1这样认为。四，他见多识广，记忆力好，又很有主见。仅举一例。他说，"五四运动"的第一个点火者是福建师范大学（前身是福州法政学堂），不是北京大学；是参与草拟《中华民国临时约法》的闽侯人林长民，林徽因的父亲林长民，外交家、教育家林长民，不是北京大学校长蔡元培或者别人。"闻所未闻？不信？你们去查查1919年4月下旬到5月初他的行踪，他的游说，他的会议，他的讲话。特别是5月2日北京《晨报》上《外交警报敬告国民》这篇文章，作者是谁？就是林长民。他披露巴黎和会出卖中国，将原德国在中国山东的一切权益转让给日本，疾呼'胶州亡矣，山东亡矣，国不国矣'，借以警醒国民，并作洪钟大吕之号召'国亡无日，愿合我四万万众誓死图之'，这篇檄文发表后，全中国群情激奋，遂演变为一两天后轰轰烈烈的'五四'运动。"五，煽动性极强，典型的政工干部。他说"别妄自菲薄，读福建师大中文系，没亏待你。北京师大的录取线跟我们差不多，有一年还比我们低。知道我们中文系的台柱教授黄老（黄寿祺教授）祥老（陈祥耀教授）的学问和名气不？知道78年武汉大学中文系向全国高校求救，我们派了林可夫老师和孙绍振老师去支援，因为课上得实在好，一直回不来，差点被硬生生地留下来的佳话不？""知道大学之于你们的主要意义不？方法论，学习环境与氛围，老师，图书馆。那好，你们知道福建师大的图书馆藏书在全国的排次不？"说到大学生要紧跟改革开放的大时代，他说"四个现代化首先是人的现代化，人的现代化首先是人的观念的现代化，人的观念的现代化首先是青年人的观念的现代化"，直说得我们心潮澎湃，立志成为栋梁之心油然而生。

　　辅导员王朝益老师。辅导员，年段长兼班主任之谓也。王老师其实就是我们中文系81级留校的大师兄，不少学生的年龄都比他大。他身板结实，面庞棱角分明，一副眼镜稍稍掩盖了他的霸气、侠气和豪气。王老师以敏锐干练、处事果决著称，以兢兢业业、尽心尽责著称，更以琴棋书画无所不晓、多才多艺、潇洒风流著称。令我们常纳闷的是，为什么他浑身上下总有使不完用不尽的干劲和热情，为什么刚刚他还雷厉风行火急火燎，是非曲直势若春风烈火，转眼间，和风细雨，苦口婆心，唠唠叨叨。他的绝活除了书法、足球、吉他外,便是三更半夜"守株待兔"抓爬水管上楼的学生。宿舍楼是十一点锁一楼铁门的,"夜游者"只好爬水管上二楼。王老师住三楼,眼观六路,耳听八方,风吹草动也瞒不过他,一抓一个准。他的代表作是一次抓了6个喝酒的同学,后面依次上来的没有一人知道前面的已被逮住,因为每个人一跳下来,就被潜伏在黑暗中的他轻轻一按,不仅来不及向同伙通风报信,还得乖乖配合他,向下面的人轻声喊道:平安无事噢,快点上来!待全都上来啦,确保安全了,喝酒海量的王老师居然嬉皮笑脸地说:"还喝不够多嘛,至少还有气力爬上来,佩服佩服!"继而脸一沉,厉声喝道:"还不服气?要不要单挑?是再来两瓶二锅头还是两箱榕城啤酒?回去写检讨!"话说半个月后,写检讨的同学于心不甘,设计了一个温柔的陷阱让王老师跳。先是邀王老师到军分区礼堂看电影,回来路上又把王老师拖进小饮食店小酌几杯,一盘炒白粿一碟花生米几片猪头皮一碗紫菜蛋汤硬是拖着磨了两个小时。"糟糕,铁门锁了!"故作惊怍的同学们笑着嚷着簇拥着王老师,急匆匆赶回宿舍楼。"爬水管?王老师您行吗?这回我们要不要写检讨""唉!就差十分钟!你们先上,我掩护,兼殿后。"王老师一脸沮丧。"喳!"门徒们一晃就全爬了上去了。只见王师傅变戏法地从口袋掏出钥匙,边自言自语道:"这帮小厮,想跟我玩,还嫩着呢!"边三步并作两步赶上二楼,对面面相觑的小厮们说:"不好意思,下午保安把钥匙寄我这,我居然忘了!作为赔礼道歉,你们这次检讨免了,下不为例!"

文学概论课李联明老师。李老师气宇轩昂,衣冠楚楚,庄重而和善的面容闪烁着睿智的光芒,给人踏实而机敏的感觉。李老师只给我们上过几节课,开过两次讲座,就当厅长去了。他是出名的才子,当时高校用的《文学概论》教科书就是他撰写的。他讲授条分缕析,逻辑性、层次感都很强,思辨色彩恣肆飞扬,连板书的动作都很优雅。李老师谦谦然有君子之风。有一次讲座,他讲了一个多小时,欲喝一口茶水,居然对我们说:"对不起,我喝一口水。"这着实让我们印象深刻。他给我们上的最后一课,结束语是这样的:"再见了,同学们!古人曰:学而优则仕。据说李联明同志学而优,所以应该去'仕'一下。现代人曰:机遇在等待着有准备的头脑。不过,我的头脑准备得不足啊,一下子叫我去当省文化厅长,也不知道这行当有没有比上好课难。"因为事先没有任何征兆(李老师当时只是普通教师,连系的副主任或副书记都不是,刚刚讲师转副教授),全班同学先是一愣,随即捧腹大笑,教室里雷鸣般的掌声经久不息。

福建文化课王光明老师。王老师不高,微胖,圆圆的脸盘总堆满憨厚随和的笑意,让你恍若他就是邻家大哥。偶尔胡茬刮不干净,劣质衬衫袖口还有点脏,约略可见他从贫困山区农家走出来的影子。王老师备课认真,上课负责,评改作业总用红笔写满一段段评语,同学们都高兴地称之为"长幅朱批"。他亲切随便,善解人意,和我们打成一片,课余讨论时和我们吵得脸红脖子粗,打扑克输了钻桌子可以赦免,但"高帽"照戴不误。令我们佩服不已的是,他还是诗人、著名青年评论家,他几乎可以把诗歌评论和散文诗评论写得像诗歌和散文诗一样美,真的是极尽酣畅淋漓之能事。王老师30岁不到便被破格提拔为副教授,这在当下没什么,但在80年代中期是全国高校极为罕见的。这样一个激情四射才高八斗的青年才俊,却拙于表达,是很典型的"内秀型"人才。"所谓福建文化,就是这样的话那样的话,福建的这个这个那种地方文化",王老师课堂上的经典性语录,令人莞尔,时不时成为同学们茶余饭后鹦鹉学舌的样板。

文学创作论课孙绍振老师。稀稀疏疏的头发或许是因痛苦而卷曲,菩萨般的相态,光亮的大额际,却掩不住与生俱来的忧悒和冷峻,一双深邃而狡黠的眼睛藏在薄薄的大圆镜片后面。孙老师特立独行,卓厉风发,恃才而傲物,是当时全国文学评论界的风云人物,也是饱受批判的著名的新的美学原则"崛起派"三巨头之一,可谓大名鼎鼎。孙老师著作等身,又是遐迩闻名的"铁嘴铜牙",说话声调高而尖,讲授极具批判精神和煽动色彩,语言深沉、睿智、幽默、风趣。他的讲座,场场爆满,不事先占位置,连走廊都站不了。他讲被打成"右派"后从北大中文系研究生充军到华侨大学,再充军到山区中学,教语文、历史、地理、化学、外语,像"消防队长兼救火英雄";讲不敢写文章哪怕是日记,"像孔子那样述而不作,连一个标点符号也没有";讲自己找对象来回折腾,"像鲁迅笔下的苍蝇","飞了一圈又飞了回来";讲满堂灌教育的弊害,"考试,简直是摧残学生的最佳方法";讲做学问,"一要打牢基础,二要善于思考和创新,三要有亵渎权威的勇气"。他口才之佳,记忆力之好,思想之尖锐,思维之敏捷,思路之清晰,简直令人匪夷所思。他是个宽容大度的学者,"孙老头、老孙头",我们甚至这样叫他他都不会介意。但有时他却孩子般爱较真。有一个政工老师曾在大会上评价我们中文系83级学生"既无知又狂妄",我们只将它作为自我揶揄的笑料,孙老师却好几次在公共场合予以"严正声讨"!又有一次,梯形教室后面突然来了几个人,可能是检查组来听课的,大概是事先没打招呼惹怒了孙老师,他突然大讲那个永恒的哲学命题——"我们是谁?我们从哪里来?我们到哪里去?"然后话锋一转:"同学们,这个永恒的问号和一般的疑问句,比如'他们是什么人?他们来这里干什么?他们有什么目的'难道一样吗?"当我们会意地偷偷一看那些如坐针毡的不速之客时,孙老师却不动声色地又过渡到文学的母题去了。

外国文学课李万钧老师。李老师身材削瘦,带着高度近视镜,喜欢坐着讲授,总爱摇头晃脑,很少板书。李老师上课富有浪漫诗情,抑扬顿挫,颇具磁力,虽然他经常一边咳嗽一边一根接一根地抽着薄荷烟。他是比较文学的著名专家,几乎不看讲义和课本,却能引经据典,有时原著也能大段大段背出来。他爱抨击时弊,一副金刚怒目的架势,寥寥数语,力透纸背。他简直是个天才的预言家。不记得是1987年的春天还是夏天,反正有次在课堂上讲到莫言,他的声音突然高了八度:"同学们,请你们注意一下莫言,注意一下红高粱系列。以后中国大陆第一个得诺贝尔文学奖,很可能就是莫言这小子!"当同学们都不以为然地笑着时,他的声音又提高了八度:"笑什么笑!没眼光!没文化!中文系的人千万别没眼光!没文化!记住有眼光有文化的李万钧同志的话啦!"最值得一提的是,李老师对学生民主宽容,可以互相开玩笑。"我李某人的课,同学们喜欢上就来上,不喜欢上欢迎旷课,不过不要到处溜达,瞎逛!""好((hǎo)读书时不好(hào)读书,(hào)好读书时不(hǎo)好读书呀。四年很快的。可以自己去图书馆,可以去听其他老师的课。""也可以睡觉,养精蓄锐保存革命力量嘛。不过会大声打呼噜的除外,不是怕你影响到同桌,是怕你影响到隔壁班的。""真的吗,李老师?"有同学故意这样问。"那还有假?台湾李敖说可以跟你打赌一块钱,我翻倍,两块钱。"李老师这样回答。一次,几个他比较熟悉甚至有点偏爱的同学都刚好没来,"他们哪里去啦,班长?"班长支吾着答不出来。后排一个女同学幽幽地喊道"报告李老师,他们可能集体恋爱集体结婚去啦!"全班哄堂大笑。"小孩子懂得什么叫恋爱!"李老师假假地正色道。随即,若有所思地说:"什么叫恋爱呢?要不要给你们讲一个? 要,那好,就讲一个,用春秋笔法吧! 什么是春秋笔法? 简单? 不对! 简约? 对了,但不全面。用简约干净的笔墨,冷静陈述,不议论,不评判,这就是春秋笔法。开始! 背景,闷热的夏天,他——注意啦,男主人公的他——想了三天三夜,咬咬牙,决定去找她——当然是女主人公的她。红楼梦,女儿是水做的骨肉,男人是泥作的骨肉。去啦,出发! 浮士德,永恒之女性,引导我们走。乘火车,轰隆轰隆 300 公里,下车。有点后悔,犹豫啦! 去? 还是不去? 哈姆雷特,是生存? 还是毁灭? 这是个严肃的问题。于是,就在车站徘徊。徘徊多久? 多乎哉,不多也,半小时。气温 35 度,他冷得要命——请注意我的措辞——冷! 要命! 感叹号! 再咬咬牙,回! 感叹号! 轰隆轰隆又 300 公里。句号,不,省略号!"当课堂上良久鸦雀无声时,一个柔细柔细的声音飘上来:"李老师,那个男主人公是不是您呀?"李老师眼神迷离,像对着天花板,又像对着自己说:是啊,也不是啊。其实我也不清楚啊。

⋯⋯⋯⋯⋯

这就是 30 年前曾与我们朝夕相处,把知识的琼浆和人格的魅力点点渗透到我们心田的老师。长安山作证,在他们面前,我们曾是嗷嗷待哺的赤子。今天,尽管岁月的流水奔腾向前,逝者如斯;尽管我们天各一方,职业不同,岗位迥异,甚至成功或失败也说不清楚,但怀念,永远是我们一致的情感;感恩,永远是我们共同的主题!

●思考与练习●

1.作者在获奖感言中说:"我写的罗萤、王朝益、李联明、孙绍振、王光明、李万钧六名恩师,因为责任、理想、情怀,因为深厚的知识素养、精湛的教育艺术、博大的仁爱之心、崇高的家国情怀,几十年过去了,还让学生们肃然起敬,津津乐道。"试概括六位老师的形象。

2.分析文章善于捕捉细节的艺术特色。

2.2.4 自然风物

1 钴鉧潭西小丘记 [1] (柳宗元)

导读

柳宗元(773—819),字子厚,唐代河东(今山西省永济市)人,世称柳河东。著名文学家、思想家。与韩愈、欧阳修、苏轼等并称"唐宋八大家"。他的诗风格幽峭洁净,文笔质朴,自成一家。他的山水游记刻画细致,寄托深远,寓情于理,情景交融,具有很高的艺术价值。他的寓言,如《黔之驴》《永某氏之鼠》等,寓意深刻,也为后人广泛传诵。有《柳河东集》。

柳宗元在唐顺宗永贞元年(805)被贬为永州(今湖南零陵县)司马。永州地处湖南、两广交界处,当时为蛮荒之地。但佳山秀水,景色优美。于是,作者寄情山水,形诸笔端,创作了著名的《永州八记》,本文是《永州八记》中的第三篇。文章描绘了小丘山石的奇形异态及周围的优美景色,并借小丘的被弃,慨叹自己的不幸遭遇,寄托了作者不屈服于逆境的人生境界。语言优美生动,情景交融,是写景小品中的佳作。

选文

得西山[(2)]后八日,寻[(3)]山口西北道[(4)]二百步[(5)],又得钴鉧潭[(6)]。西二十五步,当湍而浚者为鱼梁[(7)]。梁之上有丘焉[(8)],生竹树。其石之突怒[(9)]偃蹇负土而[(10)]出争为奇状者,殆[(11)]不可数。其嵚然[(12)]相累而下者,若牛马之饮于溪;其冲然角列[(13)]而上者,若熊罴[(14)]之登于山。

丘之小不能[(15)]一亩,可以笼[(16)]而有之。问其主,曰:"唐氏之弃地,货而不售[(17)]。"问其价,曰:"止四百。"余怜而售之[(18)]。李深源、元克己时同游,皆大喜,出自意外。即更取器用[(19)],铲刈秽草,伐去恶木,烈火而焚之。嘉木立,美竹露,奇石显。由其中以望[(20)],则山之高,云之浮,溪之流,鸟兽之遨游,举熙熙然回巧献技[(21)],以效兹[(22)]丘之下。枕席而卧,则清泠之状与目谋[(23)],瀯瀯[(24)]之声与耳谋,悠然而虚者与神谋,渊然而静者与心谋。不匝旬[(25)]而得异地者二,虽古好事之士[(26)],或未能至焉[(27)]。

噫!以兹丘之胜[(28)],致之沣[(29)]、镐[(30)]、鄠[(31)]、杜[(32)],则贵游之士争买者,日增千金而愈不可得。今弃是州[(33)]也,农夫渔父过而陋[(34)]之,贾四百,连岁[(35)]不能售。而我与深源、克己独喜得之,是其果有遭乎[(36)]!书于石,所以[(37)]贺兹丘之遭也。

注释

(1)钴鉧(gǔmǔ)潭:潭名。钴鉧,熨斗。潭的形状像熨斗,故名。

(2)西山:山名。在今湖南零陵县西。

(3)寻:通"循",沿着。

(4)道:这里是行走的意思。

(5)步:指跨一步的距离。沿着山口向西北走两百步。

(6)潭:原选本无,据中华书局版《柳河东集》补。

(7)湍(tuān):急流。浚(jùn):深水。而:连接两个词,起并列作用。鱼梁:用石砌成的拦截水流、中开缺口以便捕鱼的堰。正当水深流急的地方是一道坝。

(8)焉:用于句中,表示语气停顿。

(9)突怒:形容石头突出隆起。

(10)偃蹇(yǎnjiǎn):形容石头高耸的姿态。而:连接先后两个动作,起顺承作用。

(11)殆:几乎,差不多。

(12)嵚(qīn)然:倾斜。相累,相互重叠,彼此挤压。

(13)冲(chòng)然:向上或向前的样子。角列:争取排到前面去。一说,像兽角那样排列。

(14)罴(pí)：人熊。

(15)不能：不足，不满，不到。

(16)笼：等于说包笼，包罗。

(17)货：卖，出售。不售：卖不出去。

(18)怜：爱惜。售之：买进它。这里的"售"是买的意思。

(19)更：轮番，一次又一次。器用：器具，工具。

(20)其中：小丘的当中。以：同"而"，起顺承作用。

(21)举：全。熙熙然：和悦的样子。回巧：呈现巧妙的姿态。技：指景物姿态的各自的特点。

(22)效：效力，尽力贡献。兹：此，这。

(23)清泠(líng)：形容景色清凉明澈。谋：这里是接触的意思。

(24)潆潆(yíng yíng)：象声词，像水回旋的声音。

(25)匝(zā)旬：满十天。匝，周。旬，十天为一旬。

(26)虽：即使，纵使，就是。好(hào)事：爱好山水。

(27)或：或许，只怕，可能。焉：表示估量语气。

(28)胜：指优美的景色。

(29)沣(fēng)：水名。流经长安(今陕西西安市)。

(30)镐：地名。在今西安市西南。

(31)鄠(hù)：地名，在今陕西鄠邑区北。

(32)杜：地名。在今陕西省西安市长安区东南。

(33)是州：这个州，指永州。

(34)陋：鄙视，轻视。

(35)连岁：多年，接连几年。

(36)其：岂，难道。遭乎：遇合，运气。

(37)所以：用来……的。所，助词，以，介词。"所"先与介词"以"相结合，然后再与动词"贺"(包括它后面的宾语)组成名词性的词组，表示祝贺这小土山运气的手段。

●思考与练习●

1.试对本文的深刻意蕴作简单阐释。

2.赏析本文情景交融的艺术特色

2　一只特立独行的猪（王小波）

导读

王小波(1952—1997)，北京人，学者，作家。主要作品有《黄金时代》《白银时代》《青铜时代》《我的精神家园》《沉默的大多数》《黑铁时代》《地久天长》。自 1997 年 4 月 11 日去世后，他的作品几乎全部出版，评论、纪念文章大量涌现，出现了"王小波热"的文化现象。作品被誉为"当代文坛最美的收获"。

本文说的是猪事，实则讲的全是人世。文章大多数篇幅在谈猪，临末曲终奏雅，揭示出全篇其实一直蕴含着的令人警醒的提示：被他人（甚至还包括被自己——当然是按照他人的意志）安排或设置的生活，是不幸的，因为那意味着自由被扼杀。而人们往往对这样的生活安之若素，人们于此应有省悟，敢于无视别人对你的生活的"正义的"却是很粗暴的设置，否则岂不愧对猪乎？

选文

插队的时候，我喂过猪也放过牛。假如没有人来管，这两种动物也完全知道该怎样生活。它们会自由自在地闲逛，饥则食渴则饮，春天来临时还要谈谈爱情；这样一来，它们的生活层次很低，完全乏善可陈。人来了以后，给它们的生活做出了安排：每一头牛和每一口猪的生活都有了主题。就它们中的大多数而言，这种生活主题是很悲惨的：前者的主题是干活，后者的主题是长肉。我不认为这有什么可抱怨的，因为我当时的生活也不见得丰富了多少，除了八个样板戏，也没有什么消遣。有极少数的猪和牛，它们的生活另有安排。以猪为例，种猪和母猪除了吃，还有别的事可干。就我所见，它们对这些安排也不大喜欢。种猪的任务是交配，换言之，我们的政策准许它当个花花公子。但是疲惫的种猪往往摆出一种肉猪（肉猪是阉过的）才有的正人君子架势，死活不肯跳到母猪背上去。母猪的任务是生崽儿，但有些母猪却要把猪崽儿吃掉。总的来说，人的安排使猪痛苦不堪。但它们还是接受了：猪总是猪啊。

对生活做种种设置是人特有的品性。不光是设置动物，也设置自己。我们知道，在古希腊有个斯巴达，那里的生活被设置得无生趣，其目的就是要使男人成为亡命战士，使女人成为生育机器，前者像些斗鸡，后者像些母猪。这两类动物是很特别的，但我以为，它们肯定不喜欢自己的生活。但不喜欢又能怎么样？人也好，动物也罢，都很难改变自己的命运。

以下谈到的一只猪有些与众不同。我喂猪时，它已经有四五岁了，从名分上说，它是肉猪，但长得又黑又瘦，两眼炯炯有光。这家伙像山羊一样敏捷，一米高的猪栏一跳就过；它还能跳上猪圈的房顶，这一点又像是猫——所以它总是到处游逛，根本就不在圈里呆着。所有喂过猪的知青都把它当宠儿来对待，它也是我的宠儿——因为它只对知青好，容许他们走到三米之内，要是别的人，它早就跑了。它是公的，原本该劁掉。不过你去试试看，哪怕你把劁猪刀藏在身后，它也能嗅出来，朝你瞪大眼睛，噢噢地吼起来。我总是用细米糠熬的粥喂它，等它吃够了以后，才把糠兑到野草里喂别的猪。其他猪看了嫉妒，一起嚷起来。这时候整个猪场一片鬼哭狼嚎，但我和它都不在乎。吃饱了以后，它就跳上房顶去晒太阳，或者模仿各种声音。它会学汽车响、拖拉机响，学得都很像；有时整天不见踪影，我估计它到附近的村寨里找母猪去了。我们这里也有母猪，都关在圈里，被过度的生育搞得走了形，又脏又臭，它对它们不感兴趣；村寨里的母猪好看一些。它有很多精彩的事迹，但我喂猪的时间短，知道得有限，索性就不写了。总而言之，所有喂过猪的知青都喜欢它，喜欢它特立独行的派头儿，还说它活得潇洒。但老乡们就不这么浪漫，他们说，这猪不正经。领导则痛恨它，这一点以后还要谈到。我对它则不止是喜欢——我尊敬它，常常不顾自己虚长十几岁这一现实，把它叫做"猪兄"。如前所述，这位猪兄会模仿各种声音。我想它也学过人说话，但没有学会——假如学会了，我们就可以做倾心之谈。但这不能怪它。人和猪的音色差得太远了。

后来，猪兄学会了汽笛叫，这个本领给它招来了麻烦。我们那里有座糖厂，中午要鸣一次汽笛，让工人换班。我们队下地干活时，听见这次汽笛响就收工回来。我的猪兄每天上午十点钟总要跳到房上学汽笛，地里的人听见它叫就回来——这可比糖厂鸣笛早了一个半小时。坦白地说，这不能全怪猪兄，它毕竟不是锅炉，叫起来和汽笛还有些区别，但老乡们却硬说听不出来。领导上因此开了一个会，把它定成了破坏春耕的坏分子，要对它采取专政手段——会议的精神我已经知道了，但我不为它担忧——因为假如专政是指绳索和杀猪刀的话，那是一点门都没有的。以前的领导也不是没试过，一百人也逮不住它。狗也没用：猪兄跑起来像颗鱼雷，能把狗撞出一丈开外。谁知这回是动了真格的，指导员带了二十几个人，手拿五四式手枪；副指导员带了十几人，手持看青的火枪，分两路在猪场外的空地上兜捕它。这就使我陷入了内心的矛盾：按我和它的交情，我该舞起两把杀猪刀冲出去，和它并肩战斗，但我又觉得这样做太过惊世骇俗——它毕竟是只猪啊；还有一个理由，我不敢对抗领导，我怀疑这才是问题之所在。总之，我在一边看着。猪兄的镇定使我佩服之极：它很冷静地躲在手枪和火枪的连线之内，任凭人喊狗咬，不离那条线。这样，拿手枪的人开火就会把拿火枪的打死，反之亦然；两头同时开火，两头都会被打死。至于它，因为目标小，多半没事。就这样连兜了几个圈子，它找到了一个空子，一头撞出去了；跑得潇洒之极。以后我在甘蔗地里还见过它一次，它长出了獠牙，还认识我，但已不容我走近了。这种冷淡使我痛心，但我也赞成它对心怀叵测的人保持距离。

我已经四十岁了，除了这只猪，还没见过谁敢于如此无视对生活的设置。相反，我倒见过很多想要设置别人生活的人，还有对被设置的生活安之若素的人。因为这个缘故，我一直怀念这只特立独行的猪。

（本文选自王小波《我的精神家园》，文化艺术出版社，1997年版）

●思考与练习●
1.文章对于这只猪的结局的设置，你认为合理吗？
2.作者在本文结尾认为人"很难改变自己的命运"，其言外之意是什么？

人文拓展:散文欣赏

任务 2.3　绘尽百态的史质画卷——小说

学习目标

1.了解和把握小说的审美特点和欣赏要素,进一步掌握小说的欣赏技巧和方法。

2.培养小说阅读能力,拓展文化视野。

3.具备小说写作基本能力,提高综合人文素养、人文素质和科学文化素养。

2.3.1 洞观社会

药(鲁迅)

导读

鲁迅(1881—1936),原名周树人,字豫才,浙江绍兴人。我国现代文学家,思想家。

《药》这篇小说反映的是辛亥革命时期中国社会现实的一个侧面。作品通过描写华、夏两家的悲剧,深刻地批判了当时的社会现实。更重要的是,它通过革命者夏瑜的鲜血竟成了华老栓夫妇为儿子治病的药这一发人深省的事件,表现了民众的愚昧、不觉醒与革命者的悲哀、孤独。鲁迅说过,他的作品的取材,多采自病态社会中不幸的人们,意思是揭出病苦,引起疗救的注意,小说以"药"为题的深刻含义正在于此。

选文

一

秋天的后半夜,月亮下去了,太阳还没有出,只剩下一片乌蓝的天;除了夜游的东西,什么都睡着。华老栓忽然坐起身,擦着火柴,点上遍身油腻的灯盏,茶馆的两间屋子里,便弥满了青白的光。

"小栓的爹,你就去么?"是一个老女人的声音。里边的小屋子里,也发出一阵咳嗽。

"唔。"老栓一面听，一面应，一面扣上衣服；伸手过去说，"你给我罢。"

华大妈在枕头底下掏了半天，掏出一包洋钱，交给老栓，老栓接了，抖抖的装入衣袋，又在外面按了两下；便点上灯笼，吹熄灯盏，走向里屋子去了。那屋子里面，正在窸窸窣窣的响，接着便是一通咳嗽。老栓候他平静下去，才低低的叫道，"小栓……你不要起来。……店么？你娘会安排的。"

老栓听得儿子不再说话，料他安心睡了；便出了门，走到街上。街上黑沉沉的一无所有，只有一条灰白的路，看得分明。灯光照着他的两脚，一前一后的走。有时也遇到几只狗，可是一只也没有叫。天气比屋子里冷多了；老栓倒觉爽快，仿佛一旦变了少年，得了神通，有给人生命的本领似的，跨步格外高远。而且路也愈走愈分明，天也愈走愈亮了。

老栓正在专心走路，忽然吃了一惊，远远里看见一条丁字街，明明白白横着。他便退了几步，寻到一家关着门的铺子，蹩进檐下，靠门立住了。好一会，身上觉得有些发冷。

"哼，老头子。"

"倒高兴……。"

老栓又吃一惊，睁眼看时，几个人从他面前过去了。一个还回头看他，样子不甚分明，但很像久饿的人见了食物一般，眼里闪出一种攫取的光。老栓看看灯笼，已经熄了。按一按衣袋，硬硬的还在。仰起头两面一望，只见许多古怪的人，三三两两，鬼似的在那里徘徊；定睛再看，却也看不出什么别的奇怪。

没有多久，又见几个兵，在那边走动；衣服前后的一个大白圆圈，远地里也看得清楚，走过面前的，并且看出号衣上暗红的镶边。——一阵脚步声响，一眨眼，已经拥过了一大簇人。那三三两两的人，也忽然合作一堆，潮一般向前进；将到丁字街口，便突然立住，簇成一个半圆。

老栓也向那边看，却只见一堆人的后背；颈项都伸得很长，仿佛许多鸭，被无形的手捏住了的，向上提着。静了一会，似乎有点声音，便又动摇起来，轰的一声，都向后退；一直散到老栓立着的地方，几乎将他挤倒了。

"喂！一手交钱，一手交货！"一个浑身黑色的人，站在老栓面前，眼光正像两把刀，刺得老栓缩小了一半。那人一只大手，向他摊着；一只手却撮着一个鲜红的馒头，那红的还是一点一点的往下滴。

老栓慌忙摸出洋钱，抖抖的想交给他，却又不敢去接他的东西。那人便焦急起来，嚷道，"怕什么？怎的不拿！"老栓还踌躇着；黑的人便抢过灯笼，一把扯下纸罩，裹了馒头，塞与老栓；一手抓过洋钱，捏一捏，转身去了。嘴里哼着说，"这老东西……。"

"这给谁治病的呀？"老栓也似乎听得有人问他，但他并不答应；他的精神，现在只在一个包上，仿佛抱着一个十世单传的婴儿，别的事情，都已置之度外了。他现在要将这包里的新的生命，移植到他家里，收获许多幸福。太阳也出来了；在他面前，显出一条大道，直到他家中，后面也照见丁字街头破匾上"古□亭口"这四个黯淡的金字。

二

老栓走到家，店面早经收拾干净，一排一排的茶桌，滑溜溜的发光。但是没有客人；

只有小栓坐在里排的桌前吃饭,大粒的汗,从额上滚下,夹袄也贴住了脊心,两块肩胛骨高高凸出,印成一个阳文的"八"字。老栓见这样子,不免皱一皱展开的眉心。他的女人,从灶下急急走出,睁着眼睛,嘴唇有些发抖。

"得了么?"

"得了。"

两个人一齐走进灶下,商量了一会;华大妈便出去了,不多时,拿着一片老荷叶回来,摊在桌上。老栓也打开灯笼罩,用荷叶重新包了那红的馒头。小栓也吃完饭,他的母亲慌忙说:"小栓——你坐着,不要到这里来。"一面整顿了灶火,老栓便把一个碧绿的包,一个红红白白的破灯笼,一同塞在灶里;一阵红黑的火焰过去时,店屋里散满了一种奇怪的香味。

"好香! 你们吃什么点心呀?"这是驼背五少爷到了。这人每天总在茶馆里过日,来得最早,去得最迟,此时恰恰踅到临街的壁角的桌边,便坐下问话,然而没有人答应他。"炒米粥么?"仍然没有人应。老栓匆匆走出,给他泡上茶。

"小栓进来罢!"华大妈叫小栓进了里面的屋子,中间放好一条凳,小栓坐了。他的母亲端过一碟乌黑的圆东西,轻轻说:

"吃下去罢,——病便好了。"

小栓撮起这黑东西,看了一会,似乎拿着自己的性命一般,心里说不出的奇怪。十分小心的拗开了,焦皮里面窜出一道白气,白气散了,是两半个白面的馒头。——不多工夫,已经全在肚里了,却全忘了什么味;面前只剩下一张空盘。他的旁边,一面立着他的父亲,一面立着他的母亲,两人的眼光,都仿佛要在他身上注进什么又要取出什么似的;便禁不住心跳起来,按着胸膛,又是一阵咳嗽。

"睡一会罢,——便好了。"

小栓依他母亲的话,咳着睡了。华大妈候他喘气平静,才轻轻的给他盖上了满幅补钉的夹被。

三

店里坐着许多人,老栓也忙了,提着大铜壶,一趟一趟的给客人冲茶;两个眼眶,都围着一圈黑线。

"老栓,你有些不舒服么? ——你生病么?"一个花白胡子的人说。

"没有。"

"没有? ——我想笑嘻嘻的,原也不像……"花白胡子便取消了自己的话。

"老栓只是忙。要是他的儿子……"驼背五少爷话还未完,突然闯进了一个满脸横肉的人,披一件玄色布衫,散着纽扣,用很宽的玄色腰带,胡乱捆在腰间。刚进门,便对老栓嚷道:

"吃了么? 好了么? 老栓,就是运气了你! 你运气,要不是我信息灵……。"

老栓一手提了茶壶,一手恭恭敬敬的垂着;笑嘻嘻的听。满座的人,也都恭恭敬敬的听。华大妈也黑着眼眶,笑嘻嘻的送出茶碗茶叶来,加上一个橄榄,老栓便去冲了水。

"这是包好！这是与众不同的。你想，趁热的拿来，趁热的吃下。"横肉的人只是嚷。

"真的呢，要没有康大叔照顾，怎么会这样……"华大妈也很感激的谢他。

"包好，包好！这样的趁热吃下。这样的人血馒头，什么痨病都包好！"

华大妈听到"痨病"这两个字，变了一点脸色，似乎有些不高兴；但又立刻堆上笑，搭讪着走开了。这康大叔却没有觉察，仍然提高了喉咙只是嚷，嚷得里面睡着的小栓也合伙咳嗽起来。

"原来你家小栓碰到了这样的好运气了。这病自然一定全好；怪不得老栓整天的笑着呢。"花白胡子一面说，一面走到康大叔面前，低声下气的问道，"康大叔——听说今天结果的一个犯人，便是夏家的孩子，那是谁的孩子？究竟是什么事？"

"谁的？不就是夏四奶奶的儿子么？那个小家伙！"康大叔见众人都耸起耳朵听他，便格外高兴，横肉块块饱绽，越发大声说，"这小东西不要命，不要就是了。我可是这一回一点没有得到好处；连剥下来的衣服，都给管牢的红眼睛阿义拿去了。——第一要算我们栓叔运气；第二是夏三爷赏了二十五两雪白的银子，独自落腰包，一文不花。"

小栓慢慢的从小屋子里走出，两手按了胸口，不住的咳嗽；走到灶下，盛出一碗冷饭，泡上热水，坐下便吃。华大妈跟着他走，轻轻的问道，"小栓，你好些么？——你仍旧只是肚饿？……"

"包好，包好！"康大叔瞥了小栓一眼，仍然回过脸，对众人说，"夏三爷真是乖角儿，要是他不先告官，连他满门抄斩。现在怎样？银子！——这小东西也真不成东西！关在牢里，还要劝牢头造反。"

"阿呀，那还了得。"坐在后排的一个二十多岁的人，很现出气愤模样。"你要晓得红眼睛阿义是去盘盘底细的，他却和他攀谈了。他说：这大清的天下是我们大家的。你想：这是人话么？红眼睛原知道他家里只有一个老娘，可是没有料到他竟会这么穷，榨不出一点油水，已经气破肚皮了。他还要老虎头上搔痒，便给他两个嘴巴！"

"义哥是一手好拳棒，这两下，一定够他受用了。"壁角的驼背忽然高兴起来。

"他这贱骨头打不怕，还要说可怜可怜哩。"花白胡子的人说，"打了这种东西，有什么可怜呢？"

康大叔显出看他不上的样子，冷笑着说，"你没有听清我的话；看他神气，是说阿义可怜哩！"

听着的人的眼光，忽然有些板滞；话也停顿了。小栓已经吃完饭，吃得满头流汗，头上都冒出蒸气来。

"阿义可怜——疯话，简直是发了疯了。"花白胡子恍然大悟似的说。

"发了疯了。"二十多岁的人也恍然大悟的说。

店里的坐客，便又现出活气，谈笑起来。小栓也趁着热闹，拼命咳嗽；康大叔走上前，拍他肩膀说：

"包好！小栓——你不要这么咳。包好！"

"疯了。"驼背五少爷点着头说。

四

西关外靠着城根的地面，本是一块官地；中间歪歪斜斜一条细路，是贪走便道的人，用鞋底造成的，但却成了自然的界限。路的左边，都埋着死刑和瘐毙的人，右边是穷人的丛冢。两面都已埋到层层叠叠，宛然阔人家里祝寿时的馒头。

这一年的清明，分外寒冷；杨柳才吐出半粒米大的新芽。天明未久，华大妈已在右边的一座新坟前面，排出四碟菜，一碗饭，哭了一场。化过纸，呆呆的坐在地上；仿佛等候什么似的，但自己也说不出等候什么。微风起来，吹动他短发，确乎比去年白得多了。

小路上又来了一个女人，也是半白头发，褴褛的衣裙；提一个破旧的朱漆圆篮，外挂一串纸锭，三步一歇的走。忽然见华大妈坐在地上看他，便有些踌躇，惨白的脸上，现出些羞愧的颜色；但终于硬着头皮，走到左边的一座坟前，放下了篮子。

那坟与小栓的坟，一字儿排着，中间只隔一条小路。华大妈看他排好四碟菜，一碗饭，立着哭了一通，化过纸锭；心里暗暗地想，"这坟里的也是儿子了。"那老女人徘徊观望了一回，忽然手脚有些发抖，跄跄踉踉退下几步，瞪着眼只是发怔。

华大妈见这样子，生怕他伤心到快要发狂了；便忍不住立起身，跨过小路，低声对他说，"你这位老奶奶不要伤心了，——我们还是回去罢。"

那人点一点头，眼睛仍然向上瞪着；也低声吃吃的说道，"你看，——看这是什么呢？"

华大妈跟了他指头看去，眼光便到了前面的坟，这坟上草根还没有全合，露出一块一块的黄土，煞是难看。再往上仔细看时，却不觉也吃一惊；——分明有一圈红白的花，围着那尖圆的坟顶。

他们的眼睛都已老花多年了，但望这红白的花，却还能明白看见。花也不很多，圆圆的排成一个圈，不很精神，倒也整齐。华大妈忙看他儿子和别人的坟，却只有不怕冷的几点青白小花，零星开着；便觉得心里忽然感到一种不足和空虚，不愿意根究。那老女人又走近几步，细看了一遍，自言自语的说，"这没有根，不像自己开的。——这地方有谁来呢？孩子不会来玩；——亲戚本家早不来了。——这是怎么一回事呢？"他想了又想，忽又流下泪来，大声说道：

"瑜儿，他们都冤枉了你，你还是忘不了，伤心不过，今天特意显点灵，要我知道么？"他四面一看，只见一只乌鸦，站在一株没有叶的树上，便接着说，"我知道了。——瑜儿，可怜他们坑了你，他们将来总有报应，天都知道；你闭了眼睛就是了。——你如果真在这里，听到我的话，——便教这乌鸦飞上你的坟顶，给我看罢。"

微风早经停息了；枯草支支直立，有如铜丝。一丝发抖的声音，在空气中愈颤愈细，细到没有，周围便都是死一般静。两人站在枯草丛里，仰面看那乌鸦；那乌鸦也在笔直的树枝间，缩着头，铁铸一般站着。

许多的工夫过去了；上坟的人渐渐增多，几个老的小的，在土坟间出没。

华大妈不知怎的，似乎卸下了一挑重担，便想到要走；一面劝着说，"我们还是回去罢。"

那老女人叹一口气，无精打采的收起饭菜；又迟疑一刻，终于慢慢地走了。嘴里自言自语的说，"这是怎么一回事呢？……"

他们走不上二三十步远,忽听得背后"哑——"的一声大叫;两个人都悚然的回过头,只见那乌鸦张开两翅,一挫身,直向着远处的天空,箭也似的飞去了。

一九一九年四月。

选自《呐喊》(《鲁迅全集》第一卷),人民文学出版社 1981 年版

●思考与练习●

1.小说中《药》的标题含义是什么?

2.探讨一下《药》的主题

2.3.2 至美人性

边城(节选)(沈从文)

导读

沈从文(1902—1988),原名沈岳焕,笔名休芸芸、璇若、若琳等,湖南凤凰(今属湘西土家族苗族自治州)人。主要作品有《边城》《长河》《萧萧》《湘行散记》《沈从文散文选》《从文自传》等。

《边城》是沈从文小说的代表作,是我国文学史上一部优秀的抒发乡土情怀的中篇小说。它以 20 世纪 30 年代川湘交界的边城小镇茶峒为背景,以兼具抒情诗和小品文的优美笔触,描绘了湘西边地特有的风土人情;借船家少女翠翠的爱情悲剧,凸显出了人性的善良美好与心灵的澄澈纯净。它以独特的艺术魅力,生动的乡土风情吸引了众多海内外的读者,也奠定了《边城》在中国现代文学史上的特殊地位。本文节选自《边城》的十二节、十三节。

选文

翠翠第二天在白塔下菜园地里,第二次被祖父询问到自己主张时,仍然心儿忡忡的跳着,把头低下不作理会,只顾用手去掐葱。祖父笑着,心想:"还是等等看,再说下去这一畦葱会全掐掉了。"同时似乎又觉得这其间有点古怪处,不好再说下去,便自己按捺住言语,用一个做作的笑话,把问题引到另外一件事情上去了。

天气渐渐的越来越热了。近六月时,天气热了些,老船夫把一个满是灰尘的黑陶缸子从屋角隅里搬出,自己还匀出闲工夫,拼了几方木板作成一个圆盖;又锯木头作成一个三脚架子,且削刮了个大竹筒,用葛藤系定,放在缸边作为舀茶的家具。自从这茶缸移到屋门溪边后,每早上翠翠就烧一大锅开水,倒进那缸子里去。有时缸里加些茶叶,有时却只放下一些用火烧焦的锅巴,乘那东西还燃着时便抛进缸里去。老船夫且照例准备了些

发痧肚痛、治疱疮疡子的草根木皮,把这些药搁在家中当眼处,一见过渡人神气不对,就忙匆匆的把药取来,善意的勒迫这过路人使用他的药方,且告人这许多救急丹方的来源(这些丹方自然全是他从城中军医同巫师学来的)。他终日裸着两只膀子,在溪中方头船上站定,头上还常常是光光的,一头短短白发,在日光下如银子。翠翠依然是个快乐人,屋前屋后跑着唱着,不走动时就坐在门前高崖树荫下吹小竹管儿玩。爷爷仿佛把大老提婚的事早已忘掉,翠翠自然也早忘掉这件事情了。

可是那做媒的不久又来探口气了,依然是同从前一样,祖父把事情成否全推到翠翠身上去,打发了媒人上路。回头又同翠翠谈了一次,也依然不得结果。

老船夫猜不透这事情在这什么方面有个疙瘩,解除不去,夜里躺在床上便常常陷入一种沉思里去,隐隐约约体会到一件事情——翠翠爱二老不爱大老,想到了这里时,他笑了,为了害怕而勉强笑了。其实他有点忧愁,因为他忽然觉得翠翠一切全象那个母亲,而且隐隐约约便感觉到这母女二人共同的命运。一堆过去的事情蜂拥而来,不能再睡下去了,一个人便跑出门外,到那临溪高崖上去,望天上的星辰,听河边纺织娘以及一切虫类如雨的声音,许久许久还不睡觉。

这件事翠翠是毫不注意的,这小女孩子日里尽管玩着,工作着,也同时为一些很神秘的东西驰骋她那颗小小的心,但一到夜里,却依旧甜甜的睡眠了。

不过一切都得在一份时间中变化。这一家安静平凡的生活,也因了一堆接连而来的日子,在人事上把那安静空气完全打破了。

船总顺顺家中一方面,则天保大老的事已被二老知道了,傩送二老同时也让他哥哥知道了弟弟的心事。这一对难兄难弟原来同时爱上了那个撑渡船的外孙女。这事情在本地人说来并不希奇,边地俗话说:"火是各处可烧的,水是各处可流的,日月是各处可照的,爱情是各处可到的。"有钱船总儿子,爱上一个弄渡船的穷人家女儿,不能成为希罕的新闻,有一点困难处,只是这两兄弟到了谁应取得这个女人作媳妇时,是不是也还得照茶峒人规矩,来一次流血的挣扎?

兄弟两人在这方面是不至于动刀的,但也不作兴有"情人奉让",如大都市懦怯男子爱与仇对面时做出的可笑行为。

那哥哥同弟弟在河上游一个造船的地方,看他家中那一只新船,在新船旁把一切心事全告给了弟弟,且附带说明,这点爱还是两年前植下根基的。弟弟微笑着,把话听下去。两人从造船处沿了河岸又走到王乡绅新碾坊去,那大哥就说:

"二老,你倒好,作了团总女婿,有座碾坊;我呢,若把事情弄好了,我应当接那个老的手来划渡船了。我欢喜这个事情,我还想把碧溪岨两个山头买过来,在界线上种大南竹,围着这一条小溪作为我的寨子!"

那二老仍然默默的听着,把手中拿的一把弯月形镰刀随意斫削路旁的草木,到了碾坊时,却站住了向他哥哥说:

"大老,你信不信这女子心上早已有了个人?"

"我不信。"

"大老,你信不信这碾坊将来归我?"

"当然归你。"

两人于是进了碾坊。

二老又说:"你不必——大老,我再问你,假若我不想得这座碾坊,却打量要那只渡船,而且这念头也是两年前的事,你信不信呢?"

那大哥听来真着了一惊,望了一下坐在碾盘横轴上的傩送二老,知道二老不是开玩笑,于是站近了一点,伸手在二老肩上拍打了一下,且想把二老拉下来。他明白了这件事,他笑了。他说,"我相信的,你说的是真话!"

二老把眼睛望着他的哥哥,很诚实的说:

"大老,相信我,这是真事。我早就那么打算到了。家中不答应,那边若答应了,我当真预备去弄渡船的!——你告我,你呢?"

"爸爸已听了我的话,为我要城里的杨马兵做保山,向划渡船的说亲去了!"大老说到这个求亲手续时,好象知道二老要笑他,又解释要保山去的用意,只是因为老的说车有车路,马有马路,我就走了车路。

"结果呢?"

"得不到什么结果。老的口上含李子,说不明白。"

"马路呢?"

"马路呢,那老的说若走马路,得在碧溪岨对溪高崖上唱三年六个月的歌。把翠翠心唱软,翠翠就归我了。"

"这并不是个坏主张!"

"是呀,一个结巴人话说不出还唱得出。可是这件事轮不到我了。我不是竹雀,不会唱歌。鬼知道那老的存心是要把孙女儿嫁个会唱歌的水车,还是预备规规矩矩嫁个人!"

"那你怎么样?"

"我想告那老的,要他说句实在话。只一句话。不成,我跟船下桃源去了;成呢,便是要我撑渡船,我也答应了他。"

"唱歌呢?"

"这是你的拿手好戏,你要去做竹雀你就去吧,我不会捡马粪塞你嘴巴的。"

二老看到哥哥那种样子,便知道为这件事哥哥感到的是一种如何烦恼了。他明白他哥哥的性情,代表了茶峒人粗卤爽直一面,弄得好,掏出心子来给人也很慷慨作去,弄不好,亲舅舅也必一是一,二是二。大老何尝不想在车路上失败时走马路,但他一听到二老的坦白陈述后,他就知道马路只二老有分,自己的事不能提了。因此他有点气恼,有点愤慨,自然是无从掩饰的。

二老想出了个主意,就是两兄弟月夜里同到碧溪岨去唱歌,莫让人知道是弟兄两个,两人轮流唱下去,谁得到回答,谁便继续用那张唱歌胜利的嘴唇,服侍那划渡船的外孙女。大老不善于唱歌,轮到大老时也仍然由二老代替。两人凭命运来决定自己的幸福,这么办可说是极公平了。提议时,那大老还以为他自己不会唱,也不想请二老替他作竹雀。但二老那种诗人性格,却使他很固持的要哥哥实行这个办法。二老说必需这样作,一切才公平一点。

　　大老把弟弟提议想想,作了一个苦笑。"×娘的,自己不是竹雀,还请老弟做竹雀!好,就是这样子,我们各人轮流唱,我也不要你帮忙,一切我自己来吧。树林子里的猫头鹰,声音不动听,要老婆时也仍然是自己叫下去,不请人帮忙的!"两人把事情说妥当后,算算日子,今天十四,明天十五,后天十六,接连而来的三个日子,正是有大月亮天气。气候既到了中夏,半夜里不冷不热,穿了自家机布汗褂,到那些月光照及的高崖上去,遵照当地的习惯,很诚实与坦白去为一个"初生之犊"的黄花女唱歌。露水降了,歌声涩了,到应当回家了时,就趁残月赶回家去。或过那些熟识的整夜工作不息的碾坊里去,躺到温暖的谷仓里小睡,等候天明。一切安排皆极其自然,结果是什么,两人虽不明白,但也看得极其自然。两人便决定了从当夜起始,来作这种为当地习惯所认可的竞争。

　　黄昏来时翠翠坐在家中屋后白塔下,看天空为夕阳烘成桃花色的薄云。十四中寨逢场,城中生意人过中寨收买山货的很多,过渡人也特别多,祖父在渡船上忙个不息。天快夜了,别的雀子似乎都在休息了,只杜鹃叫个不息。石头泥土为白日晒了一整天,草木为白日晒了一整天,到这时节皆放散一种热气。空气中有泥土气味,有草木气味,且有甲虫类气味。翠翠看着天上的红云,听着渡口飘来生意人的杂乱声音,心中有些儿薄薄的凄凉。

　　黄昏照样的温柔,美丽,平静。但一个人若体念或追究到这个当前一切时,也就照样的在这黄昏中会有点儿薄薄的凄凉。于是,这日子成为痛苦的东西了。翠翠觉得好象缺少了什么。好象眼见到这个日子过去了,想在一件新的人事上攀住它,但不成。好象生活太平凡了,忍受不住。于是胡思乱想:

　　"我要坐船下桃源县过洞庭湖,让爷爷满城打锣去叫我,点了灯笼火把去找我。"

　　她便同祖父故意生气似的,很放肆的去想到这样一件事,她且想象她出走后,祖父用各种方法寻觅她全无结果,到后如何无可奈何躺在渡船上。

　　"人家喊:'过渡,过渡,老伯伯,你怎么的,不管事!''怎么的! 翠翠走了,下桃源县了!''那你怎么办?''怎么办吗? 拿把刀,放在包袱里,搭下水船去杀了她!'……"

　　翠翠仿佛当真听着这种对话,吓怕起来了,一面锐声喊着她的祖父,一面从坎上跑向溪边渡口去。见到了祖父正把船拉在溪中,船上人喁喁说着话,小小心子还依然跳跃不已。

　　"爷爷,爷爷,你把船拉回来呀!"

　　那老船夫不明白她的意思,还以为是翠翠要为他代劳了,就说:

　　"翠翠,等一等,我就回来!"

　　"你不拉回来了吗?"

　　"我就回来!"

　　翠翠坐在溪边,望着溪面为暮色所笼罩的一切,且望到那只渡船上一群过渡人,其中有个吸旱烟的打着火镰吸烟,且把烟杆在船边剥剥的敲着烟灰,就忽然哭起来了。

　　祖父把船拉回来时,见翠翠痴痴的坐在岸边,问她是什么事,翠翠不作声。祖父要她去烧火煮饭,想了一会儿,觉得自己哭得可笑,一个人便回到屋中去,坐在黑黝黝的灶边把火烧燃后,她又走到门外高崖上去,喊叫她的祖父,要他回家里来,在职务上毫不儿戏的老船夫,因为明白过渡人都是赶回城中吃晚饭的人,来一个就渡一个,不便要人站在那岸边呆等,故不上岸来。只站在船头告翠翠,不要叫他且让他做点事,把人渡完事后,就回家里来吃饭。

翠翠第二次请求祖父,祖父不理会,她坐在悬崖上,很觉得悲伤。

天夜了,有一匹大萤火虫尾上闪着蓝光,很迅速的从翠翠身旁飞过去,翠翠想,"看你飞得多远!"便把眼睛随着那萤火虫的明光追去。杜鹃又叫了。

"爷爷,为什么不上来? 我要你!"

在船上的祖父听到这种带着娇、有点儿埋怨的声音,一面粗声粗气的答道:"翠翠,我就来,我就来!"一面心中却自言自语:"翠翠,爷爷不在了,你将怎么样?"

老船夫回到家中时,见家中还黑黢黢的,只灶间有火光,见翠翠坐在灶边矮条凳上,用手蒙着眼睛。

走过去才晓得翠翠已哭了许久。祖父一个下半天来,都弯着个腰在船上拉来拉去,歇歇时手也酸了,腰也酸了,照规矩,一到家里就会嗅到锅中所焖瓜菜的味道,且可见到翠翠安排晚饭在灯光下跑来跑去的影子。今天情形竟不同了一点。

祖父说:"翠翠,我来慢了,你就哭,这还成吗? 我死了呢?"

翠翠不作声。

祖父又说:"不许哭,做一个大人,不管有什么事都不许哭。要硬扎一点,结实一点,才配活到这块土地上!"

翠翠把手从眼睛边移开,靠近了祖父身边去,"我不哭了。"

两人吃饭时,祖父为翠翠说到一些有趣味的故事。因此提到了死去了的翠翠的母亲。两人在豆油灯下把饭吃过后,老船夫因为工作疲倦,喝了半碗白酒,因此饭后兴致极好,又同翠翠到门外高崖上月光下去说故事。说了些那个可怜母亲的乖巧处,同时且说到那可怜母亲性格强硬处,使翠翠听来神往倾心。

翠翠抱膝坐在月光下,傍着祖父身边,问了许多关于那个可怜母亲的故事。间或吁一口气,似乎心中压上了些分量沉重的东西,想挪移得远一点,才吁着这种气,可是却无从把那东西挪开。

月光如银子,无处不可照及,山上篁竹在月光下皆成为黑色。身边草丛中虫声繁密如落雨。间或不知道从什么地方,忽然会有一只草莺"落落落落嘘!"啭着它的喉咙,不久之间,这小鸟儿又好象明白这是半夜,不应当那么吵闹,便仍然闭着那小小眼儿安睡了。祖父夜来兴致很好,为翠翠把故事说下去,就提到了本城人二十年前唱歌的风气,如何驰名于川、黔边地。翠翠的父亲,便是当地唱歌的第一号,能用各种比喻解释爱与憎的结子,这些事也说到了。翠翠母亲如何爱唱歌,且如何同父亲在未认识以前在白日里对歌,一个在半山上竹篁里砍竹子,一个在溪面渡船上拉船,这些事也说到了。

翠翠问:"后来怎么样?"

祖父说:"后来的事长得很,最重要的事情,就是这种歌唱出了你。"

●思考与练习●

1.小说中环境描写有什么特点?

2.概括这篇小说的主题思想。

3.翠翠是一个怎样的人物形象?结合课文分析其性格特征。

2.3.3 至纯之情

麦琪的礼物（欧·亨利）

导读

欧·亨利(1862—1910),原名威廉·西德尼·波特,是美国最著名的短篇小说家之一,曾被评论界誉为"曼哈顿桂冠散文作家"和"美国现代短篇小说之父"。他创作的短篇小说代表作有《爱的牺牲》《警察与赞美诗》《麦琪的礼物》《最后一片藤叶》等。其小说以擅长结尾闻名遐迩,美国文学界称之为"欧·亨利的结尾"。美国自 1918 年起设立"欧·亨利纪念奖——以奖励每年度的最佳短篇小说。

《麦琪的礼物》通过写在圣诞节的前一天,一对小夫妻互赠礼物,结果阴差阳错,两人珍贵的礼物都变成了无用的东西,而他们却得到了一样东西——爱,以此揭示主旨:爱才是最宝贵的。

选文

一元八角七,就这么些钱,其中六角是一分一分的铜板,一个子儿一个子儿在杂货店老板、菜贩子和肉店老板那儿硬赖来的,每次闹得脸发臊,深感这种掂斤播两的交易实在丢人现眼。德拉反复数了三次,还是一元八角七,而第二天就是圣诞节了。

除了扑倒在那破旧的小睡椅上哭嚎之外,显然别无他途。

德拉这样做了,可精神上的感慨油然而生,生活就是哭泣、抽噎和微笑,尤以抽噎占统治地位。

当这位家庭主妇逐渐平静下来之际,让我们看看这个家吧。一套带家具的公寓房子,每周房租八美元。尽管难以用笔墨形容,可它真正够得上乞丐帮这个词儿。

楼下的门道里有个信箱,可从来没有装过信,还有一个电钮,也从没有人的手指按响过电铃。而且,那儿还有一张名片,上写着"杰姆斯·迪林厄姆·杨先生"。

"迪林厄姆"这个名号是主人先前春风得意之际,一时兴起加上去的,那时候他每星期挣三十美元。现在,他的收入缩减到二十美元,"迪林厄姆"的字母也显得模糊不清,似乎它们正严肃地思忖着是否缩写成谦逊而又讲求实际的字母 D。不过,每当杰姆斯·迪林厄姆·杨先生回家上楼,走进楼上的房间时,杰姆斯·迪林厄姆·杨太太,就是刚介绍给诸位的德拉,总是把他称作"吉姆",而且热烈地拥抱他。那当然是再好不过的了。是呀,吉姆是多好的运气呀!

德拉哭完之后,往面颊上抹了抹粉,她站在窗前,痴痴地瞅着灰蒙蒙的后院里一只灰白色的猫正行走在灰白色的篱笆上。明天就是圣诞节,她只有一元八角七给吉姆买一份礼物。她花去好几个月的时间,用了最大的努力一分一分地攒积下来,才得了这样一个结果。一周二十美元实在经不起花,支出大于预算,总是如此。只有一元八角七给吉姆买礼物,她的吉姆啊。她花费了多少幸福的时日筹划着要送他一件可心的礼物,一件精致、珍奇、贵重的礼物——至少应有点儿配得上吉姆所有的东西才成啊。

房间的两扇窗子之间有一面壁镜。也许你见过每周房租八美元的公寓壁镜吧。一个非常瘦小而灵巧的人,从观察自己在一连串的纵条影象中,可能会对自己的容貌得到一个大致精确的概念。德拉身材苗条,已精通了这门子艺术。

突然,她从窗口旋风般地转过身来,站在壁镜前面。她两眼晶莹透亮,但二十秒钟之内她的面色失去了光彩。她急速地拆散头发,使之完全泼散开来。

现在,杰姆斯·迪林厄姆·杨夫妇俩各有一件特别引以自豪的东西。一件是吉姆的金表,是他祖父传给父亲,父亲又传给他的传家宝;另一件则是德拉的秀发。如果示巴女王[1]也住在天井对面的公寓里,总有一天德拉会把头发披散下来,露出窗外晾干,使那女王的珍珠宝贝黯然失色;如果地下室堆满金银财宝,所罗门王又是守门人的话,每当吉姆路过那儿,准会摸出金表,好让那所罗门王忌妒得吹胡子瞪眼睛。

此时此刻,德拉的秀发泼撒在她的周围,微波起伏,闪耀光芒,有如那褐色的瀑布。她的美发长及膝下,仿佛是她的一件长袍。接着,她又神经质地赶紧把头发梳好。踌躇了一分钟,一动不动地立在那儿,破旧的红地毯上溅落了一两滴眼泪。

她穿上那件褐色的旧外衣,戴上褐色的旧帽子,眼睛里残留着晶莹的泪花,裙子一摆,便飘出房门,下楼来到街上。

她走到一块招牌前停下来,上写着:索弗罗妮夫人——专营各式头发。德拉奔上楼梯,气喘吁吁地定了定神。那位夫人身躯肥大,过于苍白,冷若冰霜,同"索弗罗妮"的雅号简直牛头不对马嘴。

"你要买我的头发吗?"德拉问。

"我买头发,"夫人说。"揭掉帽子,让我看看发样。"

那褐色的瀑布泼撒了下来。

"二十美元,"夫人一边说,一边内行似的抓起头发。

"快给我钱,"德拉说。

呵,接着而至的两个小时犹如长了翅膀,愉快地飞掠而过。请不用理会这胡诌的比喻。她正在彻底搜寻各家店铺,为吉姆买礼物。

她终于找到了,那准是专为吉姆特制的,决非为别人。她找遍了各家商店,哪儿也没有这样的东西,一条朴素的白金表链,镂刻着花纹。正如一切优质东西那样,它只以货色论长短,不以装潢来炫耀。而且它正配得上那只金表。她一见这条表链,就知道一定属于吉姆所有。它就像吉姆本人,文静而有价值——这一形容对两者都恰如其分。她花去二十一美元买下了,匆匆赶回家,只剩下八角七分钱。金表匹配这条链子,无论在任何场合,吉姆都可以毫无愧色地看时间了。

尽管这只表华丽珍贵,因为用的是旧皮带取代表链,他有时只偷偷地瞥上一眼。

德拉回家之后,她的狂喜有点儿变得审慎和理智了。她找出烫发铁钳,点燃煤气,着手修补因爱情加慷慨所造成的破坏,这永远是件极其艰巨的任务,亲爱的朋友们——简直是件了不起的任务呵。

不出四十分钟,她的头上布满了紧贴头皮的一绺绺小卷发,使她活像个逃学的小男孩。她在镜子里老盯着自己瞧,小心地、苛刻地照来照去。

"假如吉姆看我一眼不把我宰掉的话,"她自言自语,"他定会说我像个科尼岛上合唱队的卖唱姑娘。但是我能怎么办呢——唉,只有一元八角七,我能干什么呢?"

七点钟,她煮好了咖啡,把煎锅置于热炉上,随时都可做肉排。

吉姆一贯准时回家。德拉将表链对叠握在手心,坐在离他一贯进门最近的桌子角上。接着,她听见下面楼梯上响起了他的脚步声,她紧张得脸色失去了一会儿血色。她习惯于为了最简单的日常事物而默默祈祷,此刻,她悄声道:"求求上帝,让他觉得我还是漂亮的吧。"

门开了,吉姆步入,随手关上了门。他显得瘦削而又非常严肃。可怜的人儿,他才二十二岁,就挑起了家庭重担!他需要买件新大衣,连手套也没有呀。

吉姆站在屋里的门口边,纹丝不动地好像猎犬嗅到了鹌鹑的气味似的。他的两眼固定在德拉身上,其神情使她无法理解,令她毛骨悚然。既不是愤怒,也不是惊讶,又不是不满,更不是嫌恶,根本不是她所预料的任何一种神情。他仅仅是面带这种神情死死地盯着德拉。

德拉一扭腰,从桌上跳了下来,向他走过去。

"吉姆,亲爱的,"她喊道,"别那样盯着我。我把头发剪掉卖了,因为不送你一件礼物,我无法过圣诞节。头发会再长起来——你不会介意,是吗?我非这么做不可。我的头发长得快极了。说'恭贺圣诞'吧!吉姆,让我们快快乐乐的。你肯定猜不着我给你买了一件多么好的——多么美丽精致的礼物啊!"

"你已经把头发剪掉了?"吉姆吃力地问道,似乎他绞尽脑汁也没弄明白这明摆着的事实。

"剪掉卖了,"德拉说。"不管怎么说,你不也同样喜欢我吗?没了长发,我还是我嘛,对吗?"

吉姆古怪地四下望望这房间。

"你说你的头发没有了吗?"他差不多是白痴似的问道。

"别找啦,"德拉说。"告诉你,我已经卖了——卖掉了,没有啦。这是圣诞前夜,好人儿。好好待我,这是为了你呀。也许我的头发数得清,"突然她特别温柔地接下去,"可谁也数不清我对你的恩爱啊。我可以做肉排了吗,吉姆?"

吉姆好像从恍惚之中醒来,把德拉紧紧地搂在怀里。现在,别着急,先让我们花个十秒钟从另一角度审慎地思索一下某些无关紧要的事。房租每周八美元,或者一百万美元——那有什么差别呢？数学家或才子会给你错误的答案。麦琪[2]带来了宝贵的礼物，但就是缺少了那件东西。这句晦涩的话，下文将有所交代。

吉姆从大衣口袋里掏出一个小包，扔在桌上。

"别对我产生误会，德拉，"他说道，"无论剪发、修面，还是洗头，我以为世上没有什么东西能减低一点点对我妻子的爱情。不过，你只要打开那包东西，就会明白刚才为什么使我愣头愣脑了。"

白皙的手指灵巧地解开绳子，打开纸包。紧接着是欣喜若狂的尖叫，哎呀！突然变成了女性神经质的泪水和哭泣，急需男主人千方百计的慰藉。

还是因为摆在桌上的梳子——全套梳子，包括两鬓用的，后面的，样样俱全。那是很久以前德拉在百老汇的一个橱窗里见过并羡慕得要死的东西。这些美妙的发梳，纯玳瑁做的，边上镶着珠宝——其色彩正好同她失去的美发相匹配。她明白，这套梳子实在太昂贵，对此，她仅仅是羡慕渴望，但从未想到过据为己有。现在，这一切居然属于她了，可惜那有资格佩戴这垂涎已久的装饰品的美丽长发已无影无踪了。

不过，她依然把发梳搂在胸前，过了好一阵子才抬起泪水迷蒙的双眼，微笑着说："我的头发长得飞快，吉姆！"

随后，德拉活像一只被烫伤的小猫跳了起来，叫道，"喔！喔！"

吉姆还没有瞧见他的美丽的礼物哩。她急不可耐地把手掌摊开，伸到他面前，那没有知觉的贵重金属似乎闪现着她的欢快和热忱。

"漂亮吗，吉姆？我搜遍了全城才找到了它。现在，你每天可以看一百次时间了。把表给我，我要看看它配在表上的样子。"

吉姆非但不按她的吩咐行事，反而倒在睡椅上，两手枕在头下，微微发笑。

"德拉，"他说，"让我们把圣诞礼物放在一边，保存一会儿吧。它们实在太好了，目前尚不宜用。我卖掉金表，换钱为你买了发梳。现在，你做肉排吧。"

正如诸位所知，麦琪是聪明人，聪明绝顶的人，他们把礼物带来送给出生在马槽里的耶稣。他们发明送圣诞礼物这玩艺儿。由于他们是聪明人，毫无疑问，他们的礼物也是聪明的礼物，如果碰上两样东西完全一样，可能还具有交换的权利。在这儿，我已经笨拙地给你们介绍了住公寓套间的两个傻孩子不足为奇的平淡故事，他们极不明智地为了对方而牺牲了他们家最最宝贵的东西。不过，让我们对现今的聪明人说最后一句话，在一切馈赠礼品的人当中，那两个人是最聪明的。在一切馈赠又接收礼品的人当中，像他们两个这样的人也是最聪明的。无论在任何地方，他们都是最聪明的人。

他们就是麦琪。

（本文选自《短篇小说选》，人民文学出版社，2005 年版）

注 释

(1) 示巴女王（Queen of Sheba）：基督教《圣经》中朝觐所罗门王，以测其智慧的示巴女王，她以美貌著称。

(2) 麦琪（Magi，单数为 Magus）：指圣婴基督出生时来自东方送礼的三位贤人，载于

《圣经马太福音》第二章第一节和第七至第十三节。

●**思考与练习**●

1.麦琪的礼物是什么?

2.课文结尾说:"在一切馈赠礼品的人当中,那两个人是最聪明的。在一切馈赠又接收礼品的人当中,像他们两个这样的人也是最聪明的。"就这段话说说自己的感想。

3.作者在情节安排上,一开始就给读者以阅读上的期待——悬念。简要分析一下这篇小说的悬念,并结合本文谈谈你对"欧·亨利式的结尾"的理解。

2.3.4 侠义人生

笑傲江湖（节选）(金庸)

导读

金庸(1924—2018),原名查良镛,是知名的武侠小说作家、新闻学家、企业家、政治评论家、社会活动家,中国作家协会名誉副主席。著有"飞雪连天射白鹿,笑书神侠倚碧鸳"等14部脍炙人口的武侠小说。

本文选自《笑傲江湖》第十章。《笑傲江湖》是金庸名作之一。本书的中心是武林争霸夺权。为了达到目的,夺取《辟邪剑谱》和《葵花宝典》,江湖各派尔虞我诈,最后都败在《辟邪剑谱》和《葵花宝典》上。波谲云诡的情节引人入胜,在错综复杂的矛盾冲突中人物性格得以刻画,塑造出数十个个性鲜明、生动可感的文学形象。主人公——令狐冲是个江湖浪子,阴错阳差,其历尽磨难,是个至情、至信、至义之人。

选文

令狐冲大吃一惊,回过头来,见山洞口站着一个白须青袍老者,神气抑郁,脸如金纸。令狐冲心道:"这老先生莫非便是那晚的蒙面青袍人? 他是从哪里来的? 怎地站在我身后,我竟没半点知觉?"心下惊疑不定,只听田伯光颤声道:"你……你便是风老先生?"那老者叹了口气,说道:"难得世上居然还有人知道风某的名字。"令狐冲心念电转:"本派中还有一位前辈,我可从来没听师父、师娘说过,倘若他是顺着田伯光之言随口冒充,我如上前参拜,岂不令天下好汉耻笑? 再说,事情哪里真有这么巧法? 田伯光提到风清扬,便真有一个风清扬出来。"那老者摇头叹道:"令狐冲你这小子,实在也太不成器! 我来教你。你先使一招'白虹贯日',跟着便使'有凤来仪',再使一招'金雁横空',接下来使'截剑式'……"一口气滔滔不绝的说了三十招招式。

那三十招招式令狐冲都曾学过,但出剑和脚步方位,却无论如何连不在一起。那老者道:"你迟疑甚么?嗯,三十招一气呵成,凭你眼下的修为,的确有些不易,你倒先试演一遍看。"他嗓音低沉,神情萧索,似是含有无限伤心,但语气之中自有一股威严。令狐冲心想:"便依言一试,却也无妨。"当即使一招"白虹贯日",剑尖朝天,第二招"有凤来仪"便使不下去,不由得一呆。那老者道:"唉,蠢才,蠢才!无怪你是岳不群的弟子,拘泥不化,不知变通。剑术之道,讲究如行云流水,任意所至。你使完那招'白虹贯日',剑尖向上,难道不会顺势拖下来吗?剑招中虽没这等姿式,难道你不会别出心裁,随手配合么?"这一言登时将令狐冲提醒,他长剑一勒,自然而然的便使出"有凤来仪",不等剑招变老,已转"金雁横空"。长剑在头顶划过,一勾一挑,轻轻巧巧的变为"截手式",转折之际,天衣无缝,心下甚是舒畅。当下依着那老者所说,一招一式的使将下去,使到"钟鼓齐鸣"收剑,堪堪正是三十招,突然之间,只感到说不出的欢喜。

那老者脸色间却无嘉许之意,说道:"对是对了,可惜斧凿痕迹太重,也太笨拙。不过和高手过招固然不成,对付眼前这小子,只怕也将就成了。上去试试罢!"令狐冲虽尚不信他便是自己太师叔,但此人是武学高手,却绝无可疑,当即长剑下垂,躬身为礼,转身向田伯光道:"田兄请!"田伯光道:"我已见你使了这三十招,再跟你过招,还打个甚么?"令狐冲道:"田兄不愿动手,那也很好,这就请便。在下要向这位老前辈多多请教,无暇陪伴田兄了。"田伯光大声道:"那是甚么话?你不随我下山,田某一条性命难道便白白送在你手里?"转面向那老者道:"风老前辈,田伯光是后生小子,不配跟你老人家过招,你若出手,未免有失身分。"那老者点点头,叹了口气,慢慢走到大石之前,坐了下来。田伯光大为宽慰,喝道:"看刀!"挥刀向令狐冲砍了过来。令狐冲侧身闪避,长剑还刺,使的便是适才那老者所说的第四招"截剑式"。他一剑既出,后着源源倾泻,剑法轻灵,所用招式有些是那老者提到过的,有些却在那老者所说的三十招之外。他既领悟了"行云流水,任意所至"这八个字的精义,剑术登时大进,翻翻滚滚的和田伯光拆了一百余招。突然间田伯光一声大喝,举刀直劈,令狐冲眼见难以闪避,一抖手,长剑指向他胸膛。田伯光回刀削剑。当的一声,刀剑相交,他不等令狐冲抽剑,放脱单刀,纵身而上,双手扼住了他喉头。令狐冲登时为之窒息,长剑也即脱手。田伯光喝道:"你不随我下山,老子扼死你。"他本来和令狐冲称兄道弟,言语甚是客气,但这番百余招的剧斗一过,打得性发,牢牢扼住他喉头后,居然自称起"老子"来。令狐冲满脸紫胀,摇了摇头。田伯光咬牙道:"一百招也好,二百招也好,老子赢了,便要你跟我下山。他妈的三十招之约,老子不理了。"令狐冲想要哈哈一笑,只是给他十指扼住了喉头,无论如何笑不出声。

忽听那老者道:"蠢才!手指便是剑。那招'金玉满堂',定要用剑才能使吗?"令狐冲脑海中如电光一闪,右手五指疾刺,正是一招"金玉满堂",中指和食指戳在田伯光胸口"膻中穴"上。田伯光闷哼一声,委顿在地,抓住令狐冲喉头的手指登时松了。

令狐冲没想到自己随手这么一戳,竟将一个名动江湖的"万里独行"田伯光轻轻易易的便点倒在地。他伸手摸摸自己给田伯光扼得十分疼痛的喉头,只见这淫贼蜷缩在地,不住轻轻抽搐,双眼翻白,已晕了过去,不由得又惊又喜,霎时之间,对那老者钦佩到了极点,抢到他身前,拜伏在地,叫道:"太师叔,请恕徒孙先前无礼。"说着连连磕头。那老者淡淡一笑,说道:"你再不疑心我是招摇撞骗了么?"令狐冲磕头道:"万万不敢。徒孙有幸,得能拜见本门前辈风太师叔,实是万千之喜。"

那老者风清扬道:"你起来。"令狐冲又恭恭敬敬的磕了三个头,这才站起,眼见那老者满面病容,神色憔悴,道:"太师叔,你肚子饿么?徒孙洞里藏得有些干粮。"说着便欲去取。风清扬摇头道:"不用!"眯着眼向太阳望了望,轻声道:"日头好暖和啊,可有好久没晒太阳了。"令狐冲好生奇怪,却不敢问。风清扬向缩在地下的田伯光瞧了一眼,说道:"他给你戳中了膻中穴,凭他功力,一个时辰后便会醒转,那时仍会跟你死缠。你再将他打败,他便只好乖乖的下山去了。你制服他后,须得逼他发下毒誓,关于我的事决不可泄露一字半句。"令狐冲道:"徒孙适才取胜,不过是出其不意,侥幸得手,剑法上毕竟不是他的敌手,要制服他……制服他……"风清扬摇摇头,说道:"你是岳不群的弟子,我本不想传你武功。但我当年……当年……曾立下重誓,有生之年,决不再与人当真动手。那晚试你剑法,不过让你知道,华山派'玉女十九剑'倘若使得对了,又怎能让人弹去手中长剑?我若不假手于你,难以逼得这田伯光立誓守秘,你跟我来。"说着走进山洞,从那孔穴中走进后洞。令狐冲跟了进去。风清扬指着石壁说道:"壁上这些华山派剑法的图形,你大都已经看过记熟,只是使将出来,却全不是那一回事。唉!"说着摇了摇头。令狐冲寻思:"我在这里观看图形,原来太师叔早已瞧在眼里。想来每次我都瞧得出神,以致全然没发觉洞中另有旁人,倘若……倘若太师叔是敌人……嘿嘿,倘若他是敌人,我就算发觉了,也难道能逃得性命?"只听风清扬续道:"岳不群那小子,当真是狗屁不通。你本是块大好的材料,却给他教得变成了蠢牛木马。"令狐冲听得他辱及恩师,心下气恼,当即昂然说道:"太师叔,我不要你教了,我出去逼田伯光立誓不可泄露太师叔之事就是。"风清扬一怔,已明其理,淡淡的道:"他要是不肯呢?你这就杀了他?"令狐冲踌躇不答,心想田伯光数次得胜,始终不杀自己,自己又怎能一占上风,却便即杀他?风清扬道:"你怪我骂你师父,好罢,以后我不提他便是,他叫我师叔,我称他一声'小子',总称得罢?"令狐冲道:"太师叔不骂我恩师,徒孙自是恭聆教诲。"风清扬微微一笑,道:"倒是我来求你学艺了。"令狐冲躬身道:"徒孙不敢,请太师叔恕罪。"风清扬指着石壁上华山派剑法的图形,说道:"这些招数,确是本派剑法的绝招,其中大半已经失传,连岳……岳……嘿嘿……连你师父也不知道。只是招数虽妙,一招招的分开来使,终究能给旁人破了……"

令狐冲听到这里,心中一动,隐隐想到了一层剑术的至理,不由得脸现狂喜之色。风清扬道:"你明白了甚么?说给我听听。"令狐冲道:"太师叔是不是说,要是各招浑成,敌人便无法可破?"风清扬点了点头,甚是欢喜,说道:"我原说你资质不错,果然悟性极高。这些魔教长老……"一面说,一面指着石壁上使棍棒的人形。令狐冲道:"这是魔教中的长老?"风清扬道:"你不知道么?这十具骸骨,便是魔教十长老了。"说着手指地下一具骸骨。令狐冲奇道:"怎么这魔教十长老都死在这里?"风清扬道:"再过一个时辰,田伯光便醒转了,你尽问这些陈年旧事,还有时刻学武功?"令狐冲道:"是,是,请太师叔指点。"风清扬叹了口气,说道:"这些魔教长老,也确都是了不起的聪明才智之士,竟将五岳剑派中的高招破得如此干净彻底。只不过他们不知道,世上最厉害的招数,不在武功之中,而是阴谋诡计,机关陷阱。倘若落入了别人巧妙安排的陷阱,凭你多高明的武功招数,那也全然用不着了……"说着抬起了头,眼光茫然,显是想起了无数旧事。

令狐冲见他说得甚是苦涩,神情间更有莫大愤慨,便不敢接口,心想:"莫非我五岳剑派果然是'比武不胜,暗算害人'? 风太师叔虽是五岳剑派中人,却对这些卑鄙手段似乎颇不以为然。但对付魔教人物,使些阴谋诡计,似乎也不能说不对。"风清扬又道:"单以武学而论,这些魔教长老们也不能说真正已窥上乘武学之门。他们不懂得,招数是死的,发招之人却是活的。死招数破得再妙,遇上了活招数,免不了缚手缚脚,只有任人屠戮。这个'活'字,你要牢牢记住了。学招时要活学,使招时要活使。倘若拘泥不化,便练熟了几千万手绝招,遇上了真正高手,终究还是给人家破得干干净净。"令狐冲大喜,他生性飞扬跳脱,风清扬这几句话当真说到了他心坎里去,连称:"是,是! 须得活学活使。"风清扬道:"五岳剑派中各有无数蠢才,以为将师父传下来的剑招学得精熟,自然而然便成高手,哼哼,熟读唐诗三百首,不会作诗也会吟! 熟读了人家诗句,做几首打油诗是可以的,但若不能自出机杼,能成大诗人么?"他这番话,自然是连岳不群也骂在其中了,但令狐冲一来觉得这话十分有理,二来他并未直提岳不群的名字,也就没有抗辩。风清扬道:"活学活使,只是第一步。要做到出手无招,那才真是踏入了高手的境界。你说'各招浑成,敌人便无法可破',这句话还只说对了一小半。不是'浑成',而是根本无招。你的剑招使得再浑成,只要有迹可寻,敌人便有隙可乘。但如你根本并无招式,敌人如何来破你的招式?"令狐冲一颗心怦怦乱跳,手心发热,喃喃的道:"根本无招,如何可破? 根本无招,如何可破?"斗然之间,眼前出现了一个生平从所未见、连做梦也想不到的新天地。风清扬道:"要切肉,总得有肉可切;要斩柴,总得有柴可斩;敌人要破你剑招,你须得有剑招给人家来破才成。一个从未学过武功的常人,拿了剑乱挥乱舞,你见闻再博,也猜不到他下一剑要刺向哪里,砍向何处。就算是剑术至精之人,也破不了他的招式,只因并无招式,'破招'二字,便谈不上了。只是不曾学过武功之人,虽无招式,却会给人轻而易举的打倒。真正上乘的剑术,则是能制人而决不能为人所制。"他拾起地下的一根死人腿骨,随手以一端对着令狐冲,道:"你如何破我这一招?"

令狐冲不知他这一下是甚么招式,一怔之下,便道:"这不是招式,因此破解不得。"

风清扬微微一笑,道:"这就是了。学武之人使兵刃,动拳脚,总是有招式的,你只须知道破法,一出手便能破招制敌。"令狐冲道:"要是敌人也没招式呢?"风清扬道:"那么他也是一等一的高手了,二人打到如何便如何,说不定是你高些,也说不定是他高些。"叹了口气,说道:"当今之世,这等高手是难找得很了,只要能侥幸遇上一两位,那是你毕生的运气,我一生之中,也只遇上过三位。"令狐冲问道:"是哪三位?"风清扬向他凝视片刻,微微一笑,道:"岳不群的弟子之中,居然有如此多管闲事、不肯专心学剑的小子,好极,妙极!"令狐冲脸上一红,忙躬身道:"弟子知错了。"风清扬微笑道:"没有错,没有错。你这小子心思活泼,很对我的脾胃。只是现下时候不多了,你将这华山派的三四十招融合贯通,设想如何一气呵成,然后全部将它忘了,忘得干干净净,一招也不可留在心中。待会便以甚么招数也没有的华山剑法,去跟田伯光打。"令狐冲又惊又喜,应道:"是!"凝神观看石壁上的图形。过去数月之中,他早已将石壁上的本门剑法记得甚熟,这时也不必再花时间学招,只须将许多毫不连贯的剑招设法串成一起就是。风清扬道:"一切须当顺其自然。行乎其不得不行,止乎其不得不止,倘若串不成一起,也就罢了,总之不可有半点勉强。"令狐冲应了,只须顺乎自然,那便容易得紧,串得巧妙也罢,笨拙也罢,那三四十招华山派的绝招,片刻间便联成了一片,不过要融成一体,其间并无起迄转折的刻画痕迹可寻,那可十分为难了。他提起长剑左削右劈,心中半点也不去想石壁图形中的剑招,像也好,不像也好,只是随意挥洒,有时使到顺溜处,亦不禁暗暗得意。他从师练剑十余年,每一次练习,总是全心全意的打起了精神,不敢有丝毫怠忽。岳不群课徒极严,众弟子练拳使剑,举手提足间只要稍离了尺寸法度,他便立加纠正,每一个招式总要练得十全十美,没半点错误,方能得到他点头认可。令狐冲是开山门的大弟子,又生来要强好胜,为了博得师父、师娘的赞许,练习招式时加倍的严于律己。不料风清扬教剑全然相反,要他越随便越好,这正投其所好,使剑时心中畅美难言,只觉比之痛饮数十年的美酒还要滋味无穷。正使得如痴如醉之时,忽听得田伯光在外叫道:"令狐兄,请你出来,咱们再比。"令狐冲一惊,收剑而立,向风清扬道:"太师叔,我这乱挥乱削的剑法,能挡得住他的快刀么?"风清扬摇头道:"挡不住,还差得远呢!"令狐冲惊道:"挡不住?"风清扬道:"要挡,自然挡不住,可是你何必要挡?"

令狐冲一听,登时省悟,心下大喜:"不错,他为了求我下山,不敢杀我。不管他使甚么刀招,我不必理会,只是自行进攻便了。"当即仗剑出洞。

●思考与练习●

1.课外阅读《笑傲江湖》,分析令狐冲人物形象。

2.就你读过的武侠小说,选其中一部谈谈你的见解。

2.3.5 生命延展

生死疲劳（节选）(莫言)

导读

莫言(1955—　),原名管谟业,出生于山东省高密县,中国当代著名作家。2012 年 10 月 11 日莫言以其"用魔幻现实主义将民间故事、历史和现代融为一体"而获得诺贝尔文学奖,是首位获得该奖的中国籍作家。代表作品有《檀香刑》《生死疲劳》《丰乳肥臀》《红高粱家族》《透明的红萝卜》《丰乳肥臀(增补版)》《藏宝图》等。

本文选自《生死疲劳》第一部第一章。《生死疲劳》这部长篇小说,以农民与土地的关系为话题,叙述了 1950 年到 2000 年中国农村五十年的历史。小说的叙述者是一个在土地改革时期被枪毙的地主。在小说中,他不断地经历着六道轮回:一世为人,一世为马,一世为牛,一世为驴……每次转世为不同的动物,都未离开他的家族,离开这块土地。通过他转世为各种动物的眼睛来观察和体味农村的变革。

选 文

我的故事，从1950年1月1日讲起。在此之前两年多的时间里，我在阴曹地府里受尽了人间难以想象的酷刑。每次提审，我都会鸣冤叫屈。我的声音悲壮凄凉，传播到阎罗大殿的每个角落，激发出重重叠叠的回声。我身受酷刑而绝不改悔，挣得了一个硬汉子的名声。我知道许多鬼卒对我暗中钦佩，我也知道阎王老子对我不胜厌烦。为了让我认罪服输，他们使出了地狱酷刑中最歹毒的一招，将我扔到沸腾的油锅里，翻来覆去，像炸鸡一样炸了半个时辰，痛苦之状，难以言表。鬼卒还用叉子把我叉起来，高高举着，一步步走上通往大殿的台阶。两边的鬼卒嘬口吹哨，如同成群的吸血蝙蝠鸣叫。我的身体滴油淅沥，落在台阶上，冒出一簇簇黄烟……鬼卒小心翼翼地将我安放在阎罗殿前的青石板上，跪下向阎王报告：

"大王，炸好了。"我知道自己已经焦煳酥脆，只要轻轻一击，就会成为碎片。我听到从高高的大堂上，从那高高大堂上的辉煌烛光里，传下来阎王爷几近调侃的问话：

"西门闹，你还闹吗？"

实话对你说，在那一瞬间，我确实动摇了。我焦干地趴在油汪里，身上发出肌肉爆裂的噼啪声。我知道自己忍受痛苦的能力已经到达极限，如果不屈服，不知道这些贪官污吏们还会用什么样的酷刑折磨我。但如果我就此屈服，前边那些酷刑，岂不是白白忍受了吗？我挣扎着仰起头——头颅似乎随时会从脖子处折断——往烛光里观望，看到阎王和他身边的判官们，脸上都汪着一层油滑的笑容。一股怒气，陡然从我心中升起。豁出去了，我想，宁愿在他们的石磨里被研成粉末，宁愿在他们的铁臼里被捣成肉酱，我也要喊叫："冤枉！"我喷吐着腥膻的油星子喊叫：冤枉！想我西门闹，在人世间三十年，热爱劳动，勤俭持家，修桥补路，乐善好施。高密东北乡的每座庙里，都有我捐钱重塑的神像；高密东北乡的每个穷人，都吃过我施舍的善粮。我家粮囤里的每粒粮食上，都沾着我的汗水；我家钱柜里的每个铜板上，都浸透了我的心血。我是靠劳动致富，用智慧发家。我自信平生没有干过亏心事。可是——我尖厉地嘶叫着——像我这样一个善良的人，一个正直的人，一个大好人，竟被他们五花大绑着，推到桥头上，枪毙了！……他们用一杆装填了半葫芦火药、半碗铁豌豆的土枪，在距离我只有半尺的地方开火，轰隆一声巨响，将我的半个脑袋，打成了一摊血泥，涂抹在桥面上和桥下那一片冬瓜般大小的灰白卵石上……我不服，我冤枉，我请求你们放我回去，让我去当面问问那些人，我到底犯了什么罪？在我连珠炮般的话语中，我看到阎王那张油汪汪的大脸不断地扭曲着。阎王身边那些判官们，目光躲躲闪闪，不敢与我对视。我知道他们全都清楚我的冤枉，他们从一开始就知道我是个冤鬼，只是出于某些我不知道的原因，他们才装聋作哑。我继续喊叫着，话语重复，一圈圈轮回。阎王与身边的判官低声交谈几句，然后一拍惊堂木，说："好了，西门闹，知道你是冤枉的。世界上许多人该死，但却不死；许多人不该死，偏偏死了。这是本殿也无法改变的现实。现在本殿法外开恩，放你生还。"突然降临的大喜事，像一扇沉重的磨盘，几乎粉碎了我的身体。阎王扔下一块朱红色的三角形令牌，用颇不耐烦的腔调说："牛头马面，送他回去吧！"阎王拂袖退堂，众判官跟随其后。烛火在他们的宽袍大袖激起来的气流中摇曳。两个身穿皂衣、腰扎着橘红色宽带的鬼卒从两边厢走到我近前。一个弯腰捡起令牌插在腰带里，一个扯住我一条胳膊，试图将我拉起来。我听到胳膊上发出酥脆的声响，似乎筋骨在断裂。我发出一声尖叫。掖了令牌的那位鬼卒，搡了那个扯我胳膊的鬼卒一把，用一个经验丰富的老者教训少不更事的毛头小子的口吻说："妈的，你的脑子里灌水了吗？你的眼睛被秃鹫啄瞎了吗？你难道看不见他的身体已经像一根天津卫十八街的大麻花一样酥焦了吗？"在他的教训声中，那个年轻的鬼卒翻着白眼，茫然不知所措。掖令牌的鬼卒道："还愣着干什么？去取驴血来啊！"那个鬼卒拍了一下脑袋，脸上出现恍然大悟般的表情。他转身跑下大堂，顷刻间便提来一只血污斑斑的木桶。木桶看上去十分沉重，因为那鬼卒的身体弯曲，脚步趔趄，仿佛随时都会跌翻在地。他将木桶沉重地蹾在我的身边，使我的身体都受了震动。我嗅到了一股令人作呕的腥气；一股热烘烘的腥气，仿佛还带着驴的体温。一头被杀死的驴的身体在我脑海里一闪现便消逝了。持令牌的鬼卒从桶里抓起一只用猪的鬃毛捆扎成的刷子，蘸着黏稠的、暗红的血，往我头顶上一刷。我不由得怪叫一声，因为这混杂着痛楚、麻木、犹如万针刺戳般的奇异感受。我听到自己的皮肉发出噼噼啪啪的细微声响，感受着血水滋润焦煳的皮肉，联想到那久旱的土地突然遭遇甘霖。在那一时刻，我心乱如麻，百感交集。那鬼卒如一位技艺高超、动作麻利的油漆匠，一刷子紧接着一刷子，将驴血涂遍了我的全身。到最后，他提起木桶，将其中剩余的，劈头浇下来。我感到生命在体内重新又汹涌澎湃了。我感到力量和勇气又回到了身上。没用他们扶持，我便站了起来。

尽管两位鬼卒名叫"牛头"和"马面"，但他们并不像我们在有关阴曹地府的图画中看到的那样真的在人的身躯上生长着牛的头颅和马的脑袋。他们的身体结构与人无异，所不同的只是他们的肤色像是用神奇的汁液染过，闪烁着耀眼的蓝色光芒。我在人世间很少见过这种高贵的蓝色，没有这样颜色的布匹，也没有这样颜色的树叶，但确有这样颜色的花朵，那是一种在高密东北乡沼泽地开放的小花，上午开放，下午就会凋谢。

在两位身材修长的蓝脸鬼卒挟持下，我们穿越了似乎永远都看不到尽头的幽暗隧道。隧道两壁上，每隔十几丈就有一对像珊瑚一样奇形怪状的灯架伸出，灯架上悬挂着碟形的豆油灯盏，燃烧豆油的香气时浓时淡，使我的头脑也时而清醒时而迷糊。借着灯光，我看到隧道的穹隆上悬挂着许多巨大的蝙蝠，它们亮晶晶的眼睛在幽暗中闪烁，不时有腥臭的颗粒状粪便，降落在我的头上。

终于走出隧道，然后登上高台。一个白发苍苍的老婆婆，伸出白胖细腻与她的年龄很不相称的手，从一只肮脏的铁锅里，用乌黑的木勺子，舀了一勺洋溢着馊臭气味的黑色液体，倒在一只涂满红釉的大碗里。鬼卒端起碗递到我面前，脸上浮现着显然是不怀好意的微笑，对我说：

"喝了吧，喝了这碗汤，你就会把所有的痛苦烦恼和仇恨忘记。"

我挥手打翻了碗，对鬼卒说：

"不，我要把一切痛苦烦恼和仇恨牢记在心，否则我重返人间就失去了任何意义。"

我昂然下了高台，木板钉成的台阶在脚下颤抖。我听到鬼卒喊叫着我的名字，从高台上跑下来。

接下来我们就行走在高密东北乡的土地上了。这里的一山一水、一草一木我都非常熟悉。让我感到陌生的是那些钉在土地上的白色木桩,木桩上用墨汁写着我熟悉的和我不熟悉的名字,连我家那些肥沃的土地上,也竖立着许多这样的木桩。后来我才知道,我在阴间里鸣冤叫屈时,人世间进行了土地改革,大户的土地,都被分配给了无地的贫民,我的土地,自然也不例外。均分土地,历朝都有先例,但均分土地前也用不着把我枪毙啊!

鬼卒仿佛怕我逃跑似的,一边一位摽着我,他们冰凉的手或者说是爪子紧紧地抓着我的胳膊。阳光灿烂,空气清新,鸟在天上叫,兔在地上跑,沟渠与河道的背阴处,积雪反射出刺目的光芒。我瞥着两个鬼卒的蓝脸,恍然觉得他们很像是舞台上浓妆艳抹的角色,只是人间的颜料,永远也画不出他们这般高贵而纯粹的蓝脸。

我们沿着河边的道路,越过了十几个村庄,在路上与许多人擦肩而过。我认出了好几个熟识的邻村朋友,但我每欲开口与他们打招呼时,鬼卒就会及时而准确地扼住我的咽喉,使我发不出半点声息。对此我表示了强烈的不满。我用脚踢他们的腿,他们一声不吭,仿佛他们的腿上没有神经。我用头碰他们的脸,他们的脸宛如橡皮。他们扼住我喉咙的手,只有在没有人的时候才会放松。有一辆胶皮轮子的马车拖着尘烟从我们身边飞驰而过,马身上的汗味让我备感亲切。我看到身披白色光板子羊皮袄的车把式马文斗抱着鞭子坐在车辕杆上,长杆烟袋和烟荷包拴在一起,斜插在脖子后边的衣领里。烟荷包摇摇晃晃,像个酒店的招儿。车是我家的车,马是我家的马,但赶车的人却不是我家的长工。我想冲上去问个究竟,但鬼卒就像两棵缠住我的藤蔓一样难以挣脱。我感到赶车的马文斗一定能看到我的形象,一定能听到我极力挣扎时发出的声音,一定能嗅到我身上那股子人间难寻的怪味儿,但他却赶着马车飞快地从我面前跑过去,仿佛要逃避灾难。后来我们还与一支踩高跷的队伍相遇,他们扮演着唐僧取经的故事,扮孙猴子、猪八戒的都是村子里的熟人。从他们打着的横幅标语和他们的言谈话语中,我知道了那天是1950年的元旦。

在即将到达我们村头上那座小石桥时,我感到一阵阵的烦躁不安。一会儿我就看到了桥下那些因沾满我的血肉而改变了颜色的卵石。卵石上粘着一缕缕布条和肮脏的毛发,散发着浓重的血腥。在破败的桥洞里,聚集着三条野狗。两条卧着;一条站着。两条黑色;一条黄色。都是毛色光滑、舌头鲜红、牙齿洁白、目光炯炯有神。

莫言在他的小说《苦胆记》里写过这座小石桥,写过这些吃死人吃疯了的狗。他还写了一个孝顺的儿子,从刚被枪毙的人身上挖出苦胆,拿回家去给母亲治疗眼睛。用熊胆治病的事很多,但用人胆治病的事从没听说,这又是那小子胆大妄为的编造。他小说里描写的那些事,基本上都是胡诌,千万不要信以为真。

在从小桥到我的家门这一段路上,我的脑海里浮现着当初枪毙我的情景:我被细麻绳反剪着双臂,脖颈上插着亡命的标牌。那是腊月里的二十三日,离春节只有七天。寒风凛冽,彤云密布。冰霰如同白色的米粒,一把把地撒到我的脖子里。我的妻子白氏,在我身后的不远处嚎哭,但却听不到我的二姨太迎春和我的三姨太秋香的声音。迎春怀着孩子,即将临盆,不来送我情有可原,但秋香没怀孩子,年纪又轻,不来送我,让我心寒。

我在桥上站定后,猛地回过头,看着距离我只有几尺远的民兵队长黄瞳和跟随着他的十几个民兵。我说:老少爷儿们,咱们一个村住着,远日无仇,近日无怨,兄弟有什么对不住你们的地方,尽管说出来,用不着这样吧? 黄瞳盯了我一眼,立刻把目光转了。他的金黄的瞳仁那么亮,宛若两颗金星星。黄瞳啊黄瞳,你爹娘给你起这个名字,可真起得妥当啊! 黄瞳说:你少啰嗦吧,这是政策! 我继续辩白:老少爷们儿,你们应该让我死个明白啊,我到底犯了哪条律令? 黄瞳说:你到阎王爷那里去问个明白吧。他突然举起了那只土枪,枪筒子距离我的额头只有半尺远,然后我就感到头飞了,然后我就看到了火光,听到了仿佛从很远处传来的爆响,嗅到了飘浮在半空中的硝烟的香气……

我家的大门虚掩着,从门缝里能看到院子里人影绰绰,难道她们知道我要回来吗? 我对鬼差说:

"二位兄弟,一路辛苦!"

我看到鬼差蓝脸上的狡猾笑容,还没来得及思考这笑容的含义,他们就抓着我的胳膊猛力往前一送。我的眼前一片昏黄,就像沉没在水里一样,耳边突然响起了一个人欢快的喊叫声:

"生下来了!"

我睁开眼睛,看到自己浑身沾着黏液,躺在一头母驴的腚后。天哪! 想不到读过私塾、识字解文、堂堂的乡绅西门闹,竟成了一匹四蹄雪白、嘴巴粉嫩的小驴子。

●**思考与练习**●
课外阅读《生死疲劳》全书,试分析其魔幻现实主义特色。

人文拓展:短篇小说的写作

任务2.4 摇曳多姿的视听艺术——戏剧

学习目标

　　1.了解和把握戏剧的审美特点和欣赏要素,进一步掌握戏剧的欣赏技巧和方法。

　　2.培养戏剧的认知和感受能力,能够分析作品的内在精神和文化内涵。

　　3.培养探究戏剧艺术兴趣,打造科学探索品质,提高人文素养。

2.4.1 扣人心弦的离歌

西厢记·长亭送别⁽¹⁾（王实甫）

导读

王实甫(约1260—1336)，名德信，字实甫，大都(现在北京市)人，元代著名杂剧作家。所作杂剧十四种，仅存《崔莺莺待月西厢记》《四丞相高会丽春堂》《吕蒙正风雪破窑记》三种及《韩彩云丝竹芙蓉亭》《苏小郎月夜贩茶船》各一折。他的作品戏剧性强，曲词优美，对元杂剧和后来戏曲的发展有很大的影响。

《西厢记》全名为《崔莺莺待月西厢记》。全剧共五本二十折，写书生张珙与崔相国之女崔莺莺追求婚姻自由、反对封建礼教的故事。本文选自第四本第三折，习称"长亭送别"，又称"哭宴"，被历代曲家誉为绝唱。莺莺和张生的婚事确定之后，迫于老夫人的压力，张生只得进京求取功名，本折的内容就是写莺莺、红娘、老夫人到十里长亭送别张生的情景。

选文

（夫人、长老上，云）今日送张生赴京，十里长亭，安排下筵席。我和长老先行，不见张生、小姐来到。（旦、末、红同上，旦云）今日送张生上朝取应，早是离人伤感，况值那暮秋天气，好烦恼人也呵！"悲欢聚散一杯酒，南北东西万里程。"（旦唱）

[正宫][端正好]碧云天，黄花地⁽²⁾，西风紧，北雁南飞。晓来谁染霜林醉？总是离人泪⁽³⁾。

[滚绣球]恨相见得迟，怨归去得疾。柳丝长玉骢难系⁽⁴⁾，恨不倩疏林挂住斜晖⁽⁵⁾。马儿个迍迍的行⁽⁶⁾，车儿快快的随，却告了相思回避，破题儿又早别离⁽⁷⁾。听得道一声"去也"，松了金钏⁽⁸⁾；遥望见十里长亭，减了玉肌。此恨谁知⁽⁹⁾？

（红云）姐姐，今日怎么不打扮？（旦云）你那知我的心里呵！（旦唱）

[叨叨令]见安排着车儿、马儿，不由人熬熬煎煎的气；有甚么心情花儿、靥儿，打扮的娇娇滴滴的媚⁽¹⁰⁾；准备着被儿、枕儿，则索昏昏沉沉的睡；从今后衫儿、袖儿，都揾做重重叠叠的泪。兀的不闷杀人也么哥，兀的不闷杀人也么哥！久已后书儿、信儿，索与我恓恓惶惶的寄。

（做到见夫人科）（夫人云）张生和长老坐，小姐这壁坐，红娘将酒来。张生，你向前来，是自家亲眷，不要回避。俺今日将莺莺与你，到京师休辱末了俺孩儿，挣揣一个状元回来者⁽¹¹⁾。（末云）小生托夫人余荫，凭着胸中之才，视官如拾芥耳⁽¹²⁾。（洁云）夫人主见不差，张生不是落后的人。（把酒了，坐）（旦长吁科）（旦唱）

[脱布衫]下西风黄叶纷飞，染寒烟衰草萋迷。酒席上斜签着坐的⁽¹³⁾，蹙愁眉死临侵地⁽¹⁴⁾。

[小梁州]我见他阁泪汪汪不敢垂⁽¹⁵⁾，恐怕人知；猛然见了把头低，长吁气，推整素

罗衣⁽¹⁶⁾。

[幺篇]虽然久后成佳配,奈时间怎不悲啼⁽¹⁷⁾。意似痴,心如醉⁽¹⁸⁾,昨宵今日,清减了小腰围。

(夫人云)小姐把盏者。(红递酒,旦把盏长吁科云)请吃酒。(旦唱)

[上小楼]合欢未已,离愁相继。想着俺前暮私情,昨夜成亲,今日别离。我谂知这几日相思滋味,却原来此别离情更增十倍⁽¹⁹⁾。

[幺篇]年少呵轻远别,情薄呵易弃掷⁽²⁰⁾。全不想腿儿相挨,脸儿相偎,手儿相携。你与俺崔相国做女婿,妻荣夫贵⁽²¹⁾,但得一个并头莲,煞强如状元及第。

(夫人云)红娘把盏者。(红把酒科)(旦唱)

[满庭芳]供食太急,须臾对面,顷刻别离。若不是酒席间子母每当回避,有心待与他举案齐眉。虽然是厮守得一时半刻,也合着俺夫妻每共桌而食。眼底空留意⁽²²⁾,寻思起就里,险化做望夫石。

(红云)姐姐不曾吃早饭,饮一口儿汤水。(旦云)红娘,甚么汤水咽得下。(唱)

[快活三]将来的酒共食,尝着似土和泥。假若便是土和泥,也有些土气息,泥滋味。

[朝天子]暖溶溶玉醅⁽²³⁾,白泠泠似水,多半是相思泪。眼面前茶饭怕不待要吃⁽²⁴⁾,恨塞满愁肠胃。蜗角虚名⁽²⁵⁾,蝇头微利⁽²⁶⁾,拆鸳鸯在两下里。一个这壁,一个那壁,一递一声长吁气。

(夫人云)辆起车儿⁽²⁷⁾,俺先回去,小姐随后和红娘来。(下)(末辞洁科)(洁云)此一行别无话儿,贫僧准备买登科录看⁽²⁸⁾,做亲的茶饭少不得贫僧的。先生在意,鞍马上保重者。"从今经忏无心礼,专听春雷第一声⁽²⁹⁾"。(下)(旦唱)

[四边静]霎时间杯盘狼藉,车儿投东,马儿向西。两意徘徊,落日山横翠。知他今宵宿在那里? 在梦也难寻觅。

(旦云)张生,此一行得官不得官,疾便回来。(末云)小生这一去,白夺一个状元。正是:"青霄有路终须到,金榜无名誓不归⁽³⁰⁾"。(旦云)君行别无所赠,口占一绝⁽³¹⁾,为君送行:"弃掷今何在,当时且自亲。还将旧来意,怜取眼前人。"(末云)小姐之意差矣,张珙更敢怜谁?谨赓一绝⁽³²⁾,以剖寸心:"人生长远别,孰与最关亲?不遇知音者,谁怜长叹人?"(旦唱)

[耍孩儿]淋漓襟袖啼红泪,比司马青衫更湿。伯劳东去燕西飞,未登程先问归期。虽然眼底人千里,且尽生前酒一杯。未饮心先醉,眼中流血,心内成灰。

[五煞]到京师服水土,趁程途节饮食⁽³³⁾,顺时自保揣身体⁽³⁴⁾。荒村雨露宜眠早,野店风霜要起迟。鞍马秋风里,最难调护,最要扶持。

[四煞]这忧愁诉与谁? 相思只自知,老天不管人憔悴。泪添九曲黄河溢,恨压三峰华岳低⁽³⁵⁾。到晚来闷把西楼倚,见了些夕阳古道,衰柳长堤。

[三煞]笑吟吟一处来,哭啼啼独自归。归家若到罗帏里,昨宵个绣衾香暖留春住,今夜个翠被生寒有梦知。留恋你别无意,见据鞍上马⁽³⁶⁾,阁不住泪眼愁眉。

(末云)有甚言语,嘱咐小生咱?(旦唱)

[二煞]你休忧文齐福不齐⁽³⁷⁾,我则怕你停妻再娶妻。休要一春鱼雁无消息!我这里

青鸾有信频须寄,你却休金榜无名誓不归。此一节君须记:若见了那异乡花草,再休似此处栖迟(38)。

(末云)再谁似小姐?小生又生此念?(旦唱)

[一煞]青山隔送行,疏林不做美,淡烟暮霭相遮蔽。夕阳古道无人语,禾黍秋风听马嘶。我为甚么懒上车儿内?来时甚急,去后何迟(39)!

(红云)夫人去好一会,姐姐,咱家去。(旦唱)

[收尾]四围山色中,一鞭残照里。遍人间烦恼填胸臆,量这些大小车儿如何载得起?

(旦、红下)(末云)仆童,赶早行一程儿,早寻个宿处。泪随流水急,愁逐野云飞(40)。
(下)

（本文选自《西厢记》,上海古籍出版社,1978 年版）

注 释

(1)《长亭送别》是《西厢记》中第四本第三折。

(2)碧云天,黄花地:句本范仲淹《苏幕遮》词:"碧云天,黄叶地,秋色连波,波上寒烟翠。"黄花,指菊花,菊花秋天开放。

(3)"晓来"二句:意谓是离人带血的泪,把深秋早晨的枫林染红了。霜林醉,深秋的枫林经霜变红,就像人喝醉酒脸色红晕一样。

(4)"柳丝长"句:玉骢(cōng):马名,一种青白色的骏马。此指张生赴试所乘之马。古人有折柳送别之习惯,故写别情多借助于柳,此言柳丝虽长却系不住玉骢,犹言情虽长却留不住张生。

(5)倩(qìng):请人代己做事之谓。

(6)迍(tún)迍:行动缓慢,留连不进的样子。

(7)"却告"二句:却,犹恰;破题,唐宋诗赋多于开头几句点破题意,元曲中用以比喻开端、起始或第一次。

(8)钏(chuàn):古代称臂环为钏,今谓之手镯。

(9)恨:遗憾,不满意,与今天"仇恨""怨恨"的恨相别。

(10)花儿、靥儿:即花钿。

(11)争揣:争取、夺得。

(12)视官如拾芥:把取得官职看得像从地上拾取一根草棍那样容易。

(13)斜签着坐:侧身半坐,封建时代晚辈在长辈面前不能实坐。

(14)死临侵地:呆呆地,没精打采的样子。

(15)阁泪汪汪不敢垂:强忍泪水而不敢任其流出。阁泪,含泪。

(16)推整素罗衣:意谓装作整理衣裳。推,借口,这里有"假装"的意思。

(17)时间:目下,眼前。

(18)意似痴,心如醉:《乐府新声》无名氏[骂玉郎带感皇恩采茶歌]:"心似烧,意似痴,情如醉。"

(19)"我谂(shěn)知"二句:意谓这几天我已经深深知道了相思滋味的苦痛难堪,原来这离别比相思更苦十倍。谂,知道。

(20)弃掷:本指抛弃,此指撇下莺莺而远离。

(21)妻荣夫贵:本指妻子可以依靠丈夫的爵位而尊贵,这里反其义用之,意谓说你与崔相国家做女婿,本已因妻而贵,大可不必再去求取功名了。

(22)眼底空留意:意谓母亲在座,有所避忌,不得与张生同桌共食以诉衷曲,只能以眉眼传情表达心意。

(23)玉醅(pēi):美酒。

(24)怕不待要:难道不想、何尝不想之意。

(25)蜗角虚名:蜗角极细极微,喻微小之浮名。

(26)蝇头微利:比喻因小利而忘危难。

(27)辆:动词,驾好,套好。

(28)登科录:登载录取进士姓名的名册。

(29)春雷第一声:进士试于春正、二月举行,故称中第消息为春雷第一声。

(30)"青霄"二句:此为当时成语,青霄路即致身青云之路。

(31)口占(zhàn)一绝:随口吟出一首绝句诗。不打草稿,随口成文叫口占。

(32)赓(gēng):续作。

(33)趁程途节饮食:意谓路途中要节制饮食。趁:赶;趁程途:赶路。

(34)顺时自保揣身体:估量自己的身体情况,适应季节变化,自己保重。

(35)"泪添"二句:上句以水喻愁之多,下句以山喻愁之重。华岳三峰,即西岳华山的莲花峰、仙人掌、落雁峰。

(36)据鞍:跨鞍。

(37)文齐福不齐:意谓有文才而缺少福分,不能考中。

(38)栖迟:留连,逗留。

(39)来时甚急去后何迟:时与后,都为语气词,相当于"呵"或"啊"。

(40)"泪随"二句:互文见义,谓睹秋云、见流水都引起对莺莺的思念而愁生泪落。

●思考与练习●

1.《长亭送别》一折从哪些方面表现了主题?

2.本折写了哪几个场面?莺莺的心理活动是怎样发展的?

3.本折有哪些曲词做到了情景交融,试作具体分析。

4.分析本折语言雅俗相济的特点。

2.4.2 伤戚幽怨的婉调

贵妃醉酒

【第一场】

导读

《贵妃醉酒》又名《百花亭》,描写杨玉环受唐玄宗宠幸,偶尔见疏,在百花亭独饮,沉醉自怨。这是家喻户晓的传统剧目,也是京剧艺术大师梅兰芳的拿手杰作,久演不衰。这一歌舞剧的突出特征是载歌载舞,通过优美的歌舞动作,细致入微地将杨贵妃期盼、失望、孤独、怨恨的复杂心情一层层揭示出来。

选文

裴力士、高力士(内):嗯哼。

[裴力士、高力士同上]

裴力士(念):久居龙凤阙,

高力士(念):庭前百样花。

裴力士(念):穿宫当内监,

高力士(念):终老帝王家。

裴力士:咱家裴力士。

高力士:咱家高力士。

裴力士:高公爷请啦。

高力士:裴公爷请啦。

裴力士:娘娘今日要在百花亭摆宴,你我小心伺候。

高力士:看香烟缭绕,娘娘凤驾来也。

裴力士:你我分班伺候。

[〈二黄小开门〉牌子。六宫女持符节上。]

杨玉环(内):摆驾!

[杨玉环上,二宫女掌扇随上。]

杨玉环[唱〈四平调〉]:海岛冰轮[1]初转腾,见玉兔,见玉兔又早东升。那冰轮离海岛,乾坤分外明。皓月当空,恰便似嫦娥离月宫,奴似嫦娥离月宫。

[〈万年欢〉牌子]

裴力士、高力士(同白):奴婢裴力士/高力士见驾,娘娘千岁!

杨玉环(白):二卿平身。

裴力士、高力士(同白):千千岁!

杨玉环(念诗):丽质天生难自捐,承欢侍宴酒为年。六宫粉黛三千众,三千宠爱一身专。

本宫杨玉环,蒙主宠爱封为贵妃。昨日圣上传旨,命我今日在百花亭摆宴。

——高、裴二卿

裴力士、高力士(同白):在。

杨玉环:酒宴可曾齐备?

裴力士、高力士(同白):俱已备齐。

杨玉环(白):摆驾百花亭。

裴力士、高力士(同白):是。

——摆驾百花亭啊!

杨玉环〔唱〈四平调〉〕:好一似嫦娥下九重;清清冷落在广寒宫。啊,广寒宫。

〔〈哑笛〉。众圆场。〕

裴力士、高力士:娘娘,来此已是玉石桥。

杨玉环:引路。

裴力士、高力士:喳!

——摆驾呀!

杨玉环(接唱):玉石桥斜倚把栏杆靠。

裴力士:鸳鸯戏水。

杨玉环(接唱):鸳鸯来戏水。

高力士:金色鲤鱼朝见娘娘。

杨玉环(接唱):金色鲤鱼在水面朝。啊,水面朝。

〔〈哑笛〉。雁叫声。〕

裴力士:娘娘,雁来啦!

杨玉环(接唱):长空雁,雁儿飞。哎呀,雁儿呀! 雁儿并飞腾,闻奴的声音落花阴,这景色撩人欲醉。

裴力士、高力士(同白):来到百花亭!

杨玉环(接唱):不觉来到百花亭。

〔反〈万年歌〉牌子。众进亭〕

杨玉环:高、裴二卿。

裴力士、高力士(同白):在。

杨玉环(白):少时圣驾到此,速报我知。

裴力士、高力士:喳!

裴力士:喂,高公爷。

高力士:裴公爷。

裴力士:万岁爷驾转西宫啦,咱们得回禀一声。

高力士:对,咱们得回禀一声。

高力士、裴力士:娘娘,万岁爷驾转西宫啦!

杨玉环：起过。

高力士、裴力士：是

杨玉环：哎呀，且住！昨日圣上传旨，命我今日在百花亭摆宴。为何驾转西宫去了！且自由他。

——高、裴二卿。

裴力士、高力士：在

杨玉环：酒宴摆下。待娘娘自饮几杯。

裴力士、高力士：领旨！

[裴力士、高力士分下。〈傍妆台〉牌子。裴力士捧酒盘上。]

裴力士：娘娘，奴婢裴力士进酒。

杨玉环：进的什么酒？

裴力士：太平酒。

杨玉环：何谓太平酒？

裴力士：满朝文武所造，名曰太平酒。

杨玉环：呈上来。

[〈反小开门〉牌子。裴力士向前进酒，杨玉环饮毕，裴力士下。二宫女捧酒盘向前]

二宫女：宫女们进酒。

杨玉环：进的什么酒？

二宫女：龙凤酒。

杨玉环：何谓龙凤酒？

二宫女：三宫六院所造，名曰龙凤酒。

杨玉环：呈上来。

[〈小开门〉牌子。二宫女进酒，杨玉环饮毕，二宫女退后。高力士捧酒盘上]

高力士：娘娘，奴婢高力士敬酒。

杨玉环：高力士。

高力士：有。

杨玉环：进的什么酒？

高力士：通宵酒。

杨玉环：呀呀啐！何人与你们通宵！

高力士：娘娘不要动怒，此酒乃是满朝文武不分昼夜所造，故名通宵酒。

杨玉环：好，如此呈上来。

[裴力士暗上]

杨玉环[唱〈四平调〉]：通宵酒，啊，捧金樽，高、裴二卿殷勤奉啊！

裴力士：娘娘，人生在世……

杨玉环（接唱）：人生在世如春梦。

高力士：且自开怀……

杨玉环（接唱）：且自开怀饮几盅。

［〈万年欢〉牌子。高力士向前进酒,杨玉环饮酒,微醉。］

裴力士:高公爷,娘娘可有点儿醉啦,咱们留点儿神哪!

高力士:小心点儿。

杨玉环:高、裴二卿。

裴力士、高力士:在。

杨玉环:娘娘酒还不足,脱了凤衣,看大杯伺候。

裴力士、高力士:领旨。

［〈柳摇金〉牌子。杨玉环呕吐,扶桌立起,二宫女扶下。众宫女、裴力士、高力士随下。］

【第二场】

［接〈柳摇金〉牌子。裴力士、高力士分上］

高力士:娘娘更衣去啦,咱们再来打扫打扫罢。

裴力士:好,打扫打扫。

高力士:裴公爷,咱们把这几盆花都搬过来,也好让娘娘赏花啊。

裴力士:对,搬过来过过风儿。

高力士:先搬这一盆。

［二人搬花盆］

高力士:这盆是什么花?

裴力士:这盆是牡丹花,又名富贵花。

高力士:不错,富贵花。这盆又是什么花?

裴力士:这盆是玉兰花。来来来,再搬再搬。

高力士:这边还有哪! 这又是什么?

裴力士:这叫海棠花。

高力士:金丝海棠?

裴力士:对,又叫玉堂富贵。

高力士:玉堂富贵。来来,这儿还有一盆。好沉,这是什么?

裴力士:这是兰花。您闻闻香不香?

高力士:香得很。

裴力士:这几盆摆在一块儿,可好看多啦!

高力士:裴公爷,今天娘娘的酒性可够瞧的啦,咱们当差可多留点儿神!

裴力士:对啦,再喝恐怕就要出情形啦。

高力士:这也难怪。就拿咱们娘娘说罢,在这宫里头是数一数二的红人儿啦,还生这样儿气哪。如今万岁驾转西宫,娘娘一肚子的气没地方发散去,借酒消愁,瞧这样儿怪可怜的。

裴力士:可不是么。

高力士：所以外面的人不清楚这里头的事，以为到了宫里，不知道是怎么样的享福哪！其实，也不能事事都如意，照样儿，她也得有点儿烦恼。

裴力士：这话一点儿也不错。

高力士：我进宫比您早几年，见的事情比您多一点儿；就拿咱们宫里说罢，三宫六院、七十二嫔妃、宫娥彩女倒有三千之众，都为皇上一个人来的；真有打进宫来，一直到白了头发，连皇上的面儿也没见着，有的是哪。

裴力士：不错。

高力士：闲话少说，办正事要紧。

裴力士：什么正事？

高力士：给他预备酒哇！

裴力士：对，预备酒去。

高力士：娘娘来了，快预备酒去罢。

〔二人分下。〕

【第三场】

〔接〈柳金摇〉牌子。杨玉环醉上，看花，闻花。裴力士持酒盘上。〕

裴力士：娘娘，奴婢裴力士进酒，裴力士进酒，请娘娘赏饮！

〔杨玉环欲饮，觉酒热，怒视裴力士。〕

裴力士：酒太热啦？（急用手扇酒）酒不热啦，请娘娘赏饮罢！

〔杨玉环饮酒。裴力士以手拭汗下。高力士持酒盘上。〕

高力士：娘娘，奴婢高力士进酒，奴婢高力士进酒，请娘娘赏饮！

〔杨玉环欲饮，觉酒热，怒视高力士。〕

高力士：酒暴啦？（急用手扇酒）娘娘，酒不暴啦，请您赏饮罢！

〔杨玉环饮酒。高力士用手拭汗下。二宫女两边分上。〕

二宫女：宫娥们进酒，请娘娘赏饮！

〔杨玉环饮酒，醉呕。二宫女分下，杨玉环坐憩。裴力士、高力士分上。〕

裴力士：高公爷，娘娘今儿个喝醉啦！不想回宫，这可怎么好哇！

高力士：咱们诓驾罢！

裴力士：那要诓出祸来呢？

高力士：不要紧，都有我哪！

裴力士：都有您哪。好，咱们诓驾。

裴力士、高力士：（同喊）万岁驾到哇！

〔八宫女分上。〕

杨玉环：哦！

〔唱〈二黄倒板〉〕：耳边又听得驾到百花亭。

裴力士、高力士：驾到哇！

〔八宫女扶杨玉环起立。〕

杨玉环〔唱〈四平调〉〕:哎……吓得奴战兢兢跌跪在埃尘。

〔八宫女扶杨玉环同跪,裴力士、高力士两边随跪。〕

杨玉环:妾妃接驾来迟,望主恕罪。

裴力士:娘娘,我们乃是诓驾。

杨玉环:啊?

高力士:我们乃是诓驾。

杨玉环:呀啐啐!

裴力士、高力士:哎哟,留点神哪!

杨玉环(接唱):这才是酒入愁肠人已醉,平白诓驾为何情! 啊,为何情!

〔〈哑笛〉。宫女扶起杨玉环,八宫女暗下。〕

高力士:裴公爷,我这两天有点儿闹肚子,得找地方走动走动,您偏偏劳罢!

裴力士:您可快点回来呀!

高力士:我这就回来。(下)

裴力士:他走啦,我也溜了罢。(欲走。)

杨玉环:裴力士!

裴力士:(急返回)奴婢在。

杨玉环〔唱〈四平调〉〕:裴力士! 啊,卿家在哪里呀?

裴力士:伺候娘娘。

杨玉环(接唱):娘娘有话儿来问你,你若是遂得娘娘心,顺得娘娘意,我便来,来朝把本奏丹墀。哎呀,卿家呀!

裴力士:娘娘。

杨玉环(接唱):管叫你官上加官,啊,职上加职。

裴力士:谢谢娘娘,甚么差事呀?

〔〈鹧鸪天〉牌子。杨玉环做手势,命裴力士取酒。〕

裴力士:哦哦,我明白啦! 您教我到外头拿酒杯、酒壶,您还要喝酒,是不是? 娘娘,这酒喝得可不少啦! 再喝可就过了量啦! 喝大发了,万一出点儿错儿,我们可吃罪不起呀! 我不敢拿去!

杨玉环:呀呀啐!(打裴力士两颊。)

裴力士:哎哟!

杨玉环(接唱):你若是不遂娘娘意,不顺娘娘心,我便来,来朝把本奏至尊。奴才呵! 管教你赶出了宫门!

裴力士:娘娘,您可别那么办呀!

杨玉环(接唱):啊,削职为民。

裴力士:娘娘,您饶了我吧!

〔〈哑笛〉。裴力士暗出门,高力士暗上。〕

裴力士:这个差事可不好当,这会儿高公爷也不知上哪儿去啦!

高力士：劳您驾！

裴力士：您来啦，我先偏您啦！

高力士：怎么啦？

裴力士：打了我三个锅贴儿。

高力士：您不小心点儿么。

裴力士：您在这儿盯着点儿，我有要紧的事。

高力士：快回来，叫谁，谁伺候着。

杨玉环：高力士！

裴力士：听见没有？叫您哪！

高力士：(急应)奴婢在。

[裴力士暗下。]

杨玉环[唱〈四平调〉]：高力士卿家在哪里呀？

高力士：伺候娘娘。

杨玉环(接唱)：娘娘有话儿来问你，你若是遂得娘娘心，顺得娘娘意，我便来，来朝把本奏君知。哎呀，卿家呀，管教你官上加官，啊，职上加职。

高力士：我谢谢娘娘，您有什么吩咐？

[〈反八岔〉转〈门蛐蛐〉牌子。杨玉环做手势，指桌子，又往外指。]

高力士：您让我叫几个人来，把这张桌儿抬到那边高坡上，在那儿饮酒，眼亮，是不是？

[杨玉环摇头]

高力士：不是？

[杨玉环又做手势，仿皇帝整冠理髯，双手比酒杯，做对饮状。]

高力士：哦，您让我去西宫，把万岁爷请来，跟您在一处饮酒，是不是？

[杨玉环点头，挥手命高力士去。]

高力士：我不敢去，梅娘娘生气要打我的，您派别人去罢，我不敢去。

杨玉环：呀呀唪！(打高力士两颊。)

高力士：哎哟！

杨玉环(接唱)：你若是不遂娘娘意，不顺娘娘心，我便来，来朝把本奏当今。奴才呵！管教你赶出了宫门！

高力士：娘娘，您开恩，别那么办！

杨玉环(接唱)：啊，碎骨粉身。

高力士：我实在是不敢去呀，您派别人去罢，我怕挨打。

[〈八岔〉牌子。杨玉环拉住高力士衣袖缓行，高力士跪步随行，杨玉环无意中把高力士帽子摘下，遂以帽向高力士戏耍，高力士不知所措，杨玉环最后将帽顶在自己的凤冠上。]

高力士：娘娘，那是我的帽子。您戴上？好，冠上加冠！您把帽子赏给我罢。

[杨玉环仿男子行走。后将帽子抛与高力士，高力士接住。八宫女、裴力士暗上。]

杨玉环[唱〈四平调〉]:杨玉环今宵如梦里。想当初你进宫之时,万岁是何等的待你,何等的爱你,到如今一旦无情明夸暗弃,难道说从今后两分离!

裴力士、高力士:天不早啦,请娘娘回宫罢!

——请娘娘回宫啊!

[二宫女扶杨玉环]

杨玉环:摆驾!

裴力士、高力士:喳!

杨玉环[唱〈四平调〉]:去也,去也,回宫去也。恼恨李三郎,竟自把奴撇,撇得奴挨长夜。

回宫。

裴力士、高力士:领旨。

杨玉环(接唱):只落得冷清独自回宫去也!

[〈尾声〉二宫女扶杨玉环下,六宫女、裴力士、高力士随下。]

(根据《梅兰芳演出剧本选集》整理)

注 释

(1)冰轮:指代月亮、圆月。

●思考与练习●

分析这部歌舞剧的艺术特色。

2.4.3 牵肠挂肚的心曲

梁山伯与祝英台·十八里相送

导 读

越剧《梁山伯与祝英台》描写的是祝英台女扮男装去杭州求学,路遇梁山伯结为兄弟,同窗三载,情谊深厚。祝父催女归家,英台行前向师母吐露真情,托媒许婚山伯,又在送别时,假托为妹做媒,嘱山伯早去迎娶。山伯赶往祝家,不料祝父已将英台许婚马太守之子马文才,两人在楼台相叙,见姻缘无望,不胜悲愤。山伯归家病故,英台闻耗,誓以身殉,马家迎娶之日,英台花轿绕道至山伯坟前祭奠,霎时风雷大作,坟墓爆裂,英台纵身跃入,梁山伯与祝英台化作蝴蝶,双双飞舞。

戏曲大致九场,选自第四场的《十八里相送》是剧中名段,虽然丫鬟银心献计,让师母出面为媒,但祝英台接父命将回家,她还是放心不下,为了更多地能争取到双方的爱情,自己想吐露情思,所以当两人分别时,祝英台在相送路上用各种美妙的比喻向梁山伯吐露内心蕴藏已久的爱情,诚笃的梁山伯却没有领悟。《十八里相送》歌词充分表现了祝英台有口难言,欲言又止的感情。

选文

合唱:三载同窗情如海,山伯难舍祝英台。相依相伴送下山,又向钱塘道上来。

祝英台(白):梁兄

祝英台(唱):书房门前一枝梅,树上鸟儿对打对。喜鹊满树喳喳叫,向你梁兄报喜来。

梁山伯(唱):弟兄二人出门来,门前喜鹊成双对。从来喜鹊报喜讯,恭喜贤弟一路平安把家归。

祝英台(白):梁兄请

梁山伯(白):请

祝英台(唱):出了城,过了关,但只见山上的樵夫把柴担。

梁山伯(唱):起早落夜多辛苦,打柴度日也艰难。

祝英台:梁兄啊!

祝英台(唱):他为何人把柴担? 你为哪个送下山?

梁山伯(唱):他为妻儿把柴担,我为你贤弟送下山。

祝英台(唱):过了一山又一山,

梁山伯(唱):前面到了凤凰山。

祝英台(唱):凤凰山上百花开。

梁山伯(唱):缺少芍药共牡丹。

祝英台(唱):梁兄你若是爱牡丹,与我一同把家归。我家有枝好牡丹,梁兄你要摘也不难。

梁山伯(唱):你家牡丹虽然好,可惜是路远迢迢怎来攀?

祝英台(唱):青青荷叶清水塘,鸳鸯成对又成双。

祝英台(白):梁兄啊!

祝英台(唱):英台若是女红妆,梁兄你愿不愿配鸳鸯?

梁山伯(唱):配鸳鸯,配鸳鸯,可惜你英台不是女红妆。

银心(唱):前面到了一条河,

四九(唱):漂来一对大白鹅。

祝英台(唱):雄的就在前面走,雌的后面叫哥哥。

梁山伯(唱):不见二鹅来开口,哪有雌鹅叫雄鹅?

祝英台(唱):你不见雌鹅她对你微微笑,她笑你梁兄真像呆头鹅。

梁山伯(白):嗳!

梁山伯(唱):既然我是呆头鹅,从今你莫叫我梁哥哥。

祝英台(白):梁兄……小弟讲错了。

梁山伯(白):下次不可。

祝英台(白):嗯,下次不可。

(银心,四九唱):眼前一条独木桥。

梁山伯(白):贤弟请。

祝英台(白):梁兄请。啊梁兄,

祝英台(唱):我心又慌胆又小。

梁山伯(唱):愚兄扶你过桥去,

祝英台(唱):你与我好比牛郎织女渡鹊桥。

梁山伯(白):你呀!

祝英台(白):梁兄!

合唱:过了河滩又一庄,庄内黄犬叫汪汪。

祝英台(唱):不咬前面男子汉,偏咬后面女红妆。

梁山伯(唱):贤弟说话太荒唐,此地哪有女红妆?放大胆子莫惊慌,愚兄打犬你过庄。

祝英台(唱):眼前还有一口井,不知道井水有多深?

梁山伯(唱):井水深浅不关紧,你我赶路最要紧。

祝英台(白):梁兄来!

祝英台(唱):你看这井底两个影,一男一女笑吟吟。

梁山伯(白):嗳。

祝英台(白):呃。

梁山伯(唱):愚兄分明是男子汉,你为何将我比女人!

梁山伯(白):走吧

合唱:离了井,又一堂,前面到了观音堂。

祝英台(白):梁兄可是到堂前一拜呀?

梁山伯(白):好哇!

梁山伯(唱):观音堂,观音堂,送子观音坐上方。

祝英台(唱):观音大士媒来做,我与你梁兄来拜堂。

梁山伯(白):咳!

梁山伯(唱):贤弟越说越荒唐,两个男子怎拜堂?

梁山伯(白):快走吧!

合唱:离了古庙往前走,

银心(唱):但见过来一头牛。

四九(唱):牧童骑在牛背上,

银心(唱):唱起山歌解忧愁。

祝英台(唱):只可惜对牛弹琴牛不懂,可叹你梁兄笨如牛。

梁山伯(白):嗳!

梁山伯(唱):非是愚兄动了火,谁叫你比来比去比着我!

祝英台(唱):请梁兄你莫动火,小弟赔罪来认错。

梁山伯(白):好了,好了,快走吧!

祝英台(白):梁兄,

祝英台(唱):多承你梁兄情义深,登山涉水送我行。常言道"送君千里终须别",请梁兄就此留步转回程。

梁山伯(唱):与贤弟草桥结拜情义深,让愚兄再送你到长亭。

合唱:十八里相送到长亭,十八里相送到长亭。

祝英台(白):梁兄,

祝英台(唱):你我鸿雁两分开。

梁山伯(唱):问贤弟你还有何事来交代?

祝英台(唱):我临别想问你一句话,问梁兄你家中可有妻房配?

梁山伯(唱):你早知愚兄未婚配,今日相问为何来?

祝英台(唱):要是你梁兄亲未定,小弟替你来做大媒。

梁山伯(唱):贤弟替我来做媒,但未知千金是哪一位?

祝英台(唱):就是我家小九妹,不知你梁兄可喜爱?

梁山伯(唱):九妹今年有几岁?

祝英台(唱):她是与我同年乃是双胞胎。

梁山伯(唱):九妹与你可相像?

祝英台(唱):品貌就像我英台。

梁山伯(唱):但未知仁伯肯不肯?

祝英台(白):噢。

祝英台(唱):家父嘱我选英才。

梁山伯:如此多谢贤弟来玉成。

祝英台:梁兄你花轿早来抬。我约你,七巧之期。

梁山伯(白):噢,七巧。

祝英台(唱):我家来。

合:临别依依难分开,心中想说千句话,万望你梁兄早点来。

●思考与练习●

1.在《十八里相送》的歌词中,祝英台一路上用哪些事物作比喻?其用意是什么?为什么梁山伯始终不解?这与后面梁山伯之死的悲剧有什么联系?

2.祝英台嫁给马文才,这本是门当户对,但她为什么要反对这桩婚事?由此你对爱情婚姻有何见解?

2.4.4 凄风苦雨的惊响

雷雨（节选）（曹禺）

导读

曹禺(1910—1996)，原名万家宝，字小石，中国现代杰出的戏剧家，其代表作品有《雷雨》《日出》《原野》《北京人》等。

《雷雨》以 20 世纪 20 年代的中国城市社会为背景，描写了一个以周朴园为代表的带着浓厚的封建色彩的资产阶级家庭生活的悲剧。通过周鲁两家之间复杂的人物关系，生动地勾勒出现实的社会阶级关系，反映了当时的某些历史真实。剧作结构紧凑集中，故事的时间、地点、人物集中，人物语言个性化，充分代表了戏剧艺术特色，一经问世，就轰动了整个文坛。《雷雨》共四幕，本文所选的是第二幕。

选文

［午饭后，天气很阴沉，更郁热，低沉潮湿的空气，使人异常烦躁。］

……

朴：(点着一支吕宋烟，看见桌上的雨衣，向侍萍)这是太太找出来的雨衣吗？

鲁：(看着他)大概是的。

朴：(拿起看看)不对，不对，这都是新的。我要我的旧雨衣，你回头跟太太说。

鲁：嗯。

朴：(看她不走)你不知道这间房子底下人不准随便进来么？

鲁：(看着他)不知道，老爷。

朴：你是新来的下人？

鲁：不是的，我找我的女儿来的。

朴：你的女儿？

鲁：四凤是我的女儿。

朴：那你走错屋子了。

鲁：哦。——老爷没有事了？

朴：(指窗)窗户谁叫打开的？

鲁：哦。(很自然地走到窗户，关上窗户，慢慢地走向中门。)

朴：(看她关好窗门，忽然觉得她很奇怪)你站一站，(侍萍停)

朴：你——你贵姓？

鲁：我姓鲁。

朴：姓鲁。你的口音不像北方人。

鲁：对了，我不是，我是江苏的。

朴:你好像有点无锡口音。

鲁:我自小就在无锡长大的。

朴:(沉思)无锡？嗯,无锡。(忽而)你在无锡是什么时候?

鲁:光绪二十年,离现在有三十多年了。

朴:哦,三十年前你在无锡?

鲁:是的,三十多年前呢,那时候我记得我们还没有用洋火呢。

朴:(沉思)三十多年前,是的,很远啦,我想想,我大概是二十多岁的时候。那时候我还在无锡呢。

鲁:老爷是哪个地方的人?

朴:嗯,(沉吟)无锡是个好地方。

鲁:哦,好地方。

朴:你三十年前在无锡么?

鲁:是,老爷。

朴:三十年前,在无锡有一件很出名的事情——

鲁:哦。

朴:你知道么?

鲁:也许记得,不知道老爷说的是哪一件?

朴:哦,很远的,提起来大家都忘了。

鲁:说不定,也许记得的。

朴:我问过许多那个时候到过无锡的人,我想打听打听。可是呢那个时候在无锡的人,到现在不是老了就是死了,活着的多半是不知道的,或者忘了。

鲁:如若老爷想打听的话,无论什么事,无锡那边我还有认识的人,虽然许久不通音信,托他们打听点事情总还可以的。

朴:我派人到无锡打听过。——不过也许凑巧你会知道。三十年前在无锡有一家姓梅的。

鲁:姓梅的?

朴:梅家的一个年轻小姐,很贤慧,也很规矩,有一天夜里,忽然地投水死了,后来,后来,——你知道么?

鲁:不敢说。

朴:哦。

鲁:我倒认识一个年轻的姑娘姓梅的。

朴:哦?你说说看。

鲁:可是她不是小姐,她也不贤慧,并且听说是不大规矩的。

朴:也许,也许你弄错了,不过你不妨说说看。

鲁:这个梅姑娘倒是有一天晚上跳的河,可是不是一个,她手里抱着一个刚生下三天的男孩。听人说她生前是不规矩的。

朴:(苦痛)哦!

鲁：这是个下等人，不很守本分的。听说她跟那时周公馆的少爷有点不清白，生了两个儿子。生了第二个，才过三天，忽然周少爷不要了她，大孩子就放在周公馆，刚生的孩子抱在怀里，在年三十夜里投河死的。

朴：(汗涔涔地)哦。

鲁：她不是小姐，她是无锡周公馆梅妈的女儿，她叫侍萍。

朴：(抬起头来)你姓什么？

鲁：我姓鲁，老爷。

朴：(喘出一口气，沉思地)侍萍，侍萍，对了。这个女孩子的尸首，说是有一个穷人见着埋了。你可以打听得她的坟在哪儿么？

鲁：老爷问这些闲事干什么？

朴：这个人跟我们有点亲戚。

鲁：亲戚？

朴：嗯，——我们想把她的坟墓修一修。

鲁：哦——那用不着了。

朴：怎么？

鲁：这个人现在还活着。

朴：(惊愕)什么？

鲁：她没有死。

朴：她还在？不会吧？我看见她河边上的衣服，里面有她的绝命书。

鲁：不过她被一个慈善的人救活了。

朴：哦，救活啦？

鲁：以后无锡的人是没见着她，以为她那夜晚死了。

朴：那么，她呢？

鲁：一个人在外乡活着。

朴：那个小孩呢？

鲁：也活着。

朴：(忽然立起)你是谁？

鲁：我是这儿四凤的妈，老爷。

朴：哦。

鲁：她现在老了，嫁给一个下等人，又生了个女孩，境况很不好。

朴：你知道她现在在哪儿？

鲁：我前几天还见着她！

朴：什么？她就在这儿？此地？

鲁：嗯，就在此地。

朴：哦！

鲁：老爷，你想见一见她么？

朴：不，不，谢谢你。

鲁:她的命很苦。离开了周家,周家少爷就娶了一位有钱有门第的小姐。她一个单身人,无亲无故,带着一个孩子在外乡什么事都做,讨饭,缝衣服,当老妈,在学校里伺候人。

朴:她为什么不再找到周家?

鲁:大概她是不愿意吧?为着她自己的孩子,她嫁过两次。

朴:以后她又嫁过两次?

鲁:嗯,都是很下等的人。她遇人都很不如意,老爷想帮一帮她么?

朴:好,你先下去。让我想一想。

鲁:老爷,没有事了?(望着朴园,眼泪要涌出)老爷,您那雨衣,我怎么说?

朴:你去告诉四凤,叫她把我樟木箱子里那件旧雨衣拿出来,顺便把那箱子里的几件旧衬衣也捡出来。

鲁:旧衬衣?

朴:你告诉她在我那顶老的箱子里,纺绸的衬衣,没有领子的。

鲁:老爷那种纺绸衬衣不是一共有五件?您要哪一件?

朴:要哪一件?

鲁:不是有一件,在右袖襟上有个烧破的窟窿,后来用丝线绣成一朵梅花补上的?还有一件,——

朴:(惊愕)梅花?

鲁:还有一件绸衬衣,左袖襟也绣着一朵梅花,旁边还绣着一个萍字。

朴:(徐徐立起)哦,你,你,你是——

鲁:我是从前伺候过老爷的下人。

朴:哦,侍萍!(低声)怎么,是你?

鲁:你自然想不到,侍萍的相貌有一天也会老得连你都不认识了。

朴:不觉地望望柜上的相片,又望侍萍。半晌。

朴:(忽然严厉地)你来干什么?

鲁:不是我要来的。

朴:谁指使你来的?

鲁:(悲愤)命!不公平的命指使我来的。

朴:(冷冷地)三十年的工夫你还是找到这儿来了。

鲁:(怨愤)我没有找你,我没有找你,我以为你早死了。我今天没想到这儿来,这是天要我在这儿又碰见你。

朴:你可以冷静点。现在你我都是有子女的人,如果你觉得心里有委屈,这么大年纪,我们先可以不必哭哭啼啼的。

鲁:哭?哼,我的眼泪早哭干了,我没有委屈,我有的是恨,是悔,是三十年一天一天我自己受的苦。你大概已经忘了你做的事了!三十年前,过年三十的晚上我生下你的第二个儿子才三天,你为了要赶紧娶那位有钱有门第的小姐,你们逼着我冒着大雪出去,要我离开你们周家的门。

朴：从前的恩怨，过了几十年，又何必再提呢？

鲁：那是因为周大少爷一帆风顺，现在也是社会上的好人物。可是自从我被你们家赶出来以后，我没有死成，我把我的母亲可给气死了，我亲生的两个孩子你们家里逼着我留在你们家里。

朴：你的第二个孩子你不是已经抱走了么？

鲁：那是你们老太太看着孩子快死了，才叫我抱走的。（自语）哦，天哪，我觉得我像在做梦。

朴：我看过去的事不必再提了吧。

鲁：我要提，我要提，我闷了三十年了！你结了婚，就搬了家，我以为这一辈子也见不着你了；谁知道我自己的孩子偏偏要跑到周家来，又做我从前在你们家做过的事。

朴：怪不得四凤这样像你。

鲁：我伺候你，我的孩子再伺候你生的少爷们。这是我的报应，我的报应。

朴：你静一静。把脑子放清醒点。你不要以为我的心是死了，你以为一个人做了一件于心不忍的事就会忘了么？你看这些家具都是你从前顶喜欢的东西，多少年我总是留着，为着纪念你。

鲁：（低头）哦。

朴：你的生日——四月十八——每年我总记得。一切都照着你是正式嫁过周家的人看，甚至于你因为生萍儿，受了病，总要关窗户，这些习惯我都保留着，为的是不忘你，弥补我的罪过。

鲁：（叹一口气）现在我们都是上了年纪的人，这些话请你不必说了。

朴：那更好了。那么我们可以明明白白地谈一谈。

鲁：不过我觉得没有什么可谈的。

朴：话很多。我看你的性情好像没有大改，——鲁贵像是个很不老实的人。

鲁：你不要怕。他永远不会知道的。

朴：那双方面都好。再有，我要问你的，你自己带走的儿子在哪儿？

鲁：他在你的矿上做工。

朴：我问，他现在在哪儿？

鲁：就在门房等着见你呢。

朴：什么？鲁大海？他！我的儿子？

鲁：就是他！他跟你现在完完全全是两样的人。

朴：（冷笑）这么说，我自己的骨肉在矿上鼓励罢工，反对我！

鲁：你不要以为他还会认你做父亲。

朴：（忽然）好！痛痛快快地！你现在要多少钱吧？

鲁：什么？

朴：留着你养老。

鲁：（苦笑）哼，你还以为我是故意来敲诈你，才来的么？

朴：也好，我们暂且不提这一层。那么，我先说我的意思。你听着，鲁贵我现在要辞退的,四凤也要回家。不过——

鲁:你不要怕,你以为我会用这种关系来敲诈你么?你放心,我不会的。大后天我就会带四凤回到我原来的地方。这是一场梦,这地方我绝对不会再住下去。

朴:好得很,那么一切路费,用费,都归我担负。

鲁:什么?

朴:这于我的心也安一点。

鲁:你?(笑)三十年我一个人都过了,现在我反而要你的钱?

朴:好,好,好,那么你现在要什么?

鲁:(停一停)我,我要点东西。

朴:什么?说吧?

鲁:(泪满眼)我——我只要见见我的萍儿。

朴:你想见他?

鲁:嗯,他在哪儿?

朴:他现在在楼上陪着他的母亲看病。我叫他,他就可以下来见你。不过是——

鲁:不过是什么?

朴:他很大了——(顿)并且他以为他母亲早就死了的。

鲁:哦,你以为我会哭哭啼啼地叫他认母亲么?我不会那么傻的。我明白他的地位,他的教育,不容他承认这样的母亲。这些年我也学乖了,我只想看看他,他究竟是我生的孩子。你不要怕,我就是告诉他,白白地增加他的烦恼,他自己也不愿意认我的。

朴:那么,我们就这样解决了。我叫他下来,你看一看他,以后鲁家的人永远不许再到周家来。

鲁:好,希望这一生不要再见你。

朴:(由衣内取出皮夹的支票签好)很好,这一张五千块钱的支票,你可以先拿去用。算是弥补我一点罪过。

侍萍接过支票,把它撕了。

朴:侍萍。

鲁:我这些年的苦不是你拿钱就算得清的。

朴:可是你——

[外面争吵声。鲁大海的声音:"让开,我要进去。"三四个男仆声:"不成,不成,老爷睡觉呢。"]

朴:(走至中门)来人!(仆人由中门进)谁在吵?

仆人:就是那个工人鲁大海!他不讲理,非见老爷不可。

朴:哦。(沉吟)那你叫他进来吧。等一等,叫人到楼上请大少爷下楼,我有话问他。

仆人:是,老爷。

[仆人由中门下。]

朴:(向侍萍)侍萍,你不要太固执。这一点钱你不收下,将来你会后悔的。

鲁:(望着他,一句话也不说。)

[仆人领着大海进,大海站在左边,三四个仆人立一旁。]

大:(见侍萍)妈,您还在这儿?

朴:(打量鲁大海)你叫什么名字?

大:(大笑)董事长,您不要向我摆架子,您难道不知道我是谁么?

朴:你? 我只知道你是罢工闹得最凶的工人代表。

大:对了,一点儿也不错,所以才来拜望拜望您。

朴:你有什么事吧?

大:董事长当然知道我是为什么来的。

朴:(摇头)我不知道。

大:我们老远从矿上来,今天我又在您府上大门房里从早上六点钟一直等到现在,我就是要问问董事长,对于我们工人的条件,究竟是答应不答应?

朴:哦,那么——那么,那三个代表呢?

大:我跟你说吧,他们现在正在联络旁的工会呢。

朴:哦,——他们没告诉旁的事情么?

大:告诉不告诉于你没有关系。——我问你,你的意思,忽而软,忽而硬,究竟是怎么回事?

[周萍由饭厅上,见有人,即想退回。]

朴:(看萍)不要走,萍儿!(视侍萍,侍萍知萍为其子,眼泪汪汪地望着他。)

萍:是,爸爸。

朴:(指身侧)萍儿,你站在这儿。(向大海)你这么只凭意气是不能交涉事情的。

大:哼,你们的手段,我都明白。你们这样拖延时候不就是想去花钱收买少数不要脸的败类,暂时把我们骗在这儿。

朴:你的见地也不是没有道理。

大:可是你完全错了。我们这次罢工是有团结的,有组织的。我们代表这次来并不是来求你们。你听清楚,不求你们。你们答应就答应;不答应,我们一直罢工到底,我们知道你们不到两个月整个地就要关门的。

朴:你以为你们那些代表们,那些领袖们都可靠吗?

大:至少比你们只认识洋钱的结合要可靠得多。

朴:那么我给你一件东西看。

[朴园在桌上找电报,仆人递给他;此时周冲偷偷由左书房进,在旁偷听。]

朴:(给大海电报)这是昨天从矿上来的电报。

大:(拿过去看)什么? 他们又上工了。(放下电报)不会,不会。

朴:矿上的工人已经在昨天早上复工,你当代表的反而不知道么?

大:(惊,怒)怎么矿上警察开枪打死三十个工人就白打了么?(又看电报,忽然笑起来)哼,这是假的。你们自己假作的电报来离间我们的。(笑)哼,你们这种卑鄙无赖的行为!

萍:(忍不住)你是谁? 敢在这儿胡说?

朴:萍儿! 没有你的话。(低声向大海)你就这样相信你那同来的代表么?

大:你不用多说,我明白你这些话的用意。

朴:好,那我把那复工的合同给你瞧瞧。

大:(笑)你不要骗小孩子,复工的合同没有我们代表的签字是不生效力的。

朴:哦,(向仆)合同!(仆由桌上拿合同递他)你看,这是他们三个人签字的合同。

大:(看合同)什么?(慢慢地,低声)他们三个人签了字?

朴:对了,傻小子,没有经验只会胡喊是不成的。

大:那三个代表呢?

朴:昨天晚车就回去了。

大:(如梦初醒)这三个没有骨头的东西,他们就把矿上的工人们卖了。哼,你们这些不要脸的董事长,你们的钱这次又灵了。

萍:(怒)你混账!

朴:不许多说话。(回头向大海)鲁大海,你现在没有资格跟我说话——矿上已经把你开除了。

大:开除了?

冲:爸爸,这是不公平的。

朴:(向冲)你少多嘴,出去!(冲由中门走下)

大:哦,好,好,(切齿)你的手段我早就领教过,只要你能弄钱,你什么都做得出来。你叫警察杀了矿上许多工人,你还——

朴:你胡说!

鲁:(至大海前)走吧,别说了。

大:哼,你的来历我都知道,你从前在哈尔滨包修江桥,故意叫江堤出险,——

朴:(厉声)下去!

仆人们:(拉大海)走!走!

大:你故意淹死了二千二百个小工,每一个小工的性命你扣三百块钱!姓周的,你发的是绝子绝孙的昧心财!你现在还——

萍:(冲向大海,打了他两个嘴巴。)你这种混账东西!(大海还手,被仆人们拉住。)

萍:打他。

大:(向周萍)你!

朴:(厉声)不要打人!(仆人们停止打大海,仍拉住大海。)

大:(挣扎)放开我,你们这一群强盗!

萍:(向仆人)把他拉下去!

鲁:(大哭)这真是一群强盗!(走至萍前,抽咽)你是萍,……凭,——凭什么打我的儿子?

萍:你是谁?

鲁:我是你的——你打的这个人的妈。

大:妈,别理这东西,小心吃了他们的亏。

鲁:(呆呆地看着萍的脸,又哭起来)大海,走吧,我们走吧!

［大海为仆人们拥下,侍萍随下。］

（本文选自《曹禺选集》,人民文学出版社,1978年版）

●思考与练习●

1.朗读课文,看看在这一幕中主要有哪些矛盾冲突,然后选择其中一个你最感兴趣的人物,就其思想性格作简要分析。

2.戏剧人物的语言往往有潜台词。从课文中找出一些这样的语句,进行揣摩,体会戏剧语言蕴意的丰富性。

3.表演:分小组或班级表演《雷雨》片段。

2.4.5 生死诀别的绝唱

哈姆雷特（节选）（莎士比亚）

导读

威廉·莎士比亚(1564—1616),是英国文艺复兴时期最伟大的戏剧家和诗人。莎士比亚一生创作了大量作品,留存的有37部戏剧,154首十四行诗,2首长诗和其他诗歌。其主要成就是戏剧,有"英国戏剧之父"的美誉。

《哈姆雷特》又名《王子复仇记》,是莎士比亚的一部悲剧作品,它突出地反映了作者的人文主义思想,是他最负盛名和被人引用最多的剧本之一。人们习惯上将本剧与《麦克白》、《李尔王》和《奥赛罗》一起并称为莎士比亚的"四大悲剧"。本文选自《哈姆雷特》的第三幕第一场。

选文

（国王、王后、波洛涅斯、奥菲利娅、罗森格兰兹及吉尔登斯吞上。）

国王:你们不能用迂回婉转的方法,探出他为什么这样神魂颠倒,让紊乱而危险的疯狂困扰他的安静的生活吗?

罗森格兰兹:他承认他自己有些神经迷惘,可是绝口不肯说为了什么缘故。

吉尔登斯吞:他也不肯虚心接受我们的探问;当我们想要引导他吐露他自己的一些真相的时候,他总是用假作痴呆的神气故意回避。

王后:他对待你们还客气吗?

罗森格兰兹:很有礼貌。

吉尔登斯吞:可是不大自然。

罗森格兰兹:他很吝惜自己的话,可是我们问他话的时候,他回答起来却是毫无拘束。

王后：你们有没有劝诱他找些什么消遣？

罗森格兰兹：娘娘，我们来的时候，刚巧有一班戏子也要到这儿来，给我们赶上了；我们把这消息告诉了他，他听了好像很高兴。现在他们已经到了宫里，我想他已经吩咐他们今晚为他演出了。

波洛涅斯：一点不错；他还叫我来请两位陛下同去看看他们演得怎样哩。

国王：那好极了；我非常高兴听见他在这方面感兴趣。请你们两位还要更进一步鼓起他的兴味，把他的心思移转到这种娱乐上面。

罗森格兰兹：是，陛下。

（罗森格兰兹、吉尔登斯吞同下。）

国王：亲爱的乔特鲁德，你也暂时离开我们；因为我们已经暗中差人去唤哈姆雷特到这儿来，让他和奥菲利娅见见面，就像他们偶然相遇一般。她的父亲跟我两人将要权充一下密探，躲在可以看见他们，却不能被他们看见的地方，注意他们会面的情形，从他的行为上判断他的疯病究竟是不是因为恋爱上的苦闷。

王后：我愿意服从您的意旨。奥菲利娅，但愿你的美貌果然是哈姆雷特疯狂的原因；更愿你的美德能够帮助他恢复原状，使你们两人都能安享尊荣。

奥菲利娅：娘娘，但愿如此。

（王后下。）

波洛涅斯：奥菲利娅，你在这儿走走。陛下，我们就去躲起来吧。（向奥菲利娅）你拿这本书去读，他看见你这样用功，就不会疑心你为什么一个人在这儿了。人们往往用至诚的外表和虔敬的行动，掩饰一颗魔鬼般的内心，这样的例子是太多了。

国王：（旁白）啊，这句话是太真实了！它在我的良心上抽了多么重的一鞭！涂脂抹粉的娼妇的脸，还不及掩藏在虚伪的言辞后面的我的行为更丑恶。难堪的重负啊！

波洛涅斯：我听见他来了；我们退下去吧，陛下。

（国王及波洛涅斯下。）

（哈姆雷特上。）

哈姆雷特：生存还是毁灭，这是一个值得考虑的问题；默然忍受命运的暴虐的毒箭，或是挺身反抗人世的无涯的苦难，通过斗争把它们扫清，这两种行为，哪一种更高贵？死了，睡着了，什么都完了。要是在这一种睡眠之中，我们心头的创痛，以及其他无数血肉之躯所不能避免的打击，都可以从此消失，那正是我们求之不得的结局。死了，睡着了，睡着了也许还会做梦。嗯，阻碍就在这儿：因为当我们摆脱了这一具朽腐的皮囊以后，在那死的睡眠里，究竟将要做些什么梦，那不能不使我们踌躇顾虑。人们甘心久困于患难之中，也就是为了这个缘故；谁愿意忍受人世的鞭挞和讥嘲、压迫者的凌辱、傲慢者的冷眼、被轻蔑的爱情的惨痛、法律的迁延、官吏的横暴和费尽辛勤所换来的小人的鄙视，要是他只要用一柄小小的刀子，就可以清算他自己的一生？谁愿意负着这样的重担，在烦劳的生命的压迫下呻吟流汗，倘不是因为惧怕不可知的死后，惧怕那从来不曾有一个旅人回来过的神秘之国，是它迷惑了我们的意志，使我们宁愿忍受目前的磨折，不敢向我们所不知道的痛苦飞去？这样，重重的顾虑使我们全变成了懦夫，决心的赤热的光彩，被审慎的思维盖上了一层灰色，伟大的事业在这一种考虑之下，也会逆流而退，失去了行动的意义。且慢！美丽的奥菲利娅！——女神，在你的祈祷之中，不要忘记替我忏悔我的罪孽。

　　奥菲利娅：我的好殿下，您这许多天来贵体安好吗？

　　哈姆雷特：谢谢你，很好，很好，很好。

　　奥菲利娅：殿下，我有几件您送给我的纪念品，我早就想把它们还给您；请您现在收回去吧。

　　哈姆雷特：不，我不要；我从来没有给你什么东西。

　　奥菲利娅：殿下，我记得很清楚您把它们送给了我，那时候您还向我说了许多甜言蜜语，使这些东西格外显得贵重；现在它们的芳香已经消散，请您拿回去吧，因为在有骨气的人看来，送礼的人要是变了心，礼物虽贵，也会失去了价值。拿去吧，殿下。

　　哈姆雷特：哈哈！你贞洁吗？

　　奥菲利娅：殿下！

　　哈姆雷特：你美丽吗？

　　奥菲利娅：殿下是什么意思？

　　哈姆雷特：要是你既贞洁又美丽，那么你的贞洁应该断绝跟你的美丽来往。

　　奥菲利娅：殿下，难道美丽除了贞洁以外，还有什么更好的伴侣吗？

　　哈姆雷特：嗯，真的；因为美丽可以使贞洁变成淫荡，贞洁却未必能使美丽受它自己的感化；这句话从前像是怪诞之谈，可是现在时间已经把它证实了。我的确曾经爱过你。

　　奥菲利娅：真的，殿下，您曾经使我相信您爱我。

　　哈姆雷特：你当初就不应该相信我，因为美德不能熏陶我们罪恶的本性，我没有爱过你。

　　奥菲利娅：那么我真是受了骗了。

　　哈姆雷特：进修道院去吧，为什么你要生一群罪人出来呢？我自己还不算是一个顶坏的人，可是我可以指出我的许多过失，一个人有了那些过失，他的母亲还是不要生下他来的好。我很骄傲，有仇必报，富于野心，我的罪恶是那么多，连我的思想也容纳不下，我的想象也不能给它们形象，甚至于我都没有充分的时间可以把它们实行出来。像我这样的家伙，匍匐于天地之间，有什么用处呢？我们都是些十足的坏人，一个也不要相信我们。进修道院去吧。你的父亲呢？

　　奥菲利娅：在家里，殿下。

　　哈姆雷特：把他关起来，让他只好在家里发发傻劲。再会！

　　奥菲利娅：嗳哟，天哪！救救他！

　　哈姆雷特：要是你一定要嫁人，我就把这一个咒诅送给你做嫁奁：尽管你像冰一样坚贞，像雪一样纯洁，你还是逃不过谗人的诽谤。进修道院去吧，去，再会！或者要是你必须嫁人的话，就嫁给一个傻瓜吧，因为聪明人都明白你们会叫他们变成怎样的怪物。进修道院去吧，去，越快越好。再会！

　　奥菲利娅：天上的神明啊，让他清醒过来吧！

哈姆雷特:我也知道你们会怎样涂脂抹粉;上帝给了你们一张脸,你们又替自己另外造了一张。你们烟视媚行,淫声浪气,替上帝造下的生物乱取名字,卖弄你们不懂事的风骚。算了吧,我再也不敢领教了;它已经使我发了狂。我说,我们以后再不要结什么婚了。已经结过婚的,除了一个人以外,都可以让他们活下去;没有结婚的不准再结婚,进修道院去吧,去。

(哈姆雷特下。)

奥菲利娅:啊,一颗多么高贵的心是这样殒落了!朝臣的眼睛、学者的辩舌、军人的利剑、国家所瞩望的一朵娇花;时流的明镜、人伦的雅范、举世注目的中心,这样无可挽回地殒落了!我是一切妇女中间最伤心而不幸的,我曾经从他音乐一般的盟誓中吮吸芬芳的甘蜜,现在却眼看着他的高贵无上的理智,像一串美妙的银铃失去了谐和的音调,无比的青春美貌,在疯狂中凋谢!啊!我好苦,谁料过去的繁华,变作今朝的泥土!

(国王及波洛涅斯重上。)

国王:恋爱!他的精神错乱不像是为了恋爱;他说的话虽然有些颠倒,也不像是疯狂。他有些什么心事盘踞在他的灵魂里,我怕它也许会产生危险的结果。为了防止万一,我已经当机立断,决定了一个办法:他必须立刻到英国去,向他们追索延宕未纳的贡物;也许他到海外各国游历一趟以后,时时变换的环境,可以替他排解去这一桩使他神思恍惚的心事。你看怎么样?

波洛涅斯:那很好。可是我相信他的烦闷的根本原因,还是为了恋爱上的失意。啊,奥菲利娅!你不用告诉我们哈姆雷特殿下说些什么话,我们全都听见了。陛下,照您的意思办吧。可是您要是认为可以的话,不妨在戏剧终场以后,让他的母后独自一人跟他在一起,恳求他向她吐露他的心事。她必须很坦白地跟他谈谈,我就找一个所在听他们说些什么。要是她也探听不出他的秘密来,您就叫他到英国去,或者凭着您的高见,把他关禁在一个适当的地方。

国王:就这样吧;大人物的疯狂是不能听其自然的。

(同下。)

●思考与练习●

1.分析哈姆雷特的性格。

2."生存还是毁灭"这段独白表现了哈姆雷特怎样的内心世界?

3.简析《哈姆雷特》的艺术成就。

人文拓展:戏剧欣赏

项目 3 欣赏艺术 追求高雅

任务 3.1 电影欣赏

学习目标

1. 引导学生对经典电影进行主题思想解读和艺术手法欣赏,以期改善学生知识单一现状,对完善其知识结构、拓宽其知识视野具有重要意义。

2. 引导学生立足数字媒体的视角,运用文化的研究方法,从时间维度、空间维度、思想层面、美学层面来解读电影艺术,提高学生的感受力、鉴赏力、创造力。

3. 唤醒、启发学生的审美意识,采用案例教学的方法,让学生发现生活中的菩提树和夜莺鸟,感受诗和星空、远方,赋予学生高雅的气质。用眼睛思维,用耳朵阅读,感受视听盛宴之美。

4. "增强文化自信,彰显文化软实力",感受中华传统文化和诞生于党和人民伟大斗争中的革命文化,从中获得精神滋养。

3.1.1 中外电影名作赏析

一、致敬伟大的抗美援朝精神 还原冰雕的中美对决史诗

《长津湖》——再现钢铁战士的精神长城 缅怀长眠冰雪的中国军魂

影片档案:

导演:徐克、陈凯歌、林超贤

领衔主演:吴京、易烊千玺、朱亚文、李晨、胡军、韩东君

类型:历史片

荣誉:《长津湖》获人民网第二届"光影中国"荣誉盛典最重磅奖项——2020—2021年度荣誉推介电影、最佳男演员

导读

长津湖战役是抗美援朝第二次战役中发生在长津湖地区的一场战役。长津湖战役中,中国人民志愿军第9兵团3个军,在艰难困苦的条件下,与武器装备世界一流、战功显赫的美军第10军,于1950年11月27日至12月24日在朝鲜长津湖地区进行了直接较量,创造了抗美援朝战争中全歼美军一个整团的纪录,迫使美军王牌部队经历了有史以来"路程最长的退却"。这次战役,收复了三八线以北的东部广大地区。志愿军在东西两线同时大捷,一举扭转了战场态势,成为朝鲜战争的拐点,为最终到来的停战谈判奠定了胜利基础。

拍摄电影《长津湖》耗资13亿,电影票房达57.3亿(均为官方数据),堪称大手笔,已成为电影史上的巅峰。长津湖战役是中美在朝鲜战场上改变历史格局的一次对决,它被称为"中美两国都不愿提及的血战"。这是一场殊死搏斗,其惨烈程度堪比人类战争史上任何一场战役。

如著名的冰雕连,朝鲜半岛长津湖白雪皑皑,气温零下40度,一排排志愿军战士,人人举着枪,握着手榴弹,整连129个志愿军官兵,被冻成了冰雕,仍然保持着战斗的姿态……美军想把他们手中的枪拿走,却怎么也拿不下来,面对这样的对手,美军师长不由得向冰雕连敬了一个军礼……这就是让敌人都肃然起敬的中国军魂。

看电影全程令人泪目,正是这些坚毅无比的不朽中国军魂,将装备精良的美军打到谈判桌上,叼着烟斗的美国名将麦克阿瑟曾狂傲地夸下海口要在圣诞节之前结束战争,却被我们的志愿军用铁血军魂铸成的胜利结结实实打了脸。

影片梗概

三野九兵团的7连连长伍千里,正在浙江湖州老家探亲时,突然被提前召回了部队。伍千里接到命令后随即连夜赶回闽南的部队驻地,其弟伍万里是他们父母跟前剩下的唯一一个儿子,也趁这次机会偷偷跟着哥哥伍千里跑来参军,伍千里知道后虽然无奈,也只好把弟弟留下，并交给连里资历最老的炮兵排长沂蒙人老雷带。

之后部队在福建集结完毕，本打算复员的指导员梅生踩着脚踏车从上海千里迢迢赶回来，七连全员到齐，登上了前往东北的火车。在路上，经过战友和兄长的关心教导，懵懂顽劣的伍万里在集体中获得了第一次成长。

此外，在毛泽东的支持下，毛岸英成为志愿军的第一名士兵，化名刘秘书跟在彭德怀的身边工作。与此同时，九兵团司令宋时轮在沈阳对入朝部队冬装的问题表达了关切。

伍千里和七连乘火车抵达东北边境，在一个刚被敌人轰炸过的车站，全体官兵换下了解放军的标识，由于此时已是秋季，东北的天气已经开始冷了，七连穿的还是夏装，伍千里正带大家换秋装棉衣时，突然看到天上有美军飞机飞来，急忙下令所有人赶快登车，车站后勤的同志们看到他们棉衣还没拿完就走，急得追着刚开动的火车把物资一件件地往车厢里扔，甚至都直接把自己身上的棉衣脱下来扔上去，在这个过程中伍万里接到了一条一位女战士从自己脖子上解下的大红围巾，这让他心里有了一丝温暖的触动。

七连的火车很快通过鸭绿江进入了朝方境内，但又立马碰到了铁轨损坏的问题，伍千里于是带大家下来帮工兵修路，结果就在这时美军的轰炸来了，伍千里赶紧叫大家上车把重要物资拿下车躲空袭，尽管如此，但美军覆盖整个山谷的轰炸还是让七连付出了一点损失，火车也被炸毁了，七连只好带着装备徒步前往团部。

到达团部后，首长交给七连护送十二台电台和几名译电员去大榆洞志愿军司令部的任务，伍千里便带领部队出发了。在路上，七连先是经过一处布满死尸的碎石滩，看外观应该都是逃难的平民，这是伍万里继边境车站后第二次看到了尸体，高度腐烂的尸身让伍万里进一步感受到了战争的恐怖。这片碎石滩非常大，七连因为还带着电台，跨过石滩的速度不快，正当他们行到石滩中间时，远处突然飞来了两架美军战斗机，伍千里紧急招呼大家就地仰卧不动，美军飞机因为认为下面没人，就飞得非常低，急速掠过之后，有两名飞行员出于娱乐竞赛的目的又折返了回来，对着石滩的尸体一阵低空扫射，结果机载机枪的巨大子弹连带着把许多名正在隐蔽的七连战士打得血肉横飞，其中就包括伍万里刚认识的好友张小山。脸上溅着战友鲜血的伍万里伤心落泪，战争的血腥和生命的脆弱让他的心灵再一次得到了洗礼。

美军飞机走后，七连留下一部分人抢救伤员，其余人员继续前进，到了晚上，队伍行至一处村庄，却正好又遇上一小队志愿军和一伙装备着炮火坦克的美军的战斗，伍千里和梅生观察后估计这一小队志愿军是挡不住这群美军的，于是决定出手救援，伍千里先是让老雷带一部分人护送电台和译电员先行，自己则和梅生、余从戎带着剩下的七连士兵从侧面突袭进了村庄，伍万里本来是被安排跟着老雷走，但他不服气，又偷偷溜回来战场。七连的突然出现让美军措手不及，狙击手平河还有伍万里的掷弹绝技更是给了美军很多杀伤，但美军凭借着装备的优势依然压制住了七连，正在此时，发现伍万里不见了立即带队转身回来的老雷赶到了，他带领迫击炮排一连端掉美军许多个重火力点，伍千里、余从戎带人趁机反击，在一个小房屋里的战斗中，伍余梅三人和高大强壮的美军展开了惨烈的近身肉搏，双方或是拳脚或是持刃，余从戎的上身浸透了不知道是敌人还是战友的鲜血，搏斗的关键时刻，伍万里冲了进来，但缺乏搏击经验的他并没有帮上忙，反而自己也被美军扼住，幸好最终是伍千里三人的丰富战斗经验帮助他们克敌制胜，众人艰难地解决了屋里的敌人，累得瘫坐在地上，可还没歇半口气，一辆美军坦克又破墙而入，伍千里护着弟弟和梅生一起又是历尽艰辛地干掉了这辆坦克，并跟梅生一起钻进坦克，梅生驾驶，伍千里装填，俩人开着坦克出来终于彻底扭转了战斗形势，击退了所有美军。

第二天早上，七连把剩余电台和译电员送到了大榆洞志司总部，完成任务的伍千里和七连正在一间屋里休息吃烤土豆的时候，毛岸英进来了，看着满身血痕的七连指战员，毛岸英十分不忍地把立即出发的指令交给了伍千里，伍千里听了啥也没说，迅速起身喊起了所有战士，出发奔赴下一个战场。毛岸英看着起身行动的七连，顿时为他们的不怕疲劳、不怕牺牲、英勇无畏而泪目，然而不久之后毛岸英也在一次美军对大榆洞的轰炸中牺牲了。

七连的下一个目的地就是长津湖，他们的任务是伏击。此时的长津湖地区因为地处山区又遇到强冷空气，已是大雪纷飞的寒冬了，气温骤降到了零下三十多度，七连的每个人就靠几个烤土豆充饥。严酷的冰冷也让九兵团司令员宋时轮心急如焚，志愿军的后勤线因为美军不停歇的狂轰滥炸，损失极为惨重，他下令一定要把兵团手头的冬装棉衣尽可能送到前线去。很快，东线急速推进的美军在上下一片骄狂的情绪之中抵达了长津湖阵地。为了尽可能歼灭美军，志愿军早已在此处安排优势兵力布好了口袋阵，以期将进来的美军尽数歼灭，因此，这时位于前线伏击阵地上的志愿军部队是战役能否胜利的关键。而七连，正是这关键中的一部分。

七连在冰天雪地里等待了许久，入夜，伍千里带领部队开始行动，在集结处，他们遇上了三营长谈子为，因为谈子为也出身七连，期间他们短暂地进行了老战友的叙旧，伍千里问伍万里知不知道谈子为，万里说知道，是打不死的战斗英雄，但谈子为听了并没有高兴，而是很严肃地告诉伍万里，想想那些牺牲在胜利前最后一刻的烈士，并没有什么打不死的英雄。片刻的叙话后，全军开始行动，七连潜行到一个山谷上方，下方正是全建制的美军北极熊团，不一会儿，夜空中响起了一发明亮的照明弹，伍千里知道这是总攻的命令，随即也向天上打了一发照明弹，很快，整个山谷都被照明弹照亮了，已经埋伏到位的各部志愿军从四面八方向山谷冲杀下来，整个北极熊团都被漫天的杀声惊得魂不附体，但也很快组织起抵抗力量，可美军的强大火力在面对此刻手握优势兵力且已经搅杀至他们身前的志愿军终于还是渐渐不敌，北极熊团的团部在慌乱之中开始下令突围，并焚烧文件，但很快遭到了七连的袭击。团指挥官麦克莱恩坐上吉普车指挥部队逃出山谷并呼叫空军轰炸，可还没等到空军到来，他的司机就被击毙了，麦克莱恩也中弹受伤，于是他选择爬回自己的团部负隅顽抗，最终被杀进来的伍千里伍万里两兄弟俘虏了。伍万里不懂优待俘虏的军规，想杀了麦克莱恩凑杀敌数，被伍千里制止了。伍万里愤愤之下看了一眼四周，跑到旁边墙壁，两手攥住悬挂的北极熊团团旗，使劲儿一把把它扯了下来。也就在这一刻，伍万里终于从一个顽劣少年成长为出色的志愿军战士。

此时的美军虽然战败，但依然有部分士兵开着坦克和卡车死命地往谷外逃去，为了阻挡突围的美军，梅生开着一辆卡车迎着他们的方向冲了过来，并不停往照面的敌军卡车中扔手榴弹，梅生随后也遭到了美军的重点打击，于是只得弃车作战，之后在一次炸弹攻击中滑下了小坡,在撞上满是烈焰的小车前幸运地生还了下来。

而就在麦克莱恩被俘虏时,美军的轰炸机支援也到了。敌人先投下了一枚冒粉色浓烟的炸弹,伍千里愣了一下,当即认出这是信号弹,大声喊着大家快向两边远离,很快,天上美军轰炸机的炸弹如约而至,第一波轰炸后,老雷为了避免后续轰炸给己方带来更大伤亡,毅然决然地跑向信号弹,将之拔出抱至一辆吉普车上,然后驾车飞快地往谷外逃窜的美军开去,老雷的吉普很快就撵上了突围的美军坦克,同时把轰炸也吸引了过来,在一路的爆炸中,老雷知道自己这回可能要光荣了,他虽然很紧张但没有一丝害怕,相反还哼起了家乡的沂蒙小调,"人人那个都说哎沂蒙山好"。

老雷最终被追上来的战友们从四轮朝天的吉普车下拉了出来,牺牲在了战友的怀中。此役志愿军成功成建制歼灭美军北极熊团,其团长被俘,团旗被缴,这是整个抗美援朝战争中,志愿军唯一一次成建制歼灭美军团级作战单位。

而除七连之外,还有杨根思,"冰雕连"等无数牺牲的烈士。

美军面对中国军队遭受了前所未有的失败。

解读电影

(一)选材的史诗高度和全景式、文献式的"正史化"叙事方式

作为第一部表现长津湖战役的战争片,《长津湖》填补了一个题材空白。在抗美援朝第二次战役东线作战中,在制空权为零的情况下,中国人民志愿军第九兵团凭借钢铁意志和顽强的战斗精神,与当时武器装备一流的美军第 10 军在朝鲜长津湖地区进行了直接对抗,不但创造了抗美援朝战争中全歼美军一个整团的记录,也迫使美军王牌部队经历了有史以来路线最长的撤退,收复了"三八线"以北的东部地区,打出了令美国兵钦佩、让世界瞩目的国威军威,一举扭转了战争局势。这段令人荡气回肠的历史首登银幕,无疑具有特殊而重大的意义。

在真实的抗美援朝战史中,参加长津湖战役的军队是第九兵团,由开国上将宋时轮指挥。1952 年,宋时轮回国途中,临时停车,脱下军帽向长津湖方向鞠躬致敬。当他抬起头来的时候,人们看到了这个身经百战的将军早已泪流满面,可见真实情景如《英雄赞歌》所唱的"人民战士驱虎豹,舍生忘死保和平,为什么战旗美如画,英雄的鲜血染红了她"。

《长津湖》的史诗性叙事实现了抗美援朝战争片的一次重要突破。该片在同题材创作中首次采用了全景式、文献式的"正史化"叙事方式,建构了由决策指挥的高层视点、基层连队的微观视点以及美军的他者视点"三线并行"的叙事结构,展现了从作战决策至长津湖战役这一段波澜壮阔的抗美援朝历史。

(二)影片的英雄主义叙事和作为胜利者叙事的高度文化自信

影片尝试以客观、理性的方式回顾历史,揭示了抗美援朝战争的正义性和胜利的必然性,反映了作为胜利者叙事的高度文化自信。

该片也是具有强烈艺术感染力的英雄主义叙事。千里刀光影,万里赴戎机,从解放战争到抗美援朝,主人公伍氏三兄弟(伍百里、伍千里、伍万里)前赴后继奔赴战场,与雷

公、余从戎、平河等战友用热血与生命保家卫国,兄弟情、战友情感人至深。

与之呼应的是另一个并行故事:毛泽东主席将儿子毛岸英作为抗美援朝志愿军第一兵送上战场,而岸英最终将热血洒在了异国土地上。这些舍生忘死、为国捐躯的战士们,都是共和国永远铭记的英雄儿女。

长津湖战役是抗美援朝最残酷惨烈的战斗之一,志愿军将士在严酷的战场环境中,书写了惊天地、泣鬼神的雄壮史诗,创造了世界战争史上的奇迹。

影片《长津湖》艺术再现了这场战役的残酷悲壮:铁道列车被炸得惨烈,乱石阵上的隐忍,通信塔之战紧张激烈,新兴里战斗气壮山河,指导员梅生退伍了亦重返战场,老兵雷公壮烈牺牲,杨根思抱起炸药包与敌同归于尽,片尾"冰雕连"令敌人亦为之动容……

影片展现了中国人民志愿军不惧强敌、敢于战斗、敢于胜利的英雄气概,英勇无畏、震撼天地的战斗精神,谱写了一曲革命英雄主义的赞歌。

(三)徐克、陈凯歌、林超贤三大导演联袂演绎、完美配合,场面恢宏

电影拥有强大的出品方,力求呈现精品,《长津湖》全剧组超过7000人,集结徐克、陈凯歌、林超贤三大导演,这样一部大制作的电影,堪称国产片里的"航空母舰"。《长津湖》的出品方是博纳影业,这家公司过往业绩非常亮眼,先是有《智取威虎山》《湄公河行动》《红海行动》无形中形成的三部曲,接着有《烈火英雄》《决胜时刻》《中国机长》这套"中国骄傲三部曲",现在又来了"中国胜利三部曲",《中国医生》是第一部,《长津湖》就是第二部。很多人都听说过,《长津湖》其实在2019年底就开机了,不过开机没多久因为疫情停摆,当时剧组1800人滞留丹东,200人滞留天漠,损失超过1.5亿。后来监制黄建新说过,《长津湖》可能成为全世界电影史上前期工作人员最多的电影,达7000人以上。由此可见,至少在国产电影领域,《长津湖》是制作最大的一部电影,出品方不计成本地投入,也力求打造精品。

影片时长176分钟,金牌班底打造恢宏场面。作为战争题材,《长津湖》少不了战争场面,三位导演中林超贤是拍战争、军事动作题材的行家,所有战争场面尽量用实景,战壕、工事一点点挖出来,水门桥也一砖一瓦搭建。从预告片不难看出,电影实景特效很猛,有被炮弹炸毁的汽车在火光中冲下山坡;所有的爆炸都是真实的,在爆炸时演员们会下意识卧倒,躲避非常真实;制作特辑有一个航拍镜头,黑夜中至少十几平方公里的拍摄现场都被密集的爆炸和火光点亮,宛若白昼,这样的大场面在以往战争题材中非常罕见。

虽然是三个导演联合拍摄的,但是完全没有任何违和感,所有的衔接和风格都非常融洽,浑然天成。

(四)电影非常高明地运用了各种对比手法,达到了预期效果

电影非常高明地运用了各种对比手法,把许许多多事情都表现了出来。

1.旧社会与新社会的对比。经历过解放战争,新中国成立了。到处都在分田地,最底层的民众第一次分到了土地。伍千里家也分到了,他们可以结束在船上居无定所的日子,去岸上建房子了,伍千里父母发自内心高兴,充满对未来的希望。

2.战争与和平的对比。伍千里老家是在浙江湖州,1950年已经解放一年了,渔村灯火通明,百姓安居乐业。水乡风景极美,一派江南景象,伍千里在归队中,坐一小舟,行驶

于两岸青山之间的绿水之中,让人心生神往。而在北方的辽宁丹东地区,却是另外的世界,城市被美国鬼子狂轰滥炸,战火已经烧到了鸭绿江边,人民生命朝不保夕。用对比证明了抗美援朝的正义性与必要性。

3.亲情与友情的对比。在入朝火车上,伍万里从送行队伍扔进来的棉衣棉被中,接到了一条红围巾。到了朝鲜,火车在途中被美国侦察机发现,引来战机轰炸,志愿军必须步行前往战场。结果在疏散过程中,伍万里的红围巾被哥哥伍千里拽下来扔了,问他,是准备当美国的靶子吗? 后来那条红围巾被战友张小山捡到,给了伍万里。张小山在被美国人扫射死后,伍万里痛哭,第一次切身感受到了战争的残酷。开始从新兵向英雄战士转变。

4.敌军与我军对比。美军拥有完全的制空权,而我军只能隐蔽前进,被轰炸;美军在感恩节可以吃烧鸡,我志愿军在冰天雪地里却在吃冷土豆,甚至硬到硌掉牙;美军的武器先进,士兵能住帐篷,我军战士却要把武器轮流捂在胸口,有的在雪地中冻成了冰雕……然而就是这种极端条件下,长津湖一战,美军溃退,王牌精锐北极熊团团长被击毙,全团被成建制歼灭。

5.武器与人性对比。美军虽然把武器设备的优势发挥到了极致,我军却把人的主观能动性和战场智慧发挥到了极致,雷公诱敌深入,数美军照明弹时间计算反击时机,最后为了避免部队大伤亡舍生忘死将美军标识弹运走,自己被炸飞的汽车压死;梅生说英语分散美军注意力,将美军士兵击毙,在缴获了美军坦克后,直接开着坦克投入战斗;伍千里在通讯落后的情况下,用子弹壳做成的口哨和反光镜等物件传递军情,指挥战斗;伍万里牢记"杀 20 个敌人"(其实是老兵逗他的)才是英雄的话,精准投弹,空爆美军;"打不死的英雄"谈子为在雪地里用弹壳和枯树枝演示敌情等等等等,有很多表现。

6.战初与战后对比。战初麦克阿瑟扬言打完过圣诞,结果被狠狠打脸,从开始的趾高气扬到抬不起头来;北极熊团在登陆的时候不可一世,对晕船的美士兵不屑一顾,最后在长津湖新兴里战斗中被全歼,至今团旗还在我国的博物馆里展示;而开战时,美军可以把战火烧到鸭绿江,后面被死死压制在北纬 38°线以南。

(五)《长津湖》的创意

1.一般战争电影都会选择着重塑造一到两个战争英雄,但《长津湖》打破了这个桎梏,群像人物极为丰满,甚至给人一种各个主演戏份相差不大的错觉。每个人物都立得住,都是一个有血有肉鲜活的大写的"人"。

2.场景一:两列火车会车交汇,伴随着巨大的呼啸声,会车结束,一切都安静了……万里不经意间打开车门,看到了巍峨的万里长城。在这里,影片展示了一种诗歌的浪漫、壮丽。长城,自古就有防御外敌的作用,这里导演超现实主义的处理,自然有其"万里长城永不倒"的象征意义,也象征出战御敌、保卫祖国的壮丽河山。场景二:催人泪下的在冰天雪地中保持着作战姿势被冻成冰雕的战士们。这两个场景都体现了电影的立意,和中国人的格局。我们歌颂祖国的山河美景,也歌颂烈士英雄的壮举。他们每一次出征守护的都是自己的家乡。正如万里参军的理由:共产党给我们家分了地,但现在有人要把这片地抢过去,我有什么理由不去保护它?

3.《长津湖》这部影片,以老兵的视角回顾那场惨烈的战斗,无涉胜败。零下40摄氏度的严寒,使战斗变得更加悲壮。健在的老兵在讲述这个故事时,充满感情。离开战场就不再敌对,他们对敌方军人流露同情和敬意。六七十年过去了,当年爱吃冰激凌的年轻人,都垂垂老矣,但他们依然可爱。

●思考与练习●

志愿军第9兵团的官兵在长津湖地区埋伏了整整6天6夜,穿着单薄的衣裳、啃着冻得像石头一样的土豆,趴在零下40摄氏度的雪地里一动不动。

冰雕连一位战士留下了绝命诗:

"我爱亲人和祖国/

更爱我的荣誉/

我是一名光荣的志愿军战士/

冰雪啊,我决不屈服于你/

哪怕是冻死,我也要高傲的/

耸立在我的阵地上!"

指导员梅生说:"我们把该打的仗都打了,我们的后代就不用再打了。"

神枪手平河,在子弹壳上刻上平安的"平"字,说道:"希望我们的后辈,生活在一个没有硝烟弥漫的年代。"

这样的英雄,这样的场面,这样的话语,怎能不令人泪目?这些战士,也是父母的孩子啊,也渴望着和平的温暖。还记得影片中有一幕出现了万里长城吗?那正是他们用血肉之躯筑成的铜墙铁壁啊!纵观世界战争史,也只有中国,只有中国的军人,才有这样的战斗和牺牲精神,长津湖的冰雕啊,那不只是纯白的风景,更是一种红色的精神!

当你走出影院,看着节日的繁华街道和人们开心的笑脸,这是长津湖的战士们用生命换来了,请你以"我们永远不会忘记你们——一群'最可爱的人',你们看到了吗?如今的中国是否如你们所愿?你们用生命换来了今天的太平盛世,我们怎能不好好珍惜?"为主题,写一篇不少于500字的观后感。

二、特殊历史语境中的经典电影画面美学的极致

《芙蓉镇》——民俗风情透视政治风云,小镇舞台演绎悲欢离合

影片档案:

导演:谢晋

领衔主演:刘晓庆、姜文

类型:故事片

荣誉:小说曾获1982年第一届茅盾文学奖。影片曾在1987年第七届金鸡奖夺得最

佳故事片、最佳女主角等五项大奖；第十届大众电影百花奖最佳故事片；第十届大众电影百花奖最佳男演员。

　　1978 年，古华到一个山区大县去采访。时值举国上下进行"真理标准"的大讨论，全国城乡开始平反这十几、二十年来的冤假错案。该县文化馆的一位音乐干部和古华讲了他们县里一个寡妇的冤案。故事本身很悲惨，前后死了两个丈夫，这个女社员却是满脑子宿命论思想，怪自己命大、命独，克夫。古华听了，也动了动脑筋，但觉得只写寡妇的冤案深度不够。在之后召开的党的十一届三中全会的路线、方针、政策的出台，给了古华一个重新认识、剖析自己所熟悉的湘南乡镇二三十年来的风云际会、民情变异的全新视角。1980 年 7 月，古华开始写作《芙蓉镇》。

　　小说描写了 1963—1979 年间中国南方农村的社会风情，揭露了"左"倾思潮的危害，歌颂了十一届三中全会路线的胜利。当三年困难时期结束，农村经济开始复苏时，胡玉音在粮站主任谷燕山和大队书记黎满庚支持下，在镇上摆起了米豆腐摊子，生意兴隆。1964 年春她用积攒的钱盖了一座楼屋，楼屋落成时正值"四清"开始，就被"政治闯将"李国香和"运动根子"王秋赦以走资本主义道路的罪名查封，胡玉音被打成"新富农"，丈夫黎桂桂上吊自杀，黎满庚撤职，谷燕山被停职反省。接着"文革"开始，胡玉音更饱受屈辱，绝望中她得到外表自轻自贱而内心纯洁正直的"右派"秦书田的同情，两人结为"黑鬼夫妻"，秦书田因此被判劳改，胡玉音管制劳动。冬天的一个夜晚，胡玉音分娩难产，谷燕山截车送她到医院，剖宫产了个胖小子。三中全会后，胡玉音摘掉了"富农"帽子，秦书田摘掉了"右派"和"坏分子"帽子回到了芙蓉镇，黎满庚恢复了职务，谷燕山当了镇长，生活又回到了正轨。而李国香摇身一变,又控诉极"左"路线把她"打成"了破鞋,并与省里一位中年丧妻的负责干部结了婚。王秋赦发了疯,每天在街上游荡,凄凉地喊着"阶级斗争,一抓就灵",成为一个可悲可叹的时代的尾音。

解读电影

影片的主人公是"芙蓉姐子"胡玉音,胡玉音以及与之有关的人物的情感纠葛是影片着力表现的重点。影片在处理这个题材的时候,不仅达到了历史悲剧的高度,而且达到了伦理悲剧的深度。

看点一:这是一部关于"文革"的影片,有着鲜明的时间线。

1963 年

胡玉音和丈夫桂桂开了家鱼豆腐店,这时候气氛是欢快的,刘晓庆演得娇俏可爱,街上熙熙攘攘,当他们盖好新房准备日子更上一层楼时,迎上"四清运动",一直嫉妒胡玉音的李国香与二流子王秋赦将她定性为"反革命五类分子"中的"富农婆",将之派去与"右派"秦书田(姜文)一起清扫大街。两人一起扫大街的画面简直是黑白世界里的一点暖意。

还有两个人物,胡玉音的初恋,现在的镇党委书记黎满庚。在李国香欲斗争胡玉音的关键时刻,将胡托付给他的 1500 块钱呈供了出来。退伍军人站的谷燕山还保有骨气。

这里面动人的片段是黎桂桂对胡玉音的依恋,最后,桂桂死了。

1966 年

胡玉音在与秦书田在每日的扫大街里生出了情意,有了小孩,在向组织争取结婚时,被李国香与二流子王秋赦上纲上线,借题发挥,最终使秦书田被判刑十年,胡玉音被判刑三年。因胡玉音怀有身孕监外执行,亦是每天扫大街。在挺着肚子扫大街的时候乡里街坊都会顺手帮她一把。

李国香也被红卫兵在脖子上挂了破鞋在街上淋雨,自觉不可能与黑五类分子一样。后来经组织查明又恢复了领导职位。王秋赦也开始爬李国香宿舍的窗户,每天清晨走掉,有一次还崴了脚。被扫大街的胡玉音和秦书田看得直乐。

1976 年

胡玉音平反,秦书田平反,李国香继续当他的领导,王秋赦则成了疯子。故事结局美好,只是一路过来太过于辛苦。

一部好电影每一处都可以推敲,每一个人物都举足轻重。还有没提到的黎满庚媳妇"五爪辣",以及大大小小的街坊,工作组人员全部都在情境里面。这个电影既可以说是反思"文革",也可以说是在"文革"的背景下,人,最终会走向何处?在一个不正常的社会中,谁都不免被环境所裹挟,黎满庚就是典型的一个角色,既知善恶又有自己的考量,因此这个人物灰蒙蒙的。好像特定时期给他下了一个套,怎么都走不出来,婚姻,以后的生活。比较明亮的有血性的角色是谷主任,在乱七八糟的处境里不迷失,存有人性,在所有人都远离黑五类的时候他去喝胡秦的喜酒,在胡玉音生产不顺的时候毅然拦下军车将其送往医院,因此有了一个生命的诞生。李国香在风云变幻里也只能和王秋赦这样的二流子一起,对了,二流子的脖子是没有洗的。李国香也是一个牺牲品,到1976年与秦书田碰到的时候还没有结婚。王秋赦本身就是一个好吃懒做的人,在"文革"里风光几回,又有李国香护着,过了些风光日子,最后疯了也不知出于何故。

胡玉音的美貌是她不幸的根源。王秋赦对她有非分之想,胡却从来不看他一眼,到最后得知秦书田与胡玉音好了,更多的是愤怒。王秋赦公报私仇,报复秦书田,让胡眼睁睁地看着来之不易的温情幸福一下子被捏碎。李国香最开始钟情于谷燕山主任,谷燕山主任却对胡玉音热情,在情感的缺失里,在一种心理不平衡里,李国香点了胡玉音来做典型。黎桂桂也因此丧生。

影片里面最通透的是秦书田,自知不能违拗这个社会,便在其中好好地活,标语的感叹号的点写到极致的圆,扫街的时候跳起了华尔兹,找到惺惺相惜的爱情。"我一半是人,一半是鬼。""一半用来活,一半用来当自己。"判刑的时候秦对胡说,"活下来,像个畜生一样活下来。"这就是那个时代的生存哲学。秦胡夫妇在平反后对造成他们不幸的王秋赦却宽容许多,"咱不差这一碗",遭众人嫌弃的疯子王秋赦在这里吃到了喷香的鱼豆腐。

芙蓉镇跟芙蓉没有关系,芙蓉镇里的芙蓉就是"芙蓉姐子"胡玉音。

看点二:黎满庚与谷燕山——谢晋镜头下人性的真实

影片中黎满庚与胡玉音自小青梅竹马,长大后真诚相爱,但因胡的家庭出身不好,其母出身青楼,组织不允许,二人未能结合。为此,黎满庚曾发誓一辈子要保护这位干妹子。然而,在胡玉音将1500块钱交给他让他代为保管之时,严酷的阶级斗争又迫使他向工作组交出了这笔钱。这是胡玉音被打成富农的重要推动因素之一。而黎满庚却在王秋赦当上镇党委书记之后成为他的秘书。在胡玉音与秦书田再次成为运动的活靶子、成为"反革命犯罪典型"之时,他和他的女人"五爪辣"偷偷地在角落里抹眼泪。他在心中对胡玉音是充满了愧疚之情的,但是他却始终与"富农"胡玉音保持着界限与距离。这里并不是要对黎满庚的选择做出批判,因为站在他的立场上,他需要保全自己的家人,干妹子这个外人毕竟没有自己的家人来得重要,所以他没有向胡玉音伸出援手,没有实现自己的誓言。

而与黎满庚做出不同选择的是粮站主任谷燕山,谷燕山看不惯这些左的做法,却又无力扭转。他借酒浇愁,怒骂颠倒了的世情。他不畏压力,在秦胡偷偷结婚时,前去贺喜;胡玉音难产时,又大义凛然,在漫天风雪中拦下军车,救了她母子性命。谷燕山虽为此受到"停止组织生活"的处分,但他仍勇敢地肩负起作为临时丈夫和父亲的责任。

在革命运动发生之前,黎满庚、谷燕山二人都对胡玉音的米豆腐生意给予了支持,为了成全胡玉音的小生意,谷燕山每圩从粮站打米厂卖给她碎米谷头子60斤。黎满庚吃胡玉音做的米豆腐,无形中印证了摊子的合法性。但是在运动发生后,黎满庚交出了胡玉音让他代为保管的1500块钱。他是本片所描述的主人公中,唯一没有在运动中受到形式上打击的人。他为此付出的代价是自己的内心一直饱受着折磨。对于黎满庚的选择,处于当时的情况下,许多人或许也会做出同他一样的选择。在大形势之下,个人的力量是那么的渺小,要做到众人皆醉我独醒太难,选择自保无可厚非,他的选择恰恰是最真实的人性,胡玉音是黎满庚自保的沉没成本。黎满庚虽然不是着墨最多的角色,但是他与谷燕山二人的对比却耐人寻味,他面对压力所做出的反应,或许直击人性中最真实的一面。

审美体验:

镜头系列一:是对秦书田、胡玉音走到一起关系的处理。开始扫地时,镜头是两个人拿扫帚背道而走。后来两个人在一起时,一个镜头是两个并排而立的扫帚。简洁而富于暗示意味。

镜头系列二:秦书田,是一个能屈能伸、内心强大的男人,书田说"像牲口一样活下去"时,此时表情特写。这句话所阐述的震撼人心的生存哲学是"文革"最直接的记忆,当然,我们还需要更深层次地思考:是什么原因让一个曾经带领我们走出水深火热的半殖民地半封建社会的政党又迈进一个新的泥潭,觉醒了的人民又为何继续愚昧。闪亮的五角星可以在艰难的战争年代给人以救赎和希望,那么,在和平年代,同样可以,只是,要警惕极端主义苗头。

镜头系列三:象征手法的采用。那个曾经是李国香最初登陆芙蓉镇并开展各种批斗运动的小楼,最后轰然坍塌,极具象征意义;谷燕山在医院等待玉音生产时,望着护士的军章军徽回忆起了当年浴血奋战的战场。他和战士们的鲜血孕育了新中国的诞生,当镜头定格在烈士的鲜血上时,画外音响起了军军诞生的啼哭。平行交叉蒙太奇象征着生活会继续下去,还有希望;王秋赦,是每个镇上都会有的那么一两个好吃懒做的人之一。放在任何时代,这样的人是遭到社会鄙视的,但特定的时代"怜悯"了他,赋予了他任意指挥的权力。当时代过去了,他这样的人也将过去。只有结局已经发疯的王秋赦依旧一声声地"运动啦"回荡在镇上的小巷间,这是一个已终结的时代的回音。

影片所选民歌欣赏:

(1)开场曲,改编自嘉禾民歌《半升绿豆》。

(女)半升绿豆选豆种那,我娘那个养女不择家呀。

妈妈呀害了我,妈妈呀害了我。①

(男)碧水河水呀流不尽呀,郎心永在妹心呀头,哎哟,妹呀心头。

罗罗里,来来来,嗯。

(男女)半升绿豆选豆种,我娘那个养女不择家。

妈妈呀害了我,妈妈呀,妈妈害了我,害了我。

罗罗里,来来来。

(2)胡玉音得知黎桂桂自杀后来到坟地,秦书田坐在一旁所吟唱的曲子《喜歌堂改》。

---

① 半升绿豆完整歌词:半升绿豆选豆种那,我娘那个养女不择家呀,妈妈你害了我,妈妈你害了我,吃了好多冷菜饭呀,喝了好多冷汤那,受了好多酸辣苦那,挨了好多蛮掌巴呀,妈妈你害了我,妈妈你害了我,嫁鸡随鸡嫁狗随狗,嫁了那块木头就背起走咧,妈妈你害了我,妈妈你害了我。《半升绿豆》是"伴嫁歌"中的代表性曲目。所谓"伴嫁歌",即新娘出嫁的前一天或前两三天晚上,由邻居的姑娘们邀请附近的"歌娘"前来一起陪着待嫁的新娘所唱的歌。这些歌,一方面是为了安慰新娘,不要因为离开父母而悲伤;另一方面也借此抒发自己心中郁积的情感。从内容上看,《半升绿豆》是谴责旧时代不自主的婚姻所造成的悲剧,歌词具有很强的揭露性和批判性。

蜡烛点火绿又青,烛火下面烛泪淋,

蜡烛灭时干了泪,妹妹哭时哑了声。

蜡烛点火绿又青,陪伴妹妹唱几声,

唱起苦情心打颤,眼里插针泪水深。

影片中只唱了第二段。

(3)胡玉音回忆当初与黎桂桂的婚礼中,由秦书田指挥,众女声合唱的《喜歌堂》。

团团圆圆唱个歌,唱个姐妹分离歌。

今日唱歌来送姐,明日唱歌无人和。

今日唱歌来送姐,明日唱歌无人和。

青布罗裙红布头,我娘养女斛猪头。

猪头来到娘丢女,花轿来到女忧愁。

石头打散同林鸟,强人扭断连环扣,

爷娘拆散好姻缘,郎心挂在妹心头……

团团圆圆唱个歌,唱个姐妹分离歌。

今日唱歌相送姐,明日唱歌无人和;

今日唱歌排排坐,明日歌堂空落落;

嫁出门去的女,泼出门去的水哟,

妹子命比纸还薄……

(4)剧末秦书田与胡玉音重逢时的女声背景歌曲,张家界民歌《韭菜开花》。

韭菜开花细茸茸,有心恋郎不怕穷。

只要两人情意好,冷水泡茶慢慢浓。

●思考与练习●

你如何看待黎满庚交出胡玉音让他代为保管的1500元这件事?

三

霸王别姬(Farewell My Concubine)——通俗中见斑斓,曲高而和者众

影片档案:

导演:陈凯歌

领衔主演:张国荣、巩俐、张丰毅、葛优、英达、雷汉

类型:爱情片

荣誉:1993年该片荣获法国戛纳国际电影节最高奖项金棕榈大奖,成为首部获此殊荣的中国影片;此外这部电影还获得了美国金球奖最佳外语片奖、国际影评人联盟大奖等多项国际大奖,并且是唯一一部同时获得戛纳国际电影节金棕榈大奖、美国金球奖最

佳外语片的华语电影。1994年张国荣凭借此片获得第四届中国电影表演艺术学会特别
贡献奖。2005年《霸王别姬》入选美国《时代周刊》评出的"全球史上百部最佳电影"。

导 读

    《霸王别姬》作为华语影坛的旗帜级作品和享誉世界的电影,集文艺性和观赏性于一
身。《霸王别姬》兼具文化内涵与史诗格局,在保留导演创作理念的同时,也很好地兼顾
了观众的审美情趣,是一部近乎完美的经典电影;在底蕴深厚的京剧艺术背景下,极具张
力地展示了人在角色错位及面临灾难时的多面性和丰富性。陈凯歌选择了中国文化积
淀最深厚的京剧艺术以及京剧艺人的生活,细腻地展现了对传统文化、人的生存状态及
人性的思考与领悟,充满激情地叙述了一个延续半个世纪的故事。电影不仅具有纵深的
历史感,还兼具细腻的男性情谊,它将小人物的悲欢离合掺和着半个世纪以来的中国历
史发展盘旋交错地展现出来。

影片梗概

    影片以梨园师兄弟程蝶衣和段小楼的人生经历和情感纠葛为线索,讲述了一段哀艳
悲烈的往事。文学虚构与国粹经典、个体命运与时代变迁巧妙融合。1924年冬天,九岁
的小豆子被身为妓女的母亲切掉右手上那根畸形的指头后进入关家戏班学戏。戏班里
只有师兄小石头同情关照小豆子。十年过去了,在关师父严厉而残酷的训导下,师兄弟
二人演技很快提高,小豆子取艺名程蝶衣(张国荣饰),演旦角;小石头取艺名段小楼(张
丰毅饰),演生角。两人合演的《霸王别姬》誉满京城,师兄弟二人也红极一时。二人约定
合演一辈子《霸王别姬》。

段小楼娶妓女菊仙(巩俐饰)为妻,依恋着师兄的蝶衣,心情沉重地来到师兄住处,把他用失身袁四爷的屈辱换来的、师兄向往已久的名贵宝剑赠给小楼,并决定不再与小楼合演《霸王别姬》。但在关师傅的召唤下,师兄弟二人再次合作。

抗战结束后,两人被迫给一群无纪律无素质的国军士兵唱戏,段小楼与士兵冲突,混乱中菊仙流产,而后有士兵以汉奸罪抓走蝶衣。段小楼倾力营救蝶衣,低声下气去求曾经玩弄蝶衣的官僚袁世卿(葛优饰)。菊仙要蝶衣说谎苟且求释,并将小楼不再与蝶衣唱戏的字据给蝶衣看。但蝶衣在法庭上始终不屈,却因其技艺高超被国民党高官营救。新中国成立后,两人的绝艺并没有受到重视,误尝鸦片的程蝶衣嗓音日差,在一次表演中破嗓,决心戒毒,历经毒瘾折磨后在段小楼夫妻的共同帮助下终于重新振作,却被当年好心收养的孩子小四陷害,小四逼着蝶衣退出,要取代他虞姬的位置与段小楼演出,段小楼不顾后果罢演,菊仙为了大局劝他演,段小楼最终进行了演出。蝶衣伤心欲绝,从此与段小楼断交。

"文革"时,段小楼被小四陷害,并逼他诬陷蝶衣,段小楼不肯,被拉去游街。此时蝶衣却突然出现,一身虞姬装扮,甘愿同段小楼一起受辱。段小楼见蝶衣已经自投陷阱,希望能保护菊仙而在无奈中诬陷蝶衣,甚至说他是汉奸。蝶衣听后痛不欲生,以为段小楼只在乎菊仙,又看到自己所怨恨的菊仙此刻竟在可怜自己、帮助自己,便将所有的愤懑发泄在菊仙身上,抖出菊仙曾为娼妓。段小楼因此被逼与菊仙划清界限,说从来没爱过菊仙,菊仙在绝望中上吊自杀。

打倒"四人帮"后,师兄弟二人在分离了二十二年的舞台上最后一次合演《霸王别姬》,虞姬唱罢最后一句,用他送给霸王的那把注满他感情和幻想的宝剑自刎了,蝶衣在师兄小楼的怀中结束了自己的演艺生涯,也结束了这出灿烂的悲剧。

解读电影

开场(2分钟)

打倒"四人帮"后,程蝶衣与段小楼在剧场排练《霸王别姬》。

(这个开场,能够看出全片的刻意求工。段小楼记性不好,被蝶衣一一纠正;两人二十二年没在一起唱戏,十一年没有见面。程蝶衣想着从一而终,要和师兄唱一辈子戏。对照影片的结尾,最终拔剑自刎。是刹那的死去,是永恒的存活。)

第一部结义(40分钟,开端部)

开端:入班

1924年北洋政府时代。春节,妓女艳红抱着儿子看喜福成戏班演《闹天宫》,小癞子要逃跑,小石头拍砖护场。

(艳红的出场通过被骚扰明示了这个人物妓女的身份。小石头幼时拍砖,成年和老年又各拍了一次。拍砖,做黄天霸管够,要做项羽却不行,项羽是顶天立地的大英雄。段小楼一辈子被要求做他做不到的人物,这是这个人物的悲剧所在。当砖都拍不动时,他唯有背叛。)

艳红送子进戏班,关师父见六指,拒之。艳红断指,脱袍。关师父收徒。

(童年小豆子,眉清目秀,男生女相,美得不可方物。本是演花旦的好料子。可惜生有六指。母亲先"成全"他,帮他断指。他的命运在最开始是被选择的。)

小癞子挑袍说是窑子里的,小豆子烧袍,拒进小石头被窝。

(烧袍,是和妓女身份的母亲划清界限。为了不被新的团体歧视和迫害。让人联想起多年后"文革"批斗大会上段小楼和菊仙划清界限。菊仙和艳红的身份在后面蝶衣戒大烟时一度重叠。)

众徒弟学艺,小豆子开腿辛苦,小石头帮忙偷工减料,被师父罚顶水盆。

(学艺艰辛不足为外人道,"要想人前显贵,必得人后受罪"。)

小石头顶到下半夜,冻得像个冰雕,小豆子感动替小石头暖身。

由冬入夏,众人学唱《霸王别姬》。

发展:立志

众人穿棉衣,列队齐念祖训。

("自古人生于世,需有一技之能。我辈既务斯业,便当专心用功。以后名扬四海,根基即在年轻。")

小豆子《思凡》念词总错,被师父体罚打烂了手。小石头帮他洗澡,小豆子想放弃。

(我本是男儿郎还是女娇娥?演员人戏不分是观众莫大的幸运却是艺术家的不幸。小癞子《夜奔》疾走忙逃,顾不得忠和孝,未尝不是一种选择。)

小癞子领小豆子逃跑,小石头放走了小豆子和小癞子。

("天下最好吃的,冰糖葫芦属第一!"人生最重是情谊,唯有师兄难忘记。)

小癞子、小豆子进戏园看名角演绎京剧《霸王别姬》,小豆子被感动带小癞子重回戏班。

(与其说是成名后的巨大光环吸引着小豆子不如说是艺术的巨大魅力感染了小豆子。小豆子所注目而神往的自始至终都是楚霸王。他不但流了泪,他还撒了尿。)

小豆子自愿受罚,小石头顶撞师父,小癞子吓得上吊自杀。

小石头、小豆子为小癞子送葬。小癞子的尸体被卷铺盖拉走。

高潮:化蝶

关师父给小豆子等一众讲《霸王别姬》的典故,示意人要自己成全自己。小豆子自己掌嘴认错。

("人纵有万般能耐,但终究敌不过天命。"小豆子正式接受了自己的命运。"霸王别姬"的纯粹与美好彻底征服了他。但转念想,小癞子的自杀难道就不是"自己成全自己"了吗?)

戏园子老板那坤给张宅办堂会,到戏班订戏。小豆子念错词,小石头用烟袋锅捅他的嘴,小豆子终于念对。

(小石头帮着"成全"小豆子,断指、烟锅捅嘴暴力意味明显,小豆子在暴力的淫威之下屈服并自我转换了。"我本是女娇娥,又不是男儿郎"。)

张宅,小豆子、小石头同台演绎《霸王别姬》,两人同观张宅宝剑,小豆子许愿赠剑。

(小石头演的霸王在台上唱"此一番连累你多受惊慌",为后面小豆子被猥亵埋下伏笔。)

张公公猥亵小豆子。

(经典的声画对立的案例。小豆子此后不仅在心理上更在生理上被性别异化了。)

小豆子收养了弃婴小四。

(小四是弃婴,却可以理解成是一段孽缘,是张公公威胁小豆子的"孽种",是整个传统文化遗留下来的糟粕。)

第二部:恩怨(80 分钟,发展部)

开端:赠剑

1937 年七七事变前夕。蝶衣、小楼已成名角儿。那经理迎二人进戏院,蝶衣问剑。

(小豆子成长为程蝶衣,张国荣初次亮相,和张丰毅西装笔挺,怎一个"少年裘马"了得! 当年的师哥师弟,现在已经成了角混得有模有样了。日本人全面侵华在即,学生上街游行。蝶衣关注的却是"领着喊的那个唱武生倒不错",完全沉浸在自己的艺术世界里。)

袁四爷赠蝶衣玉蝴蝶。小楼和菊仙喝"定亲酒"。蝶衣要小楼"从一而终"。

(程蝶衣成名后在众人拥簇下入场听到冰糖葫芦叫卖声这场戏,张国荣表演得精准细腻开始显山露水。情节上,矛盾的发展是通过对位来完成的。《霸王别姬》里有多重"三角关系",袁四爷和菊仙同步出现。段小楼不买袁四爷的账,在八大胡同打出了名,又连累蝶衣"多受惊慌"。)

袁四爷赠蝶衣条幅,菊仙"净身出户"投奔小楼。蝶衣反对小楼定亲,二人闹僵。

(小楼和蝶衣同台再唱《霸王别姬》,"依孤看来,今日是你我分离了"一语成谶。菊仙在台下主意已定。蝶衣的舞台生涯最辉煌最"风华绝代"的时刻也正是他要和小楼分道扬镳的时刻。)

袁四爷"宝剑酬知己",程蝶衣失身袁四爷。

(段小楼不是真霸王,袁四爷更不是。)

日军入城,蝶衣赴小楼定亲宴,赠剑断情。

发展:救霸

日军司令青木到戏院观剧,抗日分子撒传单,剧场大乱。程蝶衣自顾自演《贵妃醉酒》。日军闯入后台,段小楼殴打汉奸被抓。

(蝶衣在台上唱《贵妃醉酒》"人生在世如春梦,且自开怀饮几盅"。然而在这乱世之中,真的可以自顾开怀吗? 段小楼被抓,他不可能不管。杨健先生把全片的发展部概括为"恩怨"二字,是很贴切的。段程二人恩怨不可能一笔勾销。)

菊仙求蝶衣救小楼,并许诺自己会离开小楼。

（这是菊仙的手段更是她这个人物最大的局限。）

蝶衣给青木唱堂会。小楼出狱得知蝶衣所为吐了他一脸唾沫。菊仙失信。

（段小楼以怨报德）

菊仙和小楼正式成亲,袁四爷设宴劝蝶衣"姬别霸王"。

（两人正式决裂）

菊仙与小楼洞房,劝小楼不再唱戏,在家过安生日子。

（菊仙把种种的不幸归结于小楼和蝶衣唱戏上。她看不清到底是这个时代跟蝶衣过不去还是蝶衣跟这个时代过不去。）

高潮:救姬

小楼不再唱戏整日斗蛐蛐,关师父体罚小楼和蝶衣,命二人再度合作。关师父身亡,喜福成散班。蝶衣收留了小四。

（"男儿有泪不轻弹,只因未到伤心处"关师父身亡意味着一个时代的彻底结束）

1945年日本投降,国民党伤兵砸场子。菊仙流产,蝶衣被抓。

（国民党伤兵用手电筒晃人,程蝶衣的艺术得不到应有的尊重。）

小楼、那坤求袁四爷救人,菊仙用宝剑激将威胁袁四爷救人。菊仙带小楼绝交信给蝶衣,蝶衣在狱中抽鸦片。

（不存在真的楚霸王。段小楼和袁四爷加在一起也不是楚霸王。程蝶衣自己救自己。）

蝶衣戏耍小楼众人,国军司令部下令释放蝶衣,请他去军部唱戏。

1949年解放军进城,蝶衣再次赠剑小楼,两人和好。（恩怨未了）

第三部:背叛(27分钟,高潮部)

开端:希望

1949年,蝶衣给解放军唱戏,嗓子劈了。军队鼓掌并唱军歌。小四被解放军吸引。

（程蝶衣再唱《霸王别姬》嗓子劈叉,献了丑。但共产党员有纪律,有基本的尊重。尽管这种尊重是革命理想下整齐划一的尊重。）

小楼、菊仙、那坤、小四参加公判大会,"戏霸"袁世卿"不杀不足以平民恨"被枪决。

小楼帮蝶衣戒烟,菊仙照顾蝶衣。小四不顾蝶衣积极参加政治活动,菊仙得知后扇了小四一耳光。

那坤带众人看望蝶衣,大家对未来充满希望。

发展:绝望

剧团被国家接管,开会讨论。蝶衣批评新戏,遭到小四、那坤反对。菊仙暗示小楼不要反对新戏。

（剧团展开文艺大讨论,程蝶衣讲实话然而四面受敌。菊仙给段小楼送伞,希望能帮他遮挡政治风雨。）

蝶衣体罚小四让他顶水盆,小四不服摔盆出走。并放言要挑战师父。

(小四背叛蝶衣)

小楼迫于组织和菊仙压力弃蝶衣而与小四演绎《霸王别姬》。

(段小楼背叛蝶衣,一个霸王两个虞姬。段小楼怎么选?蝶衣赢得了小四但赢不了菊仙。这场戏颇见陈凯歌的导演功力。"自从我随大王东征西战,受风霜与劳碌年复年,恨只恨无道秦,把生灵涂炭"唱出了程蝶衣多年的沧桑与辛酸,更唱出了他面对自身命运的无奈。菊仙给蝶衣披衣,蝶衣嘴上多谢,却不领情。这里和幼时小豆子烧母亲的袍子有异曲同工之妙。)

小楼劝蝶衣向组织服软,蝶衣拒绝。

(蝶衣是"不疯魔不成活"的人,人生如戏,戏如人生。)

蝶衣火烧戏服,离开北京。(戏服烧得掉,戏魂烧不掉。)

高潮:幻灭

1966年"文革"前夕,蝶衣回到北京,广播里在播送"文革"通知。

蝶衣雨夜夜访小楼,从窗中窥得二人火烧戏服饮酒做爱。蝶衣独自离去。

("文化大革命"在即,小楼菊仙相互取暖,蝶衣一人黯然神伤。菊仙预感到小楼的背叛)

小四审讯小楼,逼他揭发蝶衣。

(段小楼拍砖未果,袁四爷的下场让他害怕。他连黄天霸都不是了。)

批斗大会,小楼揭发蝶衣,掷剑于火中。菊仙救剑。蝶衣揭发菊仙,小楼要与菊仙划清界限。会后,菊仙把救下的宝剑交还给蝶衣。

(别人都把自己画得像牛鬼蛇神。独程蝶衣还是他的虞姬。批斗这一场,真是人间地狱。人性的丑陋展现无遗。陈凯歌冷静地把这种丑恶一层层扒开。)

菊仙上吊自杀,"英勇悲壮"。小楼蝶衣扭打在一起。

小四独自赏玩玉蝴蝶,被红卫兵发现。

全片结尾:(3分半钟)

十一年后,回到影片开始。蝶衣小楼排练《霸王别姬》,蝶衣拔剑自刎。

(最后段小楼大喊了一声"妃子"又低声喊了一句"妃子"。)

字幕:1990年,北京举行了"纪念徽班进京二百周年"的庆祝演出活动。

审美体验:

镜头一:关于海报中蝶衣为小楼勾脸的解释。勾脸隐喻爱意,在不同的语境里含义不同。程蝶衣给段小楼勾脸,早已是长情的仪式。程蝶衣给袁世卿勾脸,是失意时在知己处的感情寄托。菊仙给段小楼勾脸,小楼心里还想着蝶衣,"师弟说,这眉子得勾得立着点才有味"。

最动人自是赴批斗前,蝶衣一脸淡然,当众为惊慌的小楼勾了可能是最后一次脸。

勾脸落笔之处,是左眉梢,正是小石头(段小楼)当年为护小豆子(程蝶衣)而顶撞师父时被打伤之处,也是张公公府上戏毕,小石头说"眉毛这儿汗一蜇,生疼"时,小豆子为他舐伤之处。

镜头二:宝剑是本片的贯穿道具,它具有刚强坚韧、充满力量的属性,既是坚持艺术追求的信物,亦是坚持情感的信物。戏中存知己,宝剑赠美人。

小楼:"霸王要有这把剑,早就把刘邦给宰了! 当上了皇上,那你就是正宫娘娘了。"

蝶衣:"师哥,我准送你这把剑!"

小楼:"哎哟,当心呀,我的小爷儿! 这可是把真家伙。"

师哥年少时的随口戏言,小豆子承诺一句却认真了整整一生,因为那承诺就是他真正的愿望。程蝶衣的心愿不只是想把"宝剑"送给霸王,给父权形象以成就、威信和认同,而更是想当"正宫娘娘",成为所爱的父权形象的伴侣,与段小楼厮守一生。

殊不知,师哥不是真霸王,师弟也唯有在戏里能做虞姬,于是师弟陷在戏里不能自拔,饰演虞姬时真正达到了"不疯魔不成活"的程度,每一次唱《霸王别姬》,其实都是程蝶衣所经历的一种重复,只有在舞台上,霸王段小楼才是属于他一个人的,他才能享受到这种禁忌的占有欲。

镜头三:"差一个时辰,都不算一辈子",既可指程蝶衣对师兄的感情,也可指他对京剧的感情。假霸王、真虞姬,是段、程师兄弟俩一生戏剧生涯的写照。两人对戏剧与人生关系的理解有本质的不同,段小楼深知戏非人生,程蝶衣则是人戏不分。

程蝶衣眼里只有京戏和师哥,他的戏与现实相通。但段小楼清楚,自己是在"凡人堆"里,戏里戏外不同。

"你忘了咱们是怎么唱红的了? 不就凭了师傅一句话?"

"什么话?"

"从一而终! 师哥,我要让你跟我……不对,就让我跟你好好唱一辈子戏,不行吗?"

"这不,小半辈子都唱过来了吗?"

"不行! 说的是一辈子,差一年,一个月,一天,一个时辰,都不算一辈子。"

"蝶衣,你这真是不疯魔不成活呀。唱戏得疯魔,不假,可要是活着也疯魔,在这人世上,在这凡人堆里,咱们可怎么活哟。"

镜头四:对于学戏的人来说,手是第二个灵魂,除了一眸一笑之外,一个造手,有时足以表现许多,关爷不收六指的孩子。

影片开始妓女艳红央求关爷收小豆子为徒时,插入镜头是巷道远端正在叫卖的磨刀人,随着磨刀人走入巷道,近景是一具裹着稻草、被大雪覆盖的尸体的光脚端,于一隅里映出其时世道的生存艰难。暗示艳红走投无路,唯有在寒天雪地中剁去儿子的第六根手指。

做母亲的哪有不心疼自己的孩子? 带小豆子看戏时,艳红脸上露出的是笑容。她大概以为与其留在妓女身边,不如成为戏子是小豆子更好的出路。

"不是养活不起,实在是男孩大了留不住……"这或是说男孩养大了妓院里待不下,可分明是话里有话。自古"女大不中留",怎么反倒说男孩大了留不住? 这是电影对程蝶衣性别错位的第一个着笔。

袍子象征温情,是艳红离别小豆子时留给他的最后遗物。可以用袍子窥见妓女和戏子的关系。

入门当晚,师兄弟们取笑是"窑子里的东西",小豆子便毅然烧掉母亲留下的袍子,表现出他自尊、敏感、倔强的性格,与污名化的过去的诀别,很难说此时他心中对母亲是否怀有恨意,坎坷多舛无根漂泊的一生亦从此伊始。

袍子在影片中反复出现,各式各样的袍子(被子),被幼年小豆子披在小石头身上,被少年小石头披在小豆子身上(出张公公府时),被段小楼披在菊仙身上(菊仙上门提亲时),被汉奸披在日本人身上。被菊仙披在程蝶衣身上尤多,有三次:

第一次是菊仙求助程蝶衣救段小楼,此时的袍子不单隐喻温情,更是隐喻权力与认可。

第二次是程蝶衣戒毒时,苦痛难禁,恍惚间忆起母亲,"娘,水都冻冰了,我冷",蝶衣像个无助的孩子,菊仙心中涌起母性的悲悯,再顾不得许多纷争,把袍子和被子用力往程蝶衣身上裹,晃动的动作如母亲安抚婴儿,温暖他的身体、温暖他的心灵,菊仙对程蝶衣的怨此刻和解。

第三次是程蝶衣被小四换角时,菊仙给予的安慰。蝶衣从菊仙手中拿过盔头给小楼戴上,之后菊仙将袍子披在蝶衣身上。"多谢菊仙小姐",难言相看泪眼,蝶衣对菊仙的怨恨和解。但他像当年对待母亲留下的袍子一样,将袍子洒落,孤身寂寞而去。恰似小豆子当年不要母亲的袍子,只是这次温和许多。

程蝶衣自小缺少父母关爱,段小楼或者说是小石头,代替了父亲的角色给他关怀和激励,缺位的母亲角色则隐隐由后来的菊仙补上。

镜头五:大结局

段:"二十一年了。"

程:"二十二年。"

段:"对,二十二年了,我们哥俩也有十年没见面了。"

程:"十一年,是十一年。"

段:"是,十一年,是。"

十一年后重逢,程蝶衣的时间概念很清楚,他对时间有明确的感知,时间的流逝未能让他模糊对过往的记忆。

"大王,汉兵他……他杀进来了。"

"在哪里?"

如果在折子戏中,此处情节应是:霸王不知有假,转身看去,"待孤看来……",待他方一回头,虞姬即抽出他腰间宝剑,未几,项羽意识到受骗,忽一低头,惊见腰间抽空的剑鞘。而此处段小楼却用了白话文,小楼一直清楚戏与现实间的区别。

这段情绪戏超级精彩,蝶衣前后连问了五遍"大王,快将宝剑赐予妾身!",小楼"妃子,千万不可",是虞姬欲死,霸王不让;亦是虞姬求"情",霸王不予。中间小楼调笑蝶衣"我本是男儿郎""又不是女娇娥""错了,又错了!",蝶衣喃喃自述"我本是男儿郎,又不是女娇娥"。程蝶衣大半生都活在戏梦里、在他对霸王的幻想里、在自己模糊错位的性别里,终于明白个人感情追求和艺术追求与现实的差异,唯有戏属于他。

"来,我们再来",于是投身戏中,化作虞姬拔剑自刎,在蝶衣生命的终结处,他才算"自个儿成全了自个儿":还是在戏台上,还是在"霸王"身边。现实与戏剧失去了边界,蝶衣用自身成全了艺术的真实。

蝶衣握住剑柄的手,从柔情似水慢慢抚上剑柄,缓缓抽出这把真家伙,再到电光火石寒芒出鞘,有流连和决断的变化节奏。

●思考与练习●

你如何看待程蝶衣的性别错位和戏梦人生,以及对师兄段小楼专一的痴情?

四、生死不渝的爱情　人性本真的凄美

《泰坦尼克号》——易碎的梦幻水晶,天若有情天亦老

影片档案:

导演:詹姆斯·卡梅隆

领衔主演:莱昂纳多·迪卡普里奥、凯特·温斯莱特

类型:爱情片、灾难片

荣誉:票房成绩堪称空前,包揽了第七十届 11 项奥斯卡大奖

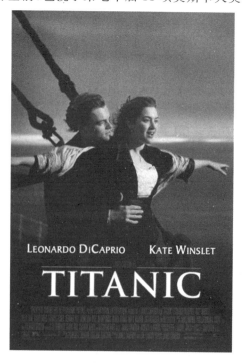

导 读

1912 年 4 月 10 日,当时最大的豪华邮轮"泰坦尼克号"从英国南安普顿(Southampton)出发,开始了它的处女航,计划途经法国瑟堡-奥克特维尔(Cherbourg-Octeville)及爱尔兰昆士敦(Queenstown),前往美国纽约(New York)。由于"泰坦尼克号"此行具有特殊的意义,所以不少达官贵人、巨贾名流纷纷登上这艘巨轮,以期先"乘"为快。据文献记载,乘客中有电影明星、传记作家、电车大亨、工程师、神学家、剧作家等,头等舱的 337 名乘客中,仅百万富翁就达 57 位。令人惋惜的是,"泰坦尼克号"启航仅仅 4 天之后的 4 月 14 日夜里 11 点 40 分,便在纽芬兰岛附近的北大西洋海域撞上冰山,2 小时 40 分钟后,即 4 月 15 日凌晨 2 点 20 分,船身在裂成两半后沉入大西洋,船上的 2207 名船员和乘客中,仅有 705 人生还,其余 1502 人悉数葬身大海。之后,此次海难成为人们难以忘却的记忆。

影片梗概

《泰坦尼克号》是美国 21 世纪福斯电影公司、派拉蒙影业公司联合出品,这部影片于 1998 年在中国上映,影片中让人们感到震撼的不仅是爱情还有伟大的人性。

1912 年 4 月 15 日,载着 1316 名乘客和 891 名船员的豪华巨轮"泰坦尼克号"与冰山相撞而沉没,这场海难被认为是 20 世纪人间十大灾难之一。1985 年,"泰坦尼克号"的沉船遗骸在北大西洋两英里半的海底被发现,为了寻找当年随着"泰坦尼克号"一起沉没的钻石"海洋之心",探险家们开始打捞"泰坦尼克号",美国探险家洛维特亲自潜入海底,没有找到钻石,却在船舱的墙壁上看见了一幅保存完好的素描,一位名叫露丝的老妇人通过电视看到了素描中的自己,来到打捞现场并讲述了自己和杰克令人荡气回肠的爱情故事,已经是 102 岁高龄的罗丝声称她就是画中的少女,在潜水舱里,罗丝开始叙述她当年的故事。

1912 年 4 月 10 日,被称为世界工业史上的奇迹的"泰坦尼克号"从英国的南安普顿出发驶往美国纽约,富家少女罗丝与母亲及未婚夫卡尔一道上船,另一边,不羁的少年画家杰克靠在码头上的一场赌博赢到了船票,罗丝早就看出卡尔是个十足的势利小人,从心底里不愿嫁给他,甚至打算投海自尽。关键时刻,杰克一把抱住了少女罗丝,两个年轻人由此相识。

为排解少女心中的忧愁,杰克带罗丝不断发现生活的快乐之处。很快,美丽活泼的罗丝与英俊开朗的杰克相爱了,罗丝脱下衣服,戴上卡尔送她的项链,让杰克为她画像,以此作为他们爱情的见证。当他俩相爱时,"泰坦尼克号"撞上了冰山。

惨绝人寰的悲剧发生了,泰坦尼克号上一片混乱,在危急之中,人类本性中的善良与丑恶、高贵与卑劣更加分明。杰克把生存的机会让给了爱人罗丝,自己则在冰海中被冻死。

老态龙钟的罗丝讲完这段哀恸天地的爱情之后,把那串价值连城的珠宝沉入海底,让它陪着杰克和这段爱情长眠海底。

解读电影

面对重大危机时刻人的真性情会显现无遗,当"泰坦尼克号"开始下沉,所有的人都面临着生死抉择,那一刻正是人性的显现时刻,这是众所周知的道理。因此这部电影的主题可以分解为四个方面:

1.拯救

拯救与灾难共生,灾难片一定要探讨"拯救"这样一个主题。在这部影片里,这个主题具有两层含义:第一是指"泰坦尼克号"的求生;第二是杰克对罗丝生命和灵魂的拯救。他教给她两件事:第一,只有你能救自己。第二,永不放弃。

2.人性

在一艘即将沉没的巨轮上同时上演着人性的高贵与卑劣,经济的富贵与贫穷,品德的自私与无我,性情的虚伪与真诚,自由与束缚,真爱与假情……电影后半段把大船的命运和情侣两人的命运绑在一起的情节设置相当高明,他们在顶舱、底舱来回地跑,既是爱情的突围,同时又见证了一艘大船的覆亡。

3.悲剧结局的震撼力

悲剧性的结局将美学价值呈现到极致,正如同鲁迅所言:"悲剧将人生的有价值的东西毁灭给人看。"

4.关于爱情的价值导向

爱情是什么? 爱情是两颗心灵的倾慕与交融,与其他无关。不管生活中一个"屌丝"能不能让"白富美"恋上,电影中一定要让人看到两个灵魂打破阶层阻隔心心相印的可能,非如此不可,否则电影就是向生活投降! 人们也就没必要再进电影院了。因为有难度,才值得挑战,社会也将同时得益于阶层的融合,人们能抛弃身份地位相亲相爱,将会使得所有人都能感觉到一种幸福。老罗丝的梦境里,杰克穿着穷画家的衣服,在船上各色人等的掌声里和她牵手,是全片的一个虚幻而美妙的升华。《泰坦尼克号》给观众的价值导向就是:选择真爱,尊重内心,不能以金钱为衡量标准。

审美体验:

镜头一:这是一对老夫妻,影片中他们正躺在船上,相拥在一起,海水正漫进房间,虽然这一镜头只有短短的两秒钟,但人性光辉的一面却展现得淋漓尽致,这也是影片中最感人的画面之一。

镜头二:他是"泰坦尼克号"第一副船长,可以说影片中除了令人震撼的爱情之外,另一个让人感到震撼的便是大副的自杀,这也是人性刻画最到位的一个例子。他一开始接受了卡尔的钱并答应帮他上救生艇,在这之前他的观念中只有金钱和地位,但当他看到船开始下沉,人们开始争先恐后逃命的景象时,内心起了很大的变化,从冷淡变为震撼,他先是开枪打死了一个为求生存跳上救生艇的男人,因为救生艇是给妇女儿童准备的,接着他又做了一个令人震撼的决定,举枪自尽以弥补他杀人的罪过。我们可以从大副的身上看到世界上的两种人性——卑微与光辉,或者说是一种人性的转变。通过对人物人性变化轨迹的刻画也让剧中的人物更加立体饱满。

镜头三:女主人公的未婚夫卡尔一出场便开始炫耀自己的财富,他用金钱收买行李整理员,通过这一细节的刻画表明卡尔很傲慢,认为钱可以解决一切,而且富人就应该享有特权。这一细节又和影片后面卡尔用钱收买大副的情节前后相呼应。

镜头四:主人公杰克的出场。他出现在赌桌上,这说明杰克其实是个人生的赌徒,或者说他是一个彻底的存在主义者,全部家当都在身上,四海为家,今朝有酒今朝醉。对于像杰克这样的人来说,人生充满了不确定性,每天醒来都是崭新的一天,这样的人大都能够接受人生中的每一次机会与运气,这与杰克在后面的一句经典台词"人生本来就全靠运气"也是相照应的。从他在贵族酒桌上的一席话可以看出这点,他说:"我喜欢早上一起来是一切都是未知的,不知会遇见什么人,会有什么样的结局。"他知道,人生充满不确定性,每天醒来都是崭新的一天,因此他努力生存,享受每一天的日出与日落,欣然接受上帝赐予的每一个机会与运气。

他和罗丝的第一次对话很有趣。对于罗丝的诉苦,他一直追问一个问题"你到底爱不爱他(指卡尔)"。因为他真正关注的是人的内心感受,人必须坦诚对待自己的心,不能逃避。只有当你尊重自己的感受,和自己沟通的时候,你才能找到出路。人最高贵的地方在于选择。

通常在表白时大家都会说我对你的爱"天长地久、永远不变",但这个痴情种说的却是"我对你的爱火总有一天会熄灭的"。这是多么出人意料!其实他想表达的是:我们拥有的只有当下,即使我们的身份地位相差悬殊,但是,这一刻,我们彼此相爱。我爱你,我也知道你爱我,那我们就应当把握当下,别管未来。我不能保证我爱你生生世世,但我保证这一刻,我对你的爱火是那么炙热!其实这是一番非常坦诚,也非常感人的表白。

镜头五:罗丝读弗洛伊德。在 20 世纪初读弗洛伊德,说明她是个思想非常前卫的姑娘,她脱离了她所在的贵族阶级,接受新潮的思想,但她的身份禁锢了她的思想,她试图以自己的力量来反抗,但没什么用。罗丝喜欢毕加索和莫奈的画。他们一个是抽象主义大师(虽然当时还不是),一个是印象派先驱,这两种艺术思潮在当时还算前卫和小众。她对这些艺术家的欣赏折射出她在艺术修养上的独特品位。罗丝来自一个没落的贵族家庭。母亲利用她钓到卡尔这样一个金龟婿,以排解家中的经济之忧。但她的新潮思想使她特立独行,跟杰克去参加三级舱派对,他们喝酒、跳舞、大声欢笑、在船舷上摆出整个世纪最拉风、被后世人无数次模仿的浪漫造型,杰克的爱让罗丝找到了自我,体验到自由的感觉。

镜头六:一直演奏到最后一刻的乐队……

●思考与练习●

假如"泰坦尼克号"没有沉没？

参考答案：一个非常主流的论调就是"爱情烟花论"：也就是说杰克和罗丝的爱情不过是美妙旅途中的昙花一现，如果"泰坦尼克号"顺利到达美国，他们只有两种结果——第一是他俩黯然分手，阳关道、独木桥地过下去；第二就是王子和公主过上了枯燥无聊的生活，爱情变成了柴米油盐房租水电。

五

《卡萨布兰卡》《北非谍影》）——乱世中凄迷伤感的爱情，此情可待成追忆

影片档案：

导演：迈克尔·柯蒂斯

领衔主演：亨弗莱·鲍嘉、英格丽·褒曼、克劳德·雷恩斯、保罗·亨雷德

类型：情感片

荣誉：1944 年该片在第十六届奥斯卡奖颁奖礼上获得了最佳影片、最佳导演、最佳剧本三项奖项。2007 年，美国好莱坞编剧协会评选史上"101 部最伟大的电影剧本"，该片排名第一位。

导读

《卡萨布兰卡》是好莱坞黄金时代的代表作品之一，该片被美国电影协会评为电影史

百大爱情电影之首。影片以1941年尚未落入德军之手的卡萨布兰卡城为舞台,讲述了乱世背景下一段身不由己、感人至深的三角爱情故事,并在爱情主题中很好地融入了战争、正义、自由、忠诚、友谊等元素。

影片梗概

　　二战爆发后,大量的欧洲人逃离了自己的国家以躲避纳粹的铁蹄,摩洛哥北部的城市卡萨布兰卡成了从欧洲到美国的重要中转站。在小城的里克酒吧里,常常聚集着各种肤色和各种身份的人,老板里克·布莱恩是一个美国人,是个玩世不恭、率性而为的酒吧老板。后来他得到了两张宝贵的通行证并偶遇了他当年在巴黎的女友——伊丽莎·伦德,但伊丽莎已经是捷克地下阵线领导人维克多·拉斯罗的妻子,伊丽莎·伦德长相清秀,心思缜密,是"到访过卡萨布兰卡的最美丽的女子"。在纳粹攻占巴黎前和里克·布莱恩有过一段恋情。由于她是已婚之妇,因而她不得不在丈夫与布莱恩之间做出选择,这种选择令她饱受心灵的折磨。维克多·拉斯罗是自由法国的民主斗士,捷克抵抗运动领导人,多次从德国纳粹集中营逃出。他是伊丽莎·伦德的丈夫。他们两人正遭到纳粹少校史特劳塞因的追踪。心情复杂的里克几经思考,最终决定帮助他们逃离卡萨布兰卡。在机场,里克对伊丽莎的深情让他选择牺牲自己的幸福成全爱人,里克将通行证交给维克多,并开枪射死了打电话阻止飞机起飞的德军少校,目送着自己最爱的女人奔向自由。

解读电影

　　经典台词和关键情节单独分析:

　　(1)里克:"为什么我那么幸运? 为什么你会在那里等我出现,正巧又被我找到?"

　　(2)里克:"世界上有那么多城镇,城镇里有那么多的酒吧,她却走进了我的。"

　　(3)伊丽莎:"全世界快倒下来了,我们却选这个时候来谈恋爱!"

　　里克的让步(关键情节)

　　里克总是叼着一根烟,眼神轻蔑,似乎把什么都不放在眼里,"是个愤世嫉俗的家伙",与别人对话犹如连珠炮,总是对方话音刚落就能接出他想说的话。这样的人你永远也别想弄懂,他也不会告诉你他的心里究竟有什么解不开的结,酒馆里弹钢琴的黑人歌手山姆也弄不懂他。这天,老顾客尤佳迪神情诡异地交给里克两张过境通行证,想把它们放在里克那里寄存几天。里克希望"不要放过夜",结果酒馆里的德国兵闻到风声,将尤佳迪枪杀了。这样,里克意外地拥有了两张通往自由世界的门票。为德国军官服务的雷诺警长告诉里克,一个叫拉斯罗的法国人将要到达卡萨布兰卡,从这里飞往美洲。德国人要逮捕的人就是这个拉斯罗,因为他是反法西斯分子。拉斯罗出现在酒馆里的时候,他的身边还有他的妻子——伊丽莎。这个美貌的女子一进门见到山姆之后,脸色就异样了。她坐在山姆身边,让他弹奏一首《时光流逝》。山姆说他很久没有弹了,旋律都忘了,伊丽莎就哼唱出来。钢琴声响起,在宛若月光般的钢琴声中,伊丽莎陷入沉思。这个用光饱满的特写镜头让我们近距离地感受英格丽·褒曼那令人窒息的美,她忧郁的眉头中锁不住内心的翻涌,似乎往事都在她的眼神里流露了出来。里克见到了伊丽莎,他无所关心的眼睛第一次出现了关注的痕迹。可是他并没有多说什么,只是在夜里独酌,回想那段刻骨铭心却又充满遗憾的浪漫时光。导演用了 8 分钟的时间回顾了他们在法国恋爱的故事,这是片中唯一一处轻松愉快的画面。他们一起驾车、跳舞、喝酒,仅仅这些却成就了公认的最般配的银幕情侣。"快乐总是短暂的,随之而来的是无穷无尽的痛苦和长叹。"法国沦陷前,里克和伊丽莎准备逃往马赛,可是出发那天伊丽莎却没有出现,也没有告知里克原因。就这样,一段快要跨入婚礼殿堂的爱情无疾而终。命运弄人,伊丽莎原以为再也不会见到里克,却又在这里见面。里克不解其中原因,只以冷漠带过。为爱所伤的人通常都会以这种方式面对所爱过的人,既是惩罚对方的方式,又是麻痹自己的手段。伊丽莎被里克的冷漠深深刺痛,甚至不惜用手枪对准里克。可是有话终究是要说清楚的,否则这种僵持也不是里克想要的。原来伊丽莎的丈夫拉斯罗因为参加革命活动曾经被捕,后来传来被处死的消息,这段时间里,她结识了里克。两个人都不探听对方的身世,只有纯粹的相爱。结果就在他们要去马赛那一天,伊丽莎收到拉斯罗还活着的消息,因此没有跟着里克走。为此她深感愧疚和自责。可以说伊丽莎对丈夫的忠贞是令人钦佩的,里克得知这个原因之后,决定用手里的两张通行证帮助他们夫妇去美国避难。

主要镜头回放:

影片讲述了二战时期,商人里克手持宝贵的通行证,反纳粹人士维克多·拉斯罗和妻子伊丽莎的到来使得里克与伊丽莎的旧情复燃,两人面对感情和政治的矛盾难以抉择。

故事发生在 1941 年的卡萨布兰卡。在纳粹的铁蹄之下,要从欧洲逃往美国,必须绕道摩洛哥北部城市卡萨布兰卡,这使得这座城市的情势异常紧张。里克咖啡馆的老板里克(亨弗莱·鲍嘉饰)是位神秘的男子。这个偏僻的小城突然变得热闹起来。人们从法西斯铁蹄下的欧洲各国来到这里,因为在这里能弄到出境护照,取道里斯本到美国去。不过代价极高,为了出境证,这儿每天都在发生悲剧。

一架德国飞机载着秘密警察头目司特拉斯少校降落在卡萨布兰卡。当地的法国警察局长雷诺上尉(克劳德·雷恩斯饰)前往迎接。原来,前不久,两个德国信使被杀,他们身上带的两张戴高乐将军亲笔签名的护照被人取走。司特拉斯此行为追查此案;同时还有更重要的任务:跟踪一个捷克左翼运动领导人——维克多·拉斯罗。雷诺向他报告,凶手已查明,今夜将在一个饭店当众逮捕他。司特拉斯命令雷诺决不能使拉斯罗离开卡萨布兰卡,这对德国政府来说是头等重要的事情。

在卡萨布兰卡机场附近的豪华的咖啡馆店内顾客盈门:有欧洲人,非洲人,亚洲的土耳其人。黑人乐师山姆坐在钢琴前,边弹边唱。寻欢作乐者的议论中心却仍是护照。一个漂亮女人:"以往我想要一所戛纳的别墅,现在我只想要一出境护照。"一个男人:"弄不到护照,我只有死在卡萨布兰卡。"只有饭店的主人里克,显得那样冷静淡漠,独自坐在桌子边。专事倒卖出境护照的尤佳迪来到里克跟前,取出了装有两张通行证的信封,要里克代为保管。他告诉里克,两个德国信使是他杀的。今天倒卖出去,发笔横财,他就离开这里。里克尽管不喜欢此人,但还是默许代他保管,并把通行证放在山姆还在弹的钢琴后盖里。

尤佳迪刚离开,雷诺来了,他告诉里克,拉斯罗已来到卡萨布兰卡,要里克不要做感情主义者。司特拉斯知道里克在欧洲和北非都参加过反法西斯战争。他要里克这次能站在德国一边,阻止拉斯罗离开这儿到美国去。里克拒绝了:"你们的职业是政治,我的职业是开酒店。"

尤佳迪被警察抓走后打死了,在他身上,没有搜到那两张护照。拉斯罗和妻子伊丽莎(英格丽·褒曼饰)走进饭店。伊丽莎发现正在弹钢琴的山姆很脸熟,山姆仔细地打量了一会儿才收回目光。一个男人随之而来,以要拉斯罗买下一枚戒指为掩护,与拉斯罗接上了头,约定见面地点。接着,司特拉斯和雷诺也来到他们桌边。拉斯罗拒绝与司特拉斯多谈,雷诺只好以地方警察局名义邀他去一次警察局。此两人走后,拉斯罗应约去会卖戒指人,知道尤佳迪已死,护照无望。伊丽莎独自一人留在餐厅,听着山姆弹琴。终于,下决心上前与山姆打招呼。山姆没料到会在这儿碰上伊丽莎。在伊丽莎的请求下,山姆和伊丽莎一起边弹边唱《时光流逝》(As time goes by)。里克发现了伊丽莎,变得与往日不同。深夜,漆黑的饭店里,顾客都已离去。山姆轻轻地弹着《时光流逝》,里克陷入了往事:巴黎,里克和伊丽莎依偎着,在大街上、在塞纳河的汽艇中、在豪华的饭店里。里克幸福地微笑着:"为什么我这么幸运,会遇上你?"伊丽莎告诉里克,她曾经爱过一个男人,可他死了。后来,她遇上了里克,爱上了他。一辆宣传车打断了这对恋人的呢喃,德国军队正在向巴黎推进,几天之内便占领巴黎。

饭店里,山姆在钢琴上弹着《时光流逝》,街上的喇叭在播送盖世太保的嚣喧。里克和伊丽莎知道拉斯罗是德国纳粹悬赏捉拿的目标,劝他马上离开巴黎,里克建议三人一起走。讲定在火车站碰头。分手时,伊丽莎对里克说,无论怎样,她都非常爱他。火车站前,里克在风雨中焦急地等着伊丽莎。山姆来了。交给里克一封伊丽莎的信。里克迫不及待地拆开,信中写道:"我不能和你一同走,也不能和你再见面了,你一定不要问为什么。只要相信我爱你。"雨点打在信纸上,字迹模糊了。

伊丽莎出现在正在回忆往事的里克面前。里克这才发现,山姆正准备回家。他冷冷地对伊丽莎说:"我们已停止营业。"伊丽莎想找里克谈件事,但里克却质问她为什么要到卡萨布兰卡来,还告诉她,自己的心已被高跟鞋踢伤。伊丽莎想解释,里克不想听。拉斯罗和伊丽莎应邀来到警察局,司特拉斯要拉斯罗供出欧洲各国地下抵抗组织的领导人,答应给他们发护照。拉斯罗回答得很巧妙:"在集中营里。"拉斯罗和伊丽莎找到黑市头面人物弗拉里,想花钱买两张护照,弗拉里告诉他们,只能卖一张,因为拉斯罗是德国当局控制的对象,没人敢卖护照给他。弗拉里还告诉他们,尤佳迪的那两张特别通行证估计在里克那里,虽然警察局曾去搜,但没搜到。他建议拉斯罗去找里克帮忙。但里克却很冷漠。拉斯罗问他原因,里克要他问问自己的太太。

正在谈话,饭店里的德国人唱起了军歌《保卫莱茵》。拉斯罗到乐队前指挥起马赛曲,周围的人都唱了起来,压住了德国人的歌声。司特拉斯气急败坏,命令雷诺立即查封里克饭店。晚上,伊丽莎又来找里克,要他交出通行证,里克不肯。伊丽莎又以旧情要求他,他还是不理睬。伊丽莎无奈,拔出了手枪。里克取出了通行证,却又说,只有开枪打死他才能办到。伊丽莎手中的枪掉了下来。她向里克倾诉了当时离他而去的原因。她和拉斯罗结婚刚三个星期,他就到布拉格去了,不久,传来他被捕死亡的消息。后来,她与里克相遇相爱。可就在她要和里克、山姆离开巴黎时,临去火车站前,忽然接到拉斯罗朋友的电话,说拉斯罗还活着,而且就在巴黎郊外,正在生病。她虽然爱里克,但不能扔下拉斯罗不管。里克明白了一切,决定帮助拉斯罗。雷诺因为拉斯罗参加秘密集会,决定逮捕他,里克知道后帮他出主意:待拉斯罗拿到通行证后再逮捕他。这样雷诺可以一举两得立功,里克也可以带着漂亮的伊丽莎到美国去。雷诺同意了。

拉斯罗在飞机起飞前几分钟来到饭店,拿到了通行证。他要将十万法郎给里克,里克不要,说他去美国用得着。正在这时,雷诺突然出现,宣布逮捕拉斯罗。拉斯罗感到意外,里克却掏出手枪对准了雷诺,要他给机场打电话,不得为难拉斯罗和伊丽莎。雷诺却将电话打到德国领事馆,尽管不便讲清,司特拉斯却已明白事情不妙,带了警察直奔飞机场。里克逼着雷诺在通行证上签上拉斯罗和伊丽莎的名字,雷诺和伊丽莎却很惊奇。里克对伊丽莎说:"我们将永远记住巴黎。你来卡萨布兰卡以前,我们的甜蜜记忆消失了,昨天夜里我们把它又找回来了。"飞机的马达发动了,司特拉斯冲进了机场。当他知道拉斯罗已上了飞机,便企图打电话阻止飞机起飞。里克用枪指着他,司特拉斯依然拿起电话机拨通电话,里克的枪响了,打死了司特拉斯。尾随而来的宪兵刚刚赶到,雷诺却命令宪兵去把往常的嫌疑犯都抓起来。

飞机起飞了。雷诺对里克说:"你不但是感情主义者,你也变成了一个爱国者了。"里克说这正是重新开始的大好时机。雷诺表示希望里克离开卡萨布兰卡,隐匿一段时间,交通他安排,里克说起 10 万美元的赌约,雷诺说他们俩马上用得着了。然后私下建议里克一同去参加自由法兰西抵抗运动。最后,一对反纳粹新战友一同消失在雾气蒙蒙的黑夜中。

审美体验:

看点一:《卡萨布兰卡》是一部紧密结合二战形势,以爱国主义精神和反法西斯为主调的影片。影片有曲折、惊险的追捕和枪战镜头,有富于异域情调的北非风情。影片拍摄于 1942 年,正值二次世界大战白热化阶段,该片可以说是适时诞生的佳作。除了精彩的台词之外,鲍嘉和褒曼的精湛表演也是该片获得成功的主要因素之一。在混合着危险的异国情调的浪漫中,片中男女主角在乱世重逢,亨弗莱·鲍嘉硬汉式的沧桑和英格丽·褒曼沉默中的娇柔,各自都有着身不由己的无奈和矛盾。

看点二:在世界电影历史上,《卡萨布兰卡》是一个让人心动的名字,爱情本身是美丽的,如果对爱情的讲述也达到近乎完美的境地,那么被讲述的爱情就具有恒久的艺术魅力,《卡萨布兰卡》无疑具有这种魅力。

看点三:影片镜头技巧的运用娴熟,叙事手法卓绝,剧情跌宕起伏,对白精彩、结构严谨,时代背景波澜壮阔,这一切都是《卡萨布兰卡》成为经典的理由。《卡萨布兰卡》故事的基本结构是失衡到平衡模式的转变。影片首先呈现一个被意外事件打破了平静与和谐的世界,通过一系列因果联系事件的线性推进,有发展,有高潮,直至结尾重新找回世界的平静与和谐。这样一种叙事逻辑,加上强烈的戏剧冲突以及大量悬念、误会、偶然性等戏剧性情景的营造,使观众不由自主地融入其中。此外,影片还以较快的节奏推动故事的进展,使得观众在观看的时候不至于厌倦。

看点四:剧本中最妙的地方莫过于虽然是一部战争爱情片,却没有任何表现战争场面的场景,看不到硝烟炮火,看不到殊死搏斗,可是战争的压抑氛围始终萦绕于影片之中。首先,影片开头是一段纪录片式的介绍:二战前人们渴望到美洲逃避战乱,为此形成了一条路线,非洲摩洛哥的卡萨布兰卡成为这条路线的转折点。除非拥有过境通行证才能到美洲,其余的人只能暂住在卡萨布兰卡。影片的故事就是在这样的背景下展开,导火索是两个携带着过境通行证的德国兵被杀死,通行证不翼而飞。在开场中,卡萨布兰卡的各种人物纷纷亮相。有愚昧无知的富翁、有借机下手的投机者、有被刺杀的地下工作者,当然还有德国军官——造成社会不安的主要原因。这个悬念的提出使得原本有些凌乱的开场又能抽出一条主线出来。里克的出场也是充满了悬念,先是通过他人之口我们得知这个酒馆小老板很有个性,“他从不和顾客喝酒”。当镜头从他签支票的手上移到他的脸上,我们终于看到了这个影史上最深沉的硬汉。在接下来的情节发展中,人物对白起到了重要作用,因为没有画外音和独白,而这些对白中也不乏很多经典。可以说对白的精彩是剧本经典的一个主要依据。悬念迭出,伊丽莎为什么离开里克、伊丽莎和她的丈夫能不能得到通行证、谁最后会离开卡萨布兰卡;高潮迭起,德国军官带着部下在酒馆里唱德国歌曲,里克则带领大家高声唱法国国歌《马赛曲》,双方的较量针锋相对却又如此神圣;出乎意料的结尾,机场临别一场戏可谓峰回路转,在最后给观众一击,令感动在心中流淌。如此精心的编排,紧凑的情节推进,使得我们无论怎么看它,都是经典。

看点五:英格丽·褒曼忧伤而迷离的眼神成为著名的电影经典表情,其中蕴含的深沉的爱、无尽的思念与眷恋,打动了全世界不同时期、不同种族的男人和女人们。在大雾弥漫的机场,伊丽莎凝视着里克的脸庞,那种仿佛见他最后一面的眼神如此黯然。英格丽·褒曼的这个注视里克的镜头使影片画上了一个完美的句号,这个也是影史上最不朽的表现“看”的镜头。里克目送着自己心爱的人登上飞机,逐渐消逝于无边无际的大雾中。

●思考与练习●

玩世不恭的里克在卡萨布兰卡偶遇昔日情人伊丽莎,却发现伊丽莎在护送作为抵抗运动领袖的丈夫拉斯罗出境。当伊丽莎证明了对里克真挚的爱和不得不承担的道义责任之后,二人的误解终于消除,里克也毅然把通行证让给他们,自己选择留下来面对纳粹。请你分析一下里克人物形象。

六、战争中的诺亚方舟——彰显人性真善美,构筑人性桃花源

《拯救大兵瑞恩》——闪耀的人性之光

影片档案:

导演:史蒂文·斯皮尔伯格(美)

领衔主演:汤姆·汉克斯、汤姆·塞兹摩尔、马特·达蒙

类型:经典战争电影

荣誉:2014年12月17日,影片入选2014年美国"国宝影片"名单。

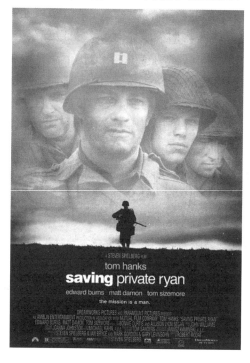

导读

　　瑞恩的真正本名为美军第101空降师E连士兵弗里茨·尼蓝(Fritz Niland),在E连攻下卡伦坦湾后得知他在第82空降师的哥哥鲍伯阵亡的消息,同时他在第4步兵师的另一位哥哥也阵亡于犹他滩头,不久后三哥在同一周中于中缅印边界被击落失踪报备(他是轰炸机的机组成员),同一天中尼蓝夫人同时接到三封儿子阵亡的电报,弗里茨是家中剩下唯一生存的儿子,陆军于是下令将他优先送回国。电影后段小镇攻防战的情节则纯属虚构。而最后弗里茨的三哥并未阵亡,只是成为日军的俘虏,最后被英军所救。

　　影片确有事实依据,二战中确有通过一份《苏利文法案》,苏利文家族的五个同胞兄弟同时走上反法西斯战场,在1942年的太平洋战争中,他们因所乘坐的"朱诺号"军舰沉没而全部丧生。同年美国国会通过明文规定:一个家族的同胞兄弟不得全部上前线。

　　八个人去救一个人,尽管这样的成本投入有些不合理,但他们仍然义无反顾地去执行,为的是不让一个年老体衰的母亲经历所有的儿子都丧命于战争的噩耗。这种饱含人

性的军令,无论虚构或真实,其实早已打动人们的内心,让我们不会再去过多地苛求它是否符合真实历史。这便是导演的高明之处,准确地触动了人性的软肋。

影片梗概

《拯救大兵瑞恩》讲述的是 1944 年诺曼底登陆后,瑞恩家三名参战的儿子陆续战死,只剩下生死未卜的小儿子詹姆斯瑞恩。美国陆军参谋长马歇尔在得知此事后,出于人道主义考虑,决定力保詹姆斯瑞恩的性命,派出由米勒上尉领队的八个人,在茫茫战海和枪林弹雨中去寻找瑞恩的下落,并将他平安护送回国。

这八个人中有上尉、医疗兵、狙击手、翻译等,他们为了在战乱中找到瑞恩,历经艰险,受伤甚至赔上了自己的性命,他们有过疑惑,有过抱怨,发过"八个人去救一个人是军事资源的浪费"的牢骚,但是军令如山,特别是在战乱的年代,作为军人的唯一生存法则就是服从命令,唯一精神食粮就是坚信战争会胜利,会成为过去。这条拯救瑞恩的旅程也是战士们的生死之旅,它考验着每一位战士的生理意志和心理意志,每一个在战争中的人个性都得到磨炼,一条充斥着鲜血的救赎之路。

解读电影

开场:

(1)一面随风飘动的血色美国国旗。【这是个雷雨前的平静开场,在平静的背后即将掀起一场激烈的战事。国旗,象征这一个国家、一个信念,血染的国旗则是一种精神,代表了战士们为了国家的安全、为了人类的和平牺牲了自己生命的大无畏的精神,宣扬了国家精神和人性的美好。】

(2)墓地:一位年迈的老人带着自己的家人,回忆起二战时的岁月,通过老人即大兵瑞恩的角度展开电影【倒叙手法将观众也带到当时战乱的年代,重温当年战争的惨状。】

(3)海上:战士们在船上准备登陆诺曼底,天上下起大雨。【预示着这是一场激烈困难的战役】

(4)海岸边:战士们被敌方的机关枪扫射,伤亡惨重,士兵们个个倒在了海水中,还被染成了红色。士兵们成功登陆,但是尸体遍地,惨不忍睹。【画面给人强烈的视觉震撼,配上机关枪大炮的音响效果,逼真地再现了当时战争情景,让人深思】

第一部分:

(1)瑞恩母亲家:母亲正在刷盘子,看到上校的车子,推开门,不禁瘫坐在地上,因为她知道自己的儿子们可能已经战死沙场了。【母亲的瘫坐,表现了她已经想到了儿子们的命运,心中悲痛欲绝,为后面描写参谋长决定"拯救瑞恩"做铺垫】

(2)参谋长办公室:马歇尔参谋长读了罗斯福总统的一封信后,决定派人去拯救隶属第 101 空降师二等兵詹姆斯瑞恩。【罗斯福的那封信看似是一份慰问信,实则为了表现美国的民主政治和人道主义。】

(3)米勒在寻找翻译,厄本频频出现差错【说明了厄本胆小但正直的人物特点和性

格,为片尾他眼看同伴被刺死却不敢营救的懦弱个性做铺垫。】

小结:《拯救大兵瑞恩》开端介绍了故事发展的时间、地点、原因、主题和人物关系。用25分钟的激烈战争画面作为开场,重现了奥马哈滩头登陆的壮观场面,血肉横飞的诺曼底战役,战争场面十分逼真,震撼人心。从收到三封电报开始到米勒接受命令,这一部分作为开端,直接点名了影片主题,人道主义精神得到体现。其实,也为影片的后续发展做出了铺垫,并且引人深思,一度产生疑问:用八个人的生命去换一个人,到底值不值?这种纪实性的电影风格,让人们从更深层次上挖掘战争中的人道主义精神。

第二部分:

(1)米勒上尉找到了麦克、梅里西卡帕佐、莱宾、杰克森、韦德和厄本,八个人一起展开了寻找瑞恩的艰难旅程。【在途中,士兵们的谈话反映了他们的人物个性,厄本正直甚至有些软弱;狙击手杰克森自信;米勒上尉忠于职守的领导形象。】

(2)下着大雨的法国小镇:八个人和敌方展开枪战。【这个场景安排在下着大雨的法国小镇,预示着这只是死亡与牺牲的开始,后面的路更加难走,完成任务更加困难。】

(3)卡帕佐为了救一名法国小女孩中枪身亡。卡帕佐倒在了血泊中,手里紧握着给父亲的遗书。【在寻找瑞恩的过程中,第一个战士英勇牺牲了,手中的遗书则说明战士们每个人都做好了牺牲的准备,他们愿意为国捐躯,同时也有对家人的思念与不舍。】

(4)一面墙不小心被推倒,和敌军正面交锋。【这一场景设计使观众立刻紧张起来,也说明了战场上步步惊心,做什么都要小心再小心。】

(5)雨停后的废墟上,米勒找到了"瑞恩",但是却认错了人。这让剩下的七个人重新陷入了苦闷,他们知道自己又要重新作战了。【这一情节使电影更有看头,一层一层递进,目标也许就在眼前,却很难达到。】

(6)点着蜡烛的小屋里:士兵们在谈论着人生、生死。【米勒上尉手一直在抖,暗示了他职业的秘密,他从前是个老师,拿粉笔的,现在他是个战士要拿枪,为了祖国和人民他勇敢起来,改变了自己。】

(7)韦德在回忆上战场前的自己和母亲,厄本一直想搞明白上尉原来的职业。【这一场景说明了每个战士的心中都有对生命的尊重和活着的渴望,但是作为军人,他们要做的就是服从和付出。这一场景也是影片为数不多的战士们能够静下心来体会彼此、交流的时刻。】

(8)梅里西在被俘的德军面前告诉他们自己是犹太人。【点明了影片的历史背景在二战期间。】

(9)一位飞行员讲述自己驾驶的飞机失事的情况。【为了救一位上校牺牲了二十二位士兵,战士们纷纷感慨"苦差"说明在士兵们内心的不满与反抗,但服从是军人的天职,又有些无奈。】

(10)在营救伤兵的临时医疗所:战士们在死去的士兵军牌中寻找瑞恩,后来在一位士兵口中得知了瑞恩降落在附近的一个地方正在守护一座桥。【韦德让他们收起军牌,为了不想让路过的士兵看到,反映了战士们对于死亡也是恐惧的,心灵上会受到很大的震撼,不利于稳定军心。】

第三部分：

(1)上尉发现有敌军埋伏,率领战士们突击。【这是个超额任务,表现了米勒的人物个性——善良正直并且有领导才能。】

(2)小山坡上,战士们遭到敌军打击,医疗兵韦德被炸死,米勒流下了眼泪。【表现了他内心的自责与无奈。】

(3)在厄本的求情下米勒放走了德军一名士兵。【这个场景为后来剧情埋下了伏笔,因为被放走的德国士兵后来射杀了米勒上尉。与此同时,进一步也表现了米勒上尉的善良与人性,以及他对战争的厌恶和憎恨。】

(4)躲避在草丛里的士兵们和守护大桥的士兵会合,并找到了詹姆斯瑞恩。【这一场景的安排让米勒和战士们有种"踏破铁鞋无觅处"的感觉。】

第四部分：

(1)瑞恩所守护的小镇:已经断壁残垣,瑞恩选择和他的战友留下来共同守护桥,不愿自己回家。【在这个场景下,我们看到了瑞恩作为一位战士所坚守命令,不怕牺牲的大无畏精神。】

(2)米勒上尉决定和剩下的士兵一起守卫这座废城,等待援军的到来。【表现了他作为一个领导者愿意和战士们齐心协力的兄弟情义。】

(3)士兵们用军袜把炸弹装起来,来抵御敌军的大型武器。【表现了米勒的高超才能和领导能力。】

(4)杰克森在楼顶射杀许多敌军,在射击前总会祈祷。【表现人物性格,他心中强大的信念一直支撑着他。】

(5)厄本射杀了米勒曾经放走的德国士兵。【厄本意识到在战场上没有朋友,他勇敢开出自己第一枪。】

(6)米勒上尉无力地对着敌军坦克开枪。【表现了他的不屈,对战争的厌恶和对国家和军队的忠诚。】

救援军赶到,战士们成功护桥,但米勒上尉英勇牺牲了。

结局：

墓地:老年瑞恩面对着米勒上尉的墓碑告诉他,他已经尽力活好自己的人生了。

【透过瑞恩妻子的嘴里说出瑞恩是一个好人,也说明了战士们的牺牲不仅挽救了瑞恩的生命,也让他成为一个好人,另一层面则说明了,那些为国捐躯的英雄们用自己的鲜血换来了现在的和平和美好生活,也撼动着现代人的人生价值观,拯救了一代人的灵魂。】

一面继续飘动的美国国旗。【首尾呼应,重申主题】

审美体验——人道主义与人性光芒：

(1)狙击手杰克森:他是个狙击手,也是个基督徒,每次在瞄准目标的时候总会祷告一番,这也看出他内心的信仰,他希望上帝眷顾他,他心中有着自己的信念,这个信念支撑着他一路走来。扮演着死神的角色,却不停地告慰自己未泯的良心,他扣动扳机射杀敌人前都要祈祷,吻一吻十字架,是对神的膜拜也是自我的救赎,扳机一扣血光一闪,八人中数他杀人最准最狠,睡觉却比谁都香,像个孩子。

(2)米勒上尉:汤姆·汉克斯这位奥斯卡影帝用自己精湛的演技成功塑造了一位忠于职守、勇于牺牲的英雄形象。米勒这位刚刚经历诺曼底惨烈战役的上尉,接受了来自上级的命令组建一个小分队去拯救二等兵詹姆斯瑞恩,他是这八人小分队的核心和领导者,在他的心里军令如山,似乎没有考虑过到底用八个人的命去换一个人值不值得的问题。但是米勒在回答手下的问题的时候说过:"如果是那样的话,我会说这是一次极佳的使命,长官。这次任务的目的太有价值了,长官。值得付出我最大的努力。另外,我为瑞恩的母亲由衷感到骄傲,我愿意用我和弟兄们的生命去完成使命。"从这句话中也可以看出,米勒上尉心中也有委屈,但是想到瑞恩的母亲,想到作为军人的职责,内心也坚定起来了。作为一个领导者,他常常这样激励自己,他说每当一个弟兄死去,就可以拯救 2 个 3 个 10 个甚至 100 条人命。在一个人的时候,米勒也会独自流泪。他总说一句话:打完仗,回家去。在影片中米勒上尉被塑造成一个英雄的角色,但这个英雄不是简简单单拥有过人的领导能力,还有就是他也会为了失去兄弟哭泣,这个有血有肉的英雄更加令人感动。在面对生死考验的关键时刻,米勒总把生的希望给他人,把死的危险留给自己,最后牺牲自己保全瑞恩,完成了任务。他的一言一行都表现了他舍己为人的大无畏精神,从他的身上,我们发现了战争难以摧毁的人格力量,闪耀着的英雄主义的人性光辉。

(3)厄本:这个看似有点懦弱的人,他放走了最后杀死上尉的德国兵,在战友面临危险的时候吓得不敢去帮忙,最后白白死在敌人刀下,在最后关键战役中没有及时给战友送上弹药。不过,要知道,厄本在跟随上尉出战之前从没有开过枪,只是一个绘图打稿的翻译人员,他和普普通通的老百姓一样,害怕战争,畏惧战争,一个没有经历过血雨腥风的人,让他开枪打爆敌人的头确实是件不容易的事情。在面对惨烈的战争时他的表现也是人之常情。影片最后,在目睹上尉被德国兵射杀后,厄本也终于意识到战争年代敌就是敌,战事是残酷的血腥的,不能有同情心的,最后亲手射杀了那个德国兵。

(4)瑞恩:这个看似主角又不太像主角的人物出场时间不到 40 分钟,却是贯穿全片的主线,本片就是围绕着他展开的。在整部影片中,瑞恩这个人物正是我们所了解的最普通的美国士兵的形象,也是人们赋予的最憧憬的士兵形象,他坚守自己的岗位,履行上级所派的任务。在上尉找到瑞恩决定一同作战后,瑞恩和上尉的一席谈话中我们不难发现,瑞恩一直描述着自己和哥哥以前美好的生活,这也是要观众传递一个信息,战争前,什么都是美好的,家是温暖的,家人都相亲相爱。可是战争却令这一切都消失了。瑞恩这个形象的设定至少在作者看来他是值得用生命换取的,他的形象很普通,但平凡中又异于常人,这也从另一个方面歌颂了美国士兵对国家的忠诚,对信仰的忠贞。

(5)莱宾:这位曾经想过退出任务的士兵,这个坚持到最后活下来的士兵,他从一开始就很是疑惑和不满对于参加这次任务,但是军人的身份告诉他只能服从,在最后的战役中他和战友并肩作战,成功守护了大桥。还有犹太人梅里西,胖胖的麦克,医疗兵韦德和卡帕佐,这些士兵身上都有各自独特的人物性格,但是作为军人,他们都有一个共同的形象,就是团结向前的一队人。

●思考与练习●

1.以人性为主题,写一篇影评。

2.认真看电影,复述一个场景。

3.分析一个人物形象。

七、电影史上不朽的经典,向爱森斯坦致敬

影片档案:

导演:谢尔盖·爱森斯坦

领衔主演:亚历山大·安东诺夫、格里高力·阿莱克桑德夫

类型:革命题材片

荣誉:1929 年美国全国电影评议会评选 1909 年以来的 4 部"最伟大的影片"中名列第三;1952 年由 63 位世界著名导演评选的世界 12 部电影佳作中排名第一。

导 读

提起爱森斯坦,就必须提及他的蒙太奇美学。蒙太奇,原为建筑学专用名词,本义是装配、结构,后来成为电影术语,有组合、构成、剪接之意。

爱森斯坦在 1924 年转入电影界,导演的第一部影片《罢工》(1925)被《真理报》看作是"第一部真正无产阶级的影片"。他用"蒙太奇"、群众场面、类型演员、外景拍摄代替了先前电影中一般的"情节"、个别主人公、明星表演和布景,体现了他的纪实风格。影片《战舰波将金号》(1925)进一步发展了《罢工》的思想主题倾向和美学原则。影片塑造了推动历史前进的人民群众的综合形象。影片中的石狮子、敖德萨阶梯等一系列场面,成为世界电影的经典。在 1958 年布鲁塞尔国际电影节上,《战舰波将金号》被评为电影问世以来 12 部最佳影片之首。

在爱森斯坦看来,电影的基础是一个个镜头,镜头是电影的细胞,而透过每个单一镜头的组合、撞击、冲击,会在电影中产生"1+1>2"的效果——宣泄情感、呈现节奏,形成新的意义。爱森斯坦对蒙太奇的美学追求和当时的特殊的社会背景分不开,爱森斯坦让

观众通过看他的激情四溢的革命英雄主义和浪漫主义精神的电影感染着每一个人。不同于格里菲斯在《一个国家的诞生》中体现的贫富全然对立的"二元论"平行蒙太奇,爱森斯坦在他的影片中是一种内在冲突的"一元论"的蒙太奇,让流淌的内在激情最终成为一个完整的有机体,真正达到艺术的和谐统一。

影片梗概

影片《战舰波将金号》描写的是 1905 年俄国革命中的一件真实事件。当时,沙皇专制制度已经腐败透顶,广大工农对沙皇反动统治的不满和反抗日益强烈,罢工浪潮遍及全国。1 月 9 日——历史上著名的"血的星期日",沙皇政府血腥镇压和平示威群众,更加激怒了全国人民。人民的革命情绪也传到了黑海水兵中间。反动军官对他们的无理欺凌使他们早已忍无可忍。一天,停泊在敖德萨港口外的"波将金号"战舰上的水兵们,发现给他们做汤吃的肉全是些长满了蛆的臭肉,于是同军官们争吵起来,并以拒绝进餐表示他们的抗议。舰长把全体水兵集合在甲板上,命令惩戒队向敢于反抗的水兵开枪屠杀。惩戒队员拒不向自己的弟兄开枪,反动军官吉列洛夫斯基气急败坏,暴跳如雷。在这千钧一发时刻,水兵华库林楚克登上炮塔,振臂一呼,水兵们纷起响应,把那些反动军官打得落花流水。水兵们占领了战舰,升起了革命的红旗(注:这是爱森斯坦别出心裁地让人用手工逐格涂在黑白电影拷贝上的),战舰"波将金号"宣布起义了。可是,华库林楚克却被穷凶极恶的吉列洛夫斯基开枪打死了。华库林楚克的尸体被运到敖德萨港口,市民们在一片哀戚声中纷纷前来凭吊,长长的防波堤上挤满了义愤填膺的人群。接着,画面上展现出片片白帆,敖德萨市民乘着许多小帆船给宣布起义的战舰送来大批食品,声援水兵们的革命行动。

正当这革命团结的热烈气氛达于高潮的时刻,突然传来一排排的枪声,沙皇反动当局的镇压开始了。反动军队排成整齐的行列沿着通向码头的阶梯向下走来,朝着无辜的市民不断开枪射击。面对这场惨无人道的屠杀,起义的战舰摇起了威严的大炮,向反动军队猛烈开火。入夜,一切复归平静,不祥的浓雾笼罩着战舰。黑海舰队的 12 艘军舰被调来镇压起义者。起义的水兵登上甲板,做好一切战斗准备,严阵以待。双方逐渐临近,气氛骤然紧张起来。忽然一片欢呼声打破了临战前的寂静:被派来执行镇压任务的舰只上的水兵拒绝向起义的战舰开炮。战舰"波将金号"以威武的姿态穿过 12 艘军舰列成的阵势,离开港口,驶向公海。其后一个镜头是,高大壮观的起义战舰从画面深处直向观众驶来,象征着革命力量的不可战胜。

解读电影

影片的情节结构分为五大版块:

1."人与蛆"以战舰上水手工人被迫食用腐肉的不公平待遇埋下反抗的伏笔。

2."但泽港的事迹"船长处决反对者,引发船员的叛乱,占领船舰。

3."死者的控诉"趋向暂时的沉静,在哀悼战斗伤亡者的挽歌中,迎向下一段的激烈对抗。

4."敖德萨阶梯"是影史最经典的片段,波将金战舰上的水手和敖德萨港的百姓结合为庶民的力量,却在阶梯上遭沙皇军队突然镇压,四处逃窜的民众死伤遍野,其中,婴儿车滑落阶梯的危险画面也成为后人仿效致敬的经典镜头。

5."与舰队相会"历经暴力和混乱之后,影片在压抑和紧张的气氛中迈向最后的决战与胜利。

电影中需要观众回放品味的经典镜头:

1.当战舰上的水手发现他们食用的肉上有蛆的时候,闹开了,几个长官到了现场,一个戴着眼镜的长官摘下眼镜,镜头透过这个眼镜先是肉上满是蛆,接着那个长官把眼镜摆了一个角度,镜头再次透过眼镜肉上没有蛆。这组镜头的衔接,给紧张的气氛一个舒缓的缓冲,在轻松中讽刺。

2.1905 年 6 月 27 日,起义者在枪毙一批最可恨的军官后,竖起了革命红旗,将军舰开至敖德萨。就在他们反抗之前,那些军官把闹事的几个水手赶到一边,让一批持枪的卫兵向他们开火,其他水手在一边看着,他们在军官的威慑下都有点退缩。看到这里,不免感叹他们怎么不反抗呢?终于有一个水手站了出来,鼓动大家面对这样不公平的待遇起来反抗,顿时卫兵放下了枪,船上的水手和军官打成了一片,镜头画面紧张、亢奋,背景音乐也是如此。

3.在第二段中,当船长要处决反对者的时候,那个为将要死去的反对者做死前祷告的牧师,给人们留下了很深的印象。牧师的麻木,正是当时沙皇统治下的一个真实写照,一个神的信徒,本来应该帮助无辜受害的水手,而他此时充当的是沙皇的帮手。在水手们反抗的时候,混战中牧师到处逃窜,就在水手要把他正法的时候,他还祈求神的帮助,最后假死,这个镜头不免又是一个幽默中的讽刺。

4.在第三段中,人们从四面八方赶来哀悼在战斗中牺牲的水手,大家都充满了愤恨,革命的种子已经在大家的心中深埋,从大人到小孩,从老人到年轻人,从男人到女人,大家每个人的眼里都充满了反抗的情绪。这一组镜头向观众预示了革命暴风雨来临的前奏。

5.第四段"敖德萨阶梯"是影史最经典的片段,在这部分中有很多精彩的镜头。

(1)看到沙皇军队举着枪对人群扫射,人群纷纷散开,阶梯旁边石狮子的面部表情的特写。

(2)一个母亲带着她的孩子逃命,混乱中她的孩子中枪身亡,母亲开始没有反应过来,当她意识到没有牵到孩子的手,回头看到孩子的尸体的时候,她就抱着自己的孩子向阶梯上走去,走向杀死她孩子的凶手。这个镜头跟人群走下楼梯纷纷逃命的画面形成对比。这无疑是对沙皇残忍统治的控诉。

(3)在混乱中有些怕死的人,干脆倒在死人堆里装死。

(4)一个母亲推着婴儿车跑下楼梯,不巧她中弹身亡,婴儿车滑落楼梯。这个镜头堪称经典,也是一个极为危险的镜头,随着婴儿车的滑落,死亡也慢慢逼近。旁边一个老人不断哭喊,接着她的眼镜被射中,场面惨不忍睹。这一组蒙太奇镜头形象地揭露了沙皇军队对手无寸铁的老百姓的血腥镇压,采用浪漫主义的手法来表现残酷的现实。

审美体验——爱森斯坦蒙太奇美学的集中体现是"敖德萨阶梯"

聚焦"敖德萨阶梯"——电影史上的蒙太奇经典分析

1925年,苏联电影大师谢尔盖·爱森斯坦执导了经典影片《战舰波将金号》(The Battleship Potemkin)。影片中"敖德萨阶梯大屠杀"成为电影史上最经典的片段之一,"敖德萨阶梯"因这部影片而成为世界上最著名的阶梯。敖德萨阶梯大屠杀一段不仅气势磅礴,而且蒙太奇切换充分体现了惊心动魄的场面和感情的起伏。如果这部影片是电影史上的经典之作,那么敖德萨阶梯则是经典中的经典。随着这部影片的诞生,爱森斯坦的蒙太奇理论向前发展了一大步,对世界电影的影响也更明显,拍摄"敖德萨阶梯"所采用的杂耍蒙太奇手法深深影响到后来的《铁面无私》《教父》《十月围城》等作品。

在"敖德萨阶梯"中,爱森斯坦在实地拍摄的时候使用了上万个群众演员,随着停靠在敖德萨港湾的船只越来越多,加入这场起义的水兵也越来越多。表现人群在石阶上向水兵致意,沙皇军队赶来向手无寸铁的市民开枪射击,血肉横飞,舰上水兵向总参谋部开炮,轰毁正门。这个片段里,爱森斯坦成功地运用了杂耍蒙太奇手法,突出了沙皇军警屠杀包括老弱妇孺在内的和平居民的血腥暴行。

"敖德萨阶梯"是通过蒙太奇剪辑创造出鲜明节奏感的典型范例。在短短6分钟的屠杀段落里,爱森斯坦足足用了150多个镜头,反复在屠杀者与被屠杀者之间进行切换,把军队行进、开枪的镜头与群众惊恐、逃散的镜头反复进行了交替性的剪辑,还画龙点睛地设计了一个婴儿车沿阶梯缓缓滑落的场面,紧张激烈,张弛有度,很好地渲染了沙皇军队的残暴。

敖德萨阶梯是影片的经典段落,这段中间,可以清晰看到杂耍蒙太奇的效果。

段落中,几个关键人物的刻画让人印象深刻,第一个就是死去小孩的妈妈。当妈妈发现身后的孩子被射倒,导演四次在孩子被踩、母亲张大嘴吃惊的镜头进行交叉剪辑,仅仅几步路的距离,导演在第五次切到妈妈身上才让妈妈走到孩子身边。这样快频率的交叉剪辑,增加了镜头的表现力,可以看出,导演在踩孩子的镜头上也是加以选择的,先是绕过孩子,再是从腿间经过,最后将孩子踢翻了面,从肚子上踩过,配上音乐,层层递进,镜头的组接不再是简单叙事,情绪、气氛等通过镜头组接都得以表现,这也就是为什么爱森斯坦说,两个镜头相接,得出的不是其和,而是其乘积。

女传教士在整个片段中是另外一条线索,从开始不久鼓动人们去说服屠杀者,到前进,到周围人被射杀、到最后自己被砍死,是伴随整个片段而发生的,其与母子被枪杀、婴儿车滑落平行发生,相互形成内在联系,目的是凸显沙俄的残暴。最后以女传教士被砍死的镜头结束,强调画面冲击力。

另一条情节线则是婴儿车的滚动,在下滚过程中,不断进行人物特写的切换:眼镜男、女传教士、婴儿,这无疑是对蒙太奇理论最直接的运用。因为无论是以上哪一个特写镜头,单独看来,都是完全没有意义的,或许眼镜男所看到的根本不是孩子的车在滑动,但是情绪配合,画面配合,在剪辑的帮助下,整体感觉就自然而然地出现了。

此外,为了让影片更具戏剧冲突,表现力更强,爱森斯坦还出奇制胜地将杂耍蒙太奇理论运用在单个镜头之中,称为单镜头内的杂耍蒙太奇。例如导演设计母亲为保护孩子而被杀死后,婴儿车在缓缓滑落的情节则要比边逃跑边被射杀的套路更具戏剧冲突;导演还运用了许多特技和人为加工的方法来造成单镜头内的杂耍蒙太奇,好比影片中为了充分渲染情绪,导演用手绘的方式将旗子涂成鲜红色,要知道这在当时默片黑白画面中给人的视觉冲击是相当惊人的。敖德萨阶梯整个段落只有 7 分钟,镜头数却高达 155 个,平均 1 分钟就有 22 个镜头,每个镜头时长不到 3 秒钟。正因为如此快频率地切换,加上景别、机位的变化,才能让短时间无限扩展却让观众毫不觉察。

电影失去蒙太奇,就像影子失去光线。影子一直存在,可是只有光线才能证实影子。不再是固定单镜头的延续,蒙太奇赋予了电影无限大的表现张力。两个蒙太奇镜头的对列,不是二数之和,而是二数之积。将电影视为一个有机体,透过每个单一、无意义的镜头组合,自然撞击、彼此冲击而形成新的意义。相信,当时爱森斯坦是怀着这样一种巨大的兴奋之情去拍摄影片的,他要将蒙太奇产生的效应不断地扩大。影片前面的基调真是十分的均匀啊。镜头按照匀速频繁切换,直到后面甲板上的悲剧、阶梯大屠杀、母亲眼看婴儿车滚下石阶这些高潮的出现,剪辑精准,将蒙太奇效应推向最高潮。还有那三只代表性的狮子,就像这部电影一样在历史中屹立不倒吧。

●思考与练习●

全剧没有对白,只有背景音乐,但这部影片还是让我们感受到 1905 年 6 月 14 日,俄国黑海舰队"波将金号"铁甲舰水兵起义,请你从美学的角度谈谈对这部作品的感受,体验一下只有不朽的影片才能经受住岁月的腐蚀这种说法。

八、历史与个人的约定,反智电影的代表作——《阿甘正传》

影片档案:

美国派拉蒙公司 1994 年出品

编剧:埃里克·罗斯(根据温斯顿·格卢姆同名小说改编)

导演:罗伯特·泽米基斯

主演:汤姆·汉克斯(饰福雷斯特·甘普)、萨丽·菲尔德(饰甘普太太)、罗宾·怀特(饰珍妮)、格雷·辛尼斯(饰丹纳中尉)

荣誉:本片获美国第六十七届奥斯卡金像奖评选 13 项提名,获得 6 个奖项:最佳影片、最佳导演、最佳男主角、最佳视觉效果、最佳影片剪辑、最佳剧本改编。

　　《阿甘正传》是美国百部经典名片之一,也是美国"反智电影"的代表作,充满着好莱坞电影回归的保守主义精神。这部影片以小人物的经历来透视美国政治社会史,展现历史与个人的约定。导演说,在这部影片里,他想让阿甘以一个头脑简单、纯真、而又缺乏主见的人物形象出现在银幕上,他把影片中的各个角色看作是美国国民人性化的象征。而在观众看来,这部影片的独特之处在于:它重新肯定了旧的道德及社会主体文化,宣扬了 20 世纪 60 年代美国的主流意识形态,同时又否定了其他前卫的新文化。正是基于此,它才能深得美国民心。男主角汤姆·汉克斯在影片中的表演十分朴实自然。他以在此片中的表现获得了奥斯卡最佳男主角的桂冠。这已是他连续获得的第二个影帝金像奖。《阿甘正传》的成功,也使汤姆·汉克斯成了好莱坞最受欢迎的影星之一。对汤姆·汉克斯来说,那两年是他演艺生涯中最为幸运的一段日子。

影片梗概

　　本片发生在 20 世纪 80 年代初的一天,美国佐治亚州某镇一个公共汽车站的长椅上,本片主人公向一同等车的人讲述自己奇特的经历。

　　阿甘出身于美国亚拉巴马州,是个智商低下的残疾儿童,必须靠一副特制的脚撑才能行走,因此经常遭到周围人的歧视和欺侮。在母亲和童年好友珍妮的关怀和鼓励下,阿甘奇迹般地甩掉脚撑,一下变成了健步如飞的飞毛腿,被橄榄球队教练慧眼识中,顺利地进入大学,成为橄榄球明星,在白宫受到肯尼迪总统的接见。大学毕业后参了军,结识了一心想当捕虾船长的黑人小伙布巴。两人一同被派遣到越南战场,成为丹纳中尉的部下。在一次大伏击中,阿甘冒着生命危险救出了丹纳中尉等四名战友,布巴牺牲了,丹纳中尉失去了双腿,阿甘却成了越战英雄,获得了约翰逊总统颁发的国会勋章。凭着在军队里学会的一手精湛的乒乓球技术,阿甘居然成为中美乒乓球外交的一名使者,再次成为白宫的座上客,受到尼克松总统的款待。阿甘却无意中"以怨报德",泄露了水门事件的天机。

之后阿甘稀里糊涂地加入了反越战,还发表了"无声"的演说,并与浪迹天涯的珍妮重逢,却因不同的人生追求,两人再次分道扬镳。

阿甘退役回家,用自己的广告形象赚得的一笔丰厚酬劳履行了他和布巴的诺言,投资到捕虾业当中。曾经一蹶不振的丹纳中尉受到鼓舞,与阿甘携手创业,终于成为捕虾业大王,继而又搭上了计算机工业的快车,成为亿万富翁。

母亲去世后,阿甘留在了家乡,珍妮也回到故乡,阿甘再次向她袒露自己多年的思念和深情,而珍妮自觉无法接受他的爱,还是不辞而别。阿甘陷入深深的伤感惆怅,他毅然拔腿开始漫长的横跨美国的长跑征途,一跑就是三年多。途中突然得到感悟,又回到了故乡阿拉巴马,却意外地收到珍妮发自乔治亚州的信,于是阿甘赶到了本片开始的那个公共汽车站。

结束了传奇经历的讲述,阿甘匆匆赶到珍妮的住处,找到了珍妮和他的孩子——小阿甘,三人回到故乡,度过了一段幸福而短暂的时光。不久珍妮因病去世,阿甘与儿子相依为命,开始了新的生活。

解读电影

影片以 1980 年乔治亚州车站为界,把影片分为历史时空和现实时空两部分。历史时空从乔治亚州阿甘的会议展开,阿甘从故乡阿拉巴马跑出来,穿过越南战场的硝烟和红色中国的政治风云,经受全美壮丽的大自然的洗礼,最终回到乔治亚州车站来寻找他的情感归宿,也完成了他的历史叙述。这是一个从起点出发又回到起点的过程。从阿甘的人生轨迹来看,他从阿拉巴马出发,最终和珍妮、儿子回到故乡,这也是一个回归过程。这种封闭的结构安排从形式上来看,犹如历史链条的精致微缩模型,演示着人生和人类历史的循环反复的发展进程。只有暂时靠站的时候,没有终点,是一个永远"在路上"的过程。片中那个公共汽车站的造型设计也颇似一个舞台,人生悲喜剧、历史正剧都在这里上演。

(1)场面调度

"场景复现法"可算是片中的一大特色。《阿甘正传》是一部回溯式的影片,时间跨度较大,导演有意识地将不同时期的戏尽可能地放置在同一个场景,甚至在人物调度、机位设置、镜头处理等方面有意做十分雷同的安排,让观众在观影过程中产生一种对某人、某事似曾相识的感觉,营造出轮回交替、时光荏苒、物是人非的历史氛围。

(2)长镜头与蒙太奇

长镜头如:

1972 年元旦新年狂欢夜。

①特写仰拍电视里记者报道庆祝元旦实况

近景摇酒吧里的人群,阿甘与丹纳聊天;

中近景两个过来搭讪;

近景一个要阿甘看电视;

近景阿甘向画外电视机的方向看。

②特写俯拍电视里记者报道庆祝元旦实况

中景摇珍妮从电视前走过;

全景摇珍尼走过一张床,

近景摇珍妮走到镜子前,端详自己;

全景摇珍妮走到门口,打开门,走了出去;

特写摇推电视里记者在倒计时"三、二……";

特写电视里记者在倒计时"二、一……"。

③特写巨大的灯球变成 1972 年的字样

全景摇丹纳与阿甘互祝新年快乐;

特写俯拍丹纳陷入沉思的脸。

这个段落只用了三个镜头,每个镜头里人物和摄影机都处在运动之中,拍得一气呵成,简洁流畅。既有大场面的氛围展现,又有单个人物心理情绪的细微刻画,两次转场,都巧妙地运用了电视机,把两个场景的热闹与悲凉气氛的强烈反差不动声色地透露出来。

影片的蒙太奇特色与上面谈到的"场景复现"有异曲同工之处。随着阿甘的画外音讲述丹纳中尉辉煌的家族史:"他的家族在每一场与美国有关的战争中都有人殉难。"画面上出现了四个相似镜头的快速组接:一个独立战争的美国士兵,一个南北战争中的美军士兵,一个是一战时美军战士,最后是二战中的美国大兵,都是张大嘴瞪大眼仰面躺倒在战场上。这组镜头总长不过两三秒,却像拉洋片似的对美国的战争史作了一次快速检阅,以戏谑的方式展示战争的残酷,历史悲剧的重演。

对布巴的家族史的介绍也用了类似的手法,不过联系后来他家陡然好转的境况,便又多了一层"三十年河东,三十年河西"的意味。

(3)影像风格的奇观化和游戏化

《阿甘正传》中运用高科技电脑处理制作出来的影像,从真与假、虚与实的角度来看,其功能一般可分为两类:

(1)逼真再现

这类影像是存在历史和现实的依据的。如越南战场上那惊险刺激的爆炸场面,巨大的火球就在阿甘身后咫尺处升腾,让观众为他捏一把汗;阿甘手中纷飞跳跃的乒乓球让人眼花缭乱;丹纳的双腿无须化装却奇迹般地消失了……这些电脑特技的目的就是为了增加原来影像的真实效果和可信度,并在此基础上获得一定的新奇感。

(2)逼真再造

再造,在某种意义上也可说是凭空捏造,基本没有事实依据,其目的也并非要让人们相信它的真实性,而正是让人们在明知道它的虚假性的前提下,单纯地欣赏它"造假"的高明手段。《阿甘正传》最让人惊叹的就是它运用电脑处理影视图像的神奇功能,使现实中不存在的人物——阿甘,与历史中的三位总统的手握在了一起,还进行了毫无破绽的谈话和交流。它是由三组镜头合成的:第一组是把总统的形象从纪录片上单独抠下来;第二组抽背景和其他陪衬人的镜头;第三组拍阿甘的蓝色抠像动作。然后把三组镜头天衣无缝地合成在一起,从胶片的选择到对口型,做动画,都是非常缓慢、艰难和昂贵的。

审美体验:

1.人物形象塑造的反智性

20世纪90年代,美国社会的反智情绪高涨,好莱坞于是推出了一批贬低现代文明、崇尚低智商和回归原始的影片,美国媒体称之为"反智电影"。《阿甘正传》就是这一时期反智电影的代表作,它根据美国作家温斯顿·格卢姆的同名畅销小说改编。通过对一个智商为75的智障者生活的描述反映了美国生活的方方面面,并以独特的角度对美国几十年来社会政治生活中的重要事件做了展现。它使美国人重新审视国家和个人的过去,重新反省美国人的本质。影片的表层是阿甘的自传,由他慢慢讲述。阿甘的所见所闻所言所行不仅具有高度的代表性,而且是对历史的直接图解。这种视觉化的比喻在影片的第一个镜头中得到生动的暗示:一根羽毛飘飘荡荡,吹过民居和马路,最后落到阿甘的脚下,优雅却平淡无奇,随意而又有必然性。汤姆·汉克斯把阿甘从历史的投影变为实实在在、有血有肉的人。阿甘是一个占据着成年人躯体的幼童、一个圣贤级的智力障碍者、一个超越真实的普通人、一个代表着民族个性的小人物。

2.历史叙述的戏剧性和寓言化

我们回到影片本身,看看阿甘是如何完成他的历史的叙述者的任务的。

视角功能,分两个层面:

①描述层面

即通过阿甘的亲身经历(越南战场上的美国大兵),或者直接参与(反越战运动的演说者、水门事件的泄密者),或者耳闻目睹(以珍妮为中介接触了嬉皮士和黑豹党;从电视里得知肯尼迪总统被刺杀)等方式对历史风云作了走马观花式的粗线条的描绘。在描绘过程中,总是自然流露出内在的喜剧因素和讽喻意义。

越战的环境被放置在雨季,影片不厌其烦地展示在雨、泥和大林莽中美国大兵的狼狈不堪,"雨"这种环境的设置,其实是当时的美国政府陷入越战的泥潭里不能自拔、进退两难的尴尬境地的暗示。阿甘数次进入白宫晋见总统,本该是庄严的场面被他搅得滑稽可笑。他对肯尼迪的出言不逊,对约翰逊的举止不雅,颇有些嘲弄权威、化庄为谐的意味。

②评价层面

阿甘的画外音和内心独白贯穿全片,以一个"弱智"的直线思维方式和直白的口吻讲述、评点着一系列纷繁复杂、讳莫如深的历史事件,其强烈反差带来的戏剧性的幽默和幽默背后的奇妙寓意就自然产生了。这些例子在片中俯拾即是。

阿甘在军营里接受训练时,被看作是智商160的天才,他感到:"我在军中如鱼得水,其实这一点也不难。只要每次答话时都要说:是,长官!"调侃和讽喻了军队其实是愚民的天堂。

　　阿甘认为越战的意义在于："到越南的一个好处是：总是有地方可去，而且总是有事可做。"把这场战争的无意义及其荒诞性揭示得入木三分。

●**思考与练习**●

　　讨论：阿甘作为"英雄源自凡人"的典型代表，他成功的秘诀是什么呢？

　　（要点提示：首先，是他的"巧克力精神"。阿甘的充满爱心的母亲有一句名言：生活就像是一盒巧克力，你永远不知道会碰到什么味的。这句话在阿甘一出场就道了出来，它是阿甘生命中的精神支柱和人生信条。尽管不知道人生中将会遇到什么风暴、挫折，冥冥中注定的是福还是祸，只要尽自己的全力去尝试，把握自己的命运，把上帝的恩赐发挥到极致，这就是真正的人生。其次，"奔跑"能力。从影片的剧情来看，"奔跑"是影片中的贯穿行为，也是构筑和推动情节发展的重要因素。正是在奔跑中，阿甘甩掉了人生的禁锢和他人的歧视，进入了大学；保存了生命，也挽救了别人的生命；摆脱了情感失意的折磨，最终得到了爱情；还带领生活失去了方向的人，给他们以启迪。因此，奔跑在这里既是一种行为方式，也是一种思考方式，它象征人类的积极向上、执着向前的行为能力和一种主动出击、坚持不懈的实干精神。再次，阿甘的"傻劲"。Forrest 在英语里是 Foolish(愚笨的)谐音。阿甘也自诩"傻人有傻福"。在常人眼里，阿甘做的每一件事情都那么不合逻辑，愚不可及。但阿甘自有他的说法："只有干傻事的人才傻。"所以，阿甘的傻，是一种保持孩童般的纯真，心无杂念、宠辱不惊、大智若愚的人生态度。）

3.1.2 电影欣赏概要

电影——多种艺术的综合，动态的视觉

　　乔治·萨杜尔在《世界电影史》里用这么一句话概括电影："电影的伟大就在于它是很多其他艺术的综合。"电影自身的技术可能性和历史发展机遇，使它能兼收并蓄文学、戏剧、音乐、绘画、雕塑、建筑和摄影等各门艺术的手段和技巧，最后形成一门新型的综合艺术。

　　怎样评价一部电影是否优秀呢？当一部影片散场时，常常会听到有人说"好看"或"不好看"，其实这就是对电影做出的最朴实的评价。当然，从艺术的角度较为专业地去评价一部电影作品，就不能这么简单了，对电影艺术的鉴赏者来说，不能仅仅停留于直观感觉层面，可以运用以下知识对各类电影进行赏析。

（一）先声夺人的开头

纵观中外优秀影片，无论是喜剧、悲剧，历史剧还是现代剧，能引人入胜的，无一不是在影片一开始，就紧紧地抓住观众的注意力。能取得这样的艺术效果，原因之一，就在于编导善于调动电影的各种手段，于剧情未现之时，造成先声夺人之势。

怎样的开头，才能先声夺人呢？这往往是与影片编导对影片的布局、构思分不开的。影片好的开头，不外制造悬念，为影片题材样式定调；或渲染时代背景和典型环境的气氛，把观众置身于其中；或埋下伏笔，为影片主题做好铺垫，等等。

影片开头设置悬念的方法很多，试看日本著名导演山本萨夫等编导的《皇帝不在的八月》的开头：

1.盛冈市郊外，国有公路（深夜）。

浓雾中一辆大卡车压低引擎行驶着。

一辆巡逻车出现在卡车后面，紧追不舍，它终于追上了卡车，用话筒命令卡车停下。

2.卡车后车厢

掀开苫布，露出榴弹炮炮筒。

榴弹炮一声闷响，射向巡逻车。巡逻车被打翻，起火。

3.公路

一团火焰，卡车远去，那团火渐渐变小。

4.卡车驾驶室

一只手打开车上的收音机开关。传出播音员的声音："下面播送交响乐：《皇帝不在的八月》，封·罗云施泰因作曲。"

5.燃烧的巡逻车

伴随着燃烧的火焰，庄严的序曲声中出现片名字幕。

这是一部描写日本自卫队一小批官兵发动未遂政变的故事。它从第一个镜头起，就充盈着紧张的气氛。看到上面的一组画面，观众就想搞清楚这样一些疑问：这辆拒捕的卡车来自何处？要到哪里？车上是些什么人？他们想干什么？那部交响乐《皇帝不在的八月》暗示着什么？于是，悬念有了，观众的心也被吸引了。在有的惊险片中往往就利用开头的悬念，制造紧张气氛，紧紧攫住观众的心，取得良好的艺术效果。

美国影片《未来世界》是一部惊险科幻片。为了表现出影片样式特点，它一开始出现的是一只巨大的眼睛和瞳孔中的人像，阴森冷漠，使人捉摸不透。再配以各种色彩的奇怪变化，配上现代派的音乐，突现了它的神秘感，颇为引人注目。

英国影片《海狼》的开头，也很别致。它是把自然景象与社会环境结合起来表现的。它的开头是一组与字幕叠映的快切镜头：波涛汹涌的大西洋海面，盟军舰队、英国商船、德军潜艇的潜望镜，攻击、爆炸、颠覆的舰只……色彩一忽儿明朗清晰，一忽儿晦暗模糊，一忽儿通红一片，一忽儿碧绿深湛，造成了震撼人心的强烈效果。而音乐却是轻快而带有幽默感的《加尔各答轻骑团》的主旋律，与画面形成对比。

还有一种，是用历史遗物交代背景来开头的。尤其是在历史题材的影片中，这种手法能大大加强影片的历史真实感。如法国影片《拿破仑在奥斯特里茨战役》，它首先映出巨大的奥斯特里茨战役纪念碑。那碑上的铭文、碑面的深厚色彩以及用口哨吹奏的主旋律，都能唤起观众对这场遥远的战役的兴趣以及对长眠于地下的阵亡将士的怀念。与后面出现的残酷的战争场面对比，这开头的碑面反而显得庄严而又带有史诗性。于是，沉寂无言的历史遗物作为历史事件的见证人"说话"了。观众在它身上听到的远远不是一两句话，而是整整一段历史的回声。

另一部法、意合拍的影片《巴黎圣母院》的开头，也利用了虚构的"历史遗物"，形成了它的独特风味。影片开头映出巴黎圣母院高大的石柱，镜头慢慢再移到柱基，停格于刻在上面的、已经剥蚀的"宿命"二字上。加上旁白："是谁在这里刻下了如此悲惨的字眼——宿命？"语调非常凝重、动人。不过它不是用来交代环境和背景，而是点出了命运悲剧的主题。一个镜头，一句话，就初步概括全片的立意，渲染了一种悲惨的气氛。

电影开头多种多样，虽各不相同，目的却只有一个，就是要抓住观众。以上列举的几部影片只不过借以说明开头的几种主要类型，决不应成为"模式"。艺术最忌简单、拙劣的重复和模仿。随着电影技术的日益发展以及艺术表现形式的日益丰富，影片创作者一定会充分发挥自己的聪明才智和艺术独创性，创作出更多、更好、更具有艺术魅力的影片开头，使观众产生清新、奇巧的美感。

（二）动人心弦的结尾

"一旦归为臣虏，沈腰潘鬓消磨。最是仓皇辞庙日，教坊犹奏别离歌。垂泪对宫娥。"这是南唐后主李煜所写《破阵子》一词的后半阕。他这个一旦身为囚徒的亡国之君，在仓皇辞别祖庙之日，听到那教坊奏起的离别悲歌，其心境该是多么凄凉！末句"垂泪对宫娥"，道出了他那无法形诸笔墨的悲怆感情，正应了古人那句话："结句如撞钟"，有着动人心弦的感染力。

收尾能否精妙，常常对深化和提高作品的思想意义，加强作品的艺术感染力起着重要的作用。俄国作家契诃夫就是位十分注重结尾艺术处理的作家，他曾指出，谁"发明了新的结局，谁就开辟了新纪元"。把结尾的艺术处理强调得相当高，在他的创作中，有时，他已初步构思好一部作品，但"要等到想出一个跟开头一样妙的结局才写它"。可见，在创作即将完成的阶段，更须加倍重视，精密考虑。因为，虽然是结尾，其余音可成为作品情绪的延续，从而丰富作品的容量，加深它的艺术效果。

在电影创作中，"结句如撞钟"，可以调动声、画、光、色诸种元素，更能为尾声奏一曲绝妙的旋律。如影片《大桥下面》的结尾：秦楠与高志华终于表白心曲，摄影机以高俯角度，俯拍下这对情人凭桌对坐情景。他们幸福地注视着，彼此的眼神已表白一切，何须多言！这里，高志华只含蓄地讲了一句："……这我知道，你也知道。"尽管彼此没有握手、拥抱，但他们的心是紧紧贴在一起的。用停格的方式做结尾，有时也得到很好的艺术效果。例如法、意合拍的影片《警察局长的自白》的结尾：故事即将结束，年轻检察官已得知黑手党背后支持者竟是自己的顶头上司！在一座大厦门前的台阶上，两人狭路相逢，双方怒目相视，停格，影片戛然而止。在这里，没有音乐，没有人物对白，也没有音响，但两个人物的情绪以及那台阶的横线条与人物的竖线条交织成的画面构图,都含着极强的寓意与余音。

"撞钟"之声,一般应由高潮而低潮,直到平息,让强烈的感情顺波流淌。这里用得着白居易《琵琶行》中几句话:开始时似"银瓶乍破水浆迸,铁骑突出刀枪鸣",震人心弦;而后戛然而止,"东船西舫悄无言,唯见江心秋月白",深深地打动听众,使他们沉浸在余音里默默无言,体味其弦外之音。

(三)性格的主导性与丰富性

社会生活是复杂的,构成社会主体的人也是复杂的。艺术创作必须把人作为中心,写出其思想性格的复杂性和丰富性,写出每个人物独特的精神状态,这就是人物的个性化。

苏联电影《牛虻》中对神父蒙泰尼里的塑造也是很成功的。"探监"和"刑场"两场戏生动地揭示了人物性格的复杂性。蒙泰尼里是以主教的身份去探望亚瑟的,他道貌岸然,俨然以天主的化身去劝诫"罪人";当亚瑟道出自己的名字后,他顿时陷入了极度的矛盾和痛苦之中,表现出一个父亲对于身陷囹圄的儿子的复杂感情,当亚瑟要他在"上帝"和"我"之间做出最后的抉择时,他经过短暂而又十分激烈的内心冲突之后,终于抛弃了儿子。在这里,应该说他爱亚瑟是真实的,但他不愿意也不能够揭下虚伪的架裟,抛弃作为侵略者的帮凶和鹰犬的权势和地位,这也是真实的,这是他的性格的主导性方面。他在刹那间表现出来的爱子之情,只是一闪即逝的火花,他的反动政治立场,他要维护的阶级利益,决定他不可能站在儿子一边。当蒙泰尼里目睹亲儿子倒在血泊中时,他的人性突然觉醒,爆发出一股异常的力量,使他与所笃信的天主发生了暂时的对抗,而向苍天发出"主啊,你在哪里"的呼号和责问,以至悲痛欲绝地倒了下来,但这一点并不能改变人们对这个绞杀精神和肉体的刽子手的形象的认识,反而加深了对他的虚伪性的憎恶。正是从这里,人们看到了在残酷的阶级斗争面前,人性终归要服膺于阶级性的。虽然在实际生活中,人性的需要与阶级的需要,往往使人处于矛盾状态和情感的冲突之中,形成了人的双重性,但是这双重人格的搏斗,归根结底要受到阶级性这个主导方面的制约的,这是在刻画人物性格时必须把握的一个基本原则。

莫泊桑说:"独创性是思维、观察、理解和判断的一种独特的方式。"电影要创新,就要在刻画人物性格上下功夫;我们并不是片面主张追求复杂个性,也不是人为地去写分裂的性格,而是提倡从实际生活出发,创造出各种各样有血有肉的人物形象,在把握性格主导性的同时,写出其丰富性、复杂性。因此,必须认真深入生活,研究生活,使银幕上的形象犹如生活本身一样多姿多彩。

(四)"银幕钟"奏出真、善、美

银幕有自己的"钟",它只服从于创造美的艺术法典。

撞击这个"钟",让它鸣奏出真、善、美的艺术乐章,这是一个多么艰难而又富于诱惑力的艺术课题啊!

电影作为最富于艺术活力,最富于现代性、群众性的"第七艺术",是以时间和空间的复合体形式,创造"动态的视觉形象"(路易·德吕克语),借此反映人的现实世界,并从现实上升为"辽阔的美的王国"(黑格尔语)。自1895年以来,电影留下一个世纪以上的时间记录。翻开它那一页页艺术史的记载,不难发现,曾有人把电影视为游艺性的玩意儿,也有人把它当作由"光、影、线条"所构成的魔杖,还有人把它搞成五光十色、扑朔迷离的"银色的梦"。那么,电影的美学特征究竟是什么?是玩意儿、魔杖、"银色的梦",还是高度凝练的现实的时间、空间的复合结构中所呈现的人生画卷?这一涉及多方面内容的美学论争,至今并未终结。

日本著名电影导演黑泽明指出:"欣赏一部影片,如果没有一种叫作电影美感的东西,那是不会感动人的。这种美感只有电影才能把它表现出来,而且能够表现得很完善,使看的人不由自主地产生激动心情。观众正是被这种东西所吸引才去看电影,而拍电影的人也正是为了这点才拍电影。"什么是这种"电影美感"?怎样创造这种"电影美感"?一个突出的、具有决定性意义的元素,就是"银幕钟"(即艺术化的时间)。它承担着以人的性格为焦点来凝聚现实的社会矛盾,并从中升华出艺术美的庄严使命。

法国著名电影理论家马赛尔·马尔丹曾说:"在作为电影世界支架的空间—时间复合体(或空间—时间连续)中,只有时间才是电影故事的根本的、起决定作用的构件,空间始终只是一种次要的、附属的参考范畴。"他还阐述道:"有一点对我们来说是明确无误的,那就是时间的概念(说得更准确些,即延续时间这一概念)和蒙太奇的概念一样,是电影语言最基本的概念,因为延续时间最后还是借助蒙太奇去表现的。"

人文拓展:了解电影,走近电影

人文拓展:影片欣赏推荐

任务 3.2 音乐欣赏

学习目标

1.“乐,心之动也。”音乐是时间的艺术,是感情的流动。学会从本质上欣赏音乐。

2.音乐让人安静下来。学会用一颗安静的心聆听音乐,用心灵与诚实歌唱。

3.据研究,小孩听了莫扎特的音乐能提高数学能力;爱因斯坦则认为“音乐的感觉给我带来了新发现”,学会从音乐中获得智慧与灵感。

3.2.1 中外音乐名作赏析

一、民歌

（一）中国民歌

1.《沂蒙山小调》

《沂蒙山小调》是带有山歌风格的小调,词曲选用传统民歌《十二月调》的旋律,填上了《打黄沙会》的歌词,很快在鲁南地区传播开来。1953年秋,山东军区政治部文工团的副团长李广宗、研究组组长王印泉、乐队队长李锐云重新修改记谱,将原来歌词中的抗日主题,改为歌颂家乡的主题,后面又续加了两段歌词,定名为《沂蒙山小调》,从此沂蒙山小调正式版本诞生。

沂蒙山小调歌词

人人（那个）都说（哎）沂蒙山好

沂蒙（那个）山上（哎）好风光

青山（那个）绿水（哎）多好看

风吹（那个）草低（哎）见牛羊

（转段音乐）

高粱（那个）红来（哎）稻花（那个）香

满担（那个）谷子（哎）堆满仓

满担（那个）谷子（哎）堆满仓

2.《孟姜女哭长城》

孟姜女的故事家喻户晓,它深刻地揭露了封建社会残酷的徭役制度带给普通老百姓的痛苦的生活和悲惨的命运。歌曲叙述了秦始皇筑长城时一对新婚夫妻生死离别的故事。内容反映了孟姜女的苦难遭遇,全曲十二段词,以十二月为序,歌词哀怨深情,曲调委婉细腻,结构完整,旋法以级进为主,唱词节奏均匀,采用五声调式,具有典型的江南色彩。这首歌产生之源头在江苏,它的歌词采用了"四季体"的写法。其内容概括简练,歌曲的旋律情绪压抑而悲伤。

流传到河北以后,发生了"同体"性的变异。歌词以"十二月体"为基础,故事内容翔实而细致,而歌曲旋律则在江苏民歌的原有基础上"加花"装饰,显得更加婉转、绵延不断。这种"同体变异"的现象,可以让人们明显地看到:专业的或半专业的民间艺人进行了艺术上的再加工和再创造。

《孟姜女哭长城》歌词

正月里来是新春,家家户户点红灯,别家丈夫团团圆,孟姜女丈夫造长城。

二月里来暖洋洋,双双燕子到南阳,新窝做得端端正,对对成双在华梁。

三月里来正清明,桃红柳绿百草青,家家坟头飘白纸,孟姜女坟上冷清清。

四月里来养蚕忙,姑嫂两人去采桑,桑篮挂在桑树上,抹把眼泪采把桑。

五月里来是黄梅,黄梅发水泪满脸,家家田内稻秧插,孟姜女田中是草堆。

六月里来热难挡,蚊子飞来叮胸膛,宁可吃我千口血,不可叮我亲夫郎。

七月里来七秋凉,家家窗下做衣裳,蓝红绿白都做到,孟姜女家中是空箱。

八月里来雁门开,花雁竹下带书来,闲人只说闲人话,哪有亲人送衣来。

九月里来是重阳,重阳老酒菊花香,满满洒来我不饮,无夫饮酒不成双。

十月里来稻上场,牵笼做米成官粮,家家都有官粮积,孟姜女家中空思想。

十一月里雪花飞,孟姜女出外送寒衣,前面乌鸦来引路,万杞良长城冷清清。

十二月里过年忙,杀猪宰羊闹盈盈,家家都有猪羊杀,孟姜女家中空荡荡。

3.《脚夫调》

这是一首陕北信天游。信天游是陕北人民最喜爱的一种山歌形式,歌词基本以七字为一句,上下两句为一段,上句起兴,下句起题;既可以两句独立成歌,也可把几段或十几段歌词并列,用一个曲调反复演唱。

《脚夫调》流行在绥、米一带,它以高亢有力、激昂奔放、具有鲜明地方色彩的音调,深刻地抒发了一个被地主老财逼出门外,有家不能归的脚夫的愤懑心情,和对家乡、妻子的深切怀念。歌曲一开始,连续向上四度的音调,既表现了脚夫激动的心情,又表现了他对自由幸福生活的渴望和追求。但是,在黑暗的旧社会,劳动人民的希望和要求常常化为泡影,他只好把仇恨埋藏在心底,继续流落在外,过着艰难的生活。下句"为什么我赶脚人儿(哟)这样苦命?"旋律一起即伏,大幅度向下的音调,正是这种愤恨不满和感慨情绪的交织。

4.《辽阔的草原》

《辽阔的草原》(蒙古族),是流行于内蒙古呼伦贝尔的一首传统长调民歌。全曲表现一个年轻牧民虽然有了爱人,但爱人的心思像随时都可能碰到泥滩的草原一样,令人难以捉摸。全曲四句歌词,由两个乐句构成的曲调反复一遍咏唱。每个乐句都以连续向上进行的曲调开始,表现了年轻牧民对爱情生活的追求。但是爱情生活的道路并不是一帆风顺平坦无阻的。接下去,时紧时松、起伏跌宕的旋律,像波涛一样上下翻滚,正是他内心惆怅不安的真实写照。

长调是蒙古族牧民在放牧时演唱的一种牧歌,它产生于广阔无际的内蒙古大草原,是蒙古族牧民在长期游牧生活中集体创造出来的一种深受内蒙古各族人民喜爱的歌唱形式,是丰富多彩的蒙古族民间音乐中最富有特色的一个组成部分。长调民歌大都属上下两个乐句的单乐段结构。自由、舒缓、漫长的节奏,开阔悠长、绵延起伏、富于装饰的旋律,以及真假声并用的演唱方法,具有浓郁的草原气息。长调的演唱形式主要是独唱,也有齐唱和一种称作"朝日"的二声部演唱。演唱时可以是徒歌,也可以用马头琴或四胡伴奏。

我们欣赏的是徒歌版本,你甚至可以听到草原吹过的风——这是真正的天籁!

(二)外国民歌

1.《星星索》

《星星索》是一首印尼苏门答腊中部地区巴达克人的船歌。巴达克人的主要分布有苏门答腊中部和北部山区,大多数聚居在多巴湖的周围。他们主要从事农业,这里湖水清澈,风和日丽,阳光明媚,巴达克人经常在湖上泛舟歌唱。

这首印尼民歌是无伴奏合唱曲,以固定音型"啊,星星索"作为伴唱。星星索是划船时随着船桨起落节奏而发出的声音。曲调缓慢、悠扬,略带哀伤。每句前紧后松,唱法柔和、松弛,表达了一种思念之情。

《星星索》歌词

(伴唱:星星索啊,星星索啊,星星索啊,星星索啊……)

呜喂,风儿呀吹动我的船帆,

船儿呀随着微风荡漾,

送我到日夜思念的地方。

呜喂,风儿呀吹动我的船帆,

姑娘啊我要和你见面,

向你诉说心里的思念。

(副歌)当我还没来到你的面前,

你千万要把我要记在心间,

要等待着我呀,

要耐心等着我呀,

姑娘,我心像东方初升的红太阳。

呜喂,风儿呀吹动我的船帆,

姑娘呀我要和你见面,

永远也不再和你分离。

（此歌已选入中国高中标准实验教科书《音乐鉴赏》以及初中音乐教材中。）

2.《绿袖子》

穿透灵魂，直达心田！

《绿袖子》是一首英国民谣，在伊丽莎白女王时代就已经广为流传，相传是英皇亨利八世所作，他是位长笛演奏家。传说中的亨利八世是一位相当暴戾的男人，却真心爱上一个民间女子，那女子穿一身绿衣裳。某天的郊外，阳光灿烂，他骑在马上，英俊威武；她披着金色长发，太阳光洒在她飘飘的绿袖上，美丽动人。只一个偶然照面，他们眼里，就烙下了对方的影子。但她是知道他的，深宫大院，隔着蓬山几万重，她如何能够超越？唯有选择逃离。而他，阅尽美女无数，从没有一个女子，能像她一样，绿袖长舞，在一瞬间，住进他的心房。从此他念念不忘。但斯人如梦，再也寻不到。思念迢迢复迢迢，日思夜想不得，他只得命令宫廷里的所有人都穿上绿衣裳，好解他的相思。他寂寞地低吟："唉，我的爱，你心何忍？将我无情地抛去。而我一直在深爱你，在你身边我心欢喜。绿袖子就是我的欢乐，绿袖子就是我的欣喜，绿袖子就是我金子的心，我的绿袖女郎孰能比？"曲调缠绵低沉。终其一生，他不曾得到她，一瞬的相遇，从此成了永恒。

这首民谣的旋律非常古典、优雅，略带一丝凄美之感，是一首描写对爱情感到忧伤的歌曲，但它受到世人喜爱的层面却不仅仅局限在爱情的领域，有人将它换了歌词演唱，也有人将它作为圣诞歌曲，而它被改编为器乐演奏的版本也是多不胜数。

《绿袖子》歌词

我思断肠，伊人不臧。 Alas my love, you do me wrong

弃我远去，抑郁难当。 To cast me off discourteously

我心相属，日久月长。 I have loved you all so long

与卿相依，地老天荒。 Delighting in your company

绿袖招兮，我心欢朗。 Greensleeves was all my joy

绿袖飘兮，我心痴狂。 Greensleeves was my delight

绿袖摇兮，我心流光。 Greensleeves was my heart of gold

绿袖永兮，非我新娘。 And who but my Lady Greensleeves

我即相偎，柔荑纤香。 I have been ready at your hand

我自相许，舍身何妨。 To grant whatever you would crave

欲求永年，此生归偿。 I have both waged life and land

回首欢爱，四顾茫茫。 Your love and good will for to have

伊人隔尘，我亦无望。 Thou couldst desire no earthly thing

彼端笙篁，渐疏渐响。 But still thou hadst it readily

人既永绝，心自飘霜。 Thy music still to play and sing

斥欢斥爱，绿袖无常。 And yet thou wouldst not love me

绿袖去矣，付与流觞。 Greensleeves now farewell adieu

我燃心香，寄语上苍。 God I pray to prosper thee

我心犹炽，不灭不伤。 For I am still thy lover true

仁立垄间,待伊归乡。Come once again and love me

3.三首意大利民歌风格的名曲

(1)《负心人》

意大利作曲家卡尔蒂洛1903年大学毕业后移民美国,他创作了一些电影音乐,但主要名气还是靠写一些那不勒斯风格的歌曲,其中包括著名的《负心人》和《月亮》等,这些歌均由利卡尔多·克迪费罗作词。曾为卡鲁索、帕瓦罗蒂等多位男高音歌唱家演唱。

(2)《重归苏莲托》

《重归苏莲托》是一首著名的意大利歌曲。它由G·第·库尔蒂斯作词,由埃尔内斯托·第·库尔蒂斯作曲。词、曲作者是兄弟俩,哥哥作词,弟弟谱曲。

《重归苏莲托》的曲调和歌词都优美、抒情,在全世界广为流传。

《重归苏莲托》歌词

(第一段)看,这海洋多么美丽! 多么激动人的心情! 看这大自然的风景,多么使人陶醉! (副歌)可是你对我说"再见",永远抛弃你的爱人,永远离开你的家乡,你真忍心不回来? 请别抛弃我,别使我再受痛苦! 重归苏莲托,你回来吧!

(第二段)看,这山坡旁的果园,长满黄金般的蜜橘,到处散发着芳香,到处充满温暖。(副歌)可是你对我说"再见",永远抛弃你的爱人,永远离开你的家乡,你真忍心不回来? 请别抛弃我,别使我再受痛苦! 重归苏莲托,你回来吧! (尚家骧译)

歌词原有两段,在第一段中,表现的是橘园工人在收获的季节,希望离他而去的爱人重归苏莲托的心情。

第一段从内容上分为四小段,第一小段唱出海和大自然的风光,第二小段唱出收获时节橘园的美景。第二小段演唱时要求体现出田园风光。

从歌曲的旋律来看,旋律在表现自然风景的时候,要求在低音位上演唱弱起,整个部分平缓而抒情。分别在两个小段的末句都放慢速度,即"多么使人陶醉""到处充满温暖"或"花坡春水路满香""心中充满阳光"。

晴朗的天空辽阔无边,宽广、蔚蓝的大海碧波荡漾;丰收的橘园美丽得让人陶醉,绿色的橘树上缀满金黄色的蜜橘,蜜橘清新、香甜;这一切都让人的感官受到巨大的刺激,视觉和味觉都被调动起来。

这么优美的自然风光、这么美丽的丰收景象多么让人留恋,多么让人喜爱。让歌唱者情不自禁地陶醉在这优美的意境中,也让听歌的人迫不及待地想置身于这美好的景色中。这里已经显示出歌曲并不是为了写景而写景。家乡的景好人更好,还有爱你的人在等你啊!

很快,歌曲发展到第三小段。

第三小段一开始就写人,并且情感突起,乐音一下高了六度:"可是你对我说'再见'";乐音再高:"永远抛弃你的爱人";第三句,高音再加上"强"记号"f","永远离开你的家乡",这里特别强调"离开家乡",因为前面已经把家乡描述得这样好,这么好的家乡真的让人不忍离去呀。可是你却离去了。乐曲在这里尽情地表现了橘园工人思念心中的爱人的强烈的情感。

看吧！在写人的三、四小段中乐音都比前两节高。

"请别抛弃我"，旋律带着呼喊，同时使用了延长音，增强了呼喊的效果，抒发了橘园工人内心强烈的感情。

最后一句"快回来吧！"乐音在高音上结束，并两次使用延长音。这是橘园工人表达感情的高潮部分，余音持久扩散，最后在空旷的上空戛然而止，休止符中止了一切。感情强烈而真挚，真有让远方的爱人不得不回来的效果。在运用高音的同时，乐曲也具有起伏感，乐曲的起起伏伏，就好像人的心情一样充满爱的波澜，爱的柔情，爱的呼唤。

《重归苏莲托》，就是苏莲托的橘园工人希望远离家乡的爱人重归苏莲托。

但是，当这首歌越过时空，在全世界广为流传以后，它本来的意义并不重要了，有不少人并不知道这首歌的本意，可并不妨碍他们用歌唱来表达自己的情感，来表达自己对艺术的喜爱，来表达自己对美好事物的执着追求。艺术是没有国界的，是不受时空限制的。这就是艺术的魅力。

喜欢《重归苏莲托》的朋友们可以按照自己的理解执着于对美好事物的追求。

(3)《我的太阳》

像《我的太阳》这样在全世界广为流行的民歌真是少有，意大利著名歌唱家斯泰方诺、帕瓦罗蒂和卡鲁索演唱过这首歌后，它在20世纪后期成为世界上最风行的民歌。尽管如此，对于《我的太阳》中的"太阳"的所指，人们仍观点不一。一般认为，这是卡普阿写的一首情歌，他心目中的爱人就是他的太阳。但也有人持"我的太阳"指的是爱人的笑容这一观点。情人美丽多情的笑容被卡普阿喻为"太阳"，表示忠贞不渝的爱情。

当然，有人认为"太阳"喻为兄弟情谊，有人认为"太阳"喻为纯洁友谊，有人认为"太阳"象征民主自由，有人认为"太阳"象征平等博爱……法西斯独裁者墨索里尼在一次运动会演奏所谓的"国歌"，全场观众开始以嘘声抗议，紧接着齐声歌唱《我的太阳》，那歌声荡气回肠响彻云霄。从那以后，这首歌就成为意大利的第二国歌。

歌词："多么辉煌那灿烂的阳光，暴风雨过去后天空多晴朗，清新的空气令人心仪神旷。啊，多么辉煌那灿烂的阳光！啊！你的眼睛闪烁着光芒！仿佛那太阳灿烂辉煌。你的眼睛闪烁着光芒，仿佛太阳灿烂辉煌！"

(4)高音C之王——帕瓦罗蒂

鲁契亚诺·帕瓦罗蒂(Luciano Pavarotti, 1935—2007)，生于意大利的摩德纳，世界著名意大利男高音歌唱家。早年是小学教师，1961年在雷基渥·埃米利亚国际比赛中扮演鲁道夫，从此开始学唱歌生涯。1964年首次在米兰·斯卡拉歌剧院登台。翌年，应邀去澳大利亚演出及录制唱片。1967年被卡拉扬挑选为威尔第《安魂曲》的男高音独唱者。从此，声名节节上升，成为国际歌剧舞台上的最佳男高音之一。

帕瓦罗蒂被许多人誉为他那一代最伟大的男高音。帕瓦罗蒂的嗓音丰满、充沛，带有透明感的明亮且具有穿透性。其中高声区统一，音色宽厚高昂，带有强烈的自然美感。帕瓦罗蒂具有十分漂亮的音色，在两个八度以上的整个音域里，所有音均能迸射出明亮、晶莹的光辉。被一般男高音视为畏途的"高音C"也能唱得清畅、圆润而富于穿透力，他是有史以来唯一一位可以用胸腔演唱"高音 C"的歌唱家,因而被誉为"高音之王"。

　　帕瓦罗蒂在 40 多年的歌唱生涯中,不仅创造了作为男高音歌唱家和歌剧艺术家的奇迹,还为古典乐和歌剧的普及做出了杰出贡献。帕瓦罗蒂经常举办大型的户外演唱会,无论是伦敦海德公园,还是纽约中央公园,每次都能吸引几十万现场观众和数以百万计的电视观众。从 1990 年开始,帕瓦罗蒂还联手多明戈和卡雷拉斯组成了史上最强的演唱组合和演出品牌"三大男高音演会",从罗马古代浴场、洛杉矶道奇体育场、巴黎埃菲尔铁塔……直到北京紫禁城的午门广场,"三大男高音"的歌声响遍全球。此外,帕瓦罗蒂还以他宽宏包容的音乐态度、善良广博的爱心以及无与伦比的强大号召力,创立了"帕瓦罗蒂和朋友们"的超级品牌,与斯汀、U2 乐队等众多流行音乐巨星同台演唱,为遭遇贫穷、战乱的地区和儿童筹款。帕瓦罗蒂以多种轻松、娱乐的方式,将几百年一直局限于古典音乐殿堂的美声歌唱,带到了普通大众中间,并受到了最广泛的关注和欢迎,这不仅促进了古典音乐市场的繁荣,同时也带动了一股新的音乐风尚,更为古典音乐注入了新的生命。2005 年 10 月 12 日,帕瓦罗蒂迎来 70 岁生日,从 2005 年初也开始他的告别舞台世界巡演。2005 年 12 月,帕瓦罗蒂告别舞台全球巡演到达中国:6 日——上海,10 日——北京。这意味着在帕瓦罗蒂 44 年辉煌的艺术生涯的结尾。

　　2006 年 7 月,帕瓦罗蒂因患胰腺癌在纽约接受手术治疗,从此后就再未在公开场合露面。2007 年夏天,他再次病重住院,但于 8 月 25 日出院。2007 年 9 月 6 日帕瓦罗蒂的经纪人对外宣布了他的死讯,享年 71 岁。与恩里卡鲁和珍妮－林德一样,帕瓦罗蒂的歌唱事业不仅局限于意大利歌剧,在通俗文化方面也有很深的造诣。

　　帕瓦罗蒂生前不止一次地说:"是上帝亲吻了我的歌喉!"他去世之后,有评论称,荣耀归于上帝,财富归于老婆。比起"三大男高音"另两人,帕瓦罗蒂总给人一种莫名其妙的乐观和傲气。多明戈是标准的美男子,歌又唱得好,受人喜爱很正常;"和事佬"卡雷拉斯总扮演着"小丑"的角色,因为要把帕瓦罗蒂和多明戈拉在一个舞台上唱歌,那比做什么都困难,所以他必须左右逢源。而帕瓦罗蒂,唱歌时永远面无表情。唱喜剧,人们说他"憨";唱悲剧,人们说他"酷";不唱的时候,人们说他心里在唱;唱的时候,人们说外星人都跟着他唱……反正,他就是应该唱歌给人听。他嘴一张,人们便蠢蠢欲动;他闭上嘴,人们还是欲罢不能,停不下来。于是,他就能够一而再,再而三地开告别歌坛演唱会。因为,人们并不是想看他唱什么歌,而是想看他在那里发声音。

帕瓦罗蒂与多明戈、卡雷拉斯并称世界三大男高音,别号"高音 C 之王",被誉为"当代歌王"。

(三)民族乐派

"只有民族的,才是世界的。"

民族乐派是指 19 世纪中叶以后活跃于欧洲乐坛,与资产阶级民族主义文化运动密切联系的一批音乐家。他们中的大多数人,政治上是激进的,同情或参加本国的资产阶级革命,具有强烈的民族意识;艺术上,他们主张创造出具有鲜明民族特性的新音乐。民族乐派的音乐家经常采用本国优秀的民间音乐素材去表现具有爱国主义的英雄主题,借以激发本国人民反抗封建和外族统治。民主性、人民性、民族性,始终是他们艺术活动的鲜明标志。代表作,如斯美塔那的《我的祖国》、西贝柳斯的《芬兰颂交响诗》等。代表人物,如波兰的莫纽什科,匈牙利的埃尔凯尔,捷克的斯美塔那和德沃夏克,挪威的格里格,芬兰的西贝纽斯,俄国的格林卡、巴莱基列夫、鲍罗丁、穆索尔斯基和柴可夫斯基等。

1.德沃夏克 第九交响曲(自新大陆)第二乐章

安东·利奥波德·德沃夏克(捷克语:Antonín Leopold Dvořák,1841—1904),生于布拉格(时属奥匈帝国,现属捷克)内拉霍奇夫斯镇,早年入布拉格音乐学校,毕业后进行音乐创作。1890 年受聘布拉格音乐学院教授,在此期间他受到祖国民族复兴、发展民族文化思潮的影响,接触了西欧古典乐派、浪漫乐派的作品;1892—1895 年春应邀在美国纽约音乐学院教学并任院长,回国任布拉格音乐学院院长,1904 年去世;他是 19 世纪世界重要的作曲家之一,捷克民族乐派的主要代表人物。

第九交响曲(自新大陆)第二乐章最缓板,降 D 大调,4/4 拍子,复合三段体。这一乐章是整部交响曲中最为有名的乐章,经常被提出来单独演奏,其浓烈的乡愁之情,恰恰是德沃夏克本人身处他乡时,对祖国无限眷恋之情的体现。整个乐队的木管部分在低音区合奏出充满哀伤气氛的几个和弦之后,由英国管独奏出充满奇异美感和神妙情趣的慢板主题,弦乐以简单的和弦作为伴奏,这就是本乐章的第一主题,此部分被誉为所有交响曲中最为动人的慢板乐章。事实上,也正因为有了这段旋律,这首交响曲才博得全世界人民的由衷喜爱。这充满无限乡愁的美丽旋律,曾被后人填上歌词,改编成为一首名叫《念故乡》的歌曲,并在美国广泛流传、家喻户晓。本乐章的第二主题由长笛和双簧管交替奏出,旋律优美绝伦,在忽高忽低的情绪中流露出一种无言的凄凉,但仍是作者思乡之情的反映。本乐章的第三主题转为明快而活泼的旋律,具有捷克一些民间舞蹈音乐的风格。

2.斯美塔那《沃尔塔瓦河》(Vltava)

斯美塔那(Bedrich Smetana,1824—1884),捷克作曲家。斯美塔那自幼就显露出出色的音乐才华。他 4 岁开始学小提琴,5 岁演奏海顿的室内乐作品,6 岁当众演奏钢琴并开始作曲。19 岁时,斯美塔那已经形成了具有捷克民族特征的音乐创作风格,并且成为当时肖邦作品最优秀的演奏者之一。他创办了布拉格音乐学校,领导了发展捷克民族音乐文化的多种音乐活动,创作、指挥、演奏、教学都获得了很高的声誉,不愧为捷克民族乐派的奠基人。

《沃尔塔瓦河》是斯美塔那的交响诗《我的祖国》的第二乐章。他说:"沃尔塔瓦河有两个源头,水遇岩石发出快活的声音,受阳光照射而发出光辉。河床渐渐宽阔,两岸传来狩猎的号角及乡村舞蹈的回声——阳光、妖精的舞蹈。流水转入圣约翰峡谷,河水拍打着岸边岩石,水花飞溅。河水流入徐缓的布拉格,向古色古香的维谢赫拉德打着招呼。"

此曲为急促的快板,E 小调,先借第一、二小提琴拨奏,由长笛描述第一水源,一条清凉的水流;第二水源由单簧管表现,一条温和的水流。两道水流汇合后,河床宽阔,双簧管及第一小提琴奏第一主题,经反复而进入发展,表现它映着阳光闪耀着光芒。然后表现"它在森林中逡巡",圆号声为"聆听猎号的回音","它穿过庄稼地,饱览丰盛的收获"。接着表现农民的婚礼,"在它两岸,传出乡村婚礼的欢乐声"。转为降 A 大调,长笛、双簧管描写水流中,第一小提琴奏"非常温柔"的第三主题,表现"月光下水仙女唱着迷人的歌在浪尖上嬉戏"。转为 E 小调,双簧管、第一小提琴奏第一主题,这已是早晨,"在近旁荒野的悬崖上,保留着昔日光荣和功勋记忆的那些城堡废墟,谛听着它的波浪喧哗。河水顺着圣约翰峡谷奔泻而下,冲击着峻岩峭壁,发出轰然巨响"。通过激流后进入布拉格,E 大调第一主题再由木管及第一小提琴奏出,木管部出现城堡主题,表示它流经维谢赫拉德,它现出全部的瑰丽与庄严。在竖琴华彩后,转为庄严的最缓板,最后表现河水经过昔日波希米亚王的宫殿旁,"同易北河巨流合并渐渐消失在远方"。

二、民乐

(一)古曲

1.《高山流水》

《高山流水》为中国十大古曲之一,有同名电视剧《高山流水》。"高山流水"比喻知己或知音,也比喻乐曲高妙。此曲为古琴曲,唐代分为《高山》《流水》二曲。

"高山流水"最先出自《列子·汤问》,传说伯牙善鼓琴,钟子期善听。伯牙鼓琴志在高山,钟子期曰:"善哉,峨峨兮若泰山。"志在流水,钟子期曰:"善哉,洋洋兮若江河。"伯牙所念,钟子期必得之。子期死,伯牙谓世再无知音,乃破琴绝弦,终生不复鼓。后用"高山流水"比喻知音或知己。

《高山流水》原为一曲,自唐代以后,《高山》与《流水》分为两首独立的琴曲。其中《流水》一曲,在近代得到更多的发展,曲谱初见于明代《神奇秘谱》(朱权成书于 1425 年)。管平湖先生演奏的《流水》曾被录入美国太空探测器"旅行者一号"的金唱片,并于 1977 年 8 月 22 日发射到太空,向茫茫宇宙寻找人类的"知音"。

2.《十面埋伏》

《十面埋伏》流传甚广,是传统琵琶曲之一。本曲现存乐谱最早见于 1818 年华秋萍编的《琵琶谱》(全称为《南北二派秘本琵琶真传》,又称《华秋萍琵琶谱》)。乐曲描写公元前 202 年楚汉战争垓下决战的情景。汉军用十面埋伏的阵法击败楚军,项羽自刎于乌江,刘邦取得胜利。明末清初,《四照堂集》的"汤琵琶传"中,曾记载了琵琶演奏家汤应曾演奏《楚汉》一曲时的情景:"当其两军决战时,声动天地,屋瓦若飞坠。徐而察之,有金鼓声、剑弩声、人马声……使闻者始而奋,继而恐,涕泣无从也。其感人如此。"

琵琶演奏家刘德海任演奏员期间,当他第一次接触古曲《十面埋伏》演奏时,非常喜爱。但他感觉到此曲仍不能完全生动热烈地表达刘邦、项羽的垓下之战。于是,他考虑再三,决定把这首古曲《十面埋伏》进行了改编。他根据琵琶演奏的特点,加以变奏展开,在演奏时还使用了煞弦、绞弦等特殊技法,使这首琵琶曲把那次大战表现得淋漓尽致。这在当时对刘德海来说是一次大胆的创举,因为它本来就是一首名曲,如果改不好的话,将身败名裂,一辈子都抬不起头来。但刘德海充满自信,为了充分发扬琵琶演奏的特点,他依然决定对此曲进行丰富的修改,使此曲饱满,令人听起来有身临其战之感。1975 年,刘德海首次演出经他改编后的《十面埋伏》时,大获成功。从此人们不知不觉地就把《十面埋伏》和刘德海的名字连在了一起。

他把这首自编自弹的乐曲带到了世界各地演奏,让世界人民都了解了琵琶,也让世界了解了源远流长的中国文化,同时也为世界文化交流做出了杰出的贡献。由于具有较高学术造诣,在高等教育工作中贡献突出,2007 年 8 月 22 日,刘德海荣获教育部授予的第三届高等学校教学名师奖。

3.《春江花月夜》

《春江花月夜》是中国古典音乐名曲中的名曲,是中国古典音乐经典中的经典。这是一首典雅优美的抒情乐曲,它宛如一幅山水画卷,把春天静谧的夜晚,月亮在东山升起,小舟在江面荡漾,花影在两岸轻轻摇曳的大自然迷人景色,一幕幕地展现在我们眼前。乐曲通过委婉质朴的旋律,流畅多变的节奏,巧妙细腻的配器,丝丝入扣的演奏,形象地描绘了月夜春江的迷人景色,尽情赞颂江南水乡的风姿异态。

《春江花月夜》意境优美,乐曲结构严密,旋律古朴、典雅,节奏比较平稳、舒展,用含蓄的手法表现了深远的意境,具有较强的艺术感染力。此曲音乐的主题旋律尽管有多种变化,新的因素层出不穷,但每一段的结尾几乎采用同一乐句出现听起来十分和谐。在汉族民间音乐中,这种手法叫"换头合尾",能从各个不同角度揭示乐曲的意境,深化音乐表现的内容。《春江花月夜》构思非常巧妙,随着音乐主题的不断变化和发展,乐曲所描绘的意境也逐渐地变换,时而幽静,时而热烈,实现了大自然景色的变幻无穷。

第一段"江楼钟鼓"描绘出夕阳映江面,熏风拂涟漪的景色。然后,乐队齐奏出优美如歌的主题,乐句间同音相连,委婉平静;大鼓轻声滚奏,意境深远。第二、三段,表现了"月上东山"和"风回曲水"的意境。接着如见江风习习,花草摇曳,水中倒影,层迭恍惚。进入第五段"水深云际",那种"江天一色无纤尘,皎皎空中孤月轮"的壮阔景色油然而生。乐队齐奏,速度加快,犹如白帆点点,遥闻渔歌,由远而近,逐歌四起的画面。第七段,琵琶用扫轮弹奏,恰似渔舟破水,掀起波涛拍岸的动态。全曲的高潮是第九段"欸乃归舟",旋律由慢而快,由弱而强,激动人心。表现归舟破水,浪花飞溅,橹声"欸乃",由远而近的意境,达到了情绪的顶峰。随后音乐在快速中戛然而止,又恢复到平静、轻柔的意境之中,然后便转入尾声。尾声的音乐是那样缥缈、悠长,好像轻舟在远处的江面渐渐消失,春江的夜空幽静而安详,全曲在悠扬徐缓的旋律中结束,使人沉湎在这迷人的诗画意境中……

《春江花月夜》就像一幅工笔精细、色彩柔和、清丽淡雅的山水长卷,引人入胜。此曲扩展为十段,分别为:(1)江楼钟鼓;(2)月上东山;(3)风回曲水;(4)花影层台;(5)水深云际;(6)渔歌唱晚;(7)洄澜拍岸;(8)桡鸣远濑;(9)唉乃归舟;(10)尾声。各分段标题是:回风、却月、临水、登山、啸嗥、晚眺、归舟。

注意:除了第一、七、八段之外,《春江花月夜》每一段的结尾都采用同一乐句。

(二) 刘天华的二胡名曲

刘天华(1895—1932),中国现代民族音乐一代宗师、二胡鼻祖,江苏省江阴市澄江镇西横街人,中国近代作曲家、演奏家、音乐教育家。

清末秀才刘宝珊之子,与诗人刘半农、音乐家刘北茂是兄弟。自幼受到家乡丰富的民间音乐熏陶。辛亥革命爆发后,回到江阴参加"江阴反满青年团",执掌军号。

1912年随兄刘半农去上海,工作于开明剧社,业余加入万国音乐队,并学习钢琴和小提琴,开始接触西洋作曲理论。曾任教于北京大学音乐研究会。1932年因猩红热病逝于北京,年仅37岁。

刘天华的音乐创作成就,主要在民族器乐曲方面,共作有10首二胡曲:《病中吟》《月夜》《苦闷之讴》《悲歌》《空山鸟语》《闲居吟》《良宵》《光明行》《独弦操》《烛影摇红》。3首琵琶曲:《歌舞引》《改进操》《虚籁》。

一首丝竹合奏曲《变体新水令》、编有47首二胡练习曲、15首琵琶练习曲,还整理了崇明派传统琵琶曲12首,其中他改编的《飞花点翠》于1928年由高亭唱片公司录制唱片,已成为琵琶经典乐曲。

在五四新文化运动的影响下,刘天华为民族音乐的发展开辟了新的道路。他中西兼擅,理艺并长,而又能会通其间。他反对全盘西化,也不排斥西方文化。在创作上既能掌握民族音乐的创作规律,又能巧妙地吸收借鉴西洋技法。他不仅将民间状态的二胡升格为富于独特艺术魅力的独奏乐器,达到高等乐府专业教学的层面,而且这些作品深受人民大众的喜爱,成为中国民族音乐宝库中的珍品。他是近现代二胡艺术的奠基人,当代中国的二胡演奏艺术无不受其理论与风格的影响。在民族乐器改革和演奏技艺的创新上,他又是一位勇于开拓的革新家。他毕生为民族音乐创作与教育而奋斗,培养了蒋风之、陈振铎等一批著名演奏家、理论家和教育家。可以说,刘天华是中国近现代民族音乐发展的奠基者、开拓者,民族音乐的一代宗师。

1.《光明行》

《光明行》是刘天华于1931年春创作的一首二胡独奏曲,是一首振奋人心的进行曲。乐曲气势恢宏,旋律明快坚定,节奏富于弹性。刘天华创作此曲时曾说:"因外国人都谓我国音乐萎靡不振,故作此曲以证其误",此曲用主和弦的分解进行构成的号角式音调,在乐曲中占主导的地位。作者在这首乐曲中首次用了功能性很强的五度关系的转调,调性明亮,音区的递换也极富色彩,全曲讴歌了追求光明的勇士和他们所追求的光明。

全曲共分为四段,另有引子和尾声。在中国民族音乐传统习惯用的循环变奏的基础上,采用西洋的复三部曲式的特点,结构严整。在引子中,可以听到坚定整齐的步伐行进声,然后出现小军鼓似的敲击节奏和昂扬的音调。

乐曲第一段的音乐节奏富于弹性和推动力,旋律情绪激扬。宽阔有力的分弓,连续的带附点节奏的顿音加之饶有变化的力度的使用,使音乐具有一种强烈的冲击力量。

第二段进行曲风格的旋律,流畅舒展,优美如歌。先在 G 调上用内弦演奏出现,而在 D 大调上重复主题时,则移至外弦演奏,这样运用内、外弦不同的特性,乐曲由一种内在的、被抑制的热情,发展为更加开朗和富于自信心的新的音乐形象。

第三段将 2 3 2 1 2 3 1 这一富有特性的音形加以重复、模进、移调,作不断呈现。犹如人们踏着矫健步伐,昂首阔步地前进。尾声中,利用颤弓的特殊效果再现第二段的主题,并且加以扩展;当情绪发展到高潮时,又运用了紧缩重复的手法,使音乐更加热烈;最后出现了模拟军号声的主三和弦分解进行的旋律,这一切都使全曲生气勃勃,充满勇往直前的进取精神和对光明前途的乐观自信。

2.《良宵》

《良宵》是刘天华创作的 10 首二胡曲中唯一一首即兴之作,也是写得最快,篇幅最为短小。在国家二胡考试中被规定为四级曲目,普遍认同《良宵》就是初级阶段演奏水平的反映,是一首较为简单短小精悍,通俗易懂,没有复杂的技巧要求。

1993 年,该曲获得中华民族文化促进会颁发的"华人 20 世纪音乐经典作品奖",上海交响乐团著名指挥家黄贻钧曾把它改编成西洋弦乐合奏曲。在招待外国贵宾与友人的音乐会上,此曲经常被作为乐团演奏或加演曲目介绍给听众。自 1928 年以来,此曲仍充满了旺盛的生命力,曲中表现出的欢乐和激情,达到乐器性能的极致发挥,是二胡曲中的精品,是"二胡十大名曲"之一。

3.《空山鸟语》

《空山鸟语》是二胡独奏曲,刘天华作曲,初稿写于 1918 年,10 年后才定稿。标题采自于唐王维诗:"空山不见人,但闻人语响。"在此曲中,刘天华创造性地运用三弦拉戏式的模进手法,描绘了深山幽谷,百鸟嘤啼的优美意境,是一首极富形象性的作品。1993 年获中华民族文化促进会"华人 20 世纪音乐经典作品奖"。

1924 年冬,《空山鸟语》一曲在北京大学附设音乐传习所师生音乐演奏会上初次演奏,深受广大师生的欢迎。该曲誉满京华,名闻遐迩,久已成为脍炙人口的名曲。1928 年,《空山鸟语》定稿发表。

这首曲子是刘天华先生十大名曲里技巧最难的一首。从刘天华先生的创作作品中也折射出了中西音乐结合观念的可行性与重要性。《空山鸟语》在技术上和思想上都明显领先于时代,借鉴很多新的创作手段和方法,追求作品的思想性。他极大地发掘了二胡的表现力,引入新的技巧,改革乐器、改进记谱方法等都对二胡演奏艺术起到极大的推动作用。同时他将二胡从民间引入大学讲堂,建立二胡学科,倡导规范教学,对二胡的传承和发展做出巨大的贡献。

4.《病中吟》

《病中吟》又名《安适》或《胡适》，二胡独奏曲，是刘天华的处女作，1915年初稿，1918年定稿。曲名即"人生向何处去"之意。1915年，作者遭到失业、丧父，贫困打击，积郁成疾，病中想拉二胡以遣愁绪，又被亲友视为不务正业。他感到处境艰难，前途渺茫。在此种心境下，孕育了《病中吟》旋律初稿，把当时郁郁不得志的心情，人生安适的感叹，逆境中的挣扎和走投无路的痛苦，都倾注在乐曲中。但这并不是一首绝望的悲歌，而是有所期待的、感人至深的内心独白。

刘天华先生自己曾说过，乐曲表现的既不是"安逸而舒适"，也不是描写"病人的呻吟"，而是疑问"人生何适"之意，是一个人在"茫茫黑夜里"走投无路时所发出的"我将何处去？"的内心呼喊。因此，这个"病"字应该理解为对黑暗社会的一种隐喻。乐曲写出了作者痛苦与忧愁、挣扎与暗恨的心理状态，也表达了作者对黑暗社会的强烈不满及与黑暗势力抗争到底的坚强意志。

我们从《病中吟》中看到的不是病夫，而是猛士；听到的不是绝望的呻吟，而是不屈的呐喊！这是一个痛苦黑暗时代的写照，这是一个积贫积弱国家的心声，这是一个古老文明民族的渴望！

（三）民族音乐走向世界

1.马思聪《思乡曲》

马思聪（1912—1987），我国著名小提琴演奏家、作曲家和音乐教育家。早年留学法国，1931年回国后主要从事音乐教育工作，新中国成立后曾担任中央音乐学院首任院长，1967年在"文革"中被迫出走美国，1987年在美国费城逝世。

《思乡曲》创作于1937年，它的主题，用的是一支只有短短八小节的民歌：《城墙上跑马》。北方内地原先比较贫穷的地方，其土城墙都是窄而不宽。在上面跑马，只能往前，不能掉转马头而回来，这是曲意，它的确道出了深藏在去国怀乡而无法归来的游子心中的凄楚感受。当年，日寇的铁蹄蹂躏了华北大地，东三省的学生唱着"我的家在东北松花江上"流亡关内。马思聪行脚北国之后折回广州，从一首绥远民歌中引发灵感，谱下这首《思乡曲》，拨动了多少为抗日救亡而奋战的中华儿女的心弦，并且一直流传下来，引发了一代代爱国爱乡的炎黄子孙的共鸣，成为中国现代民族音乐不朽的经典。《思乡曲》曾为中央人民广播电台对台湾和海外侨胞广播的开始曲，但是在"文革"期间被停播，改为《东方红》。

《思乡曲》是马思聪创作的《绥远组曲》中的第二首"慢板"，音乐素材选自于内蒙古民歌《城墙上跑马》的旋律。前段音乐的每个乐句都呈上下翻动的波浪形线条而进行，旋律显得柔和、忧伤而带有怀念情绪。乐曲中段运用主题旋律进行了三次变奏，着重体现了主题的内在情调。第三次变奏是乐曲的高潮，音乐着重体现出开朗活跃和亲切的情绪，好似作者正陷入对家乡美好情景的甜蜜回忆中。乐曲的第三部分是再现段，回忆般的主题旋律在独奏小提琴明亮、辽远的高音区，更显现出了深切、浪漫的幻想。此时，小提琴甜美的音色揭示出了音乐细腻的情感变化和色彩，并将乐曲中思念和幻想的内涵表现得淋漓尽致。《思乡曲》是一首带有思念、惆怅和忧伤情调的乐曲,是作者对家乡所作的发自内心的倾诉。

去国怀乡而无法归来的游子

……1966年年末,马思聪小女儿马瑞雪"潜回"北京,见到满头灰发的憔悴父亲。女儿把"准备"到香港避风养病的计划和盘托出,马思聪即刻拒绝。马思聪回答:他一生坦荡,无愧于世,不走此路。经过两个多小时的争执,女儿改换说法,先回广州市,再到南海县,休息养病,观望形势。身心处于极度疲惫和失望中的马思聪,终于同意了,"走吧"。此时此刻,"牛鬼蛇神"已沦为落水狗,其"重要性"让位给"走资本主义道路的当权派"。马思聪以肝病复发为由,向看守人员请假,回家休息一周,获得批准。马思聪携琴坐火车南下。

有一条船,在南方的海面上等候着马思聪的女儿。

这个消息令马思聪心烦意乱,举棋不定。摆在他面前的有两条路,要么回北京继续过那日遭凌辱、夜做噩梦,生死未卜的日子;要么逃离尘嚣、远离灾难,以求生存。马思聪陷入命运抉择的两难之中。经过激烈的思想斗争,马思聪最终做出一生中最为痛苦的决定。

1967年1月15日夜晚,马思聪携带着他那把挚爱的小提琴,与妻子、子女,登上广州新港渔轮修配厂的002号电动船,悄然出海,往香港方向驶去,16日凌晨到达香港九龙的海滩。

鲁大铮说道,偷渡蛇头,做的是生意,他不管你是马思聪还是老百姓,他也不想知道你是谁,这还少了风险;他要的就是钱。那时候,偷渡去香港,一个人的费用是1万元人民币,如果是举家出走,一家再加1万。"这时候的马思聪一家人,身无分文",与蛇头说好,由马家在香港的亲戚"付钱"。

马思聪一家人在海岸边的岩洞,与亲戚见面,商定:香港也并非久留之地,只有去投靠在1948年已定居美国的胞弟。这位亲戚来到美国驻香港总领事馆。其后两天,英国领事和美国领事,来到这位亲戚家中,"一边录音,一边记录"。20日中午,两位领事再度来到亲戚家,"带领"马思聪全家来到莎士比亚大厦,略做梳洗,再次乘坐美国领事馆的轿车,驶进启德机场。美国领事和马思聪家人坐在了头等舱位。

第二年4月12日,马思聪与弟弟在纽约露面,马思聪说道:

我个人遭受的一切不幸和中国当前发生的悲剧比较起来,完全是微不足道的;眼下还在那儿继续着的所谓"文化大革命"运动中所出现的残酷、强暴、无知和疯狂程度,是前所未有的……夏秋所发生的事件,使我完全陷入了绝望,并迫使我和我的家属像乞丐一样在各处流浪,成了漂泊四方的"饥饿的幽灵"。

在《思乡曲》完成了整整30年之后,马思聪也成为思乡之人。

对于马思聪的出走,他的老朋友徐迟,在悼念马思聪逝世一周年的《祭马思聪文》中这样写道:

历史上,放逐、出奔这类事不少。屈原、但丁是有名的例子。在"文革"中,我中华民族的著名作曲家马思聪先生,受尽极"左"路线的残酷迫害,被迫于1967年出走国外,以抗议暴徒罪恶,维护了人的尊严,他根本没有错,却还是蒙受了十九年(1967—1985 年)的不白之冤。

2.贺绿汀《牧童短笛》

贺绿汀(1903—1999),又名贺楷,湖南省邵阳县(今邵东县)人,中国音协副主席,上海音乐学院院长,音乐家。他创作了很多作品,作品体裁多样,在中国有重大影响。他共创作了 3 部大合唱,24 首合唱曲,近百首歌曲,6 首钢琴曲,6 首管弦乐曲,10 多部电影音乐,还出版有《贺绿汀音乐论文选集》。

他的歌曲《游击队歌》《垦春泥》《嘉陵江上》,在抗日战争期间流传海内外,至今仍是音乐会和歌咏活动中的伟唱曲目。他的器乐作品以钢琴独奏《牧童短笛》《摇篮曲》,管弦乐曲《森吉德玛》《晚会》最为著名。其中《牧童短笛》在 1934 年亚历山大·齐尔吕举办的"征办中国风味的钢琴曲"活动中获第一名。

他的电影配乐在 20 世纪 30 年代曾名声大作,他配乐的电影有《风云儿女》《十字街头》《马路天使》等。影片中的插曲《春天里》《四季歌》《天涯歌女》至今仍家喻户晓,久唱不衰。

贺绿汀又是一位音乐教育家和音乐活动家,他为中国音乐教育事业做出了重大贡献。《牧童短笛》是贺绿汀在 1934 年创作的,根据我国童谣"小牧童,骑牛背,短笛无腔信口吹"而定名。全曲为 ABA 再现三段体。A 段幽悠潇洒,两支结合在一起的复调旋律,犹如两个牧童在骑牛温游,信口对吹,无拘无束。B 段活泼欢愉,A 段复调定法改变为和声音型伴奏的主调音乐。这首具有鲜明音乐形象和浓郁江南风的乐曲,在中国的外来乐器(如钢琴、小提琴等)创作中,具有开拓性意义。至今仍是钢琴教学中的保留教材。

3.李焕之《春节序曲》

《春节序曲》是《春节组曲》的第一乐章,经常被抽出单独演奏。它是我国著名作曲家、音乐理论家李焕之基于延安时期的生活体验,在 20 世纪 50 年代创作的一部作品,展现的是当年革命根据地的人们在春节时热烈欢庆的场面。它的旋律曲调雅俗共赏,加之其表现的主题是非常具有群众基础的盛大节日,因而从它诞生之后,逐渐演变成了附加在"春节"之上的小传统。尤其是电视春晚流行后,此曲也更加为人熟知了。

《春节组曲》作于 1955—1956 年,乐曲以陕北民间秧歌的音调和节奏为素材,旋律明快,生动地表现了我国人民在传统节日里热闹欢腾、喜气洋溢、敲锣打鼓、载歌载舞的场面。乐曲描写的是过春节人们扭秧歌的情景,乐曲里加入了闹秧歌的锣鼓节奏,主题由两首陕北民间唢呐曲组成,中间部分是一首悠扬的陕北民歌。《春节序曲》的引子相当于过街部分。第一部分是热烈的快板,描写大场的歌舞场面。中间部分是抒情的中板,描写小场的舞蹈表演。接着回到第一部分的音乐,描写秧歌以大场收束。最后的尾声重复了引子的后半部分。

4.小提琴协奏曲《梁山伯与祝英台》

奏鸣曲式:引子—呈示部—展开部—再现部—结束部

引子:乐曲一开始由长笛奏出了华彩的旋律,呈现出一派春光明媚、鸟语花香的景象。

　　然后由双簧管奏出的主题音调,取自越剧的过门音乐;它委婉动听,略带哀伤,仿佛告诉听众:"演出开始了。"

　　呈示部:主部主题——在竖琴的伴奏下,小提琴演绎出纯朴而美丽的"爱情主题"。(这段旋律在整部作品中起到了举足轻重的作用。多少人听了这段旋律都为之陶醉。作者在选取这段主题时可是费了一番苦心。当年他们还是上海音乐学院作曲系的学生。何占豪曾在杭州越剧团当演员,他对越剧音乐既熟悉又喜爱。在创作《梁祝》时,故事流传在浙江一带,越剧是浙江的代表剧种,他决心从越剧音乐中取材。据平时的观察,许多越剧名演员,不论他们演出何种剧目,只要唱到一段唱腔时,台下都会博得热烈的掌声为之呼应。作者抓住了这段唱腔作为《梁祝》中"爱情主题"的基本音调。这段主题是全曲的核心的音调。)

　　副部主题——与柔美、抒情的主部主题形成鲜明的对比。音乐转入活泼、欢快的回旋曲。独奏与乐队交替出现,描写梁祝同窗共读时的生活情景。(传说中祝英台女扮男装去读书,在途中与梁山伯相识后两人情投意合,结拜为兄弟。这段音乐主题就是表现梁祝同窗三载共读共玩时的情景。)

　　这段快板过后,音乐转入慢板。这是副部主题中的结束部。在弦乐颤音的衬托下,梁祝二人同窗三载就要分别,音乐表现十八相送、长亭惜别的依恋之情。(传说中二人在临别时,祝英台假意说家中有个妹妹愿嫁与梁山伯,约梁山伯去探望。故事就这样发展了下去。)低沉的音响预示出不祥的事情就要发生。

　　展开部:由三部分构成——抗婚、楼台会、哭灵投坟。

　　(祝英台的父亲逼祝英台嫁与官僚马府少爷马文才,祝英台抗婚不嫁。)铜管乐奏出了表现残暴的封建势力的主题。紧接着小提琴采用戏曲的"散板"节奏,奏出英台惶惶不安和痛苦的心情。乐队以强烈的全奏,衬托着主奏小提琴猛烈的切分和弦奏出反抗主题。逐渐形成了矛盾冲突的高潮,越来越激化,但音乐突然停顿下来,又转入慢板乐段——"楼台会"(传说中正在此时,梁山伯来祝家探望,得知祝英台为女子也得知祝英台的痛苦,二人楼台相会互诉衷肠。)这时大提琴与小提琴对答式的手法"一问一答",如诉如泣的曲调。

　　接下去音乐急转而下——哭灵投坟,乐曲运用戏曲中的紧拉慢唱的手法,将祝英台悲切的心情表现得淋漓尽致。(传说中在梁山伯归家后不久病故,祝英台得知后悲痛万分,她已下定决心选择一条道路,她与父亲约定,穿素服上花轿,并绕道梁山伯的坟前祭奠,父亲同意。那天祝英台来到坟前向苍天哭诉后碰碑自尽。)锣、鼓、管、弦齐鸣表现祝英台纵身投坟,全曲达到了最高潮,乐队奏出赞颂的音调。

　　再现部:乐曲出现了引子的音乐素材,而这已不是人世间的美景,而把我们带入了神化的意境。"化蝶"(当祝英台撞向石碑,墓穴突开,祝英台纵身投入后,从坟墓中飞出一双蝴蝶),我们又再次听到了那段熟悉的"爱情主题"。

　　爱情主题"如此动听,家喻户晓,深入人心,以至于许多人用不同的艺术形式表现这一动人的情节——改编为歌曲、舞蹈,给广场舞伴奏,下载为手机铃声……不一而足。

　　最后,我们特地附上歌曲"化蝶"的歌词,致敬青春,致敬爱情——

　　碧草青青花盛开,彩蝶双双人徘徊,千古传颂深深爱,山伯永恋祝英台。

　　同窗共读整三载,促膝并肩两无猜,十八相送情切切,谁知一别在楼台。

　　楼台一别恨如海,泪染双翅身化彩蝶翩翩花丛来,历尽磨难真情在,天长地久不分开。天长地久不分开!

　　5.弦乐合奏《二泉映月》(改编)

　　《二泉映月》,二胡名曲,是中国民间音乐家华彦钧(阿炳)的代表作。作品于20世纪50年代初由音乐家杨荫浏先生根据阿炳的演奏,录音记谱整理,灌制成唱片后很快风靡全国。这首乐曲自始至终流露的是一位饱尝人间辛酸和痛苦的盲艺人的思绪情感,作品展示了独特的民间演奏技巧与风格,以及无与伦比的深邃意境,显示了中国二胡艺术的独特魅力,它拓宽了二胡艺术的表现力,曾获"20世纪华人音乐经典作品奖"。

　　《二泉映月》是中国民族音乐文化宝库中一首享誉海内外的优秀作品,是中国民间器乐创作曲目中的瑰宝之一;它是阿炳生活的写照,是他情感宣泄的传世之作。阿炳利用自己的创作天赋,把所见、所闻、所感、所想化作一段段扣人心弦、催人泪下的音符,使听众在旋律中产生共鸣。这首二胡曲被世人喜爱并引为经典,是阿炳创作的成功,是他创作天赋的体现。

　　阿炳原为无锡城区雷尊殿道士,自幼受到四句头吴地小山歌、长篇叙事歌、滩簧、说因果和丝竹乐等乡土音乐的熏陶,对音乐非常喜爱。在父亲的教习下,他十六七岁便学会了结构繁复、技法多变的梵音,吹、拉、弹、打、唱、念样样精通,并能正式参加道教法事音乐的演奏活动。年过而立之后,阿炳的境遇急转直下。先是因染上吸食鸦片等恶习导致生活潦倒,随后患上眼疾,双目相继失明,再到后来便流落街头卖艺,生活十分贫困。底层的生活让他历尽了人世的艰辛,饱尝了旧社会的辛酸屈辱。但才艺出众的阿炳,经常通过拉二胡、弹琵琶、说新闻的方式来表达自己的爱恨情仇,通过音乐揭露当时的黑暗。他把自己对痛苦生活的感受通过音乐反映出来,产生了著名二胡曲《二泉映月》。

　　在众多的演奏形式中,人们对《二泉映月》的内涵把握也有着不同的见解。倾听《二泉映月》是畅快的,融入其中后,便真的感知了它的愈久弥珍,回味悠长。在这忧伤而又意境深邃的乐曲中,不仅流露出伤感怆然的情绪和昂扬愤慨之情,而且寄托了阿炳对生活的热爱和憧憬。全曲将主题进行时而沉静,时而躁动的变奏,使得整首曲子时而深沉,时而激扬,同时随着音乐本身娓娓道来的陈述、引申和展开,使阿炳所要表达的情感得到更加充分的抒发,深刻地展开了阿炳一生的辛酸苦痛,不平与怨愤,同时也表达了他内心的一种豁达以及对生命的深刻体验。全曲除了引子和尾声外,共分了六个段落,即主题和它的五次变奏。

　　《二泉映月》不但曲名优美,极富诗意,更重要的是表达了作者发自内心的悲鸣和诅咒黑暗,憧憬光明的心声。许多年来,由于这首乐曲具有浓郁的民间风味和深刻的思想内涵,以至在国际乐坛不胫而走,广泛流传,成为许多著名乐团演奏的经典曲目。毛泽东主席在20世纪50年代初于上海听了二胡曲《二泉映月》后,评价说:"它具有浓郁的民间风味,很好,要发扬光大之。"周恩来总理也十分欣赏这首曲子,指示有关部门灌制专门唱片,当作珍贵礼品赠给来访的国际友人。毛泽东主席非常重视和推崇民族优秀文化,亲自观看了辽宁芭蕾舞团进京演出的芭蕾舞剧《二泉映月》。在庆祝澳门回归祖国的晚会上,江泽民总书记还专门登台,饶有兴趣地听取了澳门大提琴家演奏的《二泉映月》。

著名音乐家、20 世纪 50 年代担任中国音乐学院院长的马思聪先生与著名大提琴家刘烈武先生在听了阿炳演奏的二胡曲录音后,对阿炳炉火纯青的二胡演奏技艺十分钦佩:"他(阿炳)的二胡弓弦长得像一望无际的火车铁轨,很难听出换弓的痕迹。"

影响最大,流传最为广泛的还是世界著名指挥家小泽征尔对该曲的评价:"我应该跪下来听……"那是 1978 年,小泽征尔应邀担任中央乐团的首席指挥,席间他指挥演奏了勃拉姆斯的《第二交响曲》和弦乐合奏《二泉映月》(改编),当时,小泽征尔并没有说什么。第二天,小泽征尔来到中央音乐学院专门聆听了该院 17 岁女生用二胡演奏的原曲《二泉映月》,他感动得热泪盈眶,呢喃地说:"如果我听了这次演奏,我昨天绝对不敢指挥这个曲目,因为我并没有理解这首音乐,因此,我没有资格指挥这个曲目……这种音乐只应跪下来听。"说着说着,真的要跪下来。他还说:"断肠之感这句话太合适了"。同年 9 月 7 日,日本《朝日新闻》刊登了发自北京的专文《小泽先生感动的泪》。从此,《二泉映月》漂洋过海,得到了世界乐坛的高度赞誉。

1985 年美国评出了 10 首最受西方人欢迎的流行乐曲,《二泉映月》名列榜首。1991 年,一位英国音乐家在美国的一场音乐会上听了《二泉映月》的录音后激动地对一位贝多芬的故乡人说:"中国的贝多芬! 中国的《命运》!"

三、音乐与生活

(一)舞曲

1.《蓝色的多瑙河》圆舞曲

蓝色多瑙河,作者小约翰·施特劳斯,奥地利著名轻音乐作曲家。被后人冠以"圆舞曲之王"的头衔。这是一首典型的圆舞曲风格的管弦乐作品。音乐华丽、明快、活泼,通俗易懂。

此曲按照典型的维也纳圆舞曲的结构写成,由序奏、5 首小圆舞曲和尾声组成。

序奏一开始,由小提琴用碎弓轻轻奏出的震音,好似黎明的曙光拨开河面上的薄雾,唤醒了沉睡大地。在这背景的衬托下,圆号吹出了全曲的主要音调。

接下来是 5 首连着一起演奏的小圆舞曲,每首小圆舞曲都包含两个相互对比的主题旋律。

第一小圆舞曲的主题 A 抒情明朗的旋律、轻松活泼的节奏,以及和主旋律相呼应的顿音,充满了欢快的情绪,使人感到春天的气息已经来到多瑙河;主题 B 轻松、明快,仿佛是对春天的多瑙河的赞美。

第二小圆舞曲第一部分(D 大调)的旋律跳跃、起伏,层层推进,情绪爽朗、活泼,给人以朝气蓬勃的感觉;由于转调,第二部分显得优美委婉,与第一部分形成对比。

第三小圆舞曲的主题 A 有优美典雅、端庄稳重的特点;主题 B 具有流动性特点,加强了舞蹈性,呈现出狂欢的舞蹈场面。

第四小圆舞曲的主题 A 优美动人，富于歌唱性；主题 B 强调舞蹈节奏，情绪热烈奔放，与主题 A 形成了对比。

第五小圆舞曲的主题 A 旋律起伏回荡，柔美而又温情；主题 B 则是一段炽热而欢腾的音乐，形成了全曲的高潮。

最后是合唱曲的尾声，比较简短，迅速地在热烈的气氛中结束；而管弦乐曲的结尾则规模较大，它依次再现了第三、第二、第四小圆舞曲的主要主题，接着又再现了乐曲序奏的主要音调，然后在热烈欢腾的气氛中结束全曲。

《蓝色的多瑙河》圆舞曲是约翰·施特劳斯创作的 400 多首圆舞曲中最著名的一首，写于 1867 年。人们常听到的是管弦乐曲。其实，这支曲子当初是作为一首男声合唱曲写成的。

1867 年，奥地利维也纳男声合唱协会，急需一首供表演用的合唱圆舞曲。当时，约翰·施特劳斯已经创作了大量圆舞曲，于是大家提出最好请约翰·施特劳斯来写。合唱协会的指挥赫尔柏克找到这位著名的作曲家，请求他为合唱协会创作一首合唱圆舞曲。当这一要求提出以后，约翰·施特劳斯并没有马上答应，虽然，他早就想写一首以多瑙河为主题的作品，但是人家要求他写的是一首声乐曲，而他过去从没有写过合唱。经指挥一再请求，他才答应试一试。

多瑙河是流经中欧的一条主要河流。这条河流对作曲家来讲，如同母亲一样的亲切、熟悉。约翰·施特劳斯不知多少次泛舟多瑙河上，漫步在她的两岸。那湛蓝的河水，如画的风光，村民朴实的舞蹈，美丽动人的传说，使作曲家感到犹如投身在母亲温暖的怀抱之中，经常流连忘返，不愿离去。他更喜欢阅读诗人们赞美多瑙河的诗篇。所以，当赫尔柏克一提出要他创作一首以多瑙河为主题的圆舞曲时，一幅幅多瑙河秀丽景色的生动画面和柏希的诗句"在那多瑙河边，在那多瑙河边……"立即浮现在作曲家的脑海里。约翰·施特劳斯把自己的感受讲给友人格涅尔听。这位诗人也有同感，他很快写下一首歌颂多瑙河的诗歌。当约翰·施特劳斯拿到《美丽的蓝色多瑙河》诗篇时，乐思如同奔腾的河水，激荡在他的心头。关于约翰·施特劳斯是怎样创作《蓝色的多瑙河》圆舞曲的，是人们感兴趣的事情，于是传说纷纭。有人讲：那天，他忘了带谱纸，于是在自己的衬衫袖子上匆匆记下了这些乐思。这天夜里，他没有回家去，直到清晨，他才回到家里脱掉衬衫入睡。

他的夫人杰蒂·德雷弗丝是一位歌唱家，她发现丈夫衬衣袖上的乐谱，知道这是他的什么新作，就没有动它。可是，当她有事出门归来时，发现这件写有乐谱的衬衣被仆人当作脏衣服拿去洗了。她不由得一惊，急忙跑出去找。幸好洗衣妇刚刚将衣服丢进洗衣盆里。杰蒂从水中将衬衣捞出。还好，乐谱墨迹还未泡掉。所以，今天，人们能听到这支动人的圆舞曲，真应该感谢杰蒂救谱之功。当然，传说并不一定和事实完全相符，但它说明人们对这支曲子的热爱和想追根求源的迫切心情。

《蓝色的多瑙河》圆舞曲不仅受到群众的喜爱，也受到许多专业音乐家的赞赏。向来写作严肃音乐的德国著名作曲家博拉姆斯，有一次在舞会上见到约翰·施特劳斯的夫人杰蒂，杰蒂请博拉姆斯在她的扇子上题字，博拉姆斯先写上《蓝色的多瑙河》圆舞曲的主题,然后在下面写道:"可惜不是我所作。"这个小轶事可以说明,约翰·施特劳斯的曲子的确做到了雅俗共赏。

《蓝色的多瑙河》圆舞曲受到世界各国人民的喜爱,它不仅经常出现在音乐会上,而且在演出规模上也创造了一项世界纪录:

1872年,约翰·施特劳斯应邀到美国波士顿主持《蓝色的多瑙河》圆舞曲在世界和平大会上演出。参加这次演出的合唱人数竟多达2万人,伴奏乐器多达1087件。约翰·施特劳斯担任合唱总指挥,下设100多名助理指挥。这样大型的演出怎么开始呢?有人想出一个好办法:用炮声作为开始信号。这次演出场面壮观、气势磅礴,受到听众热烈的欢迎。演出结束后,大批观众拥向后台,希望见到这位著名作曲家,并纷纷要求签名留念。这时,连作曲家掉下的一根头发,也成为珍贵的纪念品了。

2.《拉德斯基进行曲》

《拉德斯基进行曲》是管弦乐曲。该曲是奥地利作曲家老约翰·施特劳斯作于1848年,是老约翰最著名的代表作,经常作为通俗的管弦乐音乐会的最后一首曲目。每年著名的维也纳新年音乐会也总是以这首曲子作为结束曲,并已成为一种传统。

这首曲子由对比鲜明的两部分构成。强劲有力的引子之后是第一部分主题,仿佛让人们看到了一队步兵轻快地走过大街。反复一遍之后,音乐经过一个全乐队齐奏的过渡句,随后出现的是与前面主题相对比的轻柔主题,优美动听。音乐最后在反复第一部分的主题后结束。

"咚咚咚"大鼓雄浑的震响,凌空而起。一阵欢快的合奏乐,把人引入到音乐的境界。以小提琴为主的乐器,中间不时地插入大提琴、长笛、大鼓的声音,纷乱中见和谐,似乎是为军队的凯旋而热烈庆祝。从音符间可以感到人们的心情,是前所未有的欢快,更是团聚奋发的呼喊,对未来充满了憧憬。

……1987年的新年音乐会,也是中央电视台第一次将维也纳新年音乐会搬到中国来,向国人直播的那一年,当最后的《拉德斯基进行曲》欢快的旋律响起时,听众情不自禁地应和着节拍鼓掌。这时的年度指挥家赫尔伯特·冯·卡拉扬转过身来,示意观众随着音乐的强弱和节奏来鼓掌,其实,这是维也纳新年音乐会早已形成的惯例,每当音乐会最后的《拉德斯基进行曲》响起时,这个音乐家与听众水乳交融的鼓掌场面是加演曲目中的保留场景。

3.肖邦第6号《波兰舞曲》(op.53 英雄)

《波兰舞曲》(英语:polonaise;波兰语:polonez,chodzony;意大利语:polacca),一种音乐体裁,又被译为波洛奈兹、波洛内兹或波洛涅兹,是一种3/4拍子,中等或偏慢速度的舞曲,源于波兰。

对于波罗乃兹这种形式,李斯特的描述最为出色:"这种舞曲形式表达了古老波兰最高贵的传统情感。波罗乃兹中的一切都能够清楚地把波兰与其他民族国家区分开来,在传统的波兰男人身上,坚毅果敢的侠骨总是与对爱人全身心的奉献柔情紧密结合。崇高的尊严感孕育了波兰民族骑士般的英雄主义,这种民族特性与勇气无疑对波罗乃兹舞曲的风格产生了巨大影响。肖邦的波罗乃兹是在这种舞曲形式发展过程中诞生的里程碑式的作品,它们是肖邦最美妙的创造,那活力四射的节奏能使最冷漠、沉寂的人像触了电一般激动。肖邦生得太迟,又过早地离开了祖国,致使自己的创造无法被吸收到波罗乃兹的原始特点中去,否则,人们必定会按他所设计的方式来跳波罗乃兹舞。尽管如此,肖邦还是以奇特的想象为这种古老的舞蹈形式注入了新的色彩。"

在肖邦之前,波兰舞曲和瑞典的波尔斯卡舞曲(polska)很相似,有很多十六分音符组成的节奏,两种舞曲同出一源。在巴洛克时期和古典时期,巴赫、泰勒曼、莫扎特、肖邦等作曲家都曾创作过波兰舞曲,这时代的波兰舞曲比较慢,节奏平稳。在肖邦的作品中,波兰舞曲变成一种华丽而雄壮的钢琴独奏曲。他的波兰舞曲通常是三段体或者回旋曲式。

肖邦最著名的波兰舞曲是降 A 大调波兰舞曲(op.53)。这首作曲被认为显示肖邦对祖国波兰的热爱,在钢琴技巧上,以高难度著称,考验弹琴者持久的臂力。

作为著名的浪漫主义"钢琴诗人",肖邦的音乐被称为"花丛中的大炮",为同时代的音乐大家李斯特、舒曼等激赏;他一生钟情于 5 位女子,与法国作家乔治·桑同居近 9 年却一直未婚;因为不愿当亡国奴,他后半生再也没能踏上故土;客死他乡时,年仅 39 岁,巴黎很多贵妇都认为昏倒在他临终的卧房里是幸福所在……

"生于华沙,灵魂属于波兰,才华属于世界。"今天看来,这依然是对肖邦中肯的评价。与"日心说"的创立者哥白尼、物理学家居里夫人等人一样,肖邦已然成了波兰的象征和国家的名片,其所承载的意义早已超越音乐、钢琴的范畴。

(二)音乐剧

1.《猫》

《猫》是韦伯根据 T.S.艾略特(T.S.Eliot)的诗集改编的音乐剧,1981 年在伦敦首演,至今仍在伦敦西区上演,截至 1997 年上半年,其票房收入已达 16 亿美元,其中的名曲《记忆》(Memory)曾被录制过 600 余次,在全世界广为流传。1997 年末,韦伯召集了全世界最精华的演员和剧组人员,录制了《猫》的全剧,这就是今天我们所看到的 DVD 版本。《猫》的故事情节并不复杂,讲的是各式各样的猫为了被选中到九重天重生,用歌舞的形式展示自己的魅力……

主题音乐《记忆》,在伊莲·佩姬的诠释下已成为家喻户晓的歌曲。该曲以忧伤的情调和动人心弦的旋律,表达了思妇格里泽贝拉回忆它离开杰里科猫族外出闯荡,经历了各种艰难困苦之后,对青春不再的感慨和对家乡和亲人的思念。

2.《歌剧魅影》

本片改编自法国作家嘎斯东的同名小说。在巴黎的一家歌剧院里,怪事频繁地发生,原来的首席女主角险些被砸死,剧院出现一个令人毛骨悚然的虚幻男声。这个声音来自住在剧院地下迷宫的幽灵,他爱上了女演员克丽斯汀,暗中教她唱歌,帮她获得女主角的位置,而克丽斯汀却爱着剧院经济人拉乌尔,由此引起了嫉妒、追逐、谋杀等一系列情节。而最终幽灵发现自己对克丽斯汀的爱已经超过了个人的占有欲,于是解脱了克丽斯汀,留下披风和面具,独自消失在昏暗的地下迷宫里。

1986 年韦伯又创造了一个票房奇迹,这就是根据法国嘎斯东的小说改编的《歌剧魅影》。自 1986 年 10 月 9 日在伦敦女王剧院首演以来,19 年在全球 20 多个国家超过 6.5 万次演出共有近 6000 万人次观看,创造了超过 25 亿美元的票房收入。

《歌剧魅影》里最经典的歌:*The Music of the Night*

The Music of the Night 中文译为《夜之乐章》,是"音乐剧之父"安德鲁·劳埃德·韦伯创作的音乐剧《歌剧魅影》中的一个著名唱段。该曲是音乐剧中魅影在把 Christine 带到地宫后独唱的音乐。最初这首歌只有在音乐剧中的男版,后来首演 Christine 的莎拉·布莱曼改成女版演唱,得到不小的赞誉,也成了欧美名曲之一。

3.莎拉·布莱曼(Sarah Brightman)

来自英国的跨界音乐女高音歌唱家,世界古典跨界唱法的历史革命者。她在中国被称为"月光女神",在欧洲被称为 The angel of music,在日本她被冠上了"世界の歌姬"的称号。她是继世界三大男高音之后世界乐坛涌现出的另一个天后级人物,她是世界上唯一一位在两届奥运会开闭幕式上演唱过主题曲的女歌唱家。她是世界古典跨界音乐的开创者和标志性艺人。在世界歌坛古典、流行、跨界音乐互相交融的今天,莎拉无疑站在了这个潮流的最前沿!

4.*Time To Say Goodbye*

1997 年全球流行乐坛最热门的话题之一,莫过于由英国音乐剧第一女伶莎拉·布莱曼与意大利盲人歌手波切利所合唱的《告别时刻》(*Time To Say Goodbye*)一曲,它以雷霆万钧之势,横扫古典、流行、跨界音乐领域。单单在德国,这首单曲便销售了 300 万张,成为德国有史以来最畅销的单曲唱片;除此之外,更高居英国流行榜亚军,以及法、瑞、奥、意等国的极高名次。全球单曲销量高达 1300 万张。

四大经典音乐剧:《猫》《歌剧魅影》《悲惨世界》《西贡小姐》。

(三)影视音乐

1.《钢琴家》

《钢琴家》讲述了这样一个真实的故事:一个波兰犹太人钢琴家在二战期间艰难生存的故事。作为一名天才的作曲家兼钢琴家,瓦拉迪斯劳在纳粹占领前还坚持在电台做现场演奏。然而在那段白色恐怖的日子里,他整日处在死亡的威胁下,不得不四处躲藏以免落入纳粹的魔爪。他在华沙的犹太区里饱受着饥饿的折磨和各种羞辱。在这里,即便所有热爱的东西都不得不放弃的时候,他仍旧顽强地活着。他躲过了地毯式的搜查,藏身于城市的废墟中。幸运的是他的音乐才华感动了一名德国军官,在军官的冒死保护下,钢琴家终于挨到了战争结束,迎来了自由的曙光。他的勇气为他赢得了丰厚的回报,在大家的帮助下他又找到了自己衷心热爱的艺术。

《钢琴家》自 2002 年上映以来,一鸣惊人,好评如潮,获奖无数……它先后获得包括奥斯卡金像奖、戛纳电影节金棕榈奖、美国金球奖、欧洲电影奖、英国电影和电视艺术学院奖、法国恺撒奖、意大利大卫奖等众多提名和奖项。

以下介绍本片五首乐曲:

第一首是电影刚开始斯皮尔曼在电台演奏肖邦的《升 C 小调夜曲》。"那是在描写平静的威尼斯之夜……"用来衬托战前的和平宁静,然而炮声打断了这一切。

全片出现的第二首肖邦作品是《第一钢琴协奏曲》(Piano Concerto No.1 in E minor, Op.11 CT.47－Allegro maestoso),这是瓦列在咖啡店打工的时候所表演的作品。肖邦一共写了两首钢琴协奏曲(No.1 & No.2),这两首协奏曲是所有钢琴协奏曲中钢琴部分最为独立,乐队部分最为简单,演奏技巧非常有难度的作品。作为浪漫主义时期的经典,其至今都是音乐会上最受欢迎的钢琴作品。

影片中的第三部大师作品并非来自肖邦,而是一位巴洛克时期的大师,塞巴斯蒂安－巴赫。斯皮尔曼在逃亡的途中来到了他的仰慕者多洛塔的家中,这位大提琴演奏者和她的丈夫将男主角转移到了安全的住所。在转移当天的早晨,斯皮尔曼听到了多洛塔演奏了巴赫著名的作品《G大调第一大提琴组曲前奏曲》(Cello Suite No.1 G major, I Prelude)。

多洛塔和她丈夫将斯皮尔曼安置在了德军医院对面的一所公寓,不大的房间中,安置了一台钢琴,但是为了安全起见,斯皮尔曼并不能弹奏钢琴。于是就有了影片中斯皮尔曼假装弹奏的场景。此处出现的音乐依然来自肖邦,《波兰舞曲》(Andante spianato & Grande polonaise in E flat. Op.22 － Polonaise Allegro molto)这首曲子的前奏相当富有气势,虽然无法触碰到琴键,但斯皮尔曼演奏时依然双眼充满着愉悦,或许是因为暂时的安定,或许是因为胜利即将到来。可以听出,这首恢宏的舞曲带着对于美好未来的无限憧憬。同样,在片尾的时候,波兰舞曲再次出现,此时二战以盟军的胜利告终,而斯皮尔曼又恢复了往日的衣冠楚楚,在经历了6年的噩梦后,他又变回了那个纯粹的钢琴家。

之后就是本片最引人注目的肖邦作品《G小调第一叙事曲》(Ballade for piano No.1 in G minor, Op.23, CT.2)。此时,斯皮尔曼正在经历黎明前最黑暗的时刻,他最后的住所被炮火摧毁,衣衫褴褛地在废墟中等着胜利的到来。他巧妙地躲在德军指挥所的阁楼中,却被德国军官,威廉发现。不过万幸的是,威廉并没有处决这个犹太人,当得知斯皮尔曼的职业后,令他演奏了一首钢琴曲,并让他继续藏匿在阁楼中,还不时地送来食物和衣物。斯皮尔曼为威廉所演奏的,正是《G小调第一叙事曲》。这首曲子的历史就不做过多的阐述了,他的原作者肖邦正是在华沙起义失败,波兰亡国之际创作的,这和斯皮尔曼所处的时代有着微妙的联系。我们无法得知斯皮尔曼演奏这首曲子的动机,和导演想要表达的含义,究竟是人性的不屈还是无畏的抗争精神。我们不妨去关注一下演员阿德里安布罗迪表演时的手势与表情。曲子开始的时候特别的缓慢,中间的停顿也显得特别的不合时宜,一方面可以看出战争让斯皮尔曼久疏琴键以及恶劣的生存条件对他双手造成的伤害,另一方面观察他的表情,这又何尝不是一种宣泄,对于艺术之热爱,对于生存之向往,对于战争之痛恨,全都在他的沉醉的面部表情以及用力至颤抖的手指中感受到。

2.《阿甘正传》片头音乐

听到艾伦·西尔维斯特里(Alan Silvestri)创作的弦乐组曲,我的眼前就会浮现那根在空中飘飘荡荡的羽毛,一个人,在一段历史中,就像这根羽毛一样,飘飘荡荡,无法自主,但总能画出生命的完美曲线。这就是《阿甘正传》的片头音乐。

这根羽毛飘啊飘啊,最后飘到了阿甘的脚下,阿甘捡起了它,充满爱怜地把它夹进一本画册里……你可要知道,这本画册是妈妈送的啊!

我觉得这根羽毛像珍妮。珍妮是阿甘从小的好朋友,美丽善良,充满梦想。她一直想实现自己的梦想,她想做个歌手,她不只是离开阿甘,她还离开了家……她四处漂泊,四海为家。她曾经努力过,曾经为梦想奋斗过,却碰得头破血流,她的一生充满悲剧色彩。最后她困惑堕落了,因为吸食毒品感染艾滋病(AIDS)而死(吸食毒品时与多人共用一个注射器而感染)。直到死前几个月,珍妮终于明白平淡是真,找到阿甘,幸福地与阿甘结婚,然后死去……有时,我又觉得这根羽毛像我们每个人。其实,我们都在空中飘啊飘啊,我们不知道风什么时候吹起,把我们吹向何方……

3.《长江之歌》

《长江之歌》由胡宏伟作词,王世光作曲,季小琴首唱的 20 世纪 80 年代风靡全中国的大型电视纪录片《话说长江》的主题歌。这首歌旋律激昂,歌词气势磅礴,通过对中国的第一大河——长江的描写与赞美,表达了中国人民热爱祖国的深厚情感。"长江之歌"题义是关于长江的歌,唱长江的歌,赞长江的歌。

> 你从雪山走来,春潮是你的风采。你向东海奔去,惊涛是你的气概。你用甘甜的乳汁,哺育各族儿女。你用健美的臂膀,挽起高山大海。我们赞美长江,你是无穷的源泉,我们依恋长江,你有母亲的情怀。你从远古走来,巨浪荡涤着尘埃。你向未来奔去,涛声回荡在天外。你用纯洁的清流,灌溉花的国土;你用磅礴的力量,推动新的时代。我们赞美长江——你是无穷的源泉。我们依恋长江,你有母亲的情怀。啊,长江!

4.《你是这样的人》

1997 年年底的一个晚上,作曲家三宝家彻夜长歌,他和词作者宋小明正在试唱一首新作。一遍又一遍,反反复复不知唱了多少遍——不是为修改,只是太激动了。后来这首歌也感动了中国,歌名叫《你是这样的人》。《你是这样的人》,歌中没有一字提到人名,但所有人都知道,"你"——就是我们敬爱的周恩来总理,因为它为电视专题艺术片《百年恩来》而作。

当初,导演邓在军(中央电视台著名电视导演,周恩来总理的侄媳。)找到三宝的时候,三宝很意外,因为这种主旋律的歌似乎不是他的长项。不过看了样片后,三宝有"谱"了。过去写歌,都是三宝先有旋律,别人再去填词;这次不同,词曲同步,宋小明在写词的同时,三宝开始作曲。巧的是,那一天晚上,他们同时完成了创作,宋小明连夜赶到三宝家。更巧的是,词曲一合,竟天衣无缝——仅仅改动了几个字!于是两个人激动得彻夜长歌……

> 把所有的心装进你心里 在你的胸前写下 你是这样的人
> 把所有的爱握在你手中 用你的眼睛诉说 你是这样的人
> 不用多想 不用多问 你就是这样的人
> 不能不想 不能不问 真心有多重 爱有多深
> 把所有的伤痛藏在你身上 用你的微笑回答 你是这样的人
> 不用多想 不用多问 你就是这样的人

不能不想 不能不问 真心有多重 爱有多深

把所有的生命 归还世界 人们在心里呼唤 你是这样的人

3.2.2 音乐欣赏概要

一、音乐基本知识

（一）音乐要素

音乐基本要素：音乐的基本要素是指构成音乐的各种元素，包括音的高低，音的长短，音的强弱和音色。由这些基本要素相互结合，形成音乐的常用的"形式要素"，例如：节奏、曲调、和声，以及力度、速度、调式、曲式、织体等。构成音乐的形式要素，就是音乐的表现手段。

1.节奏：音乐的节奏是指音乐运动中音的长短和强弱。音乐的节奏常被比喻为音乐的骨架。节拍是音乐中的重拍和弱拍周期性地、有规律地重复进行。我国传统音乐称节拍为"板眼"，"板"相当于强拍；"眼"相当于次强拍（中眼）或弱拍。

2.曲调：曲调也称旋律。高低起伏的乐音按一定的节奏有秩序地横向组织起来，就形成曲调。曲调是完整的音乐形式中最重要的表现手段之一。曲调的进行方向是变幻无穷的，基本的进行方向有三种："水平进行"、"上行"和"下行"。相同音的进行方向称水平进行；由低音向高音方向进行称上行；由高音向低音方向进行称下行。曲调的常见进行方式有："同音反复"、"级进"和"跳进"。依音阶的相邻音进行称为级进，三度的跳进称小跳，四度和四度以上的跳进称大跳。

3.和声：和声包括"和弦"及"和声进行"。和弦通常是由三个或三个以上的乐音按一定的法则纵向（同时）重叠而形成的音响组合。和弦的横向组织就是和声进行。和声有明显的浓、淡、厚、薄的色彩作用；还有构成分句、分乐段和终止乐曲的作用。

4.力度：音乐中音的强弱程度。

5.速度：音乐进行的快慢。

6.调式：音乐中使用的音按一定的关系连接起来，这些音以一个音为中心（主音）构成一个体系，就叫调式。如大调式、小调式、我国的五声调式等。调式中的各音，从主音开始自低到高排列起来即构成音阶。

7.曲式：音乐的横向组织结构。

8.织体：多声音乐作品中各声部的组合形态（包括纵向结合和横向结合关系）。

9.音色：音色有人声音色和乐器音色之分。在人声音色中又可分童声、女声、男声等。乐器音色的区别更是多种多样。在音乐中，有时只用单一音色，有时又使用混合音色。

（二）音乐基本术语名词解释

1.乐音：振动规则，听起来高低明显的音。

2.噪音:振动不规则,听起来高低不明显的音。

3.乐音体系:音乐中使用乐音的总和。

4.音级:乐音体系中各个音叫音级。它包括基本音级和变化音级。

5.半音:在钢琴键盘上,任何相邻两个键的音高关系为半音。

6.全音:在钢琴键盘上,任何隔开一个琴键的两个键音高关系为全音。

7.音名:音的名称。用 C、D、E、F、G、A、B 表示。

8.唱名:唱谱时使用的名称。用 do、re、mi、fa、sol、la、si 来唱。

9.音组:七个基本音级循环重复,产生了许多音名相同而音高不同的音,于是可以分成若干个组,这些组称为音组。

10.音律:音乐体系中各音的绝对高度。目前世界各国广泛采用的音律是十二平均律,另外还有纯律和五度相生律。

11.十二平均律:把八度分成十二个均等的部分。

12.基音和泛音:琴弦振动发音时,不仅全弦振动,它的二段、三段、四段……也在振动发音。全弦振动产生的音,即听的最清的音叫基音;其他各段振动产生的音,不易听清,叫泛音。

13.音域:指乐音体系、人声、乐器或某首作品的音高范围。

(三)名家谈音乐

1.乐者,心之动也;声者,乐之象也;文采节奏,声之饰也。(《礼记·乐记》)

2.音乐是时间的艺术,是感情的流动;音乐不仅是感情表现,而且是感情本身。(德国哲学家叔本华)

3.音乐应当使人类的精神迸发出火花。(贝多芬)

4.音乐是比一切智慧、一切哲学更高的启示。谁能渗透我音乐的意义,便能超脱寻常人无以自拔的苦难。(贝多芬)

5.生活的苦难压不垮我。我心中的欢乐不是我自己的,我把欢乐注进音乐,为的是让全世界感到欢乐。(贝多芬)

6.我的科学成就很多是从音乐启发而来的。(爱因斯坦)

7.没有音乐的人生将是一场错误。(德国哲学家尼采)

8.话语尽,音乐始。文字的尽头是音乐。(德国诗人海涅)

9.音乐是思维的声音。(法国作家雨果)

10.你们看到了我们能做到的事情;现在只要你们愿意,就可以有艺术。(德国作曲家瓦格纳)

11.音乐是灵魂的完美表现。(德国作曲家舒曼)

12.戏剧里有永远不变的原则,那就是要吸引人心,攫住人心和感动人心。(意大利歌剧作曲家普契尼)

13.音乐听的越多,人们就愈能品评鉴赏,并且知道音乐怎样是好的。(美国作曲家格什温)

14.乐者,天地之和;礼者,天地之序也。(《礼记·乐记》)

15.兴于诗,立于礼,成于乐。(孔子)

16.我实实在在地看见整个天国就在我面前,我看见了伟大的上帝本人。(德国作曲家亨德尔)

17.愿我的音乐从心灵直达心灵。(贝多芬)

（四）关于音乐的名言

1.为什么现在的医学、科技等各方面的进步都如此之快,但人们仍然需要一二百年前的音乐去抚慰心灵? 就一句话:人性的进步是很慢很慢的。

2.一个人的日子,一个人的音乐,静静地去听这个世界刚刚消失的一切。

3.从指缝中溜走的,是时间,更是音乐。

4.有音乐的地方,悲伤就有了家乡。有音乐的地方,长夜也不会漫长。有音乐的地方,乌云间透出阳光。有音乐的地方,思绪能飞进天堂。有音乐的地方,你总会轻舞飞扬。有音乐的地方,我不再独自彷徨。嗯! 只要有音乐,在哪都是好地方。

5.幸福是灵魂的一种香味,是一颗歌唱的心的和声。而灵魂的最美的音乐是慈悲。

6.通过音乐并在音乐中教育我们的孩子。

7.感情和气味是这么一种东西:它们犹如光之于太阳,音乐之于风。

8.德国是一个崇尚文化艺术、重视美育的国度,在人群中很难找到不了解音乐、不懂乐器的人。这或许是德国人为什么富有创造力的谜底之一。

9.八卦终究会过去,但音乐会留下来。

10.没有音乐,生命是没有价值的。

11.一切伟大的音乐家总是继承着民间音乐所提示的方法和方向做进一步的艺术加工,而不是与它的方向背道而驰;任何天才一旦违背了民间音乐的这种传统,他的作品就会脱离人民,降低价值。

12.美是上帝的微笑,音乐是上帝的声音,管风琴是上帝的乐器。

13.曾经历了许许多多,现在,我似乎明白了什么是幸福:过恬静的隐居生活,尽可能对人们做些简单而有用的善事,做一份真正有用的工作,最后休息、享受大自然,读书,听音乐,爱戴周围的人。这就是我对幸福的诠释。

14.音乐,开心时入耳,伤心时入心。

15.学音乐的孩子不会变坏。

16.音乐是人生的艺术。

17.在音乐里面,我可以畅所欲言,自由自在。

18.好的音乐,可让人回味久久,终生难忘;好的书籍,可默然相随,伴你一生。

19.音乐是医治思想疾病的良药。

20.有一天生命会离开,但音乐可以超越这一切。

21.我们都是有缺陷的人,没有人拥有道德上的优势。所以这世上才会有那么多救赎心灵的书籍和音乐。

22.生活中的疲惫,爱恨情仇的交织,或许都能在音乐的感染下化解。

23.数学,正确地看,不仅拥有真,也拥有至高的美。一种冷而严峻的美,一种屹立不摇的美。这一点只有音乐可以与之媲美。

24.音乐教育并不是音乐家的教育,而首先是人的教育。

25.灵魂最美的音乐是善良!美即道德!

26.音乐离心灵最近,离感情最近,离上帝最近。所以,爱上音乐,将是你一生最大的幸福。

27.许多年轻人在学习音乐时学会了爱。

28.音乐歌颂人们的生活,引导人们走向光明的未来。

二、音乐体裁类别

(一)声乐部分

1.声乐

声乐,是指用人声演唱的音乐形式。声乐是以人的声带为主,配合口腔、舌头、鼻腔作用于气息,发出的悦耳的、连续性、有节奏的声音。按音域的高低和音色的差异,可以分为女高音、女中音、女低音和男高音、男中音、男低音。每一种人声的音域,大约为两个八度。

2.唱法

所谓"唱法",实际上就是一种特有的演唱模式,这种模式直接影响着演唱的外在表现风格。就美声唱法、民族唱法、流行唱法这三种唱法而言,因为唱法模式不同,故而风格也会有所不同。具体地说,三种唱法之所以在风格表现上有较大的差异,其主要原因是因为三种唱法在歌唱发声的原理运用上的不同所致。

美声唱法注重发声的技巧性和规范性,强调声音的共鸣和掩盖,在生理上要求喉头向下使喉咙充分打开,追求具有强烈穿透力的"面罩集中点"以获得高质量的声音效果。

民族唱法则注重歌唱发声的自然性,强调行腔与咬字的有机结合,主张"字"正才能"腔"圆的基本观点,追求"字清"而"韵正"的传统格式。

流行唱法则更多的是注重"感觉",强调乐感和模仿在歌唱中的重要性,追求声音的个性与特色,以及"口语化"式的演唱风格。由此可见,三种唱法从演唱模式到风格表现上的差异是显而易见的。

3.艺术歌曲

艺术歌曲是由诗歌与音乐结合而共同完成艺术表现任务的一种音乐体裁,其名称因浪漫主义音乐大师舒伯特的作品而确立,成为一种独立类型的歌曲种类。它结合了优美旋律和人声两个最具有普遍感染力的音乐因素,使艺术歌曲具有较强的表现力和欣赏性,是19世纪浪漫主义音乐一种独特的艺术表现形式。

4.小夜曲

小夜曲(serenade)是一种音乐体裁,是用于向心爱的人表达情意的歌曲。起源于欧洲中世纪骑士文学,流传于西班牙、意大利等欧洲国家。最初,小夜曲由青年男子夜晚对着情人的窗口歌唱,倾诉爱情,旋律优美、委婉、缠绵,常用吉他或曼陀林伴奏。随着时代的发展,其形式也有所发展。《中外著名歌曲》中登载的舒伯特、托西尼作曲的小夜曲,都在世界上流传甚广。

5.合唱

合唱(chorus)指集体演唱多声部声乐作品的艺术门类,常有指挥,可有伴奏或无伴奏。它要求歌唱群体音响的高度统一与协调,是普及性最强、参与面最广的音乐演出形式之一。人声作为合唱艺术的表现工具,有着其独特的优越性,能够最直接地表达音乐作品中的思想情感,激发听众的情感共鸣。

《黄河大合唱》

《黄河大合唱》是冼星海最重要的也是影响力最大的一部交响乐代表作。作于1939年3月,并于1941年在苏联重新整理加工。这部作品由诗人光未然作词,以黄河为背景,热情歌颂中华民族源远流长的光荣历史和中国人民坚强不屈的斗争精神,痛诉侵略者的残暴和人民遭受的深重灾难,广阔地展现了抗日战争的壮丽图景,并向全中国全世界发出了民族解放的战斗警号,从而塑造起中华民族巨人般的英雄形象。

合唱曲目:

第一乐章:《黄河船夫曲》(混声合唱)

第二乐章:《黄河颂》(男高音或男中音独唱)

第三乐章:《黄河之水天上来》(配乐诗朗诵,三弦伴奏)

第四乐章:《黄水谣》(女声二部合唱,原稿为齐唱)

第五乐章:《河边对口曲》(男声二重唱及混声合唱,原稿是男声对唱)

第六乐章:《黄河怨》(女高音独唱,音乐会上常按修订稿加入女声三部伴唱)

第七乐章:《保卫黄河》(轮唱)

第八乐章:《怒吼吧,黄河》(混声合唱)

歌词选编

《黄河船夫曲》

朗诵词:

朋友!你到过黄河吗?你渡过黄河吗?你还记得河上的船夫拼着性命和惊涛骇浪搏战的情景吗?如果你已经忘掉的话,那么你听吧!

歌词:

咳哟!划哟……乌云啊,遮满天!波涛啊,高如山!冷风啊,扑上脸!浪花啊,打进船!咳哟!划哟……伙伴啊,睁开眼!舵手啊,把住腕!当心啊,别偷懒!拼命啊,莫胆寒!咳!划哟!咳!划哟!咳!划哟!咳!划哟!不怕那千丈波浪高如山!不怕那千丈波浪高如山!行船好比上火线,团结一心冲上前!咳!划哟!咳!划哟!咳!咳!划哟!咳哟!划哟……划哟!冲上前!划哟!冲上前!划哟!冲上前!划哟!冲上前!咳哟!咳哟!哈哈哈哈……我们看见了河岸,我们登上了河岸,心啊安一安,气啊喘一喘。回头来,再和那黄河怒涛决一死战! 决一死战! 决一死战! 决一死战! 咳! 划哟……

《黄河颂》

朗诵词:

啊! 朋友! 黄河以它英雄的气魄,出现在亚洲的原野,它象征着我们民族的精神:伟大而崇高! 这里,我们向着黄河,唱着我们的赞歌。

歌词:

我站在高山之巅,望黄河滚滚奔向东南。金涛澎湃,掀起万丈狂澜;浊流宛转,结成九曲连环;从昆仑山下,奔向黄海之边;把中原大地劈成南北两面。啊,黄河! 你是中华民族的摇篮! 五千年的古国文化,从你这发源;多少英雄的故事,在你的身边扮演! 啊,黄河! 你是伟大坚强,像一个巨人出现在亚洲平原之上,用你那英雄的体魄筑成我们民族的屏障。啊,黄河! 你一泻万丈,浩浩荡荡,向南北两岸伸出千万条铁的臂膀。我们民族的伟大精神,将要在你的哺育下发扬滋长! 我们祖国的英雄儿女,将要学习你的榜样,像你一样的伟大坚强! 像你一样的伟大坚强!

《黄水谣》

朗诵词:

是的,我们是黄河的儿女! 我们艰苦奋斗,一天天地接近胜利。但是,敌人一天不消灭,我们便一天不能安身;不信,你听听河东民众痛苦的呻吟。

合唱:

黄水奔流向东方,河流万里长。水又急,浪又高,奔腾叫啸如虎狼。开河渠,筑堤防,河东千里成平壤。麦苗儿肥啊,豆花儿香,男女老少喜洋洋。自从鬼子来,百姓遭了殃! 奸淫烧杀,一片凄凉,(凄凉)扶老携幼,四处逃亡,(逃亡)丢掉了爹娘,回不了家乡! 黄水奔流日夜忙,妻离子散,天各一方! 妻离子散,天各一方!

《河边对口曲》

朗诵词:

妻离子散,天各一方! 但是,人们难道永远逃亡? 你听听吧,这是黄河边上两个老乡的对唱。

对唱、合唱:

张老三,我问你,你的家乡在哪里? 我的家,在山西,过河还有三百里。我问你,在家里,种田还是做生意? 拿锄头,耕田地,种的高粱和小米。为什么,到此地,河边流浪受孤凄? 痛心事,莫提起,家破人亡无消息。张老三,莫伤悲,我的命运不如你! 为什么,王老七,你的家乡在何地? 在东北,做生意,家乡八年无消息。这么说,我和你,都是有家不能回! 仇和恨,在心里,奔腾如同黄河水! 黄河边,定主意,咱们一同打回去! 为国家,当兵去,太行山上打游击! 从今后,我和你,一同打回老家去!

6.歌剧

歌剧(意大利语:opera,opere 为复数形)是一门西方舞台表演艺术,简单而言就是主要或完全以歌唱和音乐来交代和表达剧情的戏剧(是唱出来而不是说出来的戏剧)。歌剧(opera)是将音乐(声乐与器乐)、戏剧(剧本与表演)、文学(诗歌)、舞蹈(民间舞与芭蕾舞)、舞台美术等融为一体的综合性艺术,通常由咏叹调、宣叙调、重唱、合唱、序曲、间奏曲、舞蹈场面等组成(有时也用说白和朗诵)。

咏叹调是歌剧中主角抒发感情的主要唱段,它们的音乐很好听,结构较完整,能表现歌唱家的声乐技巧,因而经常会在音乐会上听到它们,如《蝴蝶夫人》的咏叹调"晴朗的一天",《茶花女》的咏叹调"为什么我的心这么激动"和罗西娜的咏叹调"我的心里有一个声音",《卡门》里的咏叹调"哈巴涅拉"、"花之歌"和"斗牛士之歌"等。

序曲(overture)

(1)序曲是歌剧、舞剧等大型作品的前曲,最早只是为等待观众入场而演奏的简短音乐段落。

(2)从 18 世纪中后期德国音乐家格鲁克的歌剧改革开始,将剧情因素引入序曲,使之逐步与歌剧的戏剧性融为一体,从而能更有效地引导观众进入歌剧发展的过程。

(3)19 世纪以后的序曲越来越向音乐会序曲发展,并演变成单乐章的交响诗形式。

世界十大歌剧包括:《浮士德》(法国作曲家古诺)、《乡村骑士》(意大利马斯卡尼)、《卡门》(法国比才)、《图兰朵》(意大利普契尼)、《阿依达》(意大利威尔第)、《茶花女》(意大利威尔第)、《弄臣》(意大利威尔第)、《托斯卡》(意大利普契尼)、《奥赛罗》(意大利威尔第)、《蝴蝶夫人》(意大利普契尼)和《艺术家的生涯》(意大利普契尼)。但另外有些排名也将罗西尼的《塞维利亚的理发师》和莫扎特的《魔笛》《费加罗的婚礼》排在十大歌剧当中。

(二)器乐部分

1.交响曲

交响曲是器乐体裁的一种,是管弦乐队演奏的包含多个乐章的大型(奏鸣曲型)套曲。源于意大利歌剧序曲,海顿时定型。基本特点为:第一乐章快板,采用奏鸣曲式;第二乐章速度徐缓,采用二部曲式或三部曲式等;第三乐章速度中庸或稍快,为小步舞曲或诙谐曲;第四乐章又称"终乐章",速度急速,采用回旋曲式奏鸣曲式等。

十大交响曲是:海顿 G 大调第九十四交响曲(惊愕),莫扎特 g 小调第四十交响曲,贝多芬第三交响曲(英雄)、第五交响曲(命运)、第九交响曲(合唱),勃拉姆斯 c 小调第一交响曲,柴可夫斯基 b 小调第六交响曲(悲怆)、德沃夏克 e 小调第九交响曲(自新大陆)、马勒第二交响曲(复活)、肖斯塔维奇 d 小调第五交响曲(革命)。

2.交响乐队

交响乐队是一种大型的管弦乐队。交响乐队大约定型于 19 世纪 20 年代,并开始在欧洲及全世界流行。交响乐队一般包括四组乐器,即弦乐组、木管组、铜管组和打击乐组。弦乐组是一个提琴的家族,包括小提琴、中提琴、大提琴和低音提琴;木管组包括短笛、长笛、双簧管、单簧管、英国管、大管等;铜管组包括圆号、小号、长号、大号等;打击乐组则有定音鼓、小军鼓、大鼓、三角铁、钹、锣、排钟等。

十大交响乐团:德累斯顿国立交响乐团(德国)、维也纳爱乐乐团(奥地利)、纽约爱乐乐团(美国)、波士顿交响乐团(美国)、柏林爱乐乐团(德国)、捷克爱乐乐团(捷克)、费城交响乐团(美国)、多伦多交响乐团(加拿大)、彼得格勒爱乐交响乐团(苏联)、日本广播(NHK)交响乐团(日本)。

3.奏鸣曲与奏鸣曲式

奏鸣曲(Sonata)是种乐器(独奏乐器,也可以用钢琴伴奏)音乐的写作方式,此字源自拉丁文的 sonare,即发出声响。在古典音乐史上,此种曲式随着各个乐派的风格不同也有着不同的发展。

奏鸣曲式包括三部分:

第一部分:(呈示部)有两个主题——正主题(第一主题)、副主题(第二主题),这两个主题往往形成强烈的对比。比如,正主题是冲突性的、戏剧性的,副主题可以是抒情性的、歌唱性的。

第二部分:(展开部)就是把呈示部的主题进行不断的分裂、模进,在配器、节奏、力度和调性各个方面进行对比和展开。

第三部分:(再现部)再现呈示部的两个主题,调性上有严格的关系。

奏鸣曲式通常开始有一个引子或者序奏,结束有尾声。这样的曲式常常表现宏大的构思,反映深刻的哲理。

奏鸣曲式是一种大型曲式,是奏鸣曲主要乐章常用的一种结构形式。它包含几个不同主题的呈示、发展和再现以及特定的调性布局。由于它通常用于奏鸣曲的第一乐章,并常用快板速度,所以也称为奏鸣曲第一乐章形式或奏鸣曲快板形式。这种曲式不仅用于奏鸣曲中,也用于室内乐、协奏曲、交响曲等大型音乐作品的相应乐章。此外在序曲、交响诗等作品中也常见到。

4.协奏曲

协奏曲(concerto)一词源于拉丁文 collcertaye,原意是在一起比赛。协奏曲是两种因素既竞争又协作的意思。协奏曲最早是作为一种声乐体裁出现的,16 世纪时,指意大利的一种有乐器伴奏的声乐曲;17 世纪后半期起,指一件或几件独奏乐器与管弦乐队竞奏的器乐套曲。巴洛克时期形成的由几件独奏乐器组成一组与乐队竞奏者称为大协奏曲。古典乐派时期形成的由小提琴、钢琴、大提琴等一件乐器与乐队竞奏的协奏曲称"独奏协奏曲"。拉赫玛尼诺夫、海顿、莫扎特、贝多芬以及浪漫乐派的许多作曲家均作有大量的独奏协奏曲作品。

十大协奏曲是:莫扎特《G 大调第三小提琴协奏曲》、贝多芬《D 大调小提琴协奏曲》、柴可夫斯基《第一钢琴协奏曲》、柴可夫斯基《D 大调小提琴协奏曲》、勃拉姆斯《D 大调小提琴协奏曲》、门德尔松《e 小调小提琴协奏曲》、德沃夏克《b 小调大提琴协奏曲》、埃尔加《e 小调大提琴协奏曲》(又名《她比烟花寂寞》,推荐杰奎琳·杜普雷版)、格里格《a 小调钢琴协奏曲》、西贝柳斯《d 小调小提琴协奏曲》。

协奏曲通常为三乐章,第一乐章大多采用奏鸣曲形式,第二乐章慢板,最后一个乐章快速、热情,采用奏鸣曲式或回旋曲式。

例如:柴可夫斯基的《D大调小提琴协奏曲》的第一乐章(电影《和你在一起》琴童的参赛曲目),这部协奏曲以俄罗斯特有的个性与民族音调,将作者一生悲愤加入其中,让我们感受到俄罗斯这个古老而伟大的民族所经受的苦难,令人振奋。

引子:由乐队奏出,具有浓郁的俄罗斯风格。开始时,引子平稳、安详、从容不迫,但经过一个下行乐句后风格突变,情绪越来越紧张,经过四个上行乐句的模进,紧张气氛达到顶点。交响乐队安静下来,把小提琴独奏让了进来。独奏小提琴进入后奏出一个自由式的乐句。后直接把音乐带入奏鸣曲形式呈示部的第一主题。

呈示部:由独奏小提琴奏出的呈示部主题给人以典雅、清新、流畅之感,仿佛是自我独白,又好似真诚的倾诉。第一主题气势恢宏;第二主题优美、伤感。

在发展部:以小提琴独奏开始,以主题变奏的方式,演绎出优雅的乐段。

在发展部与再现部之间,柴可夫斯基安排了一个华彩乐段,将小提琴的技巧发挥到极致。

再现部:长笛紧随华彩乐段中的独奏小提琴颤音而入,情绪仍是发展部中的淡淡的忧郁。

尾声:小提琴的高难度技巧在交响乐队的紧密配合下,给人以振奋的情绪,整首曲子充满了勇往直前的英雄气概。

5.华彩乐段

华彩乐段(Cadenza)是音乐术语,原指意大利正歌剧中咏叹调末尾处由独唱者即兴发挥的段落,后来在协奏曲乐章的末尾处也常用此种段落,通常乐队暂停演奏,由独奏者充分发挥其表演技巧和乐器性能。这部分的演奏较自由,难度也较高,因而也较引人注目。华彩乐段最初由独奏者即兴创作,后来作曲者也开始写作。如莫扎特、贝多芬为自己的协奏曲写了一些华彩乐段,自门德尔松后,很多作曲家都自写华彩乐段,成为作品中的有机部分和有独立特点的段落,该乐段通常出现在协奏曲第一乐章展开部的末尾。

6.室内乐

室内乐(Chamber music),原意是指在房间内演奏的"家庭式"的音乐,后引申为在比较小的场所演奏的音乐。现在指由一件或几件乐器演奏的小型器乐曲,主要指重奏曲和小型器乐合奏曲,区别于大型管弦乐。

室内乐可分为二重奏、三重奏、四重奏、五重奏直至九重奏等多种演奏形式。因所用乐器种类不同,室内乐又有单纯弦乐器演奏的重奏和弦乐器与钢琴、管乐器等混合演奏的重奏之别。弦乐四重奏是室内乐的重要形式,由第一小提琴、第二小提琴、中提琴、大提琴各1件组成;弦乐三重奏由小提琴、中提琴、大提琴各1件组成;而弦乐五重奏则由第一小提琴、第二小提琴、中提琴(2或1)、大提琴(1或2)组成。通常所称钢琴三重奏、钢琴四重奏、钢琴五重奏等,系指2件、3件或4件弦乐器与钢琴重奏的形式。如钢琴五重奏则由钢琴、小提琴、中提琴、大提琴和低音提琴组成。亦有由管乐器与弦乐器演奏者,如莫扎特所作由双簧管、小提琴、中提琴、大提琴演奏的《F大调四重奏》。

7.组曲

组曲是最古老的器乐套曲形式,源于对比性舞曲的组合。

19世纪70—80年代,现代组曲兴起。这类组曲亦由若干不同体裁、不同性格、不同调性的乐曲集合而成,大致可分五类:

①集锦式组曲。由配剧音乐、舞剧、歌剧、电影音乐或配乐朗诵等音乐中选出若干乐曲辑成,如G.比才的《阿莱城姑娘》组曲、E.格里格的《彼尔·金特》组曲、柴可夫斯基的《胡桃夹子》组曲等。

②独立的标题性组曲。如H.A.里姆斯基—科萨科夫的交响组曲《山鲁佐德》、G.霍尔斯特的《行星》组曲等。

③特性曲组曲。由19世纪出现的各种特性曲及标题小曲组成,如R.舒曼的《狂欢节》、柴可夫斯基的《第三管弦乐组曲》(1884)等。

④民族风格的组曲。随19世纪民族意识的高涨而产生,如德沃扎克的《捷克》组曲、Н.И.佩科的《摩尔达维亚》(1950)等。

⑤仿古组曲。这类组曲19世纪已有,至20世纪,因受新古典主义思潮影响,更为突出,如格里格的钢琴组曲《霍尔堡时代》、M.拉韦尔的《库普兰之墓》、P.欣德米特的《1922》等。

中国的近代组曲,始见于20世纪30年代。作品有:马思聪的《缓远组曲》、丁善德的钢琴组曲《春之旅》、李焕之的《春节组曲》、瞿维的交响组曲《白毛女》、吴祖强的舞剧《鱼美人》组曲、蒋祖馨的钢琴组曲《庙会》等。

8.丝竹乐

"丝"与"竹"是周朝的八音乐器分类法中的两个种类。丝指的是弹弦乐器,竹则指的是竹制吹奏乐器。丝竹乐指的是用竹制吹管乐器与弦乐器合奏,演奏风格细致,多表现优美抒情、轻快活泼的情趣。丝竹乐主要流行于我国南方,有江南丝竹、泉州南音、广东音乐等。

9.吹打乐

吹打乐是汉族传统器乐乐种之一,由吹、打两类乐器演奏的音乐,汉族民间俗称锣鼓或鼓吹乐。流行的演奏形式有:"十番鼓""十番锣鼓""福州十番""常州丝弦""桐庐文十番""潮州锣鼓""泉州笼吹""浙东锣鼓""西安鼓乐""晋北鼓乐""辽宁鼓乐""山东鼓吹"等。

在演奏曲目和演奏风格上,汉族传统吹打乐又分"粗吹锣鼓"与"细吹锣鼓"两类。粗吹锣鼓:粗吹粗打,声势浩大,雄壮热烈。多用大锣鼓及唢呐、管、长尖等乐器。代表性曲目有:十番锣鼓中的《将军令》、晋北鼓乐中的《大得胜》等。细吹锣鼓:细吹粗打,常用竹管主吹并配以大锣鼓,有时吹中辅以丝弦。代表性曲目有:浙东锣鼓中的《万花灯》,十番鼓中的《满庭芳》等。

10.中国音乐史上的活化石——泉州南音

南音也称"弦管""泉州南音",是中国现存最古老的乐种之一。两汉、晋、唐、两宋等朝代的中原汉族移民把音乐文化带入以泉州为中心的闽南地区,并与当地民间音乐融合,形成了具有中原古乐遗韵的文化表现形式——南音。

南音有中国音乐史上的活化石之称,发源于福建泉州,用泉州闽南语演唱,是中国现存历史最悠久的汉族古乐。南音的唱法保留了唐以前汉族古老的民族唱法,其唱、奏者的二度创作极富随意性。

"南音"就流传地域而言,"弦管"指南管音乐以丝竹箫弦为主要演奏乐器,古代大多称"弦管";"郎君乐""郎君唱"指的是南管乐者祀奉孟府郎君为乐神。还有称"锦曲""五音"等。

南音起源于前秦,兴于唐,形成在宋,是中国最古朴的乐种之一。南管在演奏上保持唐宋时期的特色,例如南管中主导乐器——琵琶,未随时代演进,仍保持唐时的大腹短颈,弹奏上还是用横抱拨弹。其音乐主要由"指""谱""曲"三大类组成,是中国古代音乐比较丰富、完整的一个大乐种,是人类口头及非物质遗产代表作。

2006 年 5 月 20 日经国务院批准,南音被列入第一批国家级非物质文化遗产名录。

●思考与练习●

1.手机下载一个音乐 App,比方"网易云音乐""qq 音乐",经常听听自己喜欢的音乐。

2.随时记录个人的音乐感悟,为自己最喜欢的音乐写一篇文章。(600 字左右)

3.音乐鉴赏文章:介绍古典音乐作曲家及其作品,各种音乐会、音乐节,古典音乐专辑、唱片版本,介绍指挥家、演奏家等等。(字数 800 以上)

人文拓展:音乐入门——听音乐、想音乐、看音乐

音乐欣赏资源

任务 3.3 美术欣赏

　　1.通过介绍我国20世纪著名画家和著名美术作品,使学生对于我国美术的民族性、艺术性及其在世界上独具特色的艺术魅力有较深入的体会,培养学生对我国美术和民族文化艺术的热爱之情。

　　2.通过对各时期外国艺术风格、艺术流派、艺术家、艺术作品的介绍,使学生对外国美术史的发展线索,各时代的审美特征、艺术风格和艺术流派的产生及特色,主要艺术家及其作品有初步的认识和了解,开拓学生的艺术视野,提高学生的审美能力。

3.3.1 中外美术名作赏析

一、中国现代美术作品赏析

　　中国现代产生了许多杰出的画家和影响深远的美术作品,其中在20世纪的100年间,是中国画史上发展最迅速,成果最显著的时期,它经历了从衰微、探求、奋进,至今已走向复兴的历程。画坛群星璀璨、名师辈出。20世纪有13名杰出的中国画家:齐白石、傅抱石、黄宾虹、吴昌硕、林风眠、李可染、潘天寿、徐悲鸿、张大千、蒋兆和、刘海粟、石鲁、黄冑。2001年起我国为了表彰对我国美术事业有杰出贡献的美术家专门设立了"中国美术金彩奖"。"中国美术金彩奖"为美术类国家级专业学术最高奖,每两年举办一次。首届中国美术金彩奖的获得者有李剑晨、王朝闻、华君武、张仃、罗工柳、彦涵、蔡若虹、黎雄才等8位老画家。第二届中国美术金彩奖获得者有中国美术界前辈力群、曾竹韶、廖冰兄、艾中信、王琦、吴冠中、黄永玉等7位美术家。此外,在我国画坛上还有不计其数、卓有成效的名家,比如:高剑父、叶浅予、李苦禅、赵望云、陆俨少、朱记瞻、陈子庄、郭味渠、刘文西、刘大为等国画名家;李桦、黄新波、刘岘、古元、李焕民等版画名家;董希文、王式廓、靳尚谊、詹建俊等油画名家;刘开渠、潘鹤、程允贤等雕塑家。这些响亮的名字令20世纪的中国美术史熠熠生辉。

　　20世纪是中国画尤其是人物画复兴繁荣的时期,仅从中国人物画来说,在几代画家的共同努力下,不仅摆脱了清末文人仕女画衰败的状态,而且至终形成了关注社会、深入生活、亲近人民、注重写实、结合传统、追求创新的现代人物画的传统。其中徐悲鸿先生和蒋兆和先生在现代中国人物画发展的历史上,贡献巨大,成就卓越,徐悲鸿的《愚公移山》《九方皋》,蒋兆和的《流民图》等都是现代人物画开先河的巨制。艺术大师与一般画家的区别,在于大师一生的个性风格变化较为突出,他有着自己深刻的、独特的画学思想,而一般画家在这方面则是难以企及的。下面以中国画为主介绍我国20世纪部分名家名作(以画家出生先后为序)：

1.吴昌硕

吴昌硕(1842—1927)，浙江安吉人，曾经做过清末安东(今江苏涟水县)知县，是我国著名画家、书法家、篆刻家。日本人称赞吴昌硕为唐之后第一人。

画风：吴昌硕最擅长写意花卉，受徐渭和八大山人影响最大。由于书法篆刻功底深厚，他把书法、篆刻的行笔、运刀及章法、体势融入绘画，形成了富有金石味的独特画风。吴昌硕书法中篆书最为著名。

吴昌硕

在吴昌硕的花卉作品中，梅、兰、菊、荷、水仙、紫藤最为常见，尤以藤本最能畅其笔力，抒发激情。

吴昌硕《梅石图》

吴昌硕的《三千年结实》运用篆书笔法，疏阔纵放，雄浑有力，显现出磅礴而苍壮的气势。

梅花是吴昌硕笔下常见的题材，他画梅常伴以巨石，认为，"石得梅而益奇，梅得石而愈清"，把梅石结合比作"知交"或"双清"。他画墨梅也常画红梅，并佐以顽石，或撇几笔竹子作为陪衬，亦爱画雪中之梅，题以"晴雪"，有时题上"不知是雪是梅花"，更增佳趣。

2 齐白石

齐白石(1863—1957)，湖南湘潭人，我国 20 世纪著名画家和书法篆刻家，曾任北京国立艺专教授、中央美术学院名誉教授、北京画院名誉院长、中国美术家协会主席等职，曾被授予"中国人民艺术家"称号，荣获世界和平理事会 1955 年度国际和平金奖。1963 年，齐白石 100 周年诞辰之际被公推为"世界文化名人"。

齐白石专长花鸟，笔酣墨饱，力健有锋。他画虫草则一丝不苟，极为精细，特别是他画的虾、蟹、蝉、蝶、鱼、鸟等水墨淋漓，洋溢着自然界

齐白石

生气勃勃的气息。

《蛙声十里出山泉》是齐白石 91 岁时,应我国著名文学家老舍之求并以"蛙声十里出山泉"为命题所作的一张水墨画。

齐白石《蛙声十里出山泉》　　　　　　　齐白石《虾册》

齐白石说:"余之画虾已经数变,初只略似,一变逼真,再变色分深浅,此三变也。"齐白石充分掌握了墨分五色的传统水墨功能,用淡墨画头部,次淡墨画身躯和尾部,用线条勾画虾须与附肢,并对虾钳加以夸张,随后又用浓墨点睛和脑,以求点、线、面的结合,使墨色互相交融,浓淡相间,有层次,有节奏,达到了墨沉淋漓,气韵生动的艺术情味。他在图中不画水,但却有水的感觉。虾的四周留出空白,使画境更为开阔、明豁,更突出主题。

《虾册》表现虾的形态,活泼、灵敏、机警,有生命力。

齐白石先生之所以能够从一个雕花木匠、民间艺人逐渐成长为一位驰誉国内外的大名鼎鼎的绘画艺术大师,获得如此巨大的成功,这里并没有什么神秘之处,也没有任何玄机和窍门,完全是靠他自己的信念和意志,靠他自己一生勤勉辛劳、艰苦奋斗出来的。

西班牙艺术大师毕加索曾说:"我不敢去你们中国,因为中国有个齐白石。""齐白石是我们所崇敬的大师,是东方一位了不起的画家!"1956 年 6 月张大千曾去拜访毕加索,三次而不得接见。张大千是一个不达目的不罢休的画家,最后还是见到了毕加索,毕加索不说二话,搬出一捆画来,张大千一幅一幅仔细欣赏,发现没有一幅是毕加索自己的真品,全是毕加索临摹齐白石的画。看完后,毕加索对他说:"齐白石真是你们东方了不起的一位画家!中国画师神奇呀!齐先生水墨画的鱼儿没有上色,却使人看到长河与游鱼。那墨竹与兰花更是我不能画的。"他还对张大千说:"谈到艺术,第一是你们的艺术,你们中国的艺术!我最不懂的,就是你们中国人为什么要跑到巴黎来学艺术?"西方的世界级大画师这样评价齐白石,由此可见齐白石的价值。

3.黄宾虹

黄宾虹(1865—1955),中国近代卓越的国画家。原籍安徽省歙县,1865年1月27日生于浙江省金华城。黄宾虹一生跨越两个世纪,两种时代,最终以中国画大师名世。

黄宾虹的思考和实践,有着深刻的世纪之变的印记。黄宾虹谨守中国知识分子的优良传统,从探索民族文化源头入手,以"浑厚华滋"即健康和平的生存理想和淳厚振拔的精神重塑艺术创造的美学旨归,成为中国近代山水画史上公认的里程碑。

黄宾虹

黄宾虹《雨过云犹湿》   黄宾虹《黄山汤口图》

黄宾虹的山水画创作道路,经历了师古人、师造化和融化古人造化形成独创风格三个阶段。大约60岁以前以师古人为主;60～70岁以师造化为主;70岁以后,自立面目,渐趋成熟。风格浑厚华滋、意境郁勃澹宕是黄宾虹山水画的基本特点。黄宾虹晚年所作山水画,从笔墨上看,元气淋漓,笔力圆浑,墨华飞动,以"黑、密、厚、重"为最突出的特点。从色彩上看,有水晕墨章,元气淋漓的水墨山水,也有丹青斑斓的青绿设色,更有色墨交辉的泼墨重彩,以及纯用线条的焦墨渴笔。其画意境清远而深邃。

黄宾虹的画论画史研究,有着深刻的独到见解。他概括出"浑厚华滋"四字,作为中国画艺术境界和审美标准,并且把它提到中华民族性格的高度。他主张要创造,认为为了继承和发展民族优良传统,要师长舍短,合众长为己有,就必须废弃守旧式的临摹,必须师造化。他在金石学、美术史学、诗学、文字学、古籍整理出版等领域均有卓越的贡献。

在技法理论方面,黄宾虹总结中国画用笔用墨的规律,提出五种笔法:平、圆、留、重、变,七种墨法:浓、淡、泼、破、渍、焦、宿。他提倡学识渊博、人品高尚、功力扎实,有创造性的学人画。黄宾虹在实践中,也在理论中为中国画笔墨确立了一种可资参证的美学标准。这是一个超越前人的,历史性的贡献。他的山水画和画论,丰富了山水画的表现力,在现代中国画的发展中,有着承前启后、继往开来的意义。

《黄山汤口图》是黄宾虹最后一幅绝笔精品。作者移动云壑,搬迁山林,做过一番艺术剪裁。构图平中出奇,实处见虚。

4.徐悲鸿

徐悲鸿(1895—1953),江苏宜兴屺亭桥人。中国现代美术奠基者,杰出的画家和美术教育家。

徐悲鸿的作品熔古今中外技法于一炉,显示了极高的艺术技巧和广博的艺术修养,是古为今用、洋为中用的典范,在我国美术史上起到了承前启后、继往开来的巨大作用。他擅长素描、油画、中国画。他把西方艺术手法融入中国画中,创造了新颖而独特的风格。他的素描和油画则渗入了中国画的笔墨韵味。他的创作题材广泛,山水、花鸟、走兽、人物、历史、神话,无不落笔有神,栩栩如生。他的油画代表作《田横五百士》《傒我后》,中国画《九方

徐悲鸿

皋》《愚公移山》等巨幅作品,充满了爱国主义情怀和对劳动人民的同情,表现了人民群众坚韧不拔的毅力和威武不屈的精神,表达了对民族危亡的忧愤和对光明解放的向往。他常画的奔马、雄狮、晨鸡等,给人以生机和力量,表现了令人振奋的积极精神。尤其他的奔马,更是驰誉世界,几近成了现代中国画的象征和标志。

徐悲鸿关于振兴中国画有三点主张:

第一是倡导人物画。他大力倡导人物画要以人的活动为艺术中心。

第二点是题材不限,唯求新意。

第三点是发扬本性,走向现代。

徐悲鸿画马,是以真马为师,又融会了传统画理画法。他从不画缰绳,马的体态较瘦,腿脚较长,十分矫健。概言之,他融会中西绘画之法,创造了新的骏马形象,成为画史上独树一帜的画马大家。他画马总是和饱满的政治热情结合在一起。

《群马图》作于1940年喜马拉雅之大吉岭。四匹姿态各异的立马静中欲动,令人感到"所向无空阔""万里可横行"的气势。

油画《浴》是徐悲鸿唯一公开露面的、早期创作的、尺幅最大、保存完好、最为精彩的油画人体精品。

徐悲鸿《群马图》

徐悲鸿《浴》

5.刘海粟

刘海粟(1896—1994),江苏省武进县(今常州市)人,我国杰出的美术家、教育家、美术史家。

刘海粟是我国近代美术教育事业的奠基人,是当今我国艺术界誉满中外的杰出的美术教育家。1912年,刘海粟创办了中国第一所美术学校——上海图画美术院。1918年应聘在北京大学讲授《艺术思潮》并举办个人画展,创立"天马会",倡导美术改革。他在美术教学中首先实行人体模特儿写生。同时,刘海粟率先在美专实行旅行写生和男女生同校学习制度。1918年,刘海粟还创办了我国第一个专业性的《美术》杂志,为新文化启蒙运动做出了贡献。

刘海粟

刘海粟的泼彩肯定是受到西画的滋养(他一直在画油画),但你却看不到一点西画的痕迹和影子。他是20世纪中国唯一能够"化西为中"的"武林高手"。他的画是最讲气韵生动,气赏意连、浑然一体的;他的用笔是最中国的、书法的、"一波三折"、"无往不复,无垂不缩"、"刚中有柔"、"有弹性"的;他的章法是自由布排、大开大合的;他的笔墨、墨彩是随类的,随意的,随情的。因此,他的中国画是最地道、最正宗"中国气象"的。

刘海粟的艺术成就卓著,享誉美术界。他擅长于中国画、油画和书法,对诗词亦有很深的造诣。海外学者誉刘海粟先生为"中国文艺复兴大师","足与近代欧洲大师并驾"。刘海粟于1985年曾先后获得意大利国家学院颁发的奥斯卡奖、意大利国家学术研究中心颁发的世界文化奖、国际艺术家联合会颁发的功勋证书、意大利培德利亚桑斯学院授予的"艺术骑士"称号及"大师院士"证书,1991年香港大学授予刘海粟名誉文学博士学位,他以其精湛的艺术成就为中华民族赢得了荣誉。

刘海粟《黄山一线天奇峰》从中国画讲究"写"、反对"描"出发,吸收后印象主义画家的笔法,形成独特的"写画"法。他还喜好层层重涂、重重积染的画法,自谓为"积墨"法。

刘海粟《黄山一线天奇峰》

6.潘天寿

潘天寿(1898—1971),浙江宁海县冠庄人。潘天寿是杰出的中国画艺术大师和现代中国画教学的重要奠基人。先后受教于李叔同、吴昌硕等,曾被聘为苏联艺术科学院名誉院士。

潘天寿的绘画艺术特别注重意境、气韵、格调等中国民族绘画的价值标准。他的作品总给人气魄宏大、令人激动振奋的感觉。他的花鸟画清新刚健而朝气蓬勃,他的山水画苍古厚重而静穆幽深。他的作品真诚朴实、充溢着内在精神美,体现了中华民族深沉的精神力量。

潘天寿

潘天寿精于写意花鸟和山水,偶作人物。尤善画鹰、八哥、蔬果及松、梅等。而且他的画作多有奇局,结构险中求平衡,形能精简而意远;勾石方长起菱角;墨韵浓、重、焦、淡相渗叠,线条中显出用笔凝练和沉健。

潘天寿《指画》　　　　潘天寿《雁荡山花》　　　　潘天寿《小龙湫下一角》

潘天寿的《指画》也可谓别具一格,成就极为突出。这类作品,数量大,气魄大,如指墨花卉《晴霞》《朱荷》《新放》等,画的均为"映日荷花",以泼墨指染,以掌抹作荷叶,以指尖勾线,生动之气韵,非笔力所能达。

7.李苦禅

李苦禅(1898—1983),山东高唐人。现代画坛大写意巨匠。李苦禅原名英,号励公。拜齐白石为师。

艺术上,李苦禅吸取石涛、八大山人、扬州画派、吴昌硕、齐白石等前辈技法,在花鸟大写意画方面发展出独到的特色。他的画笔墨雄阔,气势磅礴,自成风貌。他以写意思想与笔墨整理成习作与创作,他将西方雕刻、绘画的方法、精神融入国画教学。并率先将京戏作为"传统美学与文化艺术之综合"引进美术教学之中。李苦禅早期即以画风奔放,粗豪质朴而著名,晚年之作更加简率苍劲,独辟蹊径。

李苦禅

传世作品有《盛荷》《群鹰图》《兰竹》《芙蓉》《秋节风味》等。

《荷塘栖翠》是李苦禅晚期作品之一,画家以大写意的手法信手勾勒出荷塘一角的景象,画面简括豪放,令人叹为观止。

李苦禅《荷塘栖翠》

8.林风眠

林风眠(1900—1991),出生在广东省梅县一个农民家庭,以擅长国画传统笔墨而闻名。他广泛吸取民间艺术的滋养,同时运用了西洋画的光感、质感、色彩、结构等各方面的表现,使中西艺术之间得以取长补短,合二为一,创造出植根于传统,既有时代气息又有民族特征,色彩丰富协调又墨韵生动的艺术风格。作品多用浓墨,色彩浓丽,突显出视觉上的新鲜感和质感,摆脱了传统水墨画的表现公式。林风眠努力使表现手法和绘画样式更加单纯、简洁,用较少的笔墨,表达更丰富的内涵。他有意无意地运用了圆形、方形、三角形等几何体的构成

林风眠

原则,在它们有机的组合中,造成一种音乐性的形式感。他的用色也有独创性,把水彩、水粉同墨一起使用,使作品既有较强的色彩感,又显得色调和谐、沉稳。林风眠是一位融合中西画法的绘画大师,他采用的表现形式在很大程度上是"西方化"的,但是,画面效果和作品所体现的意境却又体现了东方诗意,具有浓厚的中国传统审美趣味。林风眠没有使用传统的笔墨,没有以书法用笔作为造型手段,他用了一种较为轻快、活泼而富有力度的线——这些线在造型的同时,传达了一种生命活力和音乐般的韵律。林风眠融汇中西的画风,最能体现20世纪中国绘画变革的主流。他不是一位成功的教育家,却是一位伟大的画家。他的艺术主张,在他的学生吴冠中的创作中得到了发扬。

林风眠《秋艳》

林风眠的作品具有很强的表现主义色彩,从中透出特有的一种孤寂、空漠的情调,一种平和而含蓄的美。

9. 张大千

张大千(1899—1983),四川内江人。从名师曾农髯、李梅阉学诗文、书法和绘画,是具有世界影响的中国画大师。

张大千

张大千的杰出成就是泼彩山水,那是他在 65 岁以后的事业。张大千的画风,先后曾经数度改变,在 57 岁时自创泼彩画法,是在继承唐代王洽的泼墨画法的基础上,糅入西欧绘画的色光关系,而发展出来的一种山水画笔墨技法。可贵之处,是技法的变化始终能保持中国画的传统特色,创造出一种半抽象墨彩交辉的意境。徐悲鸿称张大千是"五百年来第一人"。

张大千以善画荷花著称,素有"古今画荷的登峰造极"之誉。

张大千《泼彩荷花》　　　张大千《山高水长》

张大千早年即画荷花,画法多以明代画家徐渭画法为多,中年时是半工半写者多,到了晚年用最擅长的泼彩半抽象手法来画荷花。

10. 傅抱石

傅抱石(1904—1965),江西省新余县人。

傅抱石

傅抱石是中国画坛一代宗师,他创造的"抱石皴"对中国画发展影响极大,他为人民大会堂创作的《江山如此多娇》是中国美术史上的一座丰碑。

20 世纪 60 年代是傅抱石先生艺术的巅峰时期,而《毛主席诗意山水册八开》是其生前最后的作品。

傅抱石擅画山水、人物,崇尚创新,建树良多。他用"野、径、乱、黑"创造出用笔有直有根、有折有圆、粗细、轻重、虚实变化万千的山石皴法——抱石皴。傅抱石人物画自成一格。用笔洗练,着重气韵,达到潇洒入神的效果。他的画法章法结构不落俗套,别出心裁,线条纵逸挺秀,设色沉浑质丽。傅抱石长期体察自然,注意意境与章法,作画善于将水、墨、彩融为一体而取得生机盎然之效果。

傅抱石运用古诗有两种不同方式:

一是以己意去凑古人的诗。

二是根据古人的诗立意,或从中汲取灵感,抓住其精神实质进行艺术再创造,无须题诗而诗意盎然。

傅抱石《丽人行》

创作于 1944 年的《丽人行》,是傅抱石人物画中少有的宏幅长卷之一,亦是其代表力作。该画题材取自唐代诗人杜甫的名诗《丽人行》,至于创作的直接动机则要追溯到1943 年。

作为傅抱石 20 世纪 40 年代艺术创作成熟与旺盛时期的代表作,《丽人行》充分体现了他对传统人物画的深刻理解与再创造。全画共绘人物三十七人,大致分为五组。其中以第一组杨贵妃、虢国夫人、秦国夫人等及贴身婢仆和第四组人物:跟随在杨国忠等大臣身后的乐师歌伎为两个视觉重心。前者强调了贵妃夫人的雍容奢华,后者则烘托了整个出游队伍的非凡气势。画中人物除贵妃、夫人、歌舞伎设色浓艳外,其他官宦、侍从则多是素面青衣,背景则更是以重墨渲染,使得整个出游队伍穿没于密林之中。作品人物疏密的安排与颜色浓淡的处理使整幅画面有一种节奏、韵律之感,更增添了几分生趣。难怪徐悲鸿看过此画感叹曰:"此乃声色灵肉之大交响。抱石先生近作愈恣肆奔放,浑茫浩瀚,造景益变化无极,人物尤文理密察……"张大千则评此画人物"开千年来未有之奇",足见对此画的欣赏。

在中国嘉德国际拍卖有限公司 1996 年秋季中国书画专场拍卖中,傅抱石的《丽人行》以 1078 万元的价格成交,超出了 1994 年秋季索斯比在香港拍卖的张大千巨幅泼彩《幽谷图》以 816 万港币的近现代中国画最高纪录,从而成为 20 年来近现代中国画艺术市场中又一新的关注热点。

2003 年秋天傅抱石的又一名作《毛主席诗意山水册八开》更是拍出 1980 万元的天价,再一次创中国近现代书画拍卖成交的新纪录。

傅抱石的《毛主席诗意山水册八开》被誉为中国美术界四大珍品之一,该画是傅抱石为一位挚友精心绘制的,册页中许多作品都反映 20 世纪五六十年代中国国内一些引人注目的写生活动成果。这套作品虽然在美术界享有盛誉，但极少有人见到过，这次便是它首次进入公共领域。据说在此前，连傅抱石的儿子傅二石先生也没有见过真迹，他也是在拍卖前的预展上第一次目睹了父亲的珍贵手笔。

《毛主席诗意山水册八开》是傅抱石在 1964—1965 年期间根据毛泽东诗意画所绘，当时正是傅抱石先生的创作高峰。傅抱石原本打算创作 20 余幅山水画，但刚刚完成 8 页，便不幸辞世。

这套作品由八个设色纸本册页组成，每个册页中作品大小均为 33×46.5 厘米。册页中八幅作品的内容分别为："韶山诗意""芙蓉国里尽朝晖""虎踞龙盘今胜昔""萧瑟秋风今又是，换了人间""寥廓江天万里霜""登庐山诗意""神女应无恙，当惊世界殊""风展红旗如画"。

傅抱石《屈子行吟图》

傅抱石《风展红旗如画》

11. 蒋兆和

蒋兆和（1904—1986），20 世纪中国现代水墨人物画的一代宗师，中国现实主义美术家、教育家，中国现代画坛领一代风骚的艺术巨匠。

　　蒋兆和是五四以来极具变革思想的艺术家之一。在徐悲鸿先生的影响下,他集中国传统水墨技巧与西方造型手段于一体,在写实与写意之间架构全新的笔墨技法,由此极大地丰富了中国水墨人物画的表现力,使中国的水墨人物画由文人士大夫审美情趣的迹化转换为表现人生、人性,表达人文关怀、呼唤仁爱精神的载体。

蒋兆和

　　蒋兆和在水墨人物画领域中把中国画特有的造型魅力最大化地给予了 20 世纪的世界,让中国的水墨人物画成为全民乃至全人类所能共享的艺术语言,使中国的现代水墨人物画一跃而并立于世界现实主义绘画的行列。他将传统中国画“骨法用笔”“以形写神”的原则,与西方绘画解剖、透视等科学因素冶为一炉,创造性地发挥了中国画的形神论和笔墨论,创立了中国人物画造型基础教学体系,为艺术教育事业做出了重要贡献,显示出他在中国人物画坛上承前启后的重要历史作用。

蒋兆和《流民图》(局部)

　　《流民图》(水墨　纵 200 厘米　横 2700 厘米)是蒋兆和最杰出的代表作。

　　《流民图》是蒋兆和 1942 年至 1943 年在北京创作的巨幅长卷。

　　《流民图》全以毛笔、水墨画出,其形象描绘之具体、深刻,在现代绘画史上是鲜见的。

　　《流民图》之所以成功,首先是敢于直面人生,直接描写了日寇统治下老百姓的生活。蒋兆和把西画素描手法引入中国画,每画一个人物都必求有生活手段——这是自近现代倡导写实主义绘画以来，在人物画领域所获得的巨大成果。

蒋兆和对中国文化的贡献越来越被中国及世界文化界所认可。在第二次世界大战中，西方美术的代表作是毕加索的《格尼尔卡》，东方美术的代表作就是蒋先生的《流民图》。毕加索《格尼尔卡》是一幅抽象作品，而蒋先生的《流民图》是写实主义、现实主义。这两件作品，各具特点，相映生辉，体现了东西方文化各不相同的思维方式和表达方式。他们是用各自熟悉的艺术语言来塑造心中的艺术形象，用于表达自己的感受和思索，关心人类的命运，鞭笞了法西斯残害人民的暴行。无论从题材、内容和艺术技巧、思想深度方面，这两件作品堪称异曲同工。

蒋兆和《流民图》（局部）

12. 刘开渠

刘开渠（1904—1993），安徽萧县人。

作为中国现代雕塑的奠基人，刘开渠在 70 年的雕塑生涯中，基本上做的都是人像。他的雕塑将人的美概括地、完整地表现在雕塑作品上，大致可以分为四类。

刘开渠

第一类是人民英雄纪念碑雕像。北京天安门广场人民英雄纪念碑，是刘开渠在 20 世纪 50 年代主持的第一座纪念碑雕塑。刘开渠除全面负责纪念碑雕塑任务外，还亲自创作《胜利渡长江，解放全中国》以及《支援前线》和《欢迎解放军》三块浮雕。第二类是为革命领袖塑像，刘开渠开创了中国人为自己建造纪念雕塑的历史，这也是他对中国雕塑事业的伟大贡献。第三类是为工农大众雕塑。浮雕《农工之家》是他的代表作，画面由众多人物形象组成，由底至上分三层表现农村、工厂和人们劳动的情景。第四类是为科学家、文化名人塑像。如著名教育家《蔡元培像》、文学家《鲁迅先生像》、京剧表演家《梅兰芳坐像》。这些作品不愧为我国现代雕塑历史上的精品。

在中国的雕塑艺术发展史上，刘开渠不仅完成了从神到人的转变，而且还完成了从人到人民大众的转变，他是真正的人民艺术家。

刘开渠《胜利渡长江》

刘开渠《支援前线》

13. 叶浅予

叶浅予(1907—1995),浙江桐庐人。

叶浅予的中国画主要靠自学,他的艺术宗旨是自强不息的。20 世纪 40 年代,叶浅予离开漫画,走向国画。第一批作品便是他访问印度归来所作的印度舞画。50 年代作《民族大团结》《夏天》《头等羊毛》《北平解放》等,作品富有时代精神。同时又兼作山水写生和花鸟小品及人物速写。到了60 年代前后是他的创作盛期。他的笔墨解放了,出现了画舞的高潮。70 年代后期,他重握画笔,把全部感情倾注到家乡的山水人物上。《富春山居新图》长卷,展现了故乡富春山

叶浅予

水的新貌。他不以画舞为满足,尝试国画与漫画的融合,《长安怀古》四题便是。半坡纹、马嵬坡两题,都是有漫画味的。

叶浅予擅长人物,精于速写。特别是他的舞蹈人物,形态典雅,色调和谐,笔墨生动,为现代中国人物画增添了光彩。他的舞蹈人物是从五六十年代发表于报刊上的舞台速写开始的。他的速写,大部分是用铅笔线,从画《天鹅湖》开始才用水墨改画,线条减至无可再减,堪称减笔大师。

叶浅予《延边鼓声》　　　　　　叶浅予《印度舞蹈人物》

14. 吴作人

吴作人（1908—1997），原籍安徽省泾县，江苏省苏州市人。现代著名的中国画和油画大师，美术教育家。曾被徐悲鸿誉为"中国艺坛代表人之一"。

吴作人 1985 年被法国政府和文化部授予文学艺术最高勋章。1988 年又被比利时国王授予王冠级勋章。吴作人是中国画家中一人得到这两项荣誉的第一人。吴作人堪称徐悲鸿的膀臂。

20 世纪 60 年代前吴作人的艺术创作多为油画，60 年代后多为国画。他的油画技法精湛，构图独特，手法简洁，表现力强，富有生活气息。作品既富有传统绘画特色，又有鲜明的中国艺术韵味

吴作人

和民族风格。他的中国画立意自然、含蓄，笔墨潇洒，善用比兴状物，风格凝练简洁、清明流畅，构图新颖，境界广阔，寓意深邃。他的油画作品能在写实之"实"中求"写"之意趣，凝重之中不乏鲜活，吴作人的牦牛实堪"应物象形"之典型，可以毫不逊色地与徐悲鸿的马、齐白石的虾并肩比立于中国美术史。

吴作人《牦牛》　　　　　　吴作人《熊猫》　　　　　　吴作人《金鱼》

吴作人《鸡》　　　　　　　　吴作人《金鱼》

　　吴作人艺术创作熔古、今、中、西于一炉,中西绘画都有着深厚的功力。动物题材上40年代画牦牛和骆驼,50年代画熊猫,70年代画金鱼,都是神形俱佳,造型概括,笔墨淋漓,影响了新中国的国画风尚。

　　《鸡》抓形、抓动态准确到位,用笔果断,炭笔却画出了国画笔法之灵动。"丁"字形的满构图大胆奇特,尤其令人过目难忘。那鸡顶天立地似作振翅状。

　　15.靳尚谊

　　靳尚谊(1934—　　),河南焦作人。我国著名油画家。

　　靳尚谊的艺术成就,突出地体现在他把欧洲古典油画精髓及所体现的崇高、理念精神,与中国民族艺术传统和精神交流融合,开创了中国油画新古典主义学派,成功地在作品中体现出他个人对生活理想的追求。靳尚谊汲取了中国传统绘画的优良传统,在艺术创作上超越现实、表达理想又期求进入自由抒发的境界。以靳尚谊的《塔吉克新娘》为标志,中国肖像油画掀起了新的一页。

靳尚谊

　　靳尚谊深有所感地提道:"《塔吉克新娘》是根据一幅写生进行创作的,我想表现新娘那种内在、含蓄、质朴、纯洁的情感;与此同时,我还对西方油画造型进行了深入的研究,我觉得西方特别注意表现形体的体积感,而且更多地利用侧光来处理,在此基础上,我借鉴了西方油画的技巧和艺术语言,加强形象的明暗对比,尽量把形体中琐碎和多余的部分摈弃,使形象既单纯又丰富,色彩上我也注意色块对比,从而产生'一种整体而强烈的艺术效果'。"

靳尚谊《塔吉克新娘》   靳尚谊《归侨》

靳尚谊《塔吉克新娘》兼容了古典风格和理想主义精神与民族文化气质。这幅肖像画,以其柔和而细腻的笔触,单纯而强烈的色彩,凝练而概括的艺术手法,塑造了一个面带羞涩、拘谨、充满对未来幸福生活憧憬的优美而具有鲜明个性的艺术形象。它可以引起人们强烈的共鸣和极为丰富的遐想。不仅如此,在这幅油画肖像画中,人们还能充分领略到油画的艺术技巧和规律,以及油画语言的丰富性和独特性。

16. 李剑晨

李剑晨,出生于 1900 年 1 月 26 日,河南省内黄县人。李剑晨是我国著名水彩画家,我国首届美术"金彩成就奖"的获得者。

李剑晨

李剑晨被誉为中国水彩画开山大师。李剑晨的水彩画创立了自己的理论体系,造就了一个时代的水彩画群体。无论画自然山川、名胜古迹、地方风情、建设新姿,均根据立意触情的需要,采用不同画法。

20 世纪 50 年代,李剑晨所作《水彩画技法》一书成为美术范本,再版多达 12 次。

李剑晨的中国画也别具一格。他以传统笔墨的精髓为基础,融合西画之色彩与结构,追求章法的变化与意境的雄深。

1999 年,在他百岁华诞之际,他又将自己毕生绘画精品 120 幅(其中西画 100 幅,中国画 20 幅)捐献给江苏省政府,同时设立了李剑晨水彩画艺术基金,设立了李剑晨大师艺术陈列厅,将他的作品作为国家艺术财富永久收藏。

李剑晨《水彩画》

17. 古元

古元（1919—1996），广东省中山人。我国现代新兴木刻著名版画艺术大师和水彩画家，杰出的人民美术家、美术教育家。

古元被著名画家徐悲鸿称赞为"中国艺术界中一卓绝之天才"和"中国新版画界的巨星"。

1987年古元获卢森堡大公授予皇冠勋章。

古元的水彩画简洁、概括，色彩幽美，笔法洒脱，并且具有版画黑白韵律美的艺术效果。他的作品不是仅仅靠水彩技巧取胜，而是以扣人心弦的艺术效果感染观众。他的每一幅作品中，在光色的处理和黑白穿插上均有各自的特色，给观者留下无穷的回味。

古元

古元《水彩画》

古元《夏》

18. 刘大为

刘大为,1945 年出生,山东诸城人。

刘大为受教于叶浅予、蒋兆和、李可染、吴作人、黄胄等中国著名画家;是获奖最多的画家之一;是我国当前艺术成就突出,影响较大的中国画家。

刘大为作品严谨深刻并富有浓烈的生活气息,作品以反映北方少数民族生活风情以及重大历史题材著称于世。

刘大为

刘大为《瀚海行》

刘大为《丝路行旅》

19. 黄铁山

黄铁山(1939—　　),湖南省洞口县人。

黄铁山被誉为中国当代水彩画创作"学术带头人",是中国水彩画创作的代表人物。

黄铁山在水彩画界以描绘湖南乡土风情而著称。黄铁山坚信"水彩画的魅力,在于真实和真诚,只有完美地表现了作者对自然、对生活真情实意,才能引起观众的共鸣"。

黄铁山是一位坚决反对赶新潮、追"前卫"、玩弄形式的画家,因之他从不以特技或偶然效果哗众取宠,而以水色交融的魅力感染观者。

黄铁山的作品在水彩画的中国画、当代画探索中取得了突出成绩,是一首彩色的抒情诗。其画风既有鲜明的水彩特色,又有丰富的绘画表现能力;既有浓郁的东方意境和神韵,又有较深的思想内涵和时代气息。

黄铁山《湘江渔舟》

黄铁山《渔人码头》

20. 贺友直

贺友直,1922年11月生于上海,新碶西街人。我国著名连环画家、线描大师,享受国务院特殊津贴。

贺友直创作的《山乡巨变》《朝阳沟》《十五贯》都是连环画的经典代表作品。风靡于1950年代至1980年代的连环画,如今价格不菲,售价不断攀升,已经是藏家的目标。以贺友直的作品为例,原价8角一本、三本装的《山乡巨变》,1999年在武汉的一次拍卖会上曾经卖到4900元的高价,比原价足足翻了2000倍。流落散失到书画市场上的贺友直作品原稿,更是被标价1000元一张。

连环画《山乡巨变》是贺友直60年代创作的作品,一直被众多连环画爱好者视为现代题材的经典之作,亦是画家诸多作品的代表作。

贺友直

《山乡巨变》采用了读者喜闻乐见的传统线描手法,以四册500余幅画面成功地描绘出小说原著中湖南乡村的风俗画卷及解放初期广大农村群众积极组织起来走社会主义道路的历史画卷。《山乡巨变》被视为新中国成立后农村题材的优秀作品,连环画大师贺友直先生堪称现代农村题材的圣手。

1996年,贺友直在新加坡举办个人画展,新加坡国宝级诗人、书法家潘受在画展开幕式上向众人介绍说,贺友直只有小学毕业,能画到这种程度,说明他一生追求,永未毕业。后来,贺友直请人刻了一个章,放在案头作为自己的座右铭,章上刻的就是"永未毕业"四个字。

贺友直《山乡巨变》　　　　　　　　贺友直《山乡巨变》

21. 沈尧伊

沈尧伊,1943年10月生于上海。

沈尧伊代表作品有:

1966年创作的木刻《跟随毛主席在大风大浪中前进》;

1988—1993年创作的长征史诗连环画《地球的红飘带》;

1994—1997年创作的历史油画《遵义会议》。

1992年沈尧伊荣获文化部优秀专家称号;

1999年荣获国家人事部中青年有突出贡献专家称号。

沈尧伊

沈尧伊《地球的红飘带》

　　沈尧伊《地球的红飘带》是历经六年创作的一套连环画作品。在绘画表现上,作者采用了黑白版画的手法,力求体现历史的真实感,内容与形式高度统一。全书重点刻画历史人物。作者以准确、生动、求实的笔触,表现了毛泽东、朱德、周恩来等领袖当时的风采,令人过目久久难忘。926幅精心构思的画面,如一气呵成,但是每幅画都具有单幅画的艺术效果,同时全书始终保持着艺术的高水准和整体的完整性。

沈尧伊《地球的红飘带》(之一)

《地球的红飘带》是用连环画形式反映红军长征全过程的杰作。全书共 926 幅画,分 12 开本上下册与 24 开本的 5 册两种版本。

该部作品曾荣获四项政府最高级别奖:第七届全国美术展览金奖;庆祝中国共产党七十周年全国美术展览金奖;首届中国美术图书博览会金奖;第四届全国连环画评奖一等奖。这部作品被誉为"前无古人的连环画巨作""连环画有史以来新的高峰""现实主义美术的红飘带"。

二、外国美术作品赏析

(一)欧洲中世纪美术

中世纪是指从公元 476 年西罗马灭亡到大约 1450 年意大利文艺复兴为止,前后大约 1000 年。

中世纪的美术基本上是宗教美术,而宗教活动的主要场所是教堂。在这个历史时期教堂建筑和美术融为一体,成为基督教美术的最高代表。建筑的高度发展是中世纪美术最伟大的成就。

1.拜占庭美术

拜占庭美术在 5—15 世纪流行于东罗马帝国,主要是宗教美术。拜占庭美术主要代表是君士坦丁堡时期(330—395)的罗马帝国美术和东罗马帝国(395—1453)美术。

2.罗马式美术

自公元 1096 年开始的十字军东侵,使欧洲兴起宗教热潮,封建主对宗教的狂热达到如醉如痴的境地,他们全力为自己领地兴建规模壮观的教堂和修道院,建筑史上称这种新形制为"罗曼内斯克"即罗马式。而这个时期的其他造型艺术如雕塑、绘画等都成为与教堂不可分割的装饰部分,因此在美术史上统称为"罗马式"。主要体现在:(1)罗马式教堂——整个外形像封建领主的城堡,以坚固、沉重、敦厚的形象显示了当时封建宗教的权威,如意大利的比萨教堂、德国的沃尔姆斯教堂;(2)雕刻;(3)罗马式美术。

德国的沃尔姆斯教堂

罗马式教堂建筑艺术比萨教堂广场全貌

3.哥特式美术

"哥特式"一词原先是文艺复兴时期的学者们用来描述北方蛮族哥特人所创造的劣等艺术风格,后来失去了它原有的贬义,成为一个宽泛的术语,用以形容罗马式之后、文艺复兴之前这段时期建筑与美术风格。欧洲中世纪美术以哥特式达到了光辉的顶点。

(1)哥特式建筑:由罗马式建筑发展而来,但已不是城堡式,而是由尖角的拱门、肋形拱顶和飞拱,构成一个完整的体系,以垂直轴的骨架结构承载建筑物的重量。所有的门窗尖顶都设计成尖拱状,包括钟塔也和教堂的轻巧、垂直的形体一样,高耸入云。代表作品如:法国巴黎圣母院、夏特尔大教堂。

(2)哥特式雕刻:大多出现在大教堂的外部,最常见的有火焰形饰、尖拱、三叶形和四叶形饰等图案,以科隆大教堂和班堡大教堂中的装饰为代表。

(3)哥特式绘画:在13世纪中叶出现在彩色玻璃窗、手抄本插图、北欧的板上画和意大利的湿壁画中。

哥特式教堂建筑艺术

德国科隆教堂

乌尔姆敏斯特大教堂

哥特式教堂中的玻璃镶嵌画《圣母像》

巴黎圣母院建筑上的精美浮雕

法国亚眠大教堂的基督雕像

（二）欧洲文艺复兴时期绘画

这时期一般是指15—16世纪。在文艺复兴运动的发源地和中心的意大利，则可上溯到14世纪。这个时期因新兴资产阶级发展资本主义经济的需要，发生了一场提倡复兴希腊、罗马古典文化，以反对封建思想意识和基督教神学的伟大的思想解放运动，因而被称作"文艺复兴"时期。意大利文艺复兴盛期有三杰：达·芬奇、米开朗琪罗、拉斐尔。

达·芬奇油画《最后的晚餐》(1495—1498)420×910厘米 现藏米兰圣玛利亚德尔格契修道院

达·芬奇《蒙娜丽莎》

米开朗琪罗《创世记》(1503—1506)

米开朗琪罗《大卫》

米开朗琪罗《圣彼得大教堂》(意大利)

拉斐尔《圣母的婚礼》

拉斐尔《圣礼之争》

拉斐尔《西斯廷圣母》

拉斐尔《基督赴刑场》

拉斐尔《雅典学院》

拉斐尔《耶稣的复活》

拉斐尔《椅子中的圣母》

（三）17—18 世纪美术

1.古典主义

古典主义的代表人物:尼古拉斯·普桑;代表作品:《阿尔卡迪亚的牧人》《诗人的灵感》。

尼古拉斯·普桑《阿尔卡迪亚的牧人》

尼古拉斯·普桑《诗人的灵感》

2.写实主义

写实主义的代表人物:勒南三兄弟;代表作品:《农民进餐》《农民一家》。

路易·勒南《农民进餐》

路易·勒南《农民一家》

(四)19 世纪美术

19 世纪是美术史上极其重要的一个时期。这一时期西方美术史上主要流派有:新古典主义、浪漫主义、现实主义、印象主义;主要代表人物有:塞尚、凡·高、修拉、高更等。这些最重要的艺术家均在此时期处于创作巅峰期,现代艺术由他们肇始。

大卫《马拉之死》

大卫《拿破仑一世加冕》

德拉克洛瓦《自由领导人民》

吕德《马赛曲》(巴黎戴高乐广场凯旋门)

克劳德·莫奈《日出·印象》

克劳德·莫奈《巴黎蒙特戈依街道》

克劳德·莫奈《花园中的女人》

皮埃尔 奥古思特·雷诺阿《煎饼磨坊的舞会》

阿尔弗莱德·西斯莱《莫瑞桥》

阿尔弗莱德·西斯莱《鲁弗申的花园小路》

埃德加·德加《舞蹈课》

卡米耶·毕沙罗《雪中的林间大道》

乔治·皮埃尔·修拉《大碗岛星期日的下午》

乔治·皮埃尔·修拉《欧兰菲林的运河》

乔治·皮埃尔·修拉《杂技团大会演》

凡·高《加歇医生的肖像》

凡·高《向日葵》

高更《雅各与天使的搏斗》

塞尚《埃斯泰克的海湾》

塞尚《有苹果与柳橙的静物》

（五）20世纪初美术

　　20世纪西方美术的主要流派有野兽派、立体主义、未来主义、抽象绘画、达达主义、超现实画派、表现主义等一系列产生重要影响的画派。

1.立体主义

立体主义是西方现代艺术史上的一个运动和流派,又译为立方主义,1908 年始于法国。立体主义的艺术家追求碎裂、解析、重新组合的形式,形成分离的画面——以许多组合的碎片形态为艺术家所要展现的目标。艺术家以许多的角度来描写对象物,将其置于同一个画面之中,以此来表达对象物最为完整的形象。物体的各个角度交错叠放造成许多垂直与平行的线条角度,散乱的阴影使立体主义的画面没有传统西方绘画的透视法造成的三维空间错觉。背景与画面的主题交互穿插,让立体主义的画面创造出一个二维空间的绘画特色。其代表人物有:巴勃罗·鲁伊斯·毕加索、费尔南·莱热、乔治·布拉克。

毕加索创作的《亚威农少女》被认为是立体派风格的开山之作,是传统美术与现代美术的分水岭。尽管丑陋、扭曲,但这些女子咄咄逼人的目光和挑逗性的姿势却得到强有力的体现。

毕加索《亚威农少女》

2.表现主义

表现主义是 20 世纪初出现的艺术流派,其艺术特征是在作品中强调表现和宣泄情感的重要性。表现主义的主要活动基地在德国,但作为一种艺术思潮,它在欧洲各国均有反映。1905 年德国出现桥社组织,是德国表现主义的第一个社团,桥社的不少画家表现人和自然的原始性,歌颂性解放。德国表现主义的第二个社团是 1911 年成立的"青骑士社",代表人物有康定斯基、马尔克等,与法国野兽主义相似,带着浓厚的北欧色彩与德意志民族传统色彩。

在欧洲其他国家,对德国表现主义美术产生影响的主要还有挪威画家爱德华·蒙克(1863—1944)、奥地利的克里姆特(1862—1918)等。

3.未来主义

1909 年在意大利出现的"未来主义"不同于野兽主义和立体主义,它是一个更为广泛的文艺运动。与其说它是一种风格,不如说它是一种意识形态。参与这个运动的有文学家、戏剧家、美术家、建筑家等。

4.至上主义

至上主义是俄罗斯的艺术家对现代艺术的一大贡献。至上主义的发起人是马列维奇。至上主义奠定了几何抽象理论的基础。将几何抽象理论推向一个更新高度的是荷兰画家蒙德里安(1872—1944),他于1914年创立了几何风格派。

5.达达主义

达达主义,其影响波及欧洲及美国。达达主义反对战争,反对权威和传统,否定艺术,否定理性和传统文明,提倡无目的、无理想的生活和文艺。达达主义由一群年轻的艺术家和反战人士领导,这些流亡的艺术家有着强烈的反战情绪,他们看到人类文明惨遭践踏,深感前途渺茫,于是在他们中间滋长了无政府主义和虚无主义,他们要组织起一个国际性的文艺团体,创造出符合他们新的理想的文学和艺术作品。在1916年2月举行的成立大会上,歌唱家罗瓦夫人随意在法文字典中发现"达达"一词,意即"孩子不明确的呀语",人们认为这个名称很怪诞有趣,用作他们团体的名称很好,不久他们发表了达达宣言。在宣言中称"达达什么都不相信""达达不求什么,达达就是达达"。达达主义的代表人物是皮卡比亚和杜尚。

法国艺术家杜尚(1887—1968)早期迷恋立体主义和未来主义。1915年杜尚来到美国纽约,他对美国的"机器文明"很感兴趣,他说:"纽约本身就是一件艺术品。"此后他往返于美国和法国之间,宣扬达达主义,创立了美国达达主义艺术。1917年2月纽约独立美展展出杜尚送展的一件尿斗,题名《泉》,引起轰动。

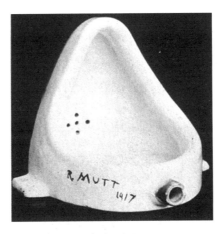

杜尚《泉》

杜尚解释说:"这件《泉》是否我亲手制成,那无关紧要。我选择了一件普通生活用具,予它以新的标题,使人们从新的角度去看它,这样它原有的实用意义就丧失殆尽,却获得了一个新的内容。"这件艺术品的问世表明达达主义对传统文明的否定,它的意义在于将生活中现成品提高到艺术品的高度加以肯定,它标志着生活和艺术的界限已取消,生活就是艺术,这就开创了一个广大的领域,为后来的波普艺术开了先河。

6.超现实主义

超现实主义以法国巴黎为中心。在达达主义基础上发展起来的超现实主义吸收了达达主义及传统和自主创作的观念,摒弃了达达主义全盘否定的虚无态度,有比较肯定的信仰和纲领。作为文艺运动,它曾在两次世界大战间广为传播。超现实主义深受弗洛伊德潜意识理论的影响,以弗洛伊德的理论作为这一艺术运动的指导思想。他们致力于探讨人类的先验层面,把现实观念与本能、潜意识和梦的经验相结合,以达到一种绝对的和超现实的情景。代表人物有恩斯特、米罗、达利、马格里特等。《记忆的永恒》是达利的著名作品。

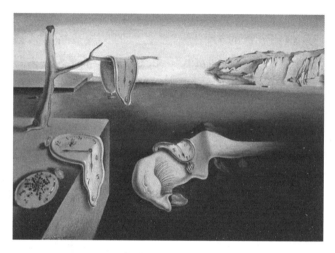

达利《记忆的永恒》

7.“巴黎画派”——不参与任何艺术群体的艺术家集合

20世纪初至第二次世界大战前,大批优秀艺术家云集巴黎。这些人当中有一些艺术家身处其中但不参与任何群体,他们保持自己已有的艺术特点和个人风格,在前辈和同时代的艺术中吸取营养,注重意境创造和抒情性,表现自己在贫困、忧愁、思乡等遭遇中的各种内心感受。他们没有结成社团,风格也不相同,人们统称其为“巴黎画派”。代表画家有莫迪利阿尼、卢梭、夏加尔、苏丁等。

夏加尔《我与村庄》

卢梭《梦境》

（六）二战后的西方美术

第二次世界大战之后,世界艺术的中心由法国的巴黎转到了美国的纽约,从此纽约成为西方艺术的中心。

1.抽象主义

美国现代艺术在西方画坛领一代风骚的标志是抽象表现主义的崛起。抽象表现主义又称"行动绘画"或"纽约画派",它是集表现主义、抽象主义和超现实主义大成的流派,实际上是一种艺术思潮。这种思潮适应了二战后美国人的心理状态和审美要求,强调艺术家行动的自由性和无目的性,把创作行为本身提高到重要的位置。抽象表现主义的代表画家有波洛克(1912—1956)、德库宁(1904—1997)、斯蒂尔(1904—1980)、纽曼(1905—1970)等。抽象表现主义发展到 20 世纪 60 年代又产生了"后绘画性抽象",又称"色域画派""硬边抽象"。继此之后又出现了新的几何抽象形式。

2.波普艺术

波普艺术最早出现在 20 世纪 50 年代的英国,后来广泛运用在美国的艺术中,被用来称谓一种大众流行的艺术现象。波普艺术是以波普文化为基础的艺术,60 年代末成为世界上最普及和最重要的现代艺术流派。"波普"(pop)一词含有通俗、大众、流行的意思,因此波普艺术是以全面反映大众文化各个领域为特点的。波普艺术以波普文化为基础,必然扎根于现代工业社会和商品经济,它无论在创作源泉、技术手段、语言元素上都离不开当时发达的商业社会与商业生活。波普艺术家身处商业社会,商业生活方式中的都市环境和民众流行文化 ,为他们提供了构思创作的语言符号——丰富多彩的日常生活用品、铺天盖地的广告、报纸杂志、歌星影星甜美的形象、废物处理、环境保护等。他们就地取材,并运用绘画、装置、拼贴、丝网印刷、现成品集合等手段进行创作,将人们日常生活中最熟悉的歌星影星、广告海报、可口可乐等形象,通过选择和仔细制作重新呈现在大众面前,用以展示时代生活,让人们与时代保持密切的联系,使艺术与生活相等同,波普艺术由此得到发展。

美国画家汉密尔顿的拼贴作品《究竟是什么让今天的家园如此不同,如此吸引人》或许可以被视为第一幅真正的波普艺术作品。它混合着或暗示着挂在墙上的男性和女性的照片、电视机、低级黄色书刊、消费者的日用品、包装、电影,甚至出现在球拍上的波普二字。当这幅画在伦敦展出时,它被误以为是攻击艺术或攻击消费社会。汉密尔顿解释,他的目的正相反,是为了创造一种新的艺术。他说:"我宁愿认为我的目标是在寻找每日的事物和日常的态度中,究竟有何诗意之处。"

汉密尔顿《究竟是什么让今天的家园如此不同,如此吸引人》

3.极少主义

作为一种现代艺术流派,极少主义出现并流行于20世纪50—60年代。极少主义主张把绘画语言削减至仅仅是色与形的关系,主张用极少的色彩和极少的形象去简化画面,摒弃一切干扰主体的不必要的东西。极少主义在20世纪60—70年代盛行美国,又被称作最低限艺术或ABC艺术。它通过对抽象形态的不断简化,直至剩下最基本的元素来进行艺术探索。特征在于取消了艺术家个性的表达,无内容、无主题、客观化,表现的仅仅是一个客观存在的纯粹物。代表画家有:法兰克·斯泰拉等人。

4.观念艺术

观念艺术强调人的观念和作品的意义在创作时的重要性,观念艺术家认为,传统艺术作品很难将艺术家的观念表达透彻,只有创作过程和记录这一过程的方法手段才能胜任表现观念的职能。观念艺术的出现绝非偶然,它是现代派艺术从抽象表现主义到极少主义,渐至缩减而成"取消主义"态度的一种艺术。观念艺术家到处表演、演讲,还于1969年创办《艺术语言》杂志,举办系列展,成为70年代风行欧美的现代主义流派。

5.欧普艺术

欧普艺术又称"光效应艺术"或"视幻艺术",20世纪60年代出现在欧洲及美国,是同波普艺术一同发展起来的。它植根抽象艺术,是一种利用光学原理加强绘画效果的艺术,多以静态的、抽象的几何图案及其明暗、色彩渐变的不同组合造成观众视觉上的错觉或幻觉效果,其形式包括平面绘画和立体作品。其代表作有:英国画家莱利的《流》。

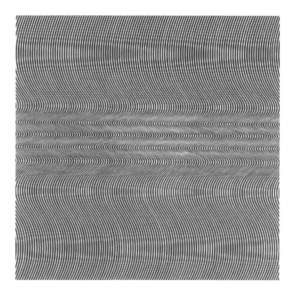

莱利《流》

6.大地艺术

大地艺术也称"地景艺术",是产生于20世纪70年代的西方现代艺术流派。大地艺术的艺术家主张以大自然作为材料,在自然环境中从事创作,让大多数人能参与到艺术活动中来,在游戏和幻想中,得到了一种未知的新体验。代表作有:美国画家史密森的《螺旋状防波堤》。

史密森《螺旋状防波堤》

7.超写实主义

超写实主义又称照相写实主义,发源于美国,20世纪60年代后在西方流行。这个流派的艺术家反对抽象艺术的潜意识情感和在造型中不表现具体物象的做法,他们认为应该排除画家的主观意念,做到纯客观地、真实地,甚至像摄影那样地再现物象,所以又称之为"照相写实主义"。超写实主义的艺术主张是酷似和逼真,许多超写实主义的画家用照片作为他们绘画的基础,做出客观、逼真的效果。查克·克洛斯(1940—)是美国超

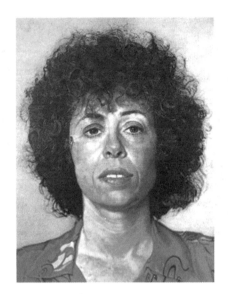

查克·克洛斯《林达》

写实主义的代表画家,其代表作品为《林达》。

8.后现代主义

20 世纪 70 年代,现代主义美术被视为发展到了最后阶段,出现了后现代主义。后现代主义是一个模糊的概念,学术界对它的说法也不一致,大体上说,是近几十年来欧美各国,主要是美国继现代主义之后前卫美术思潮的总称。后现代主义这一概念最早出现在建筑领域,后来逐渐扩展到美术等其他领域。它不是一个具体的艺术流派,而是一种广泛的文化倾向,表现在内容上以多元文化中的观念为主导,形式上以综合的方式为基础。后现代主义艺术家采用广泛的媒介,包括素描、雕塑、表演艺术、静物摄影、混合材料、装置艺术等。

9.新表现主义

20 世纪 80 年代,美国兴起了"新表现主义"的思潮。美国的新表现主义与欧洲尤其是德国的表现主义思潮有着紧密的联系。新表现主义在美国的崛起,证明艺术出现了回归的趋势,21 世纪初欧洲的表现主义的许多要素重新受到关注。

10.多元文化主义

进入 20 世纪末期,西方美术出现了多元文化主义,亚洲、非洲、拉丁美洲等地区的艺术家越来越多地来到美国和欧洲,他们带着本身原有的文化传统,在新的文化环境下组成新的艺术表达方式,西方现代艺术在多元文化中增加了它的内涵。

三、世界陶瓷之都——德化陶瓷作品赏析

1. 柯宏荣——中国工艺美术大师、中国陶瓷艺术大师

中国工艺美术大师,中国陶瓷艺术大师,享受国务院特殊津贴。其作品连获六届(1986—2006 年)中国陶瓷美术创作一、二、三等奖,数件作品被北京故宫博物院、中国工艺美术珍宝馆、国家博物馆、中国美术馆及其他国内外著名美术馆收藏,作品选入《中国现代陶瓷精品集》《中国工艺美术作品全集·陶瓷卷》。

柯宏荣

老子

祥云观音

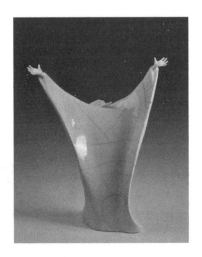

天问

天鹅湖

2.连紫华——中国工艺美术大师、中国工美行业艺术大师

中国工艺美术大师、全国技术能手、高级工艺美术师、国家一级/高级技师、福建省非物质文化遗产代表性传承人,享受国务院特殊津贴。

从艺以来多次应邀复制国家一级文物,在恭王府博物馆、中国国家博物馆、新加坡中国文化中心成功举办三场个人作品展,在泰国中国文化中心举办一场"禅境三昧"联展。中国国家博物馆、中国工艺美术馆、文化部恭王府博物馆共收藏47件作品,多件作品被英国皇家珍品馆、福建省博物院等文博机构收藏,高达2.2米的极彩瓷塑作品《四摄菩萨》被永久陈列于南京牛首山佛顶骨舍利宫,作品《毗卢观音》《杨柳观音》被永久陈列于普陀山观音圣坛。

对佛学颇有见地,深悟经藏,他将自己对传统文化的理解融入释道造像创作中,形成了自己独特的艺术风格。他的瓷塑作品线条凝练简洁、灵动飘逸,细部刻画生动、自然,尤以佛教题材作品见长。他塑造的佛菩萨造像面相慈悲、静穆、祥妙,给人以亲近、宁静、澄澈之感,是难得的艺术佳品。

自在持莲观音

坐莲台如来佛

3.陈明良——中国工艺美术大师、中国陶瓷艺术大师

中国工艺美术大师,中国陶瓷艺术大师,国家非物质文化遗产德化瓷烧制技艺代表性传承人,享受国务院特殊津贴。

出生于陶瓷世家,从小跟随祖父学艺,从艺40多年来潜心于古瓷收藏研究与德化陶瓷艺术创作,编撰《德化窑古瓷珍品鉴赏》《明清德化白瓷》等著作。多次受邀赴国内外现场技艺表演和举办个人作品展览。独创大型瓷雕"千手千眼观音系列"荣获"首届(北京)国际博览会"金奖;《百态观音》荣获"首届中国佛教文化用品博览会"金奖;《志在书中》荣获"第十一届中国民间文艺山花奖·民间工艺美术作品奖";《敦煌神韵》荣获"美国巴拿马万国博览会百年庆典"优秀艺术家奖等最高荣誉奖。

陈明良

研制出10多件作品作为国礼分别被外国元首收藏,其中《日光》入选金砖国家领导人厦

门会晤的国宾礼瓷,《梅花瓶》被文莱王储穆赫塔迪收藏,《文昌帝君》被克罗地亚总统收藏,《文昌点举》被世界联合国秘书长潘基文收藏,《团结如意》被英国首相布朗收藏,《书里乾坤》被美国总统奥巴马收藏。60 多件作品被中共中央党校(图书和文化馆)、中国美术馆、中国国家博物馆、中国工艺美术馆、北京天安门大城楼、北京首都博物馆、中国三峡博物馆、英国维多利亚博物馆、英国珍宝博物馆、台湾莺歌陶瓷博物馆、新加坡国立博物馆等各大博物馆及重要机构收藏。

得道　　　　　　　　坐岩观音

4.赖礼同——中国工艺美术大师、中国陶瓷艺术大师

中国工艺美术大师,中国陶瓷艺术大师,国家非物质文化遗产项目德化瓷烧制技艺省级传承人,全国乡村青年工艺美术能手,国家地理标志产品、国标委专家,全国工艺美术专家库专家,国家一级/高级技师评委。获得中共中央、国务院、中央军委颁发的"庆祝中华人民共和国成立70 周年"纪念章,全国劳动模范,享受国务院特殊津贴。

赖礼同

师从中国陶瓷艺术大师杨剑民先生、许兴泽先生、林质彬先生、陈祖彬先生等多名德化陶瓷界老前辈,作品《山鬼》《富贵吉祥》《托起半边天》《倚貌披坐提书观音》《万世师表》被中国国家博物馆收藏,作品《吉祥花瓶》被北京故宫博物院珍藏(德化现代陶瓷作品唯一入选),五十多件作品被省级文博单位、珍品馆收藏,撰写著作《德化窑陶瓷雕塑史话》《大世界基尼斯纪录之孔子像创意及表达》等2 部。

在创作过程中,刻苦钻研,勇于攻关,攻克特大型瓷雕制作难关,历经 3 年研制出的大型瓷雕塑像作品《孔子》,高达 2.219 米,获基尼斯世界纪录,为我国大型瓷雕的制作奠定了基础。中央电视台 4 套专访 55 分钟的纪录片《瓷艺大师赖礼同》10 多次向全球播放,中央电视台 4 套《平凡匠心》2 集 27 分钟多次向全球播放,视频《了不起的泉州工匠赖礼同》上学习强国平台,海峡电视台专访《海峡艺术名家赖礼同》现场制作 24 分钟,《三十年坚守水火土交融巨匠赖礼同》《巨人诞生记》等专题节目在各大电视台多次报道宣传。

《关公》　　　　　　　　　　　　　　《山鬼》

5.许瑞峰——中国工艺美术大师、中国陶瓷艺术大师

中国陶瓷艺术大师、国家级非物质文化遗产德化瓷烧制技艺传承人、享受国务院特殊津贴。

许瑞峰

自幼随父许兴泰(中国工艺美术大师、中国陶瓷艺术大师)学艺,是许氏瓷塑第6代传人。他继承德化历代瓷塑技艺尤其是家族传统技法,对"瓷圣"何朝宗的写意概括与"山湖祖"许氏家传的精雕细刻进行融合凝炼,创造出独树一帜的"许氏瓷塑"艺术风格。1999年率先成功研制出"辣椒红釉"及"多彩结晶釉",2003年该釉艺被全国人大常委会副委员长李铁映命名为"中华红""宝石釉"。

作品先后82次获得国家、省、部级嘉奖,有26件作品被中国国家博物馆、中南海紫光阁、国家珍品馆、中国美术馆、中国工艺美术馆、英国珍宝博物馆、福建省博物馆、福建省工艺美术珍品馆、德化陶瓷博物馆等海内外多家文博单位收藏,其事迹载入《世界名人录》。

春满人间　　　　　　自在观音　　　　　　嫦娥奔月　　　　　　戴冠观音

6.陈桂玉——中国陶瓷艺术大师

陈桂玉

中国陶瓷艺术大师,作品连获(1990—2006年)五届中国陶瓷艺术设计创新评比一、二、三等奖,景德镇国际精品大赛一、二等奖,中国德化国际陶瓷大奖赛一、二、三等奖,中国工艺美术大师精品展金、银、铜奖,作品被北京故宫博物院、中国工艺珍宝馆、国家博物馆、中国美术馆及其他各大博物馆收藏,作品入选日本"美浓国际陶瓷展",选入《中国现代陶瓷精品集》《中国工艺美术作品全集·陶瓷卷》。

1993年创办"宏益陶瓷雕塑研究所"。1996年3月在新加坡举办"柯宏荣陈桂玉瓷塑艺术精品展",展出各种题材的高白瓷、建白瓷瓷塑精品100多件,被赞誉为"世上瓷坛极品""风格别树一帜,技艺巧夺天工"。

《白鹭女神》

《山鬼》

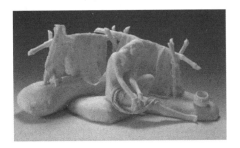

《三月三》

●思考与练习●

1.鉴赏著名美术家的代表作品,通过课外学习进一步增进对他们的了解。

2.从阅读我国著名画家的经历和成就中,你得到什么启发？获得了什么教育？

3.任选自己喜爱的名家写一篇评论文章,不少于3000字。

3.3.2 美术欣赏概要

一、国画分类概况

(一)古代国画分科之说法

中国画的分科,唐代张彦远《历代名画记》分六门,即:人物、屋宇、山水、鞍马、鬼神、花鸟等。北宋《宣和画谱》分十门,即:道释门、人物门、宫室门、番族门、龙鱼门、山水门、畜兽门、花鸟门、墨竹门、蔬菜门等。南宋邓椿《画继》分八类(门),即:仙佛鬼神、人物传写、山水林石、花竹翎毛、畜兽虫鱼、屋木舟车、蔬果药草、小景杂画等。元代汤垕《画鉴》分为十三科:"世俗立画家十三科,山水打头,界画打底。"明代陶宗仪《辍耕录》所载"画家十三科"是:"佛菩萨相、玉帝君王道相、金刚鬼神罗汉圣僧、风云龙虎、宿世人物、全境山林、花竹翎毛、野骡走兽、人间动用、界画楼台、一切傍生、耕种机织、雕青嵌绿。"

(二)当代国画分类

当代国画在世界美术领域中自成体系。按其题材和表现对象大致可分为人物画、山水画、花鸟画、界画、花卉、瓜果、翎毛、走兽、虫鱼等画科。按表现方法有工笔、写意、勾勒、设色、水墨等技法形式,设色又可分为金碧、大小青绿、没骨、泼彩、淡彩、浅绛等几种,主要运用线条和墨色的变化,以钩、皴、点、染,浓、淡、干、湿,阴、阳、向、背,虚、实、疏、密和留白等表现手法,来描绘物象与经营位置;取景布局,视野宽广,不拘泥于焦点透视。按表现形式有壁画、屏幛、卷轴、册页、扇面等画幅形式,辅以传统的装裱工艺装潢之。按其使用材料和表现方法,又可细分为水墨画、重彩、浅绛、工笔、写意、白描等。按画幅形式分,横向展开的有长卷(又称手卷)、横批,纵向展开的有条幅、中堂,盈尺大小的有册页、斗方,画在扇面上面的有折扇、团扇等。

二、国画代表种类

(一)人物画

1.人物画的历史进程

人物画是以人物形象为主体的绘画之通称。我国人物画,历史悠久,据记载,商、周时期,已经有壁画。东晋时的顾恺之专善画人物画,在我国绘画史上第一个明确提出"以形写神"的主张。唐代闫立本也擅长人物画。还有吴道子、韩斡等,都为人物画做出了卓越的贡献。唐以后画人物的画家就更多了,历代都有。

人物画大体分为道释画、仕女画、肖像画、风俗画、历史故事画等。人物画力求人物个性刻画得逼真传神,气韵生动、形神兼备。其传神之法,常把对人物性格的表现,寓于环境、气氛、身段和动态的渲染之中,故中国画论上又称人物画为"传神"。历代著名人物画有东晋顾恺之的《洛神赋图》卷,唐代韩滉的《文苑图》,五代南唐顾闳中的《韩熙载夜宴图》,北宋李公麟的《维摩诘像》,南宋李唐的《采薇图》、梁楷的《李白行吟图》,元代王绎的《杨竹西小像》,明代仇英的《列女图》卷、曾鲸的《侯峒嶒像》,清代任伯年的《高邕之像》,以及现代徐悲鸿的《泰戈尔像》等。现代,人物画更强调"师法化",还吸取了西洋技法,在造型和布色上有所发展。

2.人物画的画法和表现方法

要画好人物画,除了继承传统外,还必须了解和研究人体的基本形体、比例、解剖结构,以及人体运动的变化规律,方能准确地塑造和表现人物的形和神。画人物有几种表现方法,各有所长,如:白描法、勾填法、泼墨法、勾染法。

(二)山水画

1.山水画的历史进程

山水画是指描写山川自然景色为主体的绘画。山水画(俗称风景画、风光画或彩墨画),是专门的艺术学科,历史悠久。山水画在魏晋、南北朝已逐渐发展,但仍附属于人物画,作为背景的居多;隋唐始独立,如展子虔的设色山水,李思训的金碧山水,王维的水墨山水,王洽的泼墨山水等;五代、北宋山水画大兴,作者纷起,如荆浩、关仝、李成、董源、巨然、范宽、许道宁、燕文贵、宋迪、王诜、米芾、米友仁等的水墨山水,王希孟、赵伯驹、赵伯骕等的青绿山水,南北竞辉,达到高峰。自唐代以来,每一时期,都有著名画家,专尚从事山水画的创作。尽管他们的身世、素养、学派、方法不同;但是,都能够用过笔墨、色彩、技巧,灵活经营,认真描绘,使自然风光之美,欣然跃于纸上,其脉相同,雄伟壮观,气韵清逸。元代山水画趋向写意,以虚带实,侧重笔墨神韵,开创新风;明清及近代,续有发展,亦出新貌。表现上讲究经营位置和表达意境。传统分法有水墨、青绿、金碧、没骨、浅绛、淡彩等形式。

2.山水画的组成

山水画的组成包括:山、水、石、树、房、屋、楼台、舟车、桥梁、风、雨、阴、晴、雪、日、云、雾及春、夏、秋、冬气候特征等。

3.山水画主要代表

(1)青绿山水

青绿山水画是山水画的一种。其用矿物质石青、石绿作为主色,有大青绿、小青绿之分。前者多钩廓,少皴笔,着色浓重,装饰性强;后者是在水墨淡彩的基础上薄罩青绿。南宋有二赵(伯驹、伯骕),以擅作青绿山水著称。元代汤垕说:"李思训著色山水,用金碧辉映,自为一家法。"清代张庚说:"画,绘事也,古来无不设色,且多青绿。"中国的山水画,先有设色,后有水墨。设色画中先有重色,后来才有淡彩。

(2)浅绛山水

蔡彦才的浅绛山水画是山水画的一种。在水墨勾勒皴染的基础上,敷设以赭石为主色的淡彩山水画。《芥子园画传》说:"黄公望皴,仿虞山石面,色善用赭石,浅浅施之,有时再以赭笔钩出大概。王蒙复以赭石和藤黄着山水,其山头喜蓬蓬松松画草,再以赭色钩出,时而竟不着色,只以赭石着山水中人面及松皮而已。"这种设色特点,始于五代董源,盛于元代黄公望,亦称"吴装"山水。

（3）金碧山水

中国画颜料中有泥金、石青和石绿,凡用这三种颜料作为主色的山水画,称"金碧山水",比"青绿山水"多泥金一色。泥金一般用于钩染山廓、石纹、坡脚、沙嘴、彩霞,以及宫室、楼阁等建筑物。但明代唐志契《绘事微言》中另持一说:"盖金碧者:石青石绿也,即青绿山水之谓也。后人不察,加以泥金谓之金笔山水,夫以金碧之名而易以金笔之名可笑也!"

（三）水墨画

水墨画是中国画的一种,指纯用水墨所作之画。其基本要素有三:单纯性、象征性、自然性。相传水墨画始于唐代,成于五代,盛于宋元,明清及近代以来续有发展。水墨画以笔法为主导,充分发挥墨法的功能。"墨即是色",是指墨的浓淡变化就是色的层次变化;"墨分五彩",是指色彩缤纷可以用多层次的水墨色度代替之。北宋沈括《图画歌》云:"江南董源传巨然,淡墨轻岚为一体。"说的就是水墨画。唐宋人画山水多湿笔,出现"水晕墨章"之效,元人始用干笔,墨色更多变化,有"如兼五彩"的艺术效果。唐代王维对画体提出"水墨为上",后人宗之。长期以来水墨画在中国绘画史上占据重要地位。

（四）院体画

院体画简称"院体""院画",是中国画的一种。一般指宋代翰林图画院及其后宫廷画家比较工致一路的绘画。亦有专指南宋画院作品,或泛指非宫廷画家而效法南宋画院风格之作。这类作品为迎合帝王宫廷需要,多以花鸟、山水,宫廷生活及宗教内容为题材,作画讲究法度,重视形神兼备,风格华丽细腻。因时代好尚和画家擅长有异,故画风不尽相同而各具特点。鲁迅说:"宋的院画,萎靡柔媚之处当舍,周密不苟之处是可取的。"（《且介亭杂文·论"旧形式的采用"》）以张铨、江宏伟、贾广键、赵蓓欣、喻慧等为代表的现代中青年画家为现代院体画的发展做出了一定的贡献。

（五）文人画

文人画亦称"士夫画",是中国画的一种,泛指中国封建社会中文人、士大夫所作之画。以别于民间画工和宫廷画院职业画家的绘画,北宋苏轼提出"士夫画",明代董其昌称道"文人之画",以唐代王维为其创始者,并目为南宗之祖（参见"南北宗"）。但旧时也往往借以抬高士大夫阶层的绘画艺术,鄙视民间画工及院体画家。唐代张彦远在《历代名画记》曾说:"自古善画者,莫非衣冠贵胄,逸士高人,非闾阎之所能为也。"此说影响甚久。近代陈衡恪则认为:"文人画有四个要素:人品、学问、才情和思想,具此四者,乃能完善。"通常"文人画"多取材于山水、花鸟、梅兰竹菊和木石等,借以抒发"性灵"或个人抱负,间亦寓有对民族压迫或对腐朽政治的愤懑之情。他们标举"士气""逸品",崇尚品藻,讲求笔墨情趣,脱略形似,强调神韵,很重视文学、书法修养和画中意境的缔造。姚茫父的《中国文人画之研究·序》对文人画曾有很高的品评:"唐王右丞（维）援诗入画,然后趣由笔生,法随意转,言不必宫商而邱山皆韵,义不必比兴而草木成吟。"历代文人画对中国画的美学思想以及对水墨、写意画等技法的发展,都有相当大的影响。

(六)漫画

水墨漫画,即构思上具有漫画的特点,题材广泛,或讽刺或赞美,但表现手法上运用中国传统水墨画技巧,兼具其雅致。较之一般的漫画,水墨漫画更具有观赏价值。它的出现扩展了漫画的表现、观赏领域与品种。中国的水墨漫画也涌现了很多优秀作者,如丰子恺、华君武、黄永玉、韩羽、方成、王成喜、毕克官、徐鹏飞、蒋文兵、何韦、常铁钧、徐进、白善诚等人,同时也涌现了许多优秀作品。

(七)花鸟画

1.花鸟画的历史进程

在魏晋南北朝之前,花鸟作为中国艺术的表现对象,一直是以图案纹饰的方式出现在陶器、铜器之上。那时候的花草、禽鸟和一些动物具有神秘的意义,有着复杂的社会意蕴。人们图绘它并不是在艺术范围内的表现,而是通过它们传达社会的信仰和君主的意志,艺术的形式只是服从于内容的需要。

人类早期对花鸟的关注,是孕育花鸟画的温床。据史书记载,魏晋南北朝时期已有不少独立的花鸟画作品,其中有顾恺之的《凫雁水鸟图》、史道硕的《鹅图》、陆探微的《半鹅图》、顾景秀的《蝉雀图》、袁倩的《苍梧图》、丁光的《蝉雀图》、萧绎的《鹿图》,如此等等可以说明这一时期的花鸟画已经有了一定的规模。虽然现在看不到这些原作,但是通过其他人物画的背景可以了解到当时的花鸟画已具有相当高的水平,如顾恺之《洛神赋图》中的飞鸟等。

这一时期的花鸟画较多的是画一些禽鸟和动物,因为它们往往和神话有一定的联系,有的甚至是神话中的主角。如为王母捣药的玉兔,太阳中的金乌,月宫中的蟾蜍,以及代表四个方位的青龙、白虎、朱雀、玄武等。一般说花鸟画在唐代独立成科,属于花鸟范畴的鞍马在这一时期已经有了较高的艺术成就,现在所能见到的韩干的《照夜白》、韩滉的《五牛图》以及传为戴嵩的《半牛图》等,都表明了这一题材所具有的较高的艺术水准。

花鸟画中,还有曹霸、陈闳的鞍马,冯绍正的鹰,薛稷的鹤,韦偃的龙,边鸾、滕昌佑、刁光胤的花鸟,孙位的松竹等。如薛稷画的鹤,杜甫有诗赞曰:"薛公十一鹤,皆写青田真。画色久欲尽,苍然犹出尘。低昂各有意,磊落似长人。"

2.花鸟画的画法

花鸟画的画法大致可分为两类:工笔花鸟和写意花鸟。昆虫亦有工、写之分。表现的方法有:白描(又称双勾)、勾勒、勾填、没骨、泼墨等。花鸟画和山水画一样,有悠久的历史。花鸟画的学习步骤不外乎临摹、写生、创作。表现的主题有:竹、兰、梅、菊、牡丹、荷花等;禽鸟有:鸡、鹅、鸭、仙鹤、杜鹃、翠鸟、喜鹊、鹰;昆虫有:鹦鹉、蝴蝶、蜻蜓、蝉;杂虫有:蝈蝈、蟋蟀、蚂蚁、蜗牛、蜘蛛等。

（八）新文人画

新文人画,即"中国新文人画",是指20世纪80年代末90年代初中国艺术界出现的一种文化现象。

1996年北京画家边平山经常同福州画家王和平、河北画家北鱼在边平山先生的"平山书屋"聚晤聊天,由于在艺术见解和追求上有许多共同之处,故萌发了发起中国画联展的想法。后又与南京画家王孟奇、方骏等商定,由天津画家霍春阳在天津美院展览馆操办此次展览,这便是"新文人画"的开端。

后来全国各地的画家,如朱新建、刘二刚、王镛、徐乐乐、朱道平、陈平、田黎明、江宏伟等响应并加入进来,成为一种在全国很有影响的文化现象。"新文人画"同"85新潮""星星画展"等成为20世纪80年代、90年代中国艺术史的辉煌一页。

人文拓展:走近美术,欣赏美术

人文拓展:大师美术作品鉴赏

学习目标

1.了解应用文的概念、特点和作用,把握应用文写作要素、技巧和方法。

2.具备应用文写作能力,具有应用文常用文种实际写作技能。

3.养成规范的应用文写作意识,打造学习、掌握各类各种应用文写作的精神品质。

任务 4.1 申请书

学习目标

1.理解申请书概念。

2.掌握申请书写作格式。

3.能够写作和使用申请书。

一、申请书的概念

申请书是下级单位向上级单位或个人向组织提出请求、要求批准的专用书信。申请书的种类繁多,如"入党(团)申请书""贷款申请书""休学申请书""请求调动工作申请书"等。

二、申请书的格式

1.标题

有两种写法:一是直接写"申请书"三个字;二是在"申请书"之前加上申请的事由,如"入团申请书""开业申请书"。

标题应写在第一行居中的位置。

2.称谓

在标题下一行顶格书写接受申请的单位名称或领导的姓名,并加冒号。

3.正文

申请书的主体部分,包括申请的事项和理由,以及申请人的态度和决心。申请的理由要充分,事项要清楚、简洁,态度和决心要诚恳。

4 结尾

往往写上惯用语"恳请批准""请领导批准我的请求""恳请领导帮助解决"等。也可以使用"此致""敬礼"等礼貌用语。

5.署名和日期

在正文右下方,个人申请需写上"申请人",空一格写上申请人姓名;单位申请应写明单位名称并加盖公章。日期写在署名的下方。

有些申请书可以将一些必要的材料作为附件,既可以起证明、说明的作用,又节省篇幅。

三、例文

例文一

申请书

江西省农村信用社:

我是江西科技师范学院中文系 2003 级的贫困学生,来自九江市的一个贫困农村。现家有 6 人,爷爷、奶奶、爸爸、妈妈、妹妹和我。爷爷、奶奶年老在家,妹妹在县城读高中,爸爸、妈妈在家务农,且妈妈体弱多病,全家的收入主要靠种植农作物。由于家乡田少人多,加上去年又遇洪水,农作物歉收,全家人均收入不足 400 元。我进大学时的学费大部分是靠亲戚朋友借来的,今年要把学费交齐就更困难了。为了不因经济困难而影响自己的学业,能及时、足额地把所欠学费缴清,于是,我特向贵社提出助学贷款申请。我借款的额度是 6000 元,计划毕业后 4 年内还清本息。我父母也同意我贷款,并同意承担连带担保责任。贷款后,我保证履行还款义务,按时归还贷款本息。同时,继续努力学习,争取以优异的成绩来回报贵社对我的关心和扶持。望贵社批准为盼。

此致

敬礼

申请人×××

2005 年 5 月 10 日

【评析】

这是一份学生贷款申请书。正文先简述了申请助学贷款的缘由,接着用"我特向贵社提出助学贷款申请"一句话提出申请的事项,最后表示决心。本申请书理由充分而简练,很有说服力;事项明确;表决心态度诚恳,语气坚定有力,令人信服,是一份比较规范的申请书。

例文二

加入学生会申请书

"学生会生活部"在我心中是个神圣的名字,它连接学校与学生,是一个学生自己管理自己的组织。向上,它反映学生们的思想状况和成长历程;向下,它传达学校的规章制度和管理意向;向内,它组织同学参加各种有益身心健康的文体活动;向外,它联系校际组织参加各种社会公益活动。桥梁和纽带的作用是学生会存在的基础;自我锻炼,提升自我素质的意义是学生会不断发展的动力源泉。所以,我向往校学生会组织。能够加入学生会,成为其中一名积极分子是我一直以来的一个心愿。

假如我能顺利进入校学生会生活部组织,我会积极、主动、民主、协助地发挥它应有的作用,并在其中锻炼自己的各种能力,包括组织能力,思维能力,办事能力,创造能力和交际能力。同时也自觉地学习和体会江泽民的"三个代表"精神,从而提高自己的政治思想觉悟及参政议政意识。

由于我爱好文学,如果能顺利加入学生会,我会提倡并组织一个"文学社",并把它办成能够代表我校文学水平的组织。通过它,同学们可以讴歌我们这个时代,可以树正我们卫校学生的形象,可以代表我们年青一代的心声。

同时,我会学习并设计代表学校或者同学们的有特色的校园网页。这是与"文学社""学生会"一脉相承的。

可以说,我加入学生会就是为了完成上述愿望。当然,以我一己之力是难以达成心愿的,我希望爱好文学、爱好网络,同时也热心公共活动的同学能加入我们这一行列。因为,这是新世纪的要求,时代的脉搏,社会的呼声。

同学们,让我们一起奋进吧!

但是,如果我未能加入学生会是否就代表我的愿望都成泡影了呢?

不! 我肯定地回答:不!

我未能加入学生会说明自己的水平还不够高,能力还不够强。我会不断自我锻炼,继续前进。

那时,自然有其他水平比我高,能力比我强的同学进入学生会,只要他们组织、开展"文学社"、创办"校园网",我一定会主动参加,积极参与。只要能锻炼自己的勇气、胆量和能力,我是不会放弃和退缩的。

因为,我深深知道 21 世纪的青年应该有这样的抱负,这样的精神!

谢谢!

【评析】

这是一份要求加入校学生会生活部的申请书。在格式、内容、语言方面存在着以下问题:

(1)文题不符。标题是"加入学生会",而文中却是要加入"学生会生活部"。

(2)缺少称谓、落款和时间。

(3)结构混乱。应先介绍自己,谈对学生会生活部的认识,以及入会动机;而文中对自己的基本情况、特长优势等都未做介绍,只用了一句话"由于我爱好文学",过于笼统,没有说服力。对学生会生活部的认识,从内容上看,实际上是对学生会的认识,且夸大了学生会的作用。入会动机不明。

(4)内容主次不分,没有突出重点。本申请的重点应该放在申请者自身的优势与特长上,而本文却把重点放在了对学生会的认识以及能否入会的表态上。

(5)后半部分语体使用不当。不应使用号召性的语句和文学色彩较浓的语言。另外,有些地方词语搭配不当。比如"我会积极、主动、民主、协助地发挥它应有的作用"中

"民主、协助"与"发挥作用"搭配不当等。

(6)结束语使用错误。

●思考与练习●

1.谈谈申请书的写作格式和要求

2.按照申请书的写作要求,根据自身的实际情况,写一份入党申请书。

任务 4.2 求职信与履历

学习目标

1.了解求职信和履历的概念。

2.把握求职信和履历的写作格式和要求。

3.能够撰写求职信并制作履历。

一、求职信

(一)求职信的概念

求职信,又称自荐信,是求职者为向用人单位介绍自己,以谋求职位而写作的书信。求职信的主要特点是自荐性,求职者应针对用人单位的情况和需求来介绍自己、推荐自己。

(二)求职信的写作格式

求职信一般由标题、称谓、问候语、正文、敬语、署名和日期等组成。

1.标题

第一行居中写上"求职信"三个字。

2.称谓

(1)写用人单位的名称或领导的姓名和职务,如"公司""总经理",如是合资或外资企业,可用"××先生""××女士"等。

(2)不知道用人单位领导的姓名时,可以直接写职务,如"××公司人力资源部部长"。

(3)如果是毕业生制作的求职信,无法确定求职的单位,可用泛称,如"尊敬的领导"或"贵公司有关负责人"等。

3.正文

即求职信的主体,一般应包括以下内容:

(1)自我介绍或写获得用人消息的渠道。如"我叫×××,女,是××大学旅游系应届毕业生"，又如"从××报上获知贵公司的招聘信息后，我寄上简历，敬请斟酌"。

（2）个人资料。主要包括年龄、学历、学习专业、工作能力、主要经历、特长，充分展示自己在专业、工作能力、特长等方面的优势和竞争力，扬长避短，突出自己的优势和长处，以期脱颖而出。

（3）向对方阅读自己的信件表示感谢以及自己的愿望。如："感谢您在百忙中阅读我的自荐材料，衷心希望能得到您的指导，给我一个机会，还您一份真诚与努力"，"很荣幸您能审阅我的材料，如蒙厚爱，敬请赐电赐函，随时接受贵公司的面试"。

4.祝颂语

同一般信件。

5.署名和日期

在正文右下方写申请人姓名，日期写在署名下方。

6.联系地址

写明详细具体的联系地址，以便用人单位联系，此项内容可以写在正文之后。

7.附件

附件是求职信的重要组成部分。由于求职信的篇幅有限，所以一般将个人简历及相关证明材料附在信后，如学历证书、获奖证书、各种能力证明、论文复印件等，是个人能力的有力证明。

（三）例文

例文一

求职信

尊敬的领导：

您好！

感谢您于百忙中抽出时间亲阅我的求职信，这对于即将迈出大学校门的我来讲是一份莫大的鼓舞。

我出生于一个普通的工人家庭，十几年的寒窗铸就了我的自强不息。大学四年生活短暂而充实，一千多个日日夜夜，我荡起智慧之舟，迎朝阳，送落霞，遨游于知识的海洋。现代社会机遇与挑战并存，只有不懈地努力才会有好的收获。凭着这种信念，我以乐观向上的进取精神、勤奋刻苦的学习态度、踏实肯干的工作作风、团队合作的处世原则，开拓进取，超越自我，力争成为一名有创新精神、积极开放的优秀人才。

在专业上，我学好学校开设课程的同时，还不断提高自己的动手能力，注重理论与实践相结合。能熟练操作 Office－2000、Flash－5.0、Photoshop－6.0、Authorware－6.0、ASP，另外还自学了 Visual Basic、c＋＋、vc、Java、PowerBuilder、Smalltalk 等。在计算机诸多领域中我对网络以及数据库更加感兴趣，我也时刻不停地加强学习，努力使自己的水平有更大的提高。

在能力本位的时代，我把自己的大学生活演绎得多姿多彩，在大学期间参加了各种社会活动，培养了社会适应能力。大学期间，我先后担任××大学计算机爱好者协会理事、副会长,在这个充满生机和朝气的组织里,我各方面的能力都得到了极大的提高。

同时我充分利用三年的寒暑假来提高自己的社会适应能力。为了锻炼实战水平,我到电脑公司做义务工,为客户排除电脑方面的故障。通过实践,我的理论知识得到了巩固。

勤奋而踏实、稳重且具热情、年轻并富有朝气的我将为加盟贵单位而自豪,更会用自己的努力为贵单位的事业谱写精彩的篇章。

衷心希望贵单位能给我一个机会,以证明我的能力和水平。

此致

敬礼!

自荐人 ×××

××××年×月×日

附:

(1)个人简历及毕业证书、学位证书、获奖证书复印件。

(2)联系地址:(略)。

(3)联系电话:(略)。

(4)电子邮箱:(略)。

【评析】

(1)这是一名即将毕业的大学生写的求职信。

(2)这封信可能要送给多家用人单位,所以称谓用泛称。

(3)开头用表示感谢的语言显得谦恭有礼,博得阅读者好感。

(4)正文依次介绍了本人性格特点、修读的主要课程、担任的社会工作、实践经历,突出了自身的优势和特长,以吸引用人单位的注意。

(5)再一次向对方表示感谢,表达了自己的愿望,表明自己的决心。

(6)没有漏写敬语。

(7)附件在全文结束之后。各种证书的复印件是能力和学识的证明。

例文二

求职信

×××公司:

我是××学院计算机专业的学生,将于今年7月毕业。在校学习期间工作认真,学习优秀,多次被评为"三好学生"。我希望毕业后能到你们公司工作,不知你们单位还缺人吗?

至于工资待遇,按国家有关规定即可,我本人没有什么特殊的要求。如被录用,还望回信或电话告知,我表示感谢。

×××

××××年×月×日

联系地址:××市××学院计算机专业××班收。

邮政编码:(略)。

联系电话:(略)。

【评析】

(1)称谓不够具体,最好能写给某位领导或负责招聘者。

(2)主体部分过于简单含糊,不能体现自身的优点和特长。

(3)学生求职时就提到工资问题,惹人反感。

(4)这封求职信的措辞不够礼貌和真诚,无法打动阅读者。

(5)缺少祝颂语。

(6)这是一封失败的求职信。

（四）求职信写作的注意事项

1.实事求是

写求职信必须客观、真实、具体,令人信服,不能有任何虚假的成分欺骗对方。

2.简洁明了

求职信一般不宜篇幅过长,因为用人单位会收到大量求职信,不可能一一仔细研读。所以求职信要尽量简短,言简意赅,态度诚恳。

3.文面整洁

求职信往往是你留给用人单位的第一印象,它甚至直接关系着求职的成败。求职信可以用电脑打出来,要经过精心的设计和编排;如果你的字写得很漂亮,也可以自己抄写,字如其人,会给人留下深刻印象。

二、履历

（一）履历的概念

履历,又叫个人简历,是求职者求职或因工作需要向用人方证明自己具备的资历、能力与条件而写作的一种文书,一般采用一览表的形式。与求职信目的相同,履历表旨在证明自己具有某种资历,可以胜任工作,是一种自我促销。履历写得成功与否直接关系到求职的成败,一份精心打造的个人履历会增添成功的机会。履历可以附在求职信之后,也可以单独使用。

（二）履历的种类

履历可以分为以下两类:

1.一般性的履历。这类履历可以发给任何一个招聘单位,主要介绍自己的教育背景、工作经历以及个人特长等内容。

2.针对性的履历。这类履历是求职者在了解招聘方的用人需求后,认真分析自己,在一般性履历的基础上将自身的条件与招聘岗位的要求一一对应,做重点说明。

（三）履历的基本格式与内容

个人履历一般都采用表格式，层次清楚，一目了然。履历的格式和内容因人而异，但无论是哪一种履历，一份完备的履历都应该具备以下几项内容：

（1）当履历单独使用时，在表格之前应写上一段话，表达对聘用者阅读自己履历的感谢之情以及自己的愿望，称为寄语；附在求职信后的履历可以省去这一内容，因为这在求职信中已有交代。

（2）个人身份详情。包括姓名、性别、年龄、民族、政治面貌、健康状况、身高体重、婚否、联系地址、电话、邮箱等基本信息。这部分内容是个人身份的详细介绍，是求职者给用人单位留下的第一印象，有时可以根据实际情况加以添删。

（3）教育背景。即毕业院校、所学专业、学位、修读的主要课程、学习成绩、相关的证书等。对于刚刚迈出校门、初次求职的毕业生来说，这部分内容更加重要，尤其是专业特长应该做重点说明，以弥补工作经验的不足。

（4）工作经历。包括工作、实习、打工、参加的社会活动等内容。许多用人单位倾向于招聘那些有工作经验的人员，有时，有无工作经验甚至可能成为是否能被录用的关键。因此，毕业生在自己的履历中应积极发掘自己所有的实践经历，尽可能地突出经验和能力，以增加录取的机会。

（5）特长、爱好。包括个人的专业技术特长和一般特长，如计算机、外语、普通话、音乐、组织能力等。

除此之外，还可以根据情况加入其他内容，比如奖惩情况、论文情况、个性特征、工作理念、自我评价等。

（四）例文

例文一

寄语

尊敬的领导：

您好！感谢您在百忙中阅读我的资料。希望它不同于您手中那些雷同的求职材料，并且有助于您在激烈的市场竞争中发掘到有知识、有理想的人才。相信以下的内容不会让您失望。

一颗诚挚的心，静候您的佳音。

谢谢！

×××

××××年×月×日

个人履历

个人资料：

姓名：×××；政治面貌：××××

性别:男;毕业院校:××××××

年龄:22;专业:××××

民族:汉;学历:大学本科

籍贯:××;健康状况:健康

联系方式:

电话:×××××××

手机:××××××××××

电子邮箱:(略)

通信地址:(略)

邮政编码:××××××

工作意向:

有意从事高职、大专院校计算机方向的教学及行政管理工作

教育背景:

××××年×月——××××年×月××中学

××××年×月——××××年×月××大学××专业

主修课程:(略)

奖惩情况:(略)

实践实习:

××××年×月——××××年×月,在××公司实习

××××年×月——××××年×月,在××公司工作

××××年暑假,在××公司打工,担任××工作

外语和计算机水平:

通过国家大学英语六级考试,具有熟练的英语听、说、读、写的能力和一定的翻译能力。

具备同等计算机三级水平,能熟练使用各种办公软件,能使用 Fireworks 和 Dreamweaver、Flash 等网页制作工具,会使用 C 语言、Delphi 等进行编程。

自我评价:

吃苦耐劳,具有较强的独立处理事务的能力和组织能力;性格随和,易与人沟通,有较强的责任心和团队合作精神。

附言:(提出希望或总结此履历的一句精练的话)

衷心希望毕业后能为贵校效力,为贵校的事业发展贡献我的才智,相信您的信任与我的实力将为我们带来共同的成功!

【评析】

(1)寄语表达了求职者的感谢之情以及自己的愿望。语气谦虚、诚恳,充满活力和热情。

(2)个人情况简洁明了,让人一目了然。

(3)联系方式具体详细,方便用人单位联系。

（4）工作意向明确。

（5）主修课程应根据岗位的需求有重点地加以介绍。

（6）奖惩情况根据实际情况来写，有时还要提供佐证材料。

（7）实践实习的经历要认真挖掘，从这里可以看见你的实践经验，以增加被录用的机会。

（8）外语和计算机水平介绍详细具体，因为现在许多工作岗位对外语和计算机水平的要求较高。

（9）自我评价中肯，又充满自信。

（10）附言再一次表达自己的愿望，表示自己将会努力工作的决心，精彩、简练。

（五）履历写作的注意事项

1.真实

个人履历要求如实介绍自己的经历，使用人单位在阅读履历的过程中了解真正的求职者，从而产生信任感。诚实是对应聘者的第一要求，履历中可见个人品质，任何一个公司或用人单位都不会聘用一个不诚实的人。

2.突出特长和才能

根据不同岗位的不同要求，突出自身的特长和才能，突出自己不同于其他应聘者的个性，显示出自己的竞争优势，力求给人留下深刻印象。

3.语言准确、简练

履历的语言是检验应聘者的第一关，注意用语准确、规范，不要出现病句和错别字，外文语法和拼写不要出现错误。另外，招聘者每天都要阅读大量的求职信和履历，冗长的履历会适得其反，所以受欢迎的履历一定要言简意赅、表达流畅、新颖别致。

4.版面美观

同求职信一样，好的内容需要美观大方的版面设计来体现。履历的版式是一个人的"脸面"，体现出个人的品位与修养，所以履历的版面要精心设计，注意段落清晰、疏密得当，字体美观适中等。

●思考与练习●

1.撰写求职信、制作履历应该注意哪些事项？

2.网上搜索招聘信息，找一个跟自己专业对应的岗位，模拟写一封求职信并制作一份履历。

任务 4.3　演讲稿

1.了解演讲稿的概念和特点。

2.掌握演讲稿的结构和写法。

3.能够进行演讲稿写作。

一、演讲稿的概念

演讲稿指的是演讲者在公众场合发表言论,表明自己的见解、主张或传达某种情感而使用的文字材料,又称讲演稿、演说词等。

二、演讲稿的特点

演讲稿的特点体现在以下几个方面:

1.针对性

演讲是一种社会活动,是演讲者和听众进行思想、感情、信息交流的过程。演讲者应当顾及不同层次听众所关心的问题来设计演讲的内容、形式及语言表达。

2.鼓动性

鼓动性是演讲稿的生命。好的演讲稿要善于从心里去呼唤听众,点燃听众情绪,赢得听众好感,激发听众心里强烈的共鸣。这种鼓动性主要从演讲稿的内容中体现,从语言表达上去实现。

3.口语性

演讲稿是通过演讲者的口头表达及听众的听觉互动来实现的,因此,演讲稿的语言要便于口头表达,尽量少用书面语言、复杂的长句、陌生的词语,应当通俗易懂。

三、演讲稿的结构与写法

（一）标题

标题有两种写法:

1.单标题

一般将演讲人、事由、地点在标题中体现出来。如"×××会上××先生的演讲词""××先生关于××的演讲稿"。

2.多标题

采用正副标题的写法。正标题概括演讲的主要内容,点明主题;副标题说明演讲人、事由及地点,如《科学的春天(正标题)——在全国科学大会闭幕式上的讲话(副标题)》。

（二）正文

正文由开头、主体和结尾三部分组成。

1.开头

大多数是针对听众的称呼,或亲切,或尊重,或庄严,根据不同场合来选用,然后再进入正题。演讲稿的开头也叫开场白,在演讲稿的结构中处于重要地位,具有重要作用,是吸引听众、打开场面的关键,开头应力求新颖别致,能够抓住听众,吸引他们的注意力。常用的开头方式有:

（1）开门见山,直奔主题。即一开头就进入正题,直接揭示演讲中心,使听众的注意力马上集中起来。如马丁·路德·金《在林肯纪念堂前的演说》的开头:"我很高兴,今天能和大家一起参加这次示威游行,它必将作为美国有史以来为争取自由所举行的最伟大的示威游行而名垂青史。"

（2）提问式。即通过提出问题,引起关注,激发听众去思考。如日本三洋公司前总经理、著名企业家井植薰在他的《造就自己》的演说中,开头就提出了问题:"何为经营之本?"再如张海迪在她的演讲稿《是颗流星,就要把光留给人间》的开头:"几年来,不少人问我,海迪,你是怎样对待人生的呢?"

（3）闲话家常,渐入正题。这一方式有利于拉近演讲者与听众的距离,使演讲得以在轻松随和的气氛中进行:如微软公司 CEO 史蒂夫·鲍尔默曾在清华大学礼堂作题为《一切都会在互联网上实现》的演讲的开头:"能够在这里和大家交流,使我无比荣幸。对我来说,学生几乎是我最乐于为之做演讲的听众。主持人介绍了我的学生时代,当时我和比尔·盖茨一道在哈佛读书。我可以向大家保证,我曾经当过学生,我也曾经有过头发。"

（4）引用式。用一个故事、一段新闻或引用名人名言、诗歌等现成的语言材料作为演讲的开头,耐人寻味,往往能够打动听众,易被他们接受。如一位演讲者在演讲《信念永不倒》中的开头:"著名黑人领袖马丁·路德·金有这样一句名言'这个世界上,没有人能够使你倒下,如果你自己的信念还站着的话'。是的,只要信念不倒,我们在任何情况下都不会趴下,都能闯出一条路来。"

除以上几种方式外,还有背景式、实物式、抒情式等,应当因人、因事、因地灵活设计,不能模式化。

2.主体

演讲者在主体部分可以全面地展开观点,充分地表达感情,突出演讲的内容。在行文中,要处理好层次、节奏两个方面的问题:

（1）层次。演讲稿的主体部分必须按照一定的逻辑思维清楚有序地组织语言,可以运用并列式、递进式、对比式等方法安排结构,既便于演讲者记忆和演讲,也便于听众在较短的时间内把握主要内容。在演讲稿中有必要使用一些显而易见的语言标志,如"首先""其次""最后"等词语来区别层次。

（2）节奏。指演讲内容在结构安排上表现出的张弛起伏。演讲稿的节奏主要通过演讲内容的变换来实现,演讲者要善于运用内容,适当插入幽默、诗词、逸闻、趣事等内容,既保持听众的注意力高度集中,又增加了演讲的生动性。演讲稿的节奏既要鲜明,又要适度,平铺直叙会使听众紧张疲劳,而内容转换过频,也会造成听众注意力涣散。所以,节奏的把握应为实现演讲的意图服务。

3.结尾

演讲稿的结尾部分往往是演讲的高潮——演讲者情绪最为激昂的地方,也是听众注意力最为集中的地方,是演讲内容的自然收束,也是对整篇主旨的深化、概括或补充。好的结尾可以给人以启发,或使人振奋,或让人回味。常见的结尾方式有:

(1)总结式:用精练的语言对演讲内容作归纳总结,画龙点睛,说明全篇要旨,强化听众的印象。

(2)鼓动式:满怀激情地发出呼吁,或发出号召,或提出希望,极富号召力和感召力。

此外,还有展望式、比较式、决心式、幽默式等结尾方式。

演讲稿的结尾写作时应当注意不要草草收束,虎头蛇尾,更不要拖泥带水,画蛇添足。最后一般要向听众致谢。

四、例文

在哈工大的即兴演讲(节选)

白岩松

有这么一对儿夫妇,吃完饭就坐在那里看电视,看完了,就洗漱一下睡觉,日复一日、年复一年就这么过着。也许有的同学会说:"太枯燥了吧,该离了吧?"但真正的生活就是这样,就是这样平常,生活如此,创业如此,大学生们走入社会之后,注定要花大部分时间做平平常常的事。那对夫妻在年老的那一天会彼此含着热泪感谢对方与自己携手相伴一生、彼此温暖一生,而同学们也会在平平常常的生活中等来生命中只占百分之五的激情与辉煌时刻!(掌声)因此,同学们要做好准备,毕业后准备好迎接平淡。

同学们在大学里一定要多做梦,甚至可以梦游,(笑声)比如现在一谈爱情,我的脑子里只会闪现我爱人的照片,而你们则可以设想一千位俊男靓女的样子……这就叫作虚位以待。我年少时看了三毛的书也想周游列国,没准还能碰上个女荷西。(笑声)但是所有这些梦想都属于你们这个年龄段,我现在没有资格做这样的梦了,我现在所处的是人生的舍弃阶段,而你们所处的是人生的选择阶段,不要放弃做梦!(长时间的掌声)更别忘了替这个社会、替这个国家做梦,能全身心地做这种梦,一个人一生中没有几次这样的机会,等你人到中年上有老下有小时,想做梦你也力不从心了,因此趁现在抓紧做梦!

有人说现在大学生找不到工作,怎么会呢?我有时候就想不通,真的如此,那我国岂不是比美国更发达了……因为我们的大学生都在待业呀!(如雷的掌声)其实大学生不是找不到工作,而是找不到一步到位的最满意的工作!实际上你就是一个骑手,毕业后你就应该先骑上一匹马,只要你优秀,你就能找到更棒的马!(长时间的掌声)

季羡林老先生的一席话给我印象很深,采访他时,他说:"我已经如此老了,但我的道路前方仍有百合花的影子,人生的前方要永远有希望、有温暖才行。"再举个例子,狗赛跑怎么比？怎么让狗跑起来、跑得快？每个狗嘴前边都吊着个骨头,我们每个人也要给自己放块骨头,(笑声)精神的骨头!(热烈的掌声)

【评析】

(1)开头用一个故事引起听众注意。

(2)作为央视名嘴的白岩松,并没有大谈特谈自己奋斗的经历,而是从"学会过平淡生活""多做梦""要有正确的就业态度""人要有精神"四个清晰的层次,分别说明大学生要树立正确的人生观和理想观。

(3)除内容贴近大学生之外,白岩松还善于运用幽默、趣事,语言张弛有度、收放自如,有良好的节奏感。

(4)用一个幽默生动的比喻结尾,鼓励大学生要有精神、有目标,收束有力。

五、演讲稿写作的注意事项

演讲稿写作时应注意如下事项:

(1)有的放矢;

(2)观点鲜明;

(3)感情真挚,富有艺术感染力。

●思考与练习●

1.谈谈演讲稿的结构和写法。

2.设想参加以"青春"为话题的本校大学生演讲比赛,写一篇相关内容的演讲稿。

任务 4.4 计划

学习目标

1.了解计划的性质、特点和种类;

2.掌握计划的写法和要求;

3.能够撰写计划。

一、计划的性质和特点

(一)计划的性质

计划是党政机关、社会团体、企事业单位和个人,为了实现某项目标和完成某项任务而拟定的关于目标、措施、步骤等内容的文书。《礼记·中庸》中写道:"凡事预则立,不预则废。"无论什么单位,无论做什么事,事先都应有明确的指导思想,有明确的目标,对未来的行动做出具体的安排。有了计划,才能胸中有全局,行动有目标,工作有程序;有了计划,才能减少盲目性、随意性,增加自觉性、主动性,调动积极性;有了计划,才能预见困难,及早防范,避免失误;有了计划,还可以作为上级机关和领导检查、督促实际工作的重要依据;有了计划,还便于检查、总结,从而推动工作。

"计划"是计划类文书的统称。写计划时,往往根据内容的差别、期限的长短、成熟的程度等,还有不同的称法,如:

(1)规划:范围较广、内容较概括、时间较长的长远设想。

(2)方案:对将要进行的某项重要工作,从目的、要求、工作方式方法到具体进度作全面安排的计划。

(3)安排:对短期内工作进行具体布置的计划。

(4)设想:初步的、尚未成熟的计划。

(5)打算:短期内工作的要点式计划。

(6)要点:领导机关借以布置一定时期的工作任务,交代政策界限,并提出具体任务及主要措施的计划。重在原则性指导。

(二)计划的特点

1.预见性

科学的预见性是工作计划的突出特点。计划是先于要进行的实践活动而制定的,在拟制计划时,要尽可能准确地预测出事物发展的趋势、方向和程度,提出科学的切实可行的方案。这些都是建立在对将来事项的预测基础之上的。

2.可行性

可行性是预见性的基础,如果基础不牢,那只能是空中楼阁,完成计划就是一句空话。因此,为了实现预期的目标,必须有切实可行的措施和方法,必须切合实际情况,保证目标的实现。

3.指导性

作计划虽不属于公文,其指导性不像公文那样具有法定的权威性和广泛的行政约束力,然而计划一经下达,就要对完成任务的实际活动起到指导作用和约束作用。工作的开展、时间的安排等,都必须按计划严格执行。

二、计划的种类

计划的种类很多,按不同标准可分为不同的种类:

(1)按性质分,有综合性计划和专题性计划。

(2)按内容分,有工作计划、生产计划、学习计划和科研计划等。

(3)按时间分,有长期计划、年度计划、季度计划和月计划等。

(4)按范围分,有国家计划、单位计划、部门计划和个人计划等。

(5)按形式分,有条文式计划、表格式计划和条文表格综合式计划。

三、计划的基本写法

计划的基本内容包括：总的指导思想和目标、完成任务的具体措施和办法、进度安排和基本要求等。当然，在编制计划时，要看具体情况，并不是所有的计划都一定要包括这些内容。

（一）表格式计划

即用图表表述信息的形式。从任务、项目到执行单位或负责人，直至完成时间，都用图表表示。每个单位、部门通常有自己固定格式的表格式计划，周而复始地使用，用得最多的是月、旬、周的计划。

制作表格式计划时，先要把各项内容划分成几个栏目，再把制订好的各项具体计划内容填写进栏目中，形成表格。

（二）文表结合式计划

即表格式和条文式相结合的计划。这种形式，要根据实际情况来确定文和表的作用。一般来说，需要解释和说明的内容，如目的、缘由等，以文字表述为宜，具体的任务、数字、执行者、完成期限等，则以表格为妥。文表之间要互相衔接，互为补充，不可重复。

（三）条文式计划

这类计划一般由标题、正文和落款构成。

1.标题

完整的计划标题是由四个要素组成：单位名称、适用时限、计划内容和计划种类。如《××学院2014年招生工作计划》。有时可根据具体情况省略标题中的某些要素，或者省略时限，或者省略单位名称，或者省略单位名称和时限。如《××商场接待方案》《2011—2015年城市规划》《下岗工人再就业的计划》。如果计划需要讨论修改的，应在标题后或下一行用括号注明"草案""讨论稿"等字样。

2.正文

正文是计划的主干和核心，一般由前言、主体和结尾三部分组成。

(1)前言。前言主要交代"为什么做"的问题，概述制订计划的目的依据或背景情况，说明完成本计划的必要性和可能性，提出本计划总的任务和要求等。

前言要力求简短，不宜做过多的阐述。可用"特定计划如下""现将……安排如下"等语句承上启下。

(2)主体。计划的主体是计划的重点部分，要说明"做什么"和"怎么做"，一般包括目标任务、措施步骤等项。

目标任务指的是一项工作要求达到的数量、质量、速度等。目标是一份计划的"纲"，纲举目张，目标明确，措施才会有力。因此目标要明确，也就是任务要具体，指标要确切，尽可能做到量化、细化。

措施和步骤是完成任务的保证。措施指为完成任务的指标而采取的办法,步骤是从时间上把工作的进程加以安排。这部分要详细说明具体措施、时间进度、如何分工合作。要有针对性、可操作性,条理清楚,以利执行。

(3)结尾。结尾多用于明确如何执行计划,怎样具体检查、考核以及奖惩,表明决心或发出号召等。结语应简洁,不宜过长。也有的计划没有结尾,主体部分写完就自然结束。是否有结语,可根据需要安排。

3.落款

在正文右下方署上制订计划的单位名称,在署名的下行写上日期。

四、例文

2011—2012 学年第一学期校学生会工作计划

本学期我校学生会积极响应校党政领导的教育教学方针,以邓小平理论为指导,深入学习江总书记"三个代表"的重要思想,全面贯彻胡锦涛总书记"八荣八耻"的有关精神,起到学生会干部的模范带头、自主管理作用,进一步推进我校校园文化建设。现计划如下:

一、进一步培养、规范学生会干部的模范带头作用和服务意识。本学期将进一步加强对学生会干部的培训和考核,提高学生会干部的自主管理意识,加强学生会干部队伍的建设。通过每周例会,邀请相关院领导教导,提高学生会干部的素质。

二、开展丰富多彩的各类文体活动,丰富校园生活,推进校园文化建设。由学生会各部门组织开展各种活动,如学习方法探讨会、播放有益的影视作品、校园卡拉 OK 比赛、邀请名家讲座、演讲比赛、棋牌类比赛等,提高同学们的学习兴趣,丰富同学们的课余生活。

三、充分利用班级黑板报的宣传作用,展现各班的风采,使学校宣传栏水平得到提高。

四、组建校园纠察队,规范校园环境。为了培养同学们的自主管理能力和集体意识,规范校园环境,学生会将组建以学生会干部为成员的校园纠察队,利用业余时间进行早、中、晚巡逻,发现问题,及时处理。要求学生干部做到公正而不徇私。

福建省××职业技术学校学生会
2010 年 8 月 20 日

【评析】

这是一份学生接触得比较多的学生会工作计划。在学校里,学生会是学校管理学生的重要部门之一,学生会的管理工作是学生自我管理的一条重要途径。这份学生会工作计划是对学生会工作的预先计划,从学生报到到第一学期结束。内容丰富详尽,安排细致,并提出了相关注意事项,具有可行性。

五、计划的写作要求

计划的写作有如下要求：

1.从实际出发，统筹兼顾

首先，要深入了解党和国家的路线、方针、政策以及远期和近期的发展计划，以便明确一定时期以来工作的指导思想，避免计划偏离方向。其次，制订计划必须从实际出发，充分分析客观条件，不能凭主观的愿望和意志去设计将来的工作。最后，事关全局性的计划，还应该把方方面面的问题考虑周全，计划分解到部门，要处理好大计划与小计划、整体与局部的关系，做到统筹兼顾。

2.重点突出，主次分明

一段时间内要完成的事情很多，先做什么，后做什么，主要做什么，次要做什么，必须有重有轻，有先有后，条理清晰。制订计划时可根据任务的主次、缓急来安排工作程序，先急后缓，先重点后一般。

3.留有余地

计划是未来行动的规定。由于各种主客体原因，制订的计划难免对未来有预测不周到的地方，因此，制订计划要留有余地，不要把话说绝。在执行计划的过程中，需定期检查，如果遇到新问题、新情况，应及时进行修正、补充、调整。

4.语言简洁明确，表述准确

一份计划要使执行者准确理解计划的内容，语言必须简洁明确，表述清楚、准确，没有歧义，让人明白易懂。计划的目标任务确定敲实，措施步骤具体安排，不用"大概、左右、上下"等模糊词语，避免空话、套话。计划的指标常常定量化，所以要恰当使用量词及模糊语言来表达数量的增减变化情况，注意"基数""增加数""和数""减少数""差数"的准确表述。

●思考与练习●

1.谈谈计划的写法和要求。

2.试拟制一份本班近期课外活动的计划。

任务 4.5　总结

学习目标

1.理解总结的性质、作用和种类。

2.把握总结的写法和写作要求。

3.培养撰写总结的能力。

一、总结的性质和作用

（一）总结的性质

总结是对过去一个阶段或一定时间的社会实践,包括工作、学习、思想等方面进行回顾、检查、分析、研究,从中找出经验教训和规律性认识,用以指导今后工作的文字材料。我们常说的"小结""体会"实际上也是总结,但反映的内容较简单、时间较短、范围较小。

总结与计划互相依赖又互相作用。计划是事前做设想和安排,解决"做什么"与"怎么做"的问题,总结则是做事后的分析,回答"做了什么"、"做得怎样"和"为什么这样"等问题。没有对以前工作做系统、深刻的总结,就很难制订出未来切实可行的计划。

（二）总结的作用

总结的目的就是要通过实践,提高认识,掌握事物的发展规律,去指导今后的实践活动。因此,它的重要作用主要表现在:

(1)在实际工作中,通过总结,可以肯定成绩,提高认识,发现问题,从中吸取经验教训,借以指导今后的实践行为。

(2)通过总结,可以养成理论联系实际的作风,培养观察事物、分析事物的能力,提高思想认识水平和业务工作能力。

(3)总结还可以用来汇报工作,了解情况。一般来说,一份总结除了在本单位、本部门交流之外,还要上交领导部门。一份总结对下级单位来说,有汇报工作的作用;对上级单位来说,有了解情况的作用。通过总结,上级部门可以了解下属单位的情况,根据这些具体情况再制订下一步工作的计划,使工作有的放矢,针对性强。

二、总结的特点及种类

（一）总结的特点

1.理论性

总结的过程,就是把平时积累的零散的、肤浅的、表面的感性认识上升为全面的、深刻的、本质的理性认识的过程,在分析事实材料的基础上比较、归纳、提炼出正确观点,从而提高认识,发扬成绩,吸取教训,以便对今后的工作起指导、借鉴作用。因此,写总结不能就事论事,堆砌材料。要有事实、有分析,站在一定的高度透过现象看本质。

2 客观性

总结是对已经过去的实践活动进行回顾、分析。因此,它必须以客观事实为依据,真实客观地分析情况、解决问题、总结经验,不允许有任何主观臆测。

（二）总结的种类

总结的种类也很多,可以从不同的角度分类:

（1）按性质分，有综合性总结和专题总结。综合性总结又称全面总结，是对某个部门、某个单位在某一时期内所做的工作的全面总结。这种总结，一般用于向上级及本单位职工汇报工作，内容上，不但讲成绩，也包括失误、教训。专题性总结也称单项总结，是对一定时间某项工作或某个问题进行专项总结。这类总结，内容单一集中，针对性强，多用于总结成功经验，也有用于总结失败教训的。

（2）按内容分，有工作总结、生产总结、学习总结和思想总结等。

（3）按范围分，有部门总结、单位总结和个人总结等。

（4）按时间分，有年度总结、季度总结和月份总结等。

三、总结的写法

（一）标题

总结的标题要求准确、简洁，一般有以下几种写法：

1.公文式标题

由单位名称、时间、内容和种类组成，如《××市人民政府20××年工作总结》。

2.文章式标题

用简练的语言概括总结的主要内容或基本观点，标题中不出现文种"总结"的字样，如《科技立厂，人才兴业》《我们是怎样吸引客户的》等。

3.双标题

一般由正标题和副标题组成，正标题概括主要内容或揭示主旨，副标题补充说明单位、时限和工作内容，如《搞好审计调查为宏观决策服务——××市审计局2008年工作总结》。

（二）正文

正文一般由开头、主体和结尾三部分组成。

1.开头

开头也叫前言，一般是概述基本情况，为后文的进一步分析做一些必要的交代和铺垫。基本情况就是对前一段时间工作的汇总，包括工作背景、工作完成情况以及对工作总的评价等。这一部分内容要简明、概括，忌讲套话。

2.主体

主体是总结的重点部分，一般要回答"怎样做""做得怎样""为什么会这样"的问题。内容上包括过程和做法、成绩和经验、问题和教训等几方面。当然，一篇总结不一定面面俱到，可因文而异，有所侧重。写法上要求做到观点鲜明，材料典型，叙述和议论相结合。

（1）过程和做法：回顾工作中抓了哪几个主要环节，解决了哪些问题，有哪些好的做法等。

（2）成绩和经验：这是总结的主要内容，目的是要肯定成绩，归纳经验。成绩是指做了哪些工作，完成得怎么样，一般要用典型事例、统计数据等材料来说明。在专题性总结中,成绩往往放在开头部分,主体部分主要谈经验。综合性总结往往要列一大标题,如"××年来的主要工作",然后再列小标题分述成绩。从成绩中分析出经验,这是总结的根本性目的,同时上升到一定理论的高度,从中提炼出带有规律性的东西,作为今后工作的借鉴。

(3)问题和教训:问题主要是写没有做好、没有完成的工作,或有待于解决的问题,以及工作中有什么缺点和错误。教训就是找出出现问题的原因。在综合性总结中,问题和教训是主体内容的一部分,但不像成绩、经验写得那样详细。在专题性总结中,这个内容一般不写,如果写也是放在结尾,但不做详细分析。而如果是总结教训为主的专题总结,这个部分则为文章的重点。

主体部分常见的写作结构形式有三种:

(1)纵式结构。即把工作过程分成几个阶段,按时间顺序分阶段写。其结构通常是工作指导思想—具体做法—成绩和经验—问题和教训。这种结构全文脉络清晰,给人以完整的印象,综合性总结常采用这种写法。

(2)横式结构。即把经验体会上升到一定理论高度,归纳出几个并列的观点,按照其内部的逻辑关系来安排内容和层次。这几个并列的观点或在开头概括介绍,或在结尾概括总结。这种结构形式行文简要,逻辑关系清晰,便于阅读时抓住要点。

(3)复合式结构。即在一份总结中既有纵式结构又有横式结构。它是把工作过程按时间顺序分成几个阶段,每个阶段又分成并列的几个部分叙述,每个发展阶段总结出几条经验或是按材料间的逻辑关系,把内容分为几个部分,每一部分又按时间顺序来写。这种结构,既能了解工作的全过程,又能了解各阶段的经验,条理清晰,一目了然。

3.结尾

结尾,即总结的结束语,一般是简要指明今后的打算、改进意见和设想。

(三)落款

落款即署名和日期。写在正文右下方,署名在上行,日期在下行。

如果标题中已出现单位名称,落款可以不再具名。

四、例文

2009 年××酒店人力资源部工作总结

2009 年,我们人力资源部在酒店领导的领导下,在其他部门的支持和配合下,以管理工作为中心,以效益、效能为目标,同心同德,开拓进取,辛勤工作,在管理和人才培训等方面均取得了一定成绩。现总结如下:

一、基本情况

截至 2009 年 12 月 26 日,员工人数情况:总员工 305 人,男 149 人,女 156 人。餐饮、客房 68 人,保安 50 人,厨房 62 人,财务 54 人,其他 71 人。学历情况:大专以上学历 3 人,大专 7 人,中专 68 人,高职及高中 69 人。

二、基本做法及成效

(一)加大管理力度,务实管理工作

1.精简机构,强化管理

2009年,我们参照五星级酒店管理模式进行改革,逐渐形成了能体现自身特点的人事管理系统。在组织结构上,以精简、必须、合理为原则,根据各部门的功能和职权情况,设置了合理的三级垂直管理模式,初步达到了机构简、人员精、层次少、效率高的目标。

我们组织了卫生防疫工作的督导、检查和整改,为了确保给客人提供卫生、健康的饮食环境,人力资源部定期组织员工去卫生防疫站体检。为促进员工的身心健康,我部尽可能地改善员工的住宿环境,并给宿舍配备了热水器等设施。为确保宿舍财产不流失,我们制定了《宿舍管理规定》,并建立了员工住宿登记档案。

2.建章立规,规范管理

根据管理体制的要求,我们已经完成各项管理规章制度、员工奖惩制度和日常培训管理规定的制定,让日常管理工作更加制度化、规范化和更具操作性。员工手册等制度初稿的编制已纳入2010年工作计划中。除了完善原有的人力资源管理制度外,我们还根据劳动法和劳动政策法规的相关规定,结合服务区的实际情况,明晰了奖惩、考核、变动与选拔、休假、劳动关系等内容,逐步完善服务区的劳动人事管理制度。人力资源部严格执行各项规章制度、员工守则,做到有功必奖、有过必罚,制度面前人人平等,维护了服务区员工的利益。

(二)注重素质培养,加强培训工作

为了不断增强酒店的竞争实力,提高员工的素质和能力,满足酒店及员工个人发展的需要,我部高度重视员工的培训工作,制定了相关培训管理规定,并施行了日常培训检查。在培训规划与协调方面做了相应的工作。对新进员工进行上岗培训,共举办两期:第一期酒店新员工培训,脱产培训7天,共202人参加;第二期员工集训将在2009年12月25日开始培训,预计脱产培训15天,共90人参加。举办了四区文秘岗位培训,4天有4人参加培训,培训分为四个阶段进行。第一阶段:系统学习文秘理论知识;第二阶段:劳资工作要求及各种表格制作培训;第三阶段:实操演练;第四阶段:跟班学习。各部也积极做好日常培训工作,如客户部各班组重点抓好员工素质、工作态度、服务礼节培训,认真落实当月培训计划,完成培训任务,组织日常性的岗位业务学习。此外,我们还虚心地学习专业技能实操,加强与各部的沟通与交流。

(三)树立服务意识,做好参谋工作

在2009年度,除了上述工作外,我部还根据实际情况积极地履行了岗位职责,为各位领导提供数据及资料,较好地发挥参谋的作用。

1.经常组织和参与调查研究,抓好信息工作,向总经理传递和反馈各方面的信息,为总经理进行决策和指导工作,提供了可靠的依据。

2.积极做好各项会议的组织准备和会议事项的催办落实工作。

3.协助领导协调各部门之间的意见和矛盾,并提出相应的解决办法和备选方案。

三、存在问题和不足

虽然我部这一年来取得了一定的工作成绩,但也存在一些不容忽视的问题。

1.招聘方式单一,补给不及时。这就造成了人员短缺,给各部门工作的开展带来了一定的难度。

2.培训力度不够。在2009年度,虽然我们开展了几次培训工作,但因培训内容单调,培训执行力度不够,使培训达不到预期的效果。

3.员工的考评工作不到位。没能对每个员工都进行周密细致的全面考评、考察,也未能较广泛地听取员工的意见,进行综合分析。

新的一年我部将不断总结经验,开拓创新,以新的姿态和更高的要求扎扎实实搞好本职工作。展望2010年,我们信心满怀,豪情万丈,相信我部各项工作将会更上一个台阶。

××酒店人力资源部

二〇一〇年十二月二十三日

【评析】

这是一份综合性工作总结。本文采用分部式结构,开头部分先概括地写明了人力资源部在2009年取得的成绩;主体部分按照"基本情况—基本做法及成效—存在的问题和不足"的顺序来安排材料;结尾部分指明了今后努力的方向。全文层次分明,结构合理,数据、事例翔实,是一篇较好的工作总结例文。

五、总结的写作要求

总结的写作有如下要求:

1.态度实事求是。实事求是,就是以客观事实为依据,恰如其分地反映实践活动的真实面目,既不夸大,也不缩小、隐瞒,更防止把经验拔高或绝对化。只有真实可信的总结,才会对未来工作有实际的指导意义。

2.材料充足。充分占有材料,是写好总结的前提。总结的材料一般包括:背景材料、典型材料、数据材料、正反面材料等。材料充足了,我们提炼的规律性认识才能反映事物的本质和主流,才能符合客观实际情况。

3.条理清晰,有重点。总结一般篇幅都比较长。写作时须精心策划,安排适当的结构形式,使其内容完整、主旨突出、结构紧凑、条目清楚。在系统、全面地回顾分析中,要突出重点,抓住工作中的关键问题深入分析研究,找出成败原因和规律性,突出个性特征。切忌主次不分,面面俱到,浮光掠影。

4.点面叙议相结合。总结既要有较为系统、全面的回顾与分析,又应有典型事例,做到点面结合。同时,总结时兼用叙述和议论。总结中对情况的叙述是议论的依据,议论又是对叙述的综合分析和提高,两者反映观点和材料的关系,必须有机结合。

●**思考与练习**●

1.谈谈总结的写法和写作要求。

2.写一篇《学期个人总结》,结构形式自定,字数不少于600字。

任务 4.6　市场调查报告

学习目标

1.了解市场调查报告的内容结构、写作要求。

2.掌握市场调查常用的科学方法,并能够根据需要写作市场调查报告。

一、市场调查报告的特点和作用

市场调查报告是调查报告的一个分支。市场调查是指运用科学的方法,有目的、有计划地去搜集市场的供求关系、购销状况,以及消费者的购买力、购买对象、购买习惯等商情活动信息。将市场调查得到的信息资料进行整理、分析,得出合乎客观事物发展规律的结论后形成的书面报告,就是市场调查报告。

(一)市场调查报告的特点

1.针对性

虽然市场调查报告的对象十分广泛,但每一次具体的调查都是针对性、目的性很强的。一般是针对市场经营中的某一方面的问题,抓住产、供、销中的某一环节有针对性地展开调查,写成调查报告。

2.客观性

市场调查报告的写作,要在深入调查的基础上,以真实的数据和资料,如实反映市场状况;报告中的推断和预测,也要尽量客观,避免片面和主观臆断。这样的报告才是有价值的。

3.时效性

市场状况变动不定,市场调查报告要在竞争激烈的市场经营中发挥应有的作用,就要讲究时效性。迅速及时的信息反馈,才能让经营决策者及时掌握情况,不失时机地调整生产和经营,求得最大经济效益。丧失了时效性,市场调查报告便失去了意义。

(二)市场调查报告的作用

市场调查报告是记述市场调查成果的一种经济文书。市场调查是市场调查报告的写作基础,没有市场调查,也就谈不上市场调查报告的写作了。市场调查就是运用科学方法,有目的、有计划地搜集、整理、分析和研究市场对商品需求的情况以及与此有关的资料,得出恰当的结论,提出采取行动的合理建议,并写出书面报告,为经济领导部门和企业决策者制定政策、进行预测、掌握信息、做出经营决策、制订计划提供重要依据。

市场调查有狭义和广义之分。狭义的市场调查是指对购买商品的顾客(个人或团体)所做的调查,研究顾客对商品意见、要求、购买力、购买习惯和动机等。广义的市场调查除了对顾客做调查外,还包括调查商品的需求量、价格、销售环境、流通渠道、竞争结构等其他与商品有关的情况。不论是广义还是狭义的市场调查,其目的都是促进营销活动。

市场调查的作用主要表现在以下几个方面:(1)能及时反映市场信息;(2)能为经营决策提供依据;(3)能促进生产的发展,增强竞争能力;(4)能提高企业科学管理水平。

任何经济形式都离不开市场,市场的情况又是千变万化的。如:有的商品滞销,有的商品畅销;同一商品,有时畅销,有时滞销,原因是多种多样的。企业经营决策必须及时地掌握市场动态,才能做到情况明确,心中有数。市场的动态就是市场信息,任何信息都必须依靠一定的载体才能加以传播。市场调查报告就是市场信息的文字载体。企业经营决策者要决定生产什么、怎样生产、如何管理、降低成本、提高质量、提高效益,都是以市场调查结论为依据的,所以说市场调查报告在经营活动中具有重要意义。

二、市场调查的内容及方法

(一)市场调查的内容

市场调查的内容可以是多方面的,范围也是很广泛的。凡是直接或间接影响市场经营销售的情报资料,都是市场调查的内容和范围。市场调查的内容和范围要根据市场调查的目的来确定。一般说来,市场调查的基本内容有以下几个方面:

(1)用户情况。如用户的数量、分布地区和经济状况;主要拥护和购买的决定者;具体购买者和使用者;用户的购买动机、购买次数、购买数量、购买习惯和购买点等。

(2)产品情况。如消费者对本企业产品的质量、性能、价格、交货期限、技术服务等方面的评价、意见和要求;产品在市场上的地位,市场占有率是上升还是下降;产品包装是否安全、轻便、美观,方便运输;广告商标的效果;消费者对商品使用方法是否正确等。

(3)销售情况。如产品的销售状况,影响销售的因素;现有销售能力是否适应需要,如何扩大销路,提高销售能力,现有销售渠道是否合理,如何减少中间环节;产品销售成本与销售收入的比率是否合理,产品的仓储、运输成本、运输路线的情况;广告宣传效果和广告费用等。

(4)市场需求情况。如市场潜在需求量有多大;本企业产品在不同市场的占有率;竞争者的产品市场的地址、作用,竞争对手的优势和劣势;如何扬长避短发挥优势;国际市场需求动态,打入或巩固国际市场的策略等。

另外,社会环境、技术发展、金融动态、消费心理等都是经常要涉及的市场调查范围。

（二）市场调查的方法

市场调查的基本方法有普查和抽样、典型和重点调查等。普查是全面性的调查,花费大,时间长,不仅不经济,而且调查结果往往因为时间长而失去意义。在生产发展迅速、市场变化快的情况下,一般不采用普查的调查法,而多采用抽样调查、典型调查和重点调查的方法。这三种要求准确、恰当地选择调查对象,这样才能保证调查的效果。

具体的调查方法又分为以下三种:

（1）观察法。观察法是调查者亲临现场,对被调查者的行为、言谈不直接提出问题,而是在被调查者无所感知的情况下进行调查。这种调查所收集的资料比较真实可靠,推断出来的结论非常接近实际,效果比较好。不足之处是调查面较窄,花费的时间较多,所接触的只是一些事物的表象,有时不能深刻地提示事物的内在因素。

（2）询问法。调查者事先确定好调查内容,通过与被调查者的接触、交谈,取得调查资料。可以用书面、电话、口头等方式进行。

（3）实验法。运用推算重要因素变化所产生的影响来调查市场变化的趋势。如当商品设计、包装、品质、价格、广告、陈列方式等因素改变时,调查它们的效果如何、活动等都是实验法的具体表现。

以上三种可以单独使用,也可以结合起来使用。

三、市场调查报告的写作格式

市场调查报告的结构一般由标题、前言、主体、结尾和落款几个部分组成。

（一）标题

标题即报告的题目,一般来说,市场调查报告的标题没有严格的格式。它要求与文章的内容融为一体,是文章内容的高度概括,用精练简洁的文字去表现文章的中心思想。市场调查的标题有:

（1）直接写明调查的单位、内容和调查范围,如"天津自行车在国内外市场地位的调查"。

（2）直接揭示调查结论,如"皮革服装在济南市场畅销""出口商品包装不容忽视"等。

（3）除正题(点明市场调查的项目、范围、内容和情况)之外,再加副题(说明市场调查的项目、地区和文种),如"'泥巴换外汇'——陶瓷品出口情况调查"。

（二）前言

前言部分用简明扼要的文字写出调查报告撰写的依据,报告的研究目的或主旨,调查的范围、时间、地点及所采用的调查方式、方法。除此之外,有的调查报告为了使读者迅速、明确地了解调查报告的全貌,还在前言里简要地列出报告的内容摘要。前言的写法主要有以下几种:

（1）说明式,即说明市场调查的时间、地点、目的、对象、方式、范围等,有时亦可扼要说明文章的基本观点和调查的重要意义。

（2）叙述式，即简要介绍调查对象的基本情况及全文的主要内容。

（3）提问式，即用提问的方式，引起读者的注意。

（4）点题式，即开头不表明观点，借以吸引读者。由于写作目的、写作对象的不同，引言可长可短。短者只交代调查的问题或表明作者的基本观点，长者还包括调查方法、调查经过和调查人员。

（三）主体

主体部分是报告的正文，这一部分的质量如何，直接关系到报告的整体水平。写作时主要考虑以下因素：一是表现主题的需要，什么写法能更好地表现主题，就采取什么写法。二是调查材料的状况，材料不同写法也不一样。三是谋篇布局。主体主要包括基本情况、结论或预测、建议和决策三个基本部分内容。

1.基本情况

即对调查结果的描述与解释说明，如发展历史、市场布局、销售情况等。可以用文字、图表、数字加以说明。对情况的介绍要详尽而准确，为下一步做分析、下结论提供依据。引用历史情况，主要是为了总结过去的经验和教训，说明发展的延续性，以及对当前和未来的影响。重点应放在对当前情况的介绍，如实反映调查对象的现状，包括下列四个方面内容：

（1）消费者情况：消费者的数量、地区分布；消费者的职业、收入、年龄、性别等个别情况；消费者购买的动机、次数、数量、习惯、时间、地点等情况。

（2）产品情况：主要消费者对商品质量、性能、价格、包装、交货期限、技术服务的评价、意见和要求；商品在市场上的占有率、覆盖率，在市场上的供求比例；厂牌商标的效果；消费者对商品的使用方法是否正确。

（3）销售情况：影响销售的因素；现有销售能力；如何扩大销路、提高销售能力；现有销售渠道是否合理，如何减少中间环节；商品的销售成本与销售收入的比率；商品的仓储、运输成本，运输路线等情况；广告费用和宣传力度。

（4）市场需求情况：市场潜在需求量；本企业在不同市场的占有率；竞争对象的经营情况、经营理念和发展战略；市场变化趋势。这些内容既要有典型事例，又要有典型数据。不仅内容要丰富，还要做到条理清晰，并科学合理地揭示出内在联系。以上四个方面，写作时不一定面面俱到，哪些要写，哪些不写，哪些详写，哪些略写，要因情势而异。

2.结论或预测

该部分通过对资料的分析研究，对上述情况数据进行科学的分析，找出原因及各方面因素的影响，透过现象看本质，得出针对调查目的的结论，或者预测市场未来的发展、变化趋势（市场调查报告虽然不以预测为重点，不对未来进行详细的预测，但一般要在反映市场现状的基础上简略地推断其发展趋势，展望市场前景）。论述可长可短，可将分析、推断过程写出来，也可只写结论不反映分析过程，针对性要强，逻辑性要强，预测力求准确，不能牵强附会。该部分为了条理清楚，可分为若干条叙述，或列出小标题。

3.建议和决策

经过对调查资料的分析研究,发现了市场的问题和预测了市场未来的变化趋势后,应为准备采取的市场对策提出建议或看法,供领导决策参考,这是市场调查的落脚点。写这部分要求有针对性地提出建议,要有科学根据,要切合企业和市场实际,在不损害国家和政策的前提下,强调企业的最大利益。建议可以分条写出,具体说明,也可以不做具体解释,笼统写出。

主体部分三方面的内容并非截然分开。市场调查报告重点在调查,掌握市场的客观情况和变化规律,其他两方面的内容可渗透在调查的情况中。这部分写作重在归纳信息,主要是将搜集到的资料经过去伪存真、分析归类,形成主体部分的写作结构思路。结构方式有纵式、横式、综合式三种:

(1)纵式结构,即按照事物发展的先后顺序,一个层次、一个层次地说明主题,或者把具有因果关系、递进关系的内容按其逻辑顺序组合,这种结构的优点是事实有头有尾,过程清清楚楚,有助于读者了解问题的来龙去脉。采用这种结构时应该注意:一是应按照时间先后的自然顺序把事物发展的过程分为几个阶段,然后逐段说明情况,逐段分析;二是对于报告的重点部分,应通过典型事例予以分析,不能写成"流水账"。

(2)横式结构,即把调查的事实和形成的观点,按照性质或类别分成几个部分,并分别叙述、归纳和分析,从不同角度论证报告的主体。采用这种结构,可使观点比较鲜明、突出,并有较强的说服力。但应该注意两点:一是各部分的独立是相对的,它们的目的是说明主题,为调查报告的主题服务;二是在安排材料及观点顺序时,应该注意到事物发展的时间性和逻辑性。

(3)综合式结构,这种结构结合了上述两种结构的优点,或以纵为主,纵中有横;或以横为主,横中有纵。这种结构可以把材料和观点与时间有机地结合在一起,适用范围较大、调查问题较多的报告。无论用哪种结构形式,都要突出写作重点。有的报告重在写清实际情况,有的重在分析基本情况的原因或结果,有的重在决策建议,应根据具体写作目的和要求适当剪裁。

(四)结尾

结尾的写法是多种多样的,从形式上看可分为三种情况:没有结束语(较为简单的市场调查报告可以不专门写结尾),有较短的结束语,有较长的结束语(较复杂的市场调查报告要写结尾,一般写有前言的市场调查报告也要有结尾,以与前言互相照应)。从内容上看,有以下几种写法:

(1)综述全文,重申报告的观点,画龙点睛、深化主题。

(2)总结经验,形成调查的基本结论。

(3)提出问题,提出相应的建议或意见,以引起注意。

(4)补充交代,补述其他部分无法交代的问题。

(5)揭示意义,针对调查对象,由面到点,由此及彼,展望未来,指出调查问题的重要意义。不管采取哪种写法,都力求简洁,绝不可画蛇添足,影响正文效果。提出问题,而不直接致力于解决问题,这是市场调查报告有别于市场预测报告和经济活动分析报告的特点。

(五)落款

如果市场调查报告是为单位领导或领导部门而写,应于结尾后右下方位置署上调查部门名称的调查人员姓名以及调查报告完成日期(也可写在标题之下,用括号括上)。如果在报刊上发表,单位名称或作者姓名应署于标题之下、正文之前,结尾后不再写报告的完成日期。

四、市场调查报告的写作要求

(一)要突出重点

写市场调查报告要突出重点。

第一,市场调查与市场预测有密切的联系,但彼此又有所不同。市场调查是通过各种调查的方法取得资料来反映市场发展变化的情况,而市场预测则以市场调查为基础,通过各种预测法来推断和估计市场的未来。市场调查报告的重点在于反映过去和现在市场的情况,力求使调查的资料准确和可靠,符合客观实际。虽然市场调查报告的内容也包括分析预测和建议部分,但它侧重于情况反映,具体描述市场的过去和现状。由于阅读对象不同,报纸杂志上所发表的市场调查报告常常省略了建议部分。而企业内部的市场调查报告,在建议部分往往要针对有关本企业产品的市场情况提出本企业产品如何提高竞争能力的具体措施,为领导决策提供参考依据。

第二,就市场调查报告本身而言,写作时也应该有所侧重。写作前进行市场调查时应尽量多地占有材料,凡是与市场营销有关的资料,不论是直接的或间接的都要搜集,但在动笔写市场调查报告时要根据报告的主题选择材料,反映情况要有重点,切忌面面俱到。如果要写的问题较多,应该分几个专题来写,如市场需求、市场资源、市场营销等方面,使每份报告都有自己的重点。

(二)要如实反映情况

实事求是是写好经济文书应遵循的重要原则,在进行市场调查时,要以实事求是的态度,如实地反映情况,不能对调查的资料渗入个人的偏见。对有疑点的资料应当不辞辛苦,反复核对,不要草率从事。通过观察、访问、问卷、实验等调查方法获得各种各样的数据资料。有了数据资料只是完成了调查的第一个步骤,第二个步骤是整理、分析所得的数据资料。通过直接调查所得的资料,大多数是分散、零碎的,有些是不能反映问题的,因此还要通过加工整理,使之变成系统的、完整的资料,然后对资料进行科学的分析。如运用定量方法对市场调查中搜集到的数据进行分析,采用统计检验来分析和识别调查对象的各种特征、结构和变化等,通过分析才能如实地反映市场营销活动的变化情况,为市场营销决策提供可靠的依据。有时因条件所限,数据资料收集不齐全,欠缺哪方面的资料应该交代清楚,千万不可用"合理推测",更不允许臆造出不符合实际情况的资料。如果材料不真实,以此为依据的决策肯定会失误,造成巨大的经济损失。在撰写市场调查报告时,对重要的数据资料一定要反复核实,力求做到真实准确,如实地反映市场变化情况。

（三）要讲求实效

市场的情况是瞬息万变的,因此写市场调查报告要讲求时效,即市场调查要及时,搜集资料、分析计算、反映情况要及时,尽快完成编写工作。如果拖延时间就会使所搜集到的资料和计算出的数据失去效用。市场调查报告兵贵神速,只有跟上市场的变化,才能充分发挥市场调查报告应有的作用。在保证市场调查报告质量的前提下,应该尽快地把报告写出来。另外,掌握市场情况及其变化的情况也不能一劳永逸,要不断随着市场形势的发展变化进行新的调查,以适应新的市场形势。

五、例文

今夏空调市场——清凉背后是硝烟

（2012 年 9 月）

空调是近几年耐用消费品市场上的一个亮点。连续几年的旺季脱销,使空调在耐用品市场一枝独秀。前不久,中央电视台调查咨询中心对 2012 年全国城市消费者的调查结果显示:空调市场已呈现"百家"争鸣的局面,原先的品牌市场集中度已不显著,这预示着空调市场的竞争必将加剧。

市场容量:还有扩大的趋势

普及率是反映市场大小及其成长速度最直接的指标。中央电视台的调查结果显示,空调在全国家庭的普及率从 2007 年的 19.1％一路攀升,2012 年已达 47.3％,即全国近半数的家庭拥有空调;而从产品一年内的预购率 12.7％来看,市场容量还有继续扩大的趋势。其中,已经拥有本类产品和尚无本类产品的家庭预购率分别为 9.33％和 15.67％。

品牌竞争:你方唱罢我登场

概览近几年的空调市场,发展最为稳定的是格力空调。尽管在品牌知名度上不如海尔、春兰,连续四年屈居第三,但从累积市场占有率和品牌拥有率两项指标来考察,格力却稳坐龙头宝座,分别以 9.9％和 5.7％的比例,占据着最大的市场份额。

海尔空调自进入市场以来一直保持强劲的发展势头,截至 2012 年 9 月,已在若干指标上荣登榜首。以最佳品牌为例,2007 年以来直线上升,从 3.3％涨至 20.6％,并在整个空调市场遥遥领先。进入 2012 年,海尔的市场份额有所回落,略负于美的,位居第二。

美的自 2010 年脱颖而出,便在空调市场锋芒渐露,市场占有率从 5.2％一跃而起（13.0％）,挤进三强。但从最佳品牌认同比例这项指标来看,美的的波动则比较频繁,消费者的认可起伏不定。要想坚守住刚刚攻占的高地,美的还面临着严峻的考验。

作为空调行业中的传统品牌,春兰一度占据市场主导,迄今为止,在品牌知名度和累积市场占有率上仍有明显优势。但6年来的春兰市场,2009年出现较大转折,经历了十分明显的涨落。就市场占有率而言,2007—2009年逐步上升,2009年达到高峰13.3%后便一路萎缩,在品牌竞争中节节败退,到2012年仅以5.2%的市场份额跌至排行第五,市场前景不容乐观。

消费倾向:最重品牌和质量

从选购空调时主要考虑的因素来看,消费者首先看重的是"品牌",选择品牌作为主要考虑因素的消费者占到整个空调拥有者总体的70.5%之多。紧随其后的是噪音、耗电量和制冷速度三个方面,都在"品质"的范畴之内。此外,价格也是消费者重点考虑的因素之一,但与品牌和质量的重要性相比则稍逊一筹。目前,空调尚未像彩电等行业那样在价格领域炒得沸沸扬扬,这得益于空调市场容量的总体增长,但面临巨大的竞争压力,空调市场并非完全没有重蹈彩电覆辙的可能。

【评析】

这是一篇关于空调市场情况的调查报告。文章一方面用大量准确的数字对市场现状和发展予以说明;另一方面,对市场上主要品牌的产品占有量及知名度加以分析,从而证明产品质量是最重要的,能有效帮助厂家和商家了解市场。

●**思考与练习**●

1.市场调查有哪几种基本的方法?市场调查报告的结构一般应该包括哪几个方面的内容?

2.本校拟在校内建一超市,请同学们进行市场调查后形成一篇市场调查报告,以了解其商品布置需求。

任务4.7　公务短信

学习目标

1.了解公务短信的结构。

2.把握公务短信的写作要求,并能进行规范拟写。

一、短信的特点

近年来,手机短信因为具有短小精悍、联络及时、费用不高、无须立即回复等优点,经常被用于公务联络,尤其适用于不方便通电话、发邮件时的简单沟通交流。但手机短信使用不当,也容易导致沟通错误低效。

二、公务短信的文种结构

公务短信由称谓、正文、落款三部分构成,格式类似书信。由于为非正式公文,且受字数限制,公务短信的写作可不换行不空格,将三部分内容连缀起来表达,也可在落款前适当插入空格或将落款换行处理。

1.称谓

公务短信虽然是以手机短信的形式发出,但因其用于公务沟通,所以最好写明收信人姓氏或全名,并于其后加上"先生(女士)"或职务等称谓。

2.正文

正文将时间、地点或事件等内容简洁得体地表述清楚,便于对方了解。在重要公务中,为了确认对方已收到短信,或为保证对方及时回复,可注明"盼复"二字。

3.落款

注明发短信人的单位部门名称及姓名,但无须注明时间。

三、公务短信的写作要求和发送注意事项

(一)公务短信的写作要求

(1)称谓署名不可少

开头写明称谓,最后署名是起码的公务短信礼节。既有称谓又有署名,可以体现对对方的重视,也方便对方在未保存你的联系方式的前提下,及时了解情况。

(2)措辞准确精练

短信措辞一旦不准确或者出错,在公务联系中就很容易误事,如告知对方的电话、电子邮箱、款项出错。关键信息要明确,切忌长篇大论,让对方不知所云。由于每条手机短信一般不能超过70个汉字(140个字符),所以文字必须精练,并尽量减少信息来往次数,让人准确地理解你想表达的意思。

(3)语气得体

限于篇幅,手机短信无法清楚地表达主要沟通内容之外的情感、态度等背景性信息,因此,公务短信的语气、句式很重要,语气缓和、留有余地的表达更有利于沟通。此外,应适当运用问候语、祝颂语等礼貌用语。

(二)发送注意事项

短信沟通仅仅适用于一般公务沟通,重要的问题一定要在第一时间打电话沟通或面谈。

应视对方身份、习惯使用短信,如果对方是老年人,则要慎用短信沟通。短信应检查确认无误再发送,因为一旦发出即无法收回。

四、例文

例文一

老板:小杜,明天上午我有事,10 点你代我去机场接客户刘总。此外,你把 A 项目的总结报告给我看一下。

职场菜鸟 1:知道了,张总。

(张总火冒三丈,你知道什么了? 不行,我得打电话再嘱咐你一下。)

职场菜鸟 2:好的,张总,这两件事我会去办。

(张总:嗯,明天我得打电话催一下)

职场"杜拉拉":张总好,明天 9:30 我会按时到机场迎接刘总,转达您的问候,并备好刘总最喜欢的碧螺春,接到他后我短信通知您。A 项目的总结报告我已备好,明天 8:30 我先到公司把报告放到您的办公桌上。近期您出差较多,请注意休息,有事请随时吩咐。

杜拉拉

(张总:嗯,小杜办事牢靠,我放心。)

【评析】

寥寥数句,高低立判。由这则例文可以看出,职场礼仪不仅是规矩的遵循、分寸的把握,而且是情商的结晶。

例文二

短信 A:王先生,我们在机场接你,下飞机后请与我联系。××公司小刘

短信 B:王先生,您好。我们的红色别克轿车在二号航站楼恭候您,车牌号是×××,您如果找不到请给我打电话。××公司小刘

【评析】

相比短信 A,短信 B 的表述更加清晰、准确,"王先生"寻找接机人会更方便;短信 B 的措辞也更礼貌,显得更有职业素养。

●思考与练习●

1.小李接到本月的销售任务时很郁闷,因为本月的销售任务量在上个月的基础上增加了 40%。如果和上司当面讲条件,可能会令上司很难堪,于是他先接受了销售任务。到月中看到本月实际销售量和目标任务量相差较大时,他给上司发了一条短信汇报工作。上司接到短信后,很快意识到问题所在,在月末考核时将小李的销售任务量进行了部分下调。请代小李拟写这则短信。

2.时代科技公司邀请张广鸣教授来参加新产品开发研讨会,会议定在本周日 8:00 公司第一会议室,请你代行政秘书王小昕编写一则通知短信。

任务 4.8　商务策划书

1.了解商务策划书的概念、作用、特点与分类。

2.掌握商务策划书内容和写作技巧。

3.明确商务策划书的写作要点,并能进行商务策划书的写作。

一、商务策划书的概念与作用

（一）商务策划书的概念

策划,又称企划、谋划,是根据商务活动中现有资源或所掌握的信息,对企业未来某项工作或业务活动事先进行全面系统的构思、谋划、设计,并制订出富有创造性的、合理可行的执行方案。反映策划过程及其成果的文书就叫商务策划书或商务企划案。

（二）商务策划书的作用

(1)可以明确企业经营管理目标,充分地整合企业人力、物力和财力,快速、高效地实现企业的发展目标。

(2)可以使企业在经营活动中扬长避短、知己知彼,采取有效方法和措施,提高企业核心竞争力。

(3)可以及时发现并解决企业存在的问题,并尽快找到有效策略,发掘企业内在潜力,增强发展活力。

二、商务策划书的特点和分类

（一）商务策划书的特点

(1)实用性。商务策划书的根本目的是充分地整合企业人力、物力和财力,快速、高效地实现企业的发展目标,对企业来说其有较高的实用价值。

(2)预见性。商务策划书是先于商务活动而制订的,必须对未来商务活动中有可能发生的各种情况有充分的预计,提出科学、切实可行的方案。

(3)创新性。编制商务策划书要具备创新意识和开拓精神,使方案富有个性,有吸引力。

(4)时效性。商务策划书是为达到某项目而写的,因此,在写作上有明确的时间要求,必须在一定的时间内完成。否则,写作就会失去意义。

（二）商务策划书的分类

商务策划书的种类很多,我们常用的主要有产品策划书、价格策划书、营销渠道策划书、促销策划书、广告策划书、公关活动策划书、企业形象策划书等。

（1）产品策划书:针对企业产品的生产、开发、定位进行策划而写成的方案。

（2）价格策划书:针对企业产品的价格、定位策略进行策划而写成的方案。

（3）营销渠道策划书:针对企业产品的销售渠道、销售网络进行策划而写成的方案。

（4）促销策划书:针对企业产品、服务的营销及促销策略进行策划而写成的方案。

（5）广告策划书:针对企业的广告宣传活动及广告策略进行策划写成的方案。

（6）公关活动策划书:针对企业如何开展公共关系活动进行策划写成的方案。

（7）企业形象策划书:针对企业如何树立良好、明确、统一、规范的形象进行策划写成的方案。

三、商务策划书的写作

商务策划书根据内容繁简的不同确定格式。内容复杂的,一般要单独成册,格式包括封面、目录、标题、正文、附件等部分。内容单一的,格式包括标题、正文、落款等。其一般写法如下:

（一）标题

标题可采用直接标题或间接标题,也可采用单标题或双标题。一般由项目单位或产品名称、策划内容和文种组成,如《2000 年上海旅游节"浦东啤酒之夜"系列活动策划方案》。

（二）正文

一般由前言和主体组成。

商务策划书的格式、内容不可能千篇一律,撰写时要根据需要决定策划书的内容和形式。

1.前言部分

一般包括以下内容:

（1）背景和意义。说明活动举办的市场形势、社会背景、促销机会及其意义。

（2）基本要素。说明活动的名称、主办单位、时间、地点、主旨。

（3）目标。设定通过本次活动期望达到的市场占有率、销售量、销售利润及知名度、美誉度的提升比例等量化的期望值。

（4）传播策略。媒体和传播途径选择等。

（5）办好本次活动的指导思想。

2.主体部分

一般包括以下内容:

(1)市场调查与分析。阐明问卷调查或实地调查的过程和结论,作为活动策略、卖点选择的依据。

(2)关键点。本次活动的问题点、机会点、传播点和新闻点,这是方案的核心内容。

(3)活动内容和形式。创意关键、活动的流程和载体。

(4)实施方案。活动的具体安排及时间进程。

(5)经费预算。本着"合理投入,高效产出"的原则,分别算出需要支出的各项费用,并进行调整。

(6)效果预测。根据已经掌握的信息,预测出活动举办时可能出现的场面。

有的策划书还有结束语,主要是表明态度,或表达期望,或表示决心。

有的策划书还有附件,一般包括子项目材料、方案相关的工作倒计时表、海报文案等,要列出并附在方案后。

四、商务策划书写作旨要

(一)要进行充分的调查研究,收集和掌握丰富的材料,为策划奠定扎实的基础。

(二)要明确策划目标,把握策划目的,以科学的态度提炼主题,制订方案。

(三)要具备创新意识和开拓精神,拥有专业知识和策划经验,方案富有个性化。

(四)策划方案力求格式规范,文面美观大方,内容具体翔实,结构层次清晰,语言明白晓畅,有说服力和可操作性。

五、例文

粥食府策划书

一、前言

民以食为天,足见食之重要。人们的饮食地点不外乎家庭和餐馆。如何在激烈竞争的市场中寻得立足之地?"卖"点很重要。中国传统食品"粥"为主要产品的系列产品虽然知道的人多,但经营得好的不多。既是盲点,也是卖点。只要有好的产品和好的经营方式,就能在市场上大行其道,取得很好的效益。

……经调查研究表明,这是一个投资风险小,顾客广泛,本小利大,市场前景可观,回报率高的产业之一。

二、市场研究及竞争状况

目前人们对粥的认识还局限于一般的状态,品种单一,常见的白粥配咸菜,八宝粥、红豆粥、小米粥、皮蛋粥等少量品种,且对效用宣传极少,销售方式也陈旧,尚无专门粥店和相应的营销网络,市场缺口很大,无明显的竞争。

普通粥仅能充饥填肚,价低利少,人们选择性强。而我们推出的是集食疗保健、美容益寿作用为一体的几百种绿色环保产品。

卖点:不是稀饭,是健康!仅把粥作为一般食品的观念早已过时,它的积极意义在于帮助人们提高生活质量、恢复自尊和自信,满足人们心理上的需求,使消费者从中获得价值和满足。同时在别人还未醒悟之前,抢先一步找出消费者潜在的需求,替他们制造出来满足需求的食品,就能抢占商机。

三、消费者研究

(一)对象。一般消费者,重点:婴幼儿、学生、老人、孕产妇、病人。

(二)主要益处。营养、卫生、口感好、保健、食疗。

(三)主要场合。早餐:经济实惠,营养的早点。配合干点销售。正餐:除以上地点外,重点是医院、学校。夜宵:给吃夜宵的顾客提供休闲场地及营养有味的食品(给夜间的的士司机提供优质服务也是不可小看的机会)。

(四)重要性。病人、学生、老人需要营养;免除自己热粥的烦恼及购买原配料的不便;更有安全感,卫生营养,功效多。高档粥的补品功效使有身份的人有高人一等的感觉。维护健康,省时,省力,使消费者有占便宜的感觉。

四、主要产品(略)

五、市场建议

(一)近期

1.开一家样板店。以此宣传品牌,扩大影响力。地点以市中心为宜。面积40~50平方米。装饰风格以回归自然为主题。全用木板、木桌、木椅,要显得简单朴素。

2.外送服务。粥用大锅熬制,配料专人分装,小锅配制。专业队伍送货。重点对象:医院住院部、学校、家庭。统一着装的人员上门赠送菜单(上面有食疗粥谱及对症疗效),接受电话订货。

(二)中期

1.逐步开设连锁店。可以用特许加盟方式,不收加盟费,只收少量商标使用费和管理费。总店统一配送配料。店铺只管订货和销售。

2.专柜和店中店:利用别人的场地经管。可以自营,也可以交由别人经营(如大饭店、商场、影院、迪巴等场所,公园、旅游区等)。

3.与再就业工程结合起来(与政府有关部门联系,争取支持)大量吸收下岗人员,设立流动售货车定点定时供应(车站、要道、社区均可),既扩大就业人数又免除场地租金,还扩大了销售,增加了利润,名利双收。

4.建立自己的网站。开展网上宣传、订货、加盟等方式扩大销售渠道。

（三）远期

工业化生产：通过兼并、托管、委托加工等方式，利用原来生产罐头食品的工厂生产成品粥（罐装）、半成品粥（袋装》进入超市销售。

以上过程逐步推广期1～3年时间。

六、商品定位

（一）大众化系列食品。

（二）价格：素食类2.00～2.50元/碗；肉禽类3.00～5.00元/碗；高档类10～15元/碗；极品类50～100元/碗。

（三）餐具：一次性。

（四）品种：店堂每天保持50个品种以上，订货按菜单预约。

七、人员配备

（单店）店长一人，制作2人，收银1人，服务员5人（均为二班配备），采购员1人（可兼职），共10人。各店可以根据具体情况定人员。

营业时间：夏季7：00—21：00

　　　　　冬季7：00—20：00

八、投资预算（略）

九、效益预算（略）

十、创意方向

本产品看似简单平常，但作用巨大。一般人只知其一，不知其二。家庭不易做，大餐馆不愿意做，更多人不会做。医生会开方不会热粥，餐馆不懂药理无法做，或者不愿意做，这是一个不被常人注意但发展空间大，商机无限的行业，既古老，又新鲜。有道是"一招鲜，吃遍天！"何乐而不为？

附页所列的《粥谱》并非本人创造，乃是千百年来无数人探索试用总结出来的成功疗方。本人只是将其收集、汇总、选择、整理而成，并将其工业化、商业化，造福于大家，并从中获得效益。

近年来，食粥已成为时尚，很多大城市都有大的粥店，生意火爆，报端常见报道。开粥店投资可大可小，已成为创业者首选。

下表是家庭和粥店的比较（略）。

十一、公关策略

（一）政府的支持（略）。

（二）医学、营养专家的支持（略）。

（三）新闻界的支持（略）。

（四）其他公关活动。

如慰问交警、孤寡老人、孤儿、残障人士等，还有其他公益活动。

十二、结束语

在当今的商业大潮中竞争无所不在，商机稍纵即逝。那种抱残守缺、食古不化的人，犹豫不决的人只会在商业大潮中翻船落水，机遇与风险同在，成功与勇气同在，你还等什么?

【评析】

这是一份较为简单的粥食府策划书,但策划内容详尽周全,阐述了创办粥食府的饮食文化背景,调查了市场竞争趋势和消费者情况,对产品策略、市场规划进行了策划,对投资效益进行了估算,并策划了公关策略。资料充分、策划合理、富有创意。写作上,思路清晰,条理清楚,结束语部分简短的语言表达了对该策划书的信心。

●思考与练习●

1.商务策划书的写作要点有哪些?

2.选择你熟悉的某种商品,拟定一份商务策划书。

任务 4.9　合同

学习目标

1.明确合同的概念、性质、作用和种类。

2.掌握合同的写作格式和写作要求。

3.把握合同的写作能力。

一、概述

(一)概念

《中华人民共和国合同法》第 2 条规定:合同是平等主体的自然人、法人、其他组织之间设立、变更、终止民事权利义务关系的协议。

(二)类型

广义合同指所有法律部门中确定权利、义务关系的协议。合同按不同的分类标准可分为不同的种类。以权利和义务关系的类型作为划分合同的标准,合同可分为下述类型:买卖合同,供用电、水、气、热力合同,赠与合同,借款合同,租赁合同,融资租赁合同,承揽合同,建设工程合同,运输合同,技术合同,保管合同,仓储合同,委托合同,行纪合同,居间合同。这也是合同法分则对合同的分类。按不同法律涉及的合同类型也不同,如民法上的民事合同、行政法上的行政合同、劳动法上的劳动合同、国际法上的国际合同等。

(三)写作注意事项

写作合同时必须注意:

1. 形式合法性。订立合同必须符合国家法律、法令、政策的规定。但是双方法律地位平等，且在自愿的基础之上订立。

2. 内容具体性。当事人双方遵循公平原则，确定双方的权利义务，要求内容明确具体，不能含糊笼统，要具备可行性。

3. 语言准确性。语言要求精准，以免出现合同纠纷时无据可查，避免漏洞的产生。

4. 书写规范性。专业术语要求具备规范。合同一旦成文，不得涂改。

二、类型与写作

（一）劳动合同

1. 概念

建立劳动关系应当订立劳动合同。《劳动法》第 16 条规定："劳动合同是劳动者与用人单位确立劳动关系、明确双方权利和义务的协议。"它是确立劳动关系的法律形式。

2. 劳动合同的类型

劳动合同可以不同标准划分为不同的种类，常见种类是：

(1)聘用合同。聘用合同是录用合同的一种，是指以"职工雇用为目的，用人单位从社会上招收新职工时与被录用者依法签订的缔结劳动关系并确定权利义务关系的合同。聘用合同主要适用于用人单位招聘在职和非在职劳动者中有特定技术业务专长者为专职或兼职的技术专业人员或管理人员时使用的。例如：有的单位或企业高薪聘请外地或本地的技术专家、法律工作者、高级管理人员等用以改善本地区或企业的经营状况，或为本企业提供特定服务。

(2)录用合同。录用合同是指用人单位以长期雇用劳动者为目的而订立的劳动合同，如大学生就业协议。它是由用人单位在社会上招收新职工时或续签合同时使用的合同类型。其内容约定的是一般性的劳动权利和义务，是劳动合同中的基本类型。

(3)借调合同。借调合同是指借调单位、被借调单位与借调人员之间所签订的约定将某用人单位职工调到另一方单位从事短期性工作并确定三方权利义务关系的合同。借调合同一般适用于借调单位急需又是临时性的情况。这种合同一般由借调单位支付借调人员劳动报酬和福利待遇。

(4)停薪留职合同。停薪留职合同是指职工为了在一定期限内脱离原岗位与用人单位签订的合同。在停薪留职合同中，劳动者继续保留原用人单位劳动者的身份，但不在原用人单位工作。原用人单位停止对劳动者工资的发放。

3. 劳动合同的特点

订立劳动合同，应当依照劳动法规定的原则、程序和内容进行，凡采取欺诈、胁迫等手段订立的，违反法律、行政法规的劳动合同无效。

4. 劳动合同的写作要求

劳动合同的内容一般包括法定条款和约定条款两部分。

法定条款是劳动法要求劳动合同必须具备的条款。它具体包括劳动合同期限、工作内容、劳动保护和劳动条件、劳动报酬、劳动纪律、劳动合同终止的条件、违反合同的责任。

约定条款是劳动合同双方当事人之间自愿协商确定的关于各自权利、义务的条款。企业工会组织与企业可以就劳动报酬、工作时间、休息休假、劳动安全卫生、保险福利等事项,签订集体合同。

（二）经济合同

1.概念

《中华人民共和国经济合同法》规定:"经济合同是法人之间为实现一定经济目的、明确相互义务关系的协议。"

2.经济合同的类型

经济合同种类很多,按性质分,我国经济合同法中规定经济合同的类型共 15 种,即买卖合同;供用水、电、气、热力合同;赠与合同;借款合同;租赁合同;承揽合同;建筑工程合同;运输合同;技术合同;保管合同;仓储合同;委托合同;行纪合同;居间合同。

3.经济合同的特点

订立经济合同,应当依照国家的法律、法规和政策;必须符合国家计划的要求;必须坚持平等互利、协商一致的原则。经济合同是一种法律行为,绝不应违背原则,否则,合同无效。

4.经济合同的写作要求

经济合同的主要内容是指经济合同当事人之间的权利和义务。具体到每一个经济合同法律关系中,就是经济合同当事人确定相互权利义务关系的各项条款。根据经济合同法的规定,经济合同的内容主要包括:(1)标的;(2)数量;(3)质量;(4)价款或者酬金;(5)履行期限、地点和方式;(6)争议解决方式;(7)违约责任。此外,根据法律规定或者按照经济合同的性质必须具备的条款以及当事人一方要求必须规定的条款,也是经济合同的主要条款,也属经济合同的主要内容。

三、例文

劳动合同

订立合同双方:

招聘方:(企业、事业、机关、团体等单位的行政)简称甲方

受聘方:(合同制职工)简称乙方

甲方招聘合同制职工,按有关规定,已报请有关部门批准(或同意)。甲方已向乙方如实介绍涉及合同的有关情况;乙方已向甲方提交劳动手册。甲乙双方本着自愿、平等的原则,经协商一致,特签订本合同,以便共同遵守。

第一条　合同期限

合同期限为＿年(或＿个月),从＿年起至＿年止。

(没有一定期限的合同或以完成一项工作的时间为期限的合同,应注明"本合同无一

定期限"或"本合同以某一工作完成为届满期限"。)

第二条 试用期限

试用期限为__个月(或__年),即从__年__月__日起至__年__月__日止。

(试用期限的长短,有关部门有规定的,按规定执行;有关部门无规定的,由招聘方根据受聘方的工作能力和实际水平确定。)

第三条 职务(或工种)

甲方聘请乙方担任_职务(或从事某工种的工作)。

第四条 工作时间

每周工作六天,星期日休息。每天工作时间为八小时,上下班时间按甲方规定执行。

(以完成一定工作量为期限的合同,工作时间由双方商定。)

第五条 劳动报酬

(一)乙方在试用期间,月薪为_元。试用期满后,按乙方的技术水平、劳动态度和工作效率评定,根据所评定的级别或职务确定月薪。

(以完成一定工作量的时间为合同期限的,亦可按工作量确定报酬。实行计件工资的,按计件付酬。)

(二)乙方享受的岗位津贴和奖金待遇,与同工种固定职工相同。

第六条 生活福利待遇

(一)补贴待遇:乙方享受交通费补贴、餐费补贴、取暖费补贴等与固定职工相同。

(二)假日待遇:乙方享受节日假、婚假、产假、丧假与固定职工相同。工作满一年以上需要探亲的,可享受_天(不包括路途中的时间)的探亲待遇,工资照发,路费报销。

第七条 劳动保护

(乙方的劳动保护按国家的有关规定执行)

第八条 乙方患病、伤残、生育等待遇以及养老保险办法

(本条国家有规定的,按规定执行,无规定的,由双方商定。)

第九条 政治待遇和劳动纪律要求

(一)乙方在政治上享有同固定职工一样的权利,如参加民主管理企业的权利,参加党、团组织和工会的权利等。

(二)订立有一定期限的劳动合同的乙方,在担任领导职务以后,如职务是有任期的,在劳动合同期限短于领导任期的情况下,可以将合同期限视为领导职务的任期;如果职务是没有任期的,可以视为改订没有一定期限的劳动合同。

(三)乙方应当严格遵守甲方单位各项规章制度,遵守劳动纪律,服从分配,坚持出勤,积极劳动,保证完成规定的各项任务。

第十条 教育与培训

甲方应加强对乙方进行思想政治教育,遵纪守法教育,安全生产教育,根据工作和生产的需要进行业务、职业技术培训。

第十一条 劳动合同变更

(一)发生下列情况之一者,允许变更劳动合同:

1.经甲乙双方协商同意,并不因此而损害国家和社会的利益;

2.订立劳动合同所依据的法律规定已经修改;

3.由于甲方单位严重亏损或关闭、停产、转产,确实无法履行劳动合同的规定,或由于上级主管机关决定改变了工作任务、性质;

4.由于不可抗力或由于一方当事人虽无过失但无法防止的外因,致使原合同无法履行;

5.法律规定的其他情况。

(二)在合同没有变更的情况下,甲方不得安排乙方从事合同规定以外的工作,但下列情况除外:

1.发生事故或自然灾害,需要及时抢修或救灾;

2.因工作需要而进行的临时调动(单位内工种之间,机构之间);

3.发生不超过一个月时间的短期停工;

4.甲方依法重新任命、调动、调换订立没有一定期限劳动合同职工的工作;

5.法律规定的其他情况。

第十二条　劳动合同的解除

解除劳动合同的条件,国家主管部门有规定的,按规定执行;没有规定的,由双方当事人商定。双方议定条款不得违反法律和政策的规定,不得损害国家利益和社会公共利益。

解除劳动合同,除因乙方违法犯罪或乙方不履行合同给甲方造成损失,或者严重违反劳动纪律和本单位管理章程的规定被开除的,以及乙方擅自解除劳动合同的以外,甲方应按规定发给辞退补助费和路费。

解除劳动合同时,双方应按规定办理解除手续。甲方应按规定将解除合同的情况报告有关机关核准。

第十三条　违约责任

(一)甲方无故辞退乙方,除应发给辞退补助费和路费外,应偿付给乙方违约金＿＿元。

(二)甲方违反劳动安全和劳保规定,以致发生事故,损害乙方利益的,应补偿乙方的损失。

(三)乙方擅自解除合同,应赔偿甲方为其支付的职业技术培训费,并偿付给甲方违约金＿＿＿元。

(四)乙方违反劳动纪律或操作规程,给甲方造成经济损失的,甲方有权按处理固定职工的规定予以处理。

第十四条　其他事项

本合同于＿年＿月＿日起生效。甲乙双方不得擅自修改或解除合同。合同执行中如有未尽事宜,须经双方协商,做出补充规定。补充规定与本合同具有同等效力。合同执行中如发生纠纷,当事人应协商解决,协商不成时,任何一方均可向单位主管机关或劳动合同的管理机关请求处理,也可依法向人民法院起诉。

本合同正本一式二份,甲乙双方各执一份;合同副本一式__份,报主管机关,劳动合同管理机关(本合同如经公证,则应交公证处留存一份)等单位各留存一份。

甲方:_____(公章)

代表人:_____(盖章)

乙方:_____(盖章)

_____年_____月_____日

●思考与练习●

1.谈谈合同的写作格式和写作要求。

2.假期里你准备找一份临时工作,为了方便,需要租一间住房。请起草一份租房合同,相关材料自拟。

任务 4.10　毕业论文

学习目标

1.了解毕业论文的概念、作用、特点与分类。

2.掌握毕业论文的格式与内容要素。

3.学习论证观点的方法。

4.掌握毕业论文的写作能力。

一、毕业论文的概念与作用

(一)毕业论文的概念

毕业论文是大学生根据专业培养目标,在专业课老师的指导下,综合运用已学知识表述理论创造或表述分析应用的一种应用文体。

毕业论文的水平是各类院校检验毕业生学识和能力的主要标准,是对大学生在校期间所学课程的总测试。现代社会需要的专业人才应该具备的科研、创新、管理、语言表达等能力,都能从毕业论文撰写过程中得到训练和提高。

毕业论文对学生的考查,也因学生学历层次不同,其考查的程度也不同,如对硕士、博士,就要求其论文具有独创性,而对大专生、本科生,则主要考查对已学理论的运用。

(二)毕业论文的作用

(1)它是教学目标完善和深化的必要环节。从学生角度看,毕业论文的撰写是对专业课程的重温、整理、巩固和深化的过程。从学校角度看,毕业论文使得人才培养和社会需求相适应,进一步完善和深化教学目标。

(2)它是人才素质结构中知识和技能相结合的重要因素。毕业论文中的选题、考证、解决问题以及设想等都要求学生将所学知识运用到研究过程当中,从而加强了知识和技能的结合并相互促进。

(3)它是教学质量综合评价的有效手段。毕业论文是知识和技能的综合性训练和运用,其中既反映了学校专业教学的基本要求和内容,又显示了学生掌握知识的深度和驾驭知识的能力。因此,毕业论文就成为学校评价教师、学生以及教学管理水平的有效手段。

二、毕业论文的特点、要求与分类

（一）毕业论文的特点

毕业论文是学术论文的一种,其特点和要求与一般学术论文大体相同。其特殊之处表现在:

(1)综合性。撰写毕业论文需要综合运用分析归纳、收集资料、语言表述等能力,需要综合应用所学的专业理论知识。

(2)客观性。毕业论文的内容必须真实地反映客观存在的事实。论文材料要真实,不可弄虚作假。

(3)创新性。毕业论文虽然只是学术论文的"初级阶段",但也要求在选题方面能较前人有所发展、创新。

（二）毕业论文的要求

(1)综合考查学生对已学知识的运用能力。主要包括:考查运用已学专业知识分析、处理问题的能力;考查查询专业资料的能力;考查运用计算机分析和处理数据的能力;考查语言的表达能力和文章的撰写能力。

(2)培养学生科学的工作素质。论文要求详细阐述课题的研究过程,体现该课题的科研方法。

(3)培养学生的创新意识。要求学生选题新颖、实用。

（三）毕业论文的分类

(1)按内容和性质分,可分为理论性毕业论文、实验性毕业论文、描述性毕业论文、设计性毕业论文。后三种主要是理工科大学生的论文形式,文科大学生一般写理论性毕业论文。

(2)按议论的性质分,可分为立论毕业论文、驳论毕业论文。

(3)按学生层次及申请学位分,可分为普通毕业论文、学士论文、硕士论文、博士论文。

三、毕业论文的写作

毕业论文的写作,一般需经由选题、收集材料、编制论文提纲和撰写四个步骤。

(一)毕业论文的选题

选题即选择研究的课题,确定研究的对象及范围。选题是论文形成的重要前提,也是关键的环节,需注意以下几点。

1.要有一定价值。包括下面四种情况:(1)选择填补空白的课题;(2)选择"前沿"课题;(3)选择有争议的课题;(4)选择纠正或补充前人学说的课题。

2.与所学课程相关。

3.与兴趣爱好相一致。

4.要考虑自身的专长。

5.要题小文大。

总之,毕业论文的选题,必须力求扬作者之长避作者之短。

(二)毕业论文资料的收集

1.资料的收集方式

选题离不开资料的收集和整理。资料的收集通常有以下四种方式:(1)利用图书馆;(2)上网搜索;(3)实地调查;(4)科学实验和科学观察。

2.资料收集的范围

通常收集资料时应关注以下方面:(1)课题研究现状方面的资料;(2)边缘学科的有关资料;(3)名人的有关论述、有关的政策文献等;(4)有关研究方法和论文的撰写方法方面的资料。

3.资料的收集、整理和研究

资料的整理过程实质上是对资料的辨析过程,其中有几个方面是不可缺少的:(1)辨析资料的适用性;(2)辨析资料的全面性;(3)辨析资料的真实性;(4)辨析资料的新颖性;(5)辨析资料的典型性。

(三)编制写作提纲

提纲分简单提纲和详细提纲两种。毕业生应先拟简单提纲,交指导老师审阅,提出修改意见,修改后才能写详细提纲。详细的提纲是论文的雏形。

编制写作提纲的步骤是:

(1)初步确定论文的标题;

(2)确定论文的中心思想,写出主题句子;

(3)确定论文的总体框架,安排有关论点的次序;

(4)确定大的层次段落,确定每个段落的段旨句;

(5)确定每段选用的材料,标示材料名称、页码、顺序。

（四）毕业论文的写作

1.标题

在稿纸上，论文标题应当居中书写，上下各空出一行，以显得匀称、美观。长篇论文的标题上下空行可以再多一些，有的甚至可以专门用一面稿纸写标题。

论文的标题必须符合以下要求：

（1）确切。标题要切合文章内容，要能准确地揭示文章内容。题文一致，题文相符，是标题确切的主要含义。

（2）具体。标题要能恰如其分地表明论文的主要内容，而不能过于笼统、空泛。

（3）醒目。标题要引人注目，要能吸引读者，并能使读者看过之后，便留下比较深刻的印象。醒目的论文标题，必须具有简洁和新颖这两大特点。

2.作者署名

作者姓名应写在标题之下中间或稍稍偏右的位置，署名和标题之间要空出一行，两个字的姓名，中间要空一格。

署名是文权所有和文责自负的体现。只有直接参加了研究工作，并能对论文内容负责的人，才有权利，也有必要在论文上署名。

3.目录

如果论文的篇幅较长，就应该编出一个简单的目录。论文目录就是将论文中的各级小标题依次排列，并标明标题所在页的页码，便于读者从整体把握文章的逻辑体系，也为读者选读论文的有关部分提供了方便。

目录不是论文的必备项目，只有长篇论文才需要编写目录，如果论文的篇幅不是很长，层次也不是太多，则不必编写目录。

4.摘要

完成论文正文之后，要在认真阅读每一个部分的基础上，写出内容摘要。摘要列在正文之前，但却写在正文完成之后。

写摘要必须注意这样几个问题：首先，摘要是对论文内容的客观反映，应避免主观评价；其次，摘要是对论文内容的高度概括，要防止片面性；最后，摘要是一篇独立于文章正文之外的短文，应有一定的完整性。

5.关键词

即提示论文主题和内容的词语或术语。

6.正文

毕业论文的正文通常包括绪论、本论、结论三个部分。

（1）绪论。这是论文的开头部分，其作用是提出问题，说明选题的缘由、意义，研究方法或论证方法等。语言要简短，态度要客观，注意不要与摘要雷同，不要成为摘要的注释。

（2）本论。本论是论文的主体部分，是对问题展开分析，对观点加以证明，全面、详尽、集中地表述研究成果的部分。它在层次段落之前，或使用小标题，或使用数码标示。

采用的结构形式通常有以下三种：

并列式，亦称横式结构，即围绕总论点并列排出几个分论点，从不同角度、不同侧面对总论点进行阐释、论证。

递进式，亦称纵式结构，即由浅入深，一层一层地对总论点进行阐释、论证，后一个层次是前一个层次的深化，后一部分是前一部分的发展。

混合式，亦称纵横式或综合式结构，即并列式与递进式同时使用。或者大层次为并列式，而一些层次中又采用递进式结构；或者大层次为递进式，而一些层次中又采用并列式结构；或者并列式和递进式分散用在本论的不同部分。

（3）结论。结论一般需对本论中的观点作一个归纳，表明总的看法和意见，或者强调某些要点等。结论应写得简明扼要。并非每篇论文都需要结尾。有的论文本论一写完就结束。

值得注意的是：①结论不是主题中各段小结的简单重复；②结论应该言简意赅，恰当完整；③结论要与绪论部分照应，首尾连贯，措辞要严谨，文字要鲜明；④如果在本论部分已对结论有所叙述和交代，结尾可不用单独成段。

7.注释

注释是经济论文的一个有机组成部分，在论文写作中，有些问题需要在正文之外加以解释。

按其功用的不同，可将论文的注释分为两大类：

（1）补充内容的注释。对一些读者不易理解的概念、不易接受的事实以及其他不便在正文中展开论述，但又有必要告诉读者的内容，要在注释中说明。这样，既不影响正文内容的简洁、流畅，又便于读者深入理解文章内容，获取更多的学术信息。

（2）注明资料出处的注释。引用文献资料，必须注明资料的来源，这一方面是对他人劳动成果的尊重；另一方面也会增加材料的可信度，证明作者具有实事求是、认真严肃的工作态度。注明资料出处的注释，是论文中最常见的一类注释。

按其形式的不同，可以把经济论文中的注释分为三种：

（1）夹注。夹注又称段中注，即在正文需要注释的地方，紧接着写明注释内容，加上括号，以示区别，如果注释文字较少，采用这种方式比较方便；如果注释文字较多，使用夹注则会影响正文的连贯，使文章显得支离破碎。

（2）脚注。脚注又叫附注，即把注释内容写在被注释内容本页的下端。采用这种注释形式，非常便于读者在阅读中两相对照，保持阅读的连续性。

（3）尾注。尾注，即在论文正文之后集中加注。这种加注方式，在论文写作中最为常见。无论采用哪种形式加注，都需先在正文中的被注释文字的右上方加上序码或记号，再在注释内容的前面加上相同的序码或记号。

8.致谢

致谢可以写在正文的最后一个部分，也可以单列出来，使之成为论文中的一项内容。

9.参考文献目录

参考文献的排列方法主要有下述几种：

(1)按其重要程度依次排列文献。这里所说的重要程度,是就文献在本篇论文写作中所起作用的大小而言的,而不是指参考文献本身的价值。

(2)按其产生的年代,由远及近或由近及远地排列参考文献。

(3)按照文献作者的姓氏笔画排列参考文献。

(4)按照用作参考的先后顺序排列参考文献。

10.附录

不便放在正文中的资料性内容,可以放到附录中去。如全文或几个部分共同使用的图表,帮助读者理解、消化文章内容的补充性资料等。

四、毕业论文的答辩

毕业论文答辩是在论文定稿后呈送教师或指导小组审查并通过的情况下进行的。论文答辩的目的是了解学生毕业论文的撰写过程、对课题研究的深度和广度、理论的依据以及处理课题的实际能力。

毕业论文答辩一般分两个阶段进行。

(一)毕业论文答辩的准备

1.答辩内容方面的准备。它包括:

(1)熟悉论文全文,弄懂主要概念的确切含义;所运用基本原理的主要内容;仔细审查、推敲文中是否有自相矛盾、谬误、片面或模糊不清之处;有无与党的方针政策相冲突之处。

(2)要了解、掌握与论文相关联的知识和材料。

(3)论文还有哪些应涉及或解决,但因力不能及未能接触的问题;还有哪些在论文中未涉及或涉及很少,而研究过程中确已接触到了并有一定的见解,只是由于与论文表述的中心关联不大而没有写入等。

(4)还要搞清楚哪些观点是继承或借鉴他人的研究成果,哪些是自己的创新观点,这些新观点、新见解是怎样形成的。

2.写一份简单的答辩报告,包括论文题目、指导老师、选题动机、论文的主要论点、论据、写作体会、本论题的理论意义和实践意义。并尽量牢记在心,以便灵活应对答辩。

(二)毕业论文答辩阶段

毕业论文一般由教研部门组织 3～5 位指导老师进行审阅,并组成论文答辩小组或委员会按计划举办答辩会,对论文进行进一步审查。审查的基本程序是:第一步,由作者简要陈述论文;第二步,由答辩小组成员提问,论文作者回答。提问方式一般有两种:一是先提问,让学生记下,并限定时间(常为 20～30 分钟)让学生准备后回答;二是即席回答,即答辩委员会成员根据学生陈述情况当场发文或进一步追问,让学生当即给予回答。

五、毕业论文的写作旨要

(一)要确定一个好的选题。选题是否合适将决定毕业论文写作的成败。要选择有价值的、难易适中,而自己又比较有兴趣的选题来做。

(二)要充分占有资料。科学研究,从本质上讲,就是要发现事物的内在规律,揭示其蕴含的真理,而"规律""真理"总是存在于大量的现象中,蕴含在丰富的材料之内的。因此,撰写毕业论文必须占有详尽的材料。

(三)立论要科学,论据要翔实,论证要严密。

●思考与练习●

1.根据自己的专业兴趣和特长,结合课程实习和社会实践,选定一个课题,通过各种途径搜集资料,拟写一份论文的详细提纲。

2.根据自己的专业兴趣和特长,选择一篇论文。(1)概括这篇论文的论点,列出论据;(2)为这篇论文拟出一个写作提纲。

人文拓展:应用写作基础知识

项目 5　沟通合作　助力成功

1.训练语文基本技能和思维,内化听、说、读、写等语文实务应用能力。

2.训练沟通、交流能力,培养团队合作精神,提高综合职业素养、职业能力和人文素质。

任务 5.1　交谈

1.理解交谈的意义。

2.把握交谈的方法和技巧。

3.能够运用交谈方法和技巧进行有效的交谈。

【知识与技巧】

一、何谓交谈

交谈是指两个人或更多人共同参与的双向或多向交流的一种口头表达形式,它在人际交往中的运用非常广泛,如聊天、问询、劝慰、请教、谈心、拜访、打电话等。交谈是人们交流思想、沟通感情、建立联系、消除隔阂、协调关心、促进合作的一个重要渠道。由于交谈是由双方或多方共同进行的,所以彼此的语言都受对方的制约,必须互相呼应,这对于训练我们的快速思维能力、语言组织能力和即兴应对能力都有帮助。

二、交谈技巧

具体地说,在交谈时要注意以下内容:

1.态度诚恳,使用礼貌用语

由于对话的双方是互相约束的,所以一方运用的语言对另一方的心理、感情都有很大影响,当然也会影响交谈的效果。一个态度傲慢或心不在焉的交谈者,会引起对方的反感或不悦,彼此就很难接近、沟通。我们在交谈时应当体现出以诚相待、以礼相待、谦虚谨慎、主动热情的基本态度,切不可逢场作戏、虚情假意、敷衍了事、油腔滑调。为此,要学会使用必要的礼貌用语,如尊称、谦辞和委婉的语气词等。

2.认真倾听,营造和谐氛围

认真倾听别人的谈话,是做人的一种美德,是使谈话得以顺利进行的基础。在倾听时,要克服自我中心的心理,不要总是谈论自己,尊重对方,不要打断对方,让对方把话说完;要体察对方的感觉,表示接受并了解他的感觉;倾听中,目光应专注柔和地看着对方,适时给出回应。这样,对方就会得到这样的信息:"他对我很尊重""他很在意我的谈话"。做到这些,双方的交流就有了一个良好的氛围,彼此的感情就会逐步加深,交谈才能顺利进行。

3.把握话题,展开良性互动

在交谈时,有时话题非常明确、集中,有时又没有特定的话题,而是从随意交谈开始,因此,交谈者应该善于提出并把握话题。提出话题要根据动机、对象、内容、环境的不同而采用不同的方式。一种是开门见山,一开始就直截了当地正面向对方提出要交谈的问题,很快进入实质性的对话。采用这种方式,必须与对方有良好的互信关系,或者交谈内容是对方愿意谈的。另一种是侧面迂回,先谈一些对方感兴趣的事情,边谈边了解对方的反应和心理,适时巧妙地引出正题。

交谈中除注意选择话题外,还应学会适时地发问。"您看呢?""您觉得如何?""您怎么理解?"发问的目的主要是激发对方谈话,同时,通过发问可以了解自己并不了解的情况。应设法让在座的每一个人都参与谈话,这是对人的一种理解和尊重。

4.根据对象,语言得体机智

交谈的对象形形色色,既有民族、地区、年龄、性别的差异,也有职业、经历、文化程度的不同,还有性格、兴趣、价值观的差别。在交谈过程中,要适度地调整自己的交谈方式、交谈用语、语气语调等。语言既要准确、简洁、文雅、生动、幽默,又要根据对象、场合,或专业,或通俗,或直接,或委婉。同时,要根据话题、情境、随机应变,避免冷场、尴尬。一般情况下,交谈中语气要平和,语调不宜过高;要注意停顿、轻重、缓急;应面带微笑说话。

三、例文

孔子训礼

孔子和众弟子周游列国,曾行至某小国,当时遍地饥荒,有银子也买不到任何食物。过不多日,又到了邻国,众人饿得头昏眼花之际,有市集可以买到食物。弟子颜回让众人休息,自告奋勇忍饥做饭。

大锅饭将熟之际,饭香飘出,这时饿了多日的孔子,虽贵为圣人,也受不了饭香的诱惑,缓步走向厨房,想先弄碗饭来充饥。不料孔子走到厨房门口时,只见颜回掀起锅的盖子,看了一会,便伸手抓起一团饭来,匆匆塞入口中。

孔子见到此景,又惊又怒,一向最疼爱的弟子,竟做出这等行径。读圣贤书,所学何事?学到的是——偷吃饭?肚子因为生气也就饱了一半,孔子懊恼的回到大堂,沉着脸生闷气。没多久,颜回双手捧着一碗热腾腾的白饭来孝敬恩师。

孔子气犹未消,正色到:"天地容你我存活其间,这饭不应先敬我,而要先拜谢天地才是。"颜回说："不,这些饭无法敬天地,我已经吃过了。"这下孔子可逮到了机会,板着脸道："你为何未敬天地及恩师,便自行偷吃饭?"颜回笑了笑："是这样子的,我刚才掀开锅盖,想看饭煮熟了没有,正巧顶上大梁有老鼠窜过,落下一片不知是尘土还是老鼠屎的东西,正掉在锅里,我怕坏了整锅饭,赶忙一把抓起,又舍不得那团饭粒,就顺手塞进嘴里……"

至此孔子方大悟,原来不只心想之境未必正确,有时竟连亲眼所见之事,都有可能造成误解。于是欣然接过颜回的大碗,开始吃饭。

【评析】

孔子尊师重礼,颜回"偷吃饭"的行为自然让他生气,而这次交谈之所以成功在于:当孔子说这饭不应先敬自己,而应先拜天地时,颜回承认说,这饭他已经吃过了,这是态度诚恳;当孔子责备他为何未敬天地及恩师,便自行偷吃时,他笑了笑作了实情解释,这是根据对方的心理很好地作答。所以孔子能打消怒气,欣赏接受。

●思考与练习●

1.两个或三个同学为一组,以"我的爱好"为主题,进行交谈练习,注意交谈的互动性。

2.根据下面的情境进行交谈练习。

班里举行羽毛球比赛,张齐又来请假,说胃疼。这已经不是第一次了,每逢班里有集体活动,他都以各种理由请假。张齐平时在班级里就不爱吭声,从不与同学交往,叫他回答问题,他往往脸红半天,结结巴巴说不完整。经过了解,原来是因为张齐的父母关系不好,经常吵架,再加上他个子矮小,很自卑,害怕与人交往,为此班主任让班长与他进行一次谈话。

请两位同学分别模拟班长和张齐,并进行交谈,目的是帮助张齐克服自卑心理。

3.根据下面的情境进行交谈练习。

星期天,你想邀请一位同学去参加一个展览会,在与他电话联系时,他表示不太愿意去,你努力说服他,结果他答应一起去了。

任务 5.2　辩论

学习目标

1.了解辩论的常识。

2.把握辩论的方法和技巧。

3.能够运用方法和技巧进行辩论实践。

【知识与技巧】

一、何谓辩论

辩论,也称论辩,是交际双方围绕同一问题,力求证明自己的观点和见解正确,指出对方的观点和见解错误,以期获得共识的一种口语交际活动。纷繁复杂的现代生活,需要我们学习和掌握一定的辩论艺术。

根据内容和形式的不同,一般可以将辩论分为日常辩论和专题辩论两大类。日常辩论是人们在日常生活中因为一些突出事件或交际双方对某一问题的看法不一致而产生的争论,是一种随意性、突发性的辩论活动。专题辩论是在专门场合有组织、有准备地就某一特定论题展开的辩论,如法庭辩论、外交谈判、学术讨论、赛场辩论等,是一种有目的、有准备、有规程的辩论。

辩论有两方面的含义。论,即证明,就是用一定的理由作论据来论证己方命题的正确,目的在于"立";"辩",即反驳,就是指出对方命题的谬误,目的在于"破",为自己的"立"扫除障碍。

二、辩论的基本要求

1.论点鲜明,论据确凿可靠

辩论一开始就应该亮出自己的观点,态度鲜明,立场清晰,不要自相矛盾,不能转移论题。必须提出充足的论据。引用论据,要真实可靠,经得起推敲;选用论据,要针对对方的主张,达到否定对方、说服听众的目的。

2.善于听辨,抓住主要问题

辩论是双方思想的交锋。在辩论过程中,要善于听辨,做到听得清、听得懂、抓得准。听得清,要求注意力高度集中,不放过对方的每一句话,甚至其体态语。听得懂,要求调动自己的知识积累,理解对方所说的概念、事例,把握对方的思路。抓得准,要求不纠缠于细枝末节,而是抓住对方的要害和辩论的基本问题加以反驳。

3.能攻善守,巧用辩论技巧

辩论是一种艺术。高明的辩论者总能通过巧妙的应答,摆脱对方设置的圈套,化被动为主动;或者为对方制造辩论困难,使其难以回答,从而达到利于己方立论或反驳对方的目的。辩论的技巧很多,如用生动形象的比喻说理,用类比推理阐明观点,用归谬法放大对方的错误,揭示对方的自相矛盾之处,采用逆向思维反守为攻,用反诘的句子增加气势,等等。辩论者要善于随机应变,根据具体问题,采用不同的方法。

4.控制情绪,保持良好风度

辩论中往往会出现情绪激昂、措辞激烈、各不相让的局面。在这种情况下,既要据理力争,又要控制情绪,保持冷静的头脑、从容的态度以及必要的幽默感。辩论中如果自己的主张被证明是错误的,就应该从善如流,及时修正;如果自己的观点是正确的,也要以谦逊好学的态度吸收对方辩词中的合理成分,以充实、完善自己的论述。在辩论中,一定要尊重对方的人格,做到"讲理不伤人"。

三、例文

沈钧儒智辩大法官

因为积极抗日,爱国民主人士沈钧儒被国民党反动派逮捕。在法庭上,审判长方闻一开始便想诱导沈钧儒:"你赞成共产主义吗?"

赞成共产主义在当时可是杀头的罪,沈钧儒不慌不忙地答道:"我请审判长注意这一点,就是我们从不谈所谓主义。起诉书竟指被告宣传与三民主义不相容的主义,不知检察官有何依据? 如果一定说被告宣传什么主义的话,那么,我们的主义,就是抗日主义,就是救国主义。"

方闻见沈钧儒没有中计,并没有放弃而是再次问道:"抗日救国不是共产党的口号吗?"

沈钧儒见审判长想混淆概念,便说:"共产党吃饭,我们也吃饭,难道共产党抗日,我们就不能抗日了吗? 审判长的话被告不明白。"

方闻继续追问:"那么,你同意共产党抗日统一的口号了?"沈钧儒说:"我想抗日统一,当然是人人所同意的。如果因为共产党说要抗日,我们就要说'不抗日';共产党说统一,我们就要说'不统一',这一种说法,是被告所不懂得的。"

面对沈钧儒严密的回答,方闻愤怒地责问:"你知道你们被共产党利用了吗?"

沈钧儒微微一笑:"假使共产党利用我抗日,我甘愿被他们利用,并且不论谁都可以利用我抗日,我都甘愿被他们为抗日而利用。"

沈钧儒的巧妙回答,赢得在场人们的阵阵掌声,审判长只好灰溜溜地宣布休庭。

【评析】

面对法官的问罪,沈钧儒首先将自己的行为定义为"救国主义",说明审判长"赞成共产主义"的说法犯了偷换概念的错误;然后用类比的方法,说"共产党吃饭,我们也吃饭,难道共产党抗日,我们就不能抗日了吗?"有力地驳斥了"抗日救国是共产党的口号"的谬论;最后义正词严地怒斥了国民党不辨是非,不顾民族危亡,从而取得了法庭辩论的胜利。

●思考与练习●

1.阅读鲁迅在《且介亭杂文末编·半夏小集》里的一段对话,想想你应该怎样驳斥告密者。

A:B,我们当你是一个可靠的好人,所以几种关于革命的事情,都没有瞒了你。你怎么竟向敌人告密去了?

B:岂有此理! 怎么是告密! 我说出来,是因为他们问了我呀。

A:你不能推说不知道吗?

B:什么话! 我一生没有说过谎,我不是这种靠不住的人!

2.随着电脑的普及,有些同学认为进入了信息化时代,电脑可以代替钢笔,就不用练字了;而有些同学反对这一看法,认为不练字,会中断我国的书法艺术,影响个人的学习和事业。就这一问题,举行班级辩论会,各抒己见,要言之有理,言之有据。

3.就以下话题,表达你的观点和理由,与其他同学进行辩论练习。

A.老实人吃亏;

B.中国应该限制汽车的生产;

C.学好数理化,不如有个好爸爸;

D.中学生不应该出国求学。

任务5.3 面试

学习目标

1.学会根据招聘岗位要求有针对性地进行自我介绍,合理安排内容结构。

2.能巧妙正确地应对面试官的质询。

3.锻炼心理素质,学会克服不良的面试心理。

【知识与技巧】

"你能做一下自我介绍吗"这往往是面试官问你的第一个问题,你的回答也将是你给面试官留下的第一印象,它很可能还决定着你面试的结果。我们要了解传统面试的一般流程,学会自我介绍内容和结构的组织方法及一些自我介绍的小技巧,并掌握回答质询的一些注意事项。

一、关于自我介绍

自我介绍是面试官借以了解求职者信息,考察其语言表达能力、应变能力和岗位执行力的直接途径,也是应聘者主动推荐自己,展示才华和能力的重要方式。

（一）说什么很重要

面试时自我介绍的内容一般分为三个部分。

1.我是谁

主要介绍自己的个人基本信息（包括姓名、年龄、籍贯等）、专业方向、教育背景以及与应聘职位密切相关的特长等。

2.我做过什么

主要介绍与应聘职位密切相关的实践经历，包括相关兼职和实习经历、参加过的校内外实践活动等，以及参加这些活动所取得的成绩。你要说清楚这些实践经历的时间、地点，你担任的职务、工作内容等，最好还有量化数据，这样能让面试官觉得真实、可信。

3.我能做得怎么样

介绍你对岗位的认识、对行业发展趋势的看法、对职业发展的规划、对工作的兴趣与热情等。

（二）怎么说更重要

自我介绍毕竟不是求职信的真人语音版，你在面试时的现场表现，直接决定面试官对你的认识和印象。

1.自我介绍的时长

如果面试官没有特别强调，自我介绍的时间一般应控制在 3 分钟。

2.自我介绍的语速、语音、语调、语气

在介绍时，语速和音量要让对方感到舒服，有适度的抑扬和重音，语气要肯定，这样既能有效地传递信息，也能展示自己的职业气质，增加面试官对你的印象分。

3.自我介绍的仪态

在面试现场，要讲究职场仪态，例如，进门问好，离开时要退后再转身，衣着打扮要符合职业人的要求。此外，要注意形体姿态，表情和举止应从容大方。

（三）几个加分的小技巧

1.个性化地介绍姓名

生动、形象、个性化地介绍自己的姓名，不仅能够引起面试官的注意，而且可以使面试的氛围变得轻松。个性化地介绍姓名有多种方式，例如，你可以从名字的音、形、义或者名字的来历等角度进行介绍。

2."我"不重要

在自我介绍时，忌讳主动介绍个人爱好，忌讳夸口，忌讳过多使用"我"这个字眼。

3.不要面面俱到

你的经历可能很多，但你不能面面俱到。在介绍时，还要针对所聘职位特点，合理安排每部分的内容：与所聘职位关系越密切的内容，应优先详细介绍；与所聘职位无关的内容，即使你引以为荣也要忍痛割爱。

4."牵着考官的鼻子走"

有意识地打个"埋伏",吸引考官追问。例如在介绍自己的业绩时,你可以这样描述:"在工作中遇到了很多的困难,不过我还是成功地克服了这些困难并达成了业务目标。"引导面试官提问"你遇到了哪些困难",这样你就可以进一步阐述细节内容,展现出自己处理问题的能力。

5.内容如一

自我介绍的内容不要与所递交的简历内容冲突。这种情况一旦发生,往往是越说越不清楚。面试官会认为应聘者所述有假,印象分会大大降低。

6.投其所需

在自我介绍的同时,如能围绕用人单位感兴趣的内容更深入地阐述则更佳。

二、关于回答质询

如果说自我介绍基本属于单向的信息输出,那么回答质询就是双向的信息交流。这个环节不仅体现着求职者的语言表达能力,也体现着其专业水平以及思维能力和临场应变能力,能更全面凸显出求职者的职业素质,因此,也最为招聘方所看重。这里提示一些常用的技巧和策略。

1.仔细倾听,辨明语意

首先,面试官问你问题,不是为了让你答疑解难,更不是有意刁难,而是为了了解你的工作能力和对所聘岗位的认识。因此,他所提出的每一个问题都是有指向性的。在回答之前,要分析问题中所包含的"潜台词",明确问题所要引导的方向,有针对性地作答。如果不加"审题",随意回答,就可能出语千言,离题万里,甚至南辕北辙。例如,有的面试官会让你谈谈家庭情况。这是什么意思呢?好像与岗位不相干啊?其实面试官是要考察你的家庭环境及其教育对你的心智和工作的影响,从中也可窥探出你的某些个性倾向和心理特征。因此,在回答这一类问题时,要强调家庭成员的良好关系,家庭教育的正向引导,家人对你工作的支持等,展现积极向上的职业心态。

2."适当地短话长说

流利的口才往往被认为是高素质的表现。回答面试问题时,不要三言两语,那会让人觉得你缺乏开阔的视野和充分的思考力与表达力;"卡壳"更是致命硬伤,你在面试官眼中的整体印象会立马下降。遇到自己不擅长的问题,不要说"不知道",更不要冷场,要有勇气和信心,适当运用一些说话的技巧来避免尴尬。可以采用适当地"小题大做"的办法,如果对此问题熟悉,可以先回答要点,然后分条展开说明一下;如果对此问题不熟悉,可以选择对其中了解的内容进行拓展延伸,比如可以先从国际国内相关形势谈起,引到该行业的整体现状,再引到本地区的行业发展,最后引到具体业务和岗位。

同时,要注意梳理话语层次,使其在听觉上具有逻辑感。比如可以用"一、……二、……三、……四、……""首先,……其次,……"逻辑性语言标志,给听者留下"条分缕析"的印象。

3.敏感话题,反客为主

面试中经常会遇到一些敏感问题,稍有不慎便会前功尽弃。对于这些敏感问题,要学会合理规避、巧妙迂回,甚至"借力打力"、反守为攻。应聘者的思维敏捷性和随机应变的能力,同样是面试官考察的内容。

常见的敏感问题有"你没有工作经验,如何胜任这一岗位?""你为什么离开上一家公司来我们这里?""你愿意降低自己的薪酬标准吗?"等。在回答这一类问题时,要对自身能力和应聘岗位做出正确的价值估计,领会面试官的意图。比如薪酬问题,是面试中常见的问题。面试官为什么要提这个问题呢? 他是要借此考察求职者对自身的价值判断和对薪酬的态度,以及企业的薪酬标准是否符合求职者的期望。初入职场的毕业生,由于缺乏工作经验,自身的能力价值还没有得到确认,在回答这种问题时,可以避开对目前薪酬的要求,把期望值放到行业发展前景上;同时不要拘于薪资本身,可以谈一谈对将来职业发展的期望,把薪酬问题提升到一个新高度;也可以适时将问题"推"回给面试官,让他自己提出企业的薪酬标准。

三、例文

各位考官:

大家好。我叫×××,是××商业学院经济学专业的应届毕业生。下面我从三个方面简单地作自我介绍。

第一,我具有较强的分析能力和写作能力。我的专业课成绩在学校名列前茅,理论基础比较扎实。在校期间我负责过一个市级项目,完成了近万字的研究论文和调研报告。我还多次协助老师完成项目任务。这些经历提高了我的分析水平和写作能力。

第二,我有较强的团队协作能力。在完成上述项目时,我是子项目负责人,需要进行多方协调,虽然过程艰辛,但我的领导能力和协作能力得到很大提高。

第三,我有较强的学习能力。在校期间,我自学了网站技术,与团队一起设计的网站作为学校的唯一作品参加了"第四届大学生(文科)计算机大赛",并进入了全国总决赛。进入中国农业银行实习后,我积极向老员工学习,业务水平提高很快。

业余生活方面,我兴趣广泛,尤其喜欢球类运动,曾经接受过一年半的乒乓球专业训练。

以上就是我的自我介绍。

【评析】

这段求职自我介绍,没有华丽的辞藻,但结构简明,内容得当,语言规范。作者以简洁的语言开门见山,然后从三个方面条分缕析地介绍了自己的分析与写作能力、团队协作能力与学习能力,其中穿插了相关学习经历、工作经历和业绩,用典型事例说话,内容丰满,真实可信。此外,作者还介绍了他在体育方面的特长,给人以健康阳光的印象。最后用一句结语收束。朴素的语言和严谨的结构,不仅能使听者高效地获取信息,而且表现出了求职者严谨踏实的作风。求职者的整体素质与条件在这段自我介绍中得以充分体现。

●思考与练习●

1.自我介绍一般分为几个部分？每个部分的具体内容是什么？

2.回答质询的常用技巧与策略是什么？

任务5.4 会议主持与发言

学习目标

1.学会做好会前准备工作。

2.能够引导会议成员进行讨论。

3.掌握总结发言的方法。

【知识与技巧】

各种会议是职场活动的重要组成部分,同学们步入职场后有可能承担筹备会议或组织会议的工作任务。我们要学会如何根据会议需要做好会前筹备工作,明确会议的大体流程;要掌握会前沟通的要点、会议主持人的基本语言技巧,提高把控会场动向的能力;要学会如何确定发言者的演讲内容、整合总结发言者的观点,启发和引导会议讨论的策略与方法。

一、会议组织需把握的原则

1.会前筹备充分

会前筹备非常关键,会议组织者必须重视,如果会前准备不到位,很容易引起会场秩序的混乱,影响会议的正常进程。只有会前筹备安排得条理清楚,准备齐全,才能保障会议的成功。

(1)会议内容的准备,应明确与会议内容相关的几个要点:会议名称、会议目的、会议议题、会议目标、会议方案、会议流程等。

(2)会议文件资料的准备,包括会议的相关纸质材料要打印、分拣、装订好,会议的电子文件等要准备齐全。

(3)会议设备器材的准备,包括电脑、电话(如果是电话会议)、投影仪、照相机、U盘、录音笔等。

(4)其他物品和事项的准备,包括准备桌签、茶水、签到簿等,通知每位与会者,有时还需要订餐、安排会议人员的住宿等。

2.掌控会议进程

组织者应随时掌握会议进程。在工作性会议中,组织者就像交响乐团的指挥,随时控制、掌握会议进程。为此,应做好下述几点。

（1）事先准备好一份会议流程表,并发给与会者和主持人,请其遵照执行。

（2）提请与会者注意本次会议的目的,并使会议始终不离宗旨,以保证会议顺利进行,达到预期目的。

（3）规定会议的开始时间,并明确提示结束时间。要准时开始,按时结束。

3.引导会议发言

遇到冷场,主持人要善于启发,或选择思想敏锐、外向型的同志率先发言。有时可以提出有趣的话题或事例,活跃一下气氛,以引起与会者的兴趣,使之乐于发言。遇有离题的情况,可根据具体情况,接过讨论中的某一句话,或插上一句话做承接,巧妙柔和地使议论回到议题上来。如果因事实不清发生争执,可让与会者补充事实;如事实仍不甚清楚,可暂停该问题的讨论。主持者应设法缓和冲突,而不能激化矛盾,更不能直接加入到无休止的争吵中去。

主持人要善于观察与会者的性格、气质、素质和特点,并根据各类人员特点,区别对待,因势利导,牢牢掌握会议进程。

4.集中精力解决问题和提出行动计划

主持人应使用合理的方法,启发与会者思考解决问题的办法及措施。也可以在提出问题的解决办法后向大家做出解释,为他们提供一些解决问题所必需的信息。

二、会议主持人的语言技巧

听和说是主持人必不可少的两项技能。在听的方面,要掌握倾听的礼节、倾听的具体方法,要避免倾听的误区。在说的方面,主持人要学会使用以下几种说话技巧。

1.展示

展示,即主持人使用流利的话语把自己的想法表达给大家。

2.探询

主持人要用一些经典的探询式问话来了解与会者的意见,例如:"后来呢?""那结果怎么样呢?""那您的意思是……""您能再给我们讲清楚一点吗?"

3.评论

与会者回答完主持人的问话之后,主持人要对与会者的回答做出评论,如"我明白您的意思了""我认为问题是……",这样两者的沟通就可以顺畅进行了。

4.构建

评论之后需要采用"构建"的说话技巧。构建就像搭积木一样,是指主持人将与会者表达的思想逐级归纳,直到最终形成决议。构建中经常使用的问话是"我们讨论完第一个问题了,接着我们再进一步,第二个问题您怎么看?""那我们再深入一步,你如何看待这个问题的成因呢?""我们具体怎样设计这个方案呢?"

5.测试理解情况

在会议中总有一些人表示反对意见,对于这些反对意见作为主持人的你可能没听明白,或者你认为大家可能没有听明白,这时候就要采用"测试"的问话方式来向大家了解各自的理解情况。例如:"刚才这位先生的发言大家都理解了吗?"或"您刚才说的意思是……我理解对了吗?"这就是测试的说话方式,以保证大家真正弄懂一些意见的实际含义。

6.总结

在测试完理解情况之后,就需要总结,即把大家的意见集中,如,可以这样总结:"刚才大家讨论得非常深入,我来总结一下大家说的要点:一……二……三……"小结时一般不宜过多评价,且评价宜粗不宜细,尤其是下级对上级、外行对内行的报告作评价更应慎重。另外,无论是点评还是小结,最好使用概括性强、提纲挈领式的语言,既节省时间,又便于巩固或升华会议精神。

7.排除与引进

排除是指制止某些与会者继续发言,引进是指邀请某些与会者发言。当主持人碰到那些说话滔滔不绝,或是说话总是跑题的发言者时,要将其排除。排除的具体方法是:"您说得很全面,不知您旁边(后边)那位有什么见解呀?"用这种问话可以达到一举两得的效果:一是可以把你想排除的人排除出去;二是可以让那些还没发言的人得到发言的机会,这就是所谓的"引进"。简而言之,排除的是滔滔不绝的人,引进的是沉默不语的人。这是两种很好的说话技巧,这两种技巧通常是连用的。

8.建议

主持人就会议程序提出一些建议,主要目的是掌控会议时间。一个会议进行到一定时间时,主持人就要根据实际情况说,"好,会议日程我们已经完成了第二项,建议我们马上进入第三项"或"我们讨论的这几个方案到底哪个适用?"

三、与会者的发言技巧

开会,是每个职场人的必修课。会议室就像是跑马场——在众目睽睽之下,每个参与者都能在同一起跑线上出发,得到展示自己的公平机会。

让领导和众多同事同时停下手中的工作听你说话,这样的机会在职场里并不是随时都会有的。因此,学习如何在会议上以正确的方式表达自己的观点,不仅可以迅速提升你的职场形象,甚至还可能获得意想不到的"额外奖励"。

(一)会前准备

1.对会议进行充分的了解

如果你需要进行主题发言,或者在会议上传递信息,那么你首先需要做到的就是有备而来。具体来说,"有备而来"表现在如下几点:在进入会场之前,弄清楚参加会议的都有谁、自己为什么来开这个会、会议内容大致是什么、会议要解决什么问题,针对这些,提前查阅相关数据、材料、历史记录,并且事先思考一下会议中可能遇到的问题。

2.必须携带笔记本和笔

无论会议的重要程度如何,既然走进会议室,笔记本与笔一定要随身携带。首先,这是向大家亮出一种态度,表明对此事认真对待。其次,如有事项需要记录,在会议结束后也方便整理会议纪要,明确自己的工作任务。

（二）语言表达技巧

1.忌说空话、套话

在会议上发言,尤其是占用大块时间进行主题发言时,忌说空话、套话,要尽量做到提纲挈领,先讲主张再说理由,按照一定的逻辑把自己想说的内容分成条目,每个条目都能用几个词或者一句话概括重点。如果时间充裕,则可以在相关条目下用事先准备好的数据、材料展开论述。

2.尊重他人的发言

别人刚刚谈了对任务量化考核方案的建议一二三四,其中三条与你不谋而合。这时候,即便你针对这三条建议做了充分的发言准备,论点论据也更为有力,但无论如何也没必要展开来再重复一遍,这样只能是浪费大家的时间,并且是对之前发言者的不尊重。

3.认真倾听

要知道在会议上,当你的身份从发言者转变为听众的时候,认真聆听别人的讲话是必需的——尤其是在讨论环节。因为只有了解别人说了什么,才会让你在随后的发言中有的放矢。

4.记录要点,概括核心观点

认真地听别人在说什么,适时地做记录,在会议过程中不断调整、理清自己的思路,这些都有助于你完成一个得体的发言。至于那些被别人抢先得到的内容,其实也并非雷区——你再次提到它们的时候,尽可能地用三言两语概括核心观点,并且加上一些过渡语,如"对刚才××谈到的,我还想补充一点",或者"在这个问题上,我特别赞同××的意见"。这种对他人发言的承接,不仅能强化自己的观点,更重要的是,这充分展示出你专注倾听、尊重他人、思路清晰和富有创见的良好职场素养。

5.先表达共识

当别人发言时,就算你再反对、再鄙视、再想辩驳,也要保持克制,不动声色。轮到你说话时,首先要提到的不是"我不赞同……",而是在对方的发言中,寻找你和他可以达成共识的部分,随后再以恰当的方式提出自己的不同意见,这样既达到了讨论的目的,表达了自己的想法,又不至于伤及同事。而所谓"恰当的方式",就是说话的艺术,这在职场的人际交往中尤其重要。试着在开场白里,向那位和你意见相左的同事说"我认为×××提到的这种方式很独特","×××在这次活动中的积极态度非常值得我学习",或者"感谢×××对我工作的关注"。谁都愿意被关注,因此说话的时候就必须体察周围的气氛和对方的情绪,以确定是该直抒胸臆,还是点到为止,或者暂时搁置。

这么说来,职场新人要想在会议上一鸣惊人,确实存在一些难度。作为菜鸟,更切实可行的做法是:首先,在会议之前认真准备;其次,在会上抱着学习的态度多听听别人怎么说;再者,在需要自己说话的时候,恰当地表达自己的观点,不必过分谦卑,更不能过于自信。至于那些憋着劲儿试图通过一次会议发言蹿红的年轻人,虽然这种进取心值得肯定,但切记不能一开始就指责别人这儿说得不对那儿说得不好。会议发言确实有可能给新人提供机会,但痴迷于此难免导致用力过猛、伤及他人,让自己在职场起步阶段就陷入困境。

（三）发言时机的把握

实际上，发言的时机更像一个"潜规则"——没有成文的规定，却实实在在地存在于每一间会议室里。试想一下，如果一个有着十几年工龄的员工仅仅在会议后半段表态"同意，没意见"，很可能会被认为是敷衍了事，不是带着情绪，就是无创见；相反，如果一个职场新人在众目睽睽之下第一个跳出来说话，则很可能被诟病为"不知深浅，自以为是"。

如何选择合适的发言时机，需要判断力——你必须搞清楚自己在团队里究竟占了多大的权重，自己的意见到底有怎样的影响力。在此基础上，你才能把握好发言时机，承担与自身角色相匹配的责任，并且规避不必要的风险。

总之，要把握一个原则：针对事，而非针对人。毕竟，人在职场，大家想的都是怎么把工作做好。更重要的是，如果你否定了别人的方案，就一定要再提出新的想法。毕竟，破坏总是比建设来得容易，只破不立并不能解决问题。

四、会议主持人的礼仪要求

主持会议要通过语言表述来进行，因此，主持人应特别注意语言的礼仪规范。

(1)所有言谈都要服从会议的内容和气氛的要求，或庄重，或幽默。

(2)口齿清楚，思维敏捷，积极启发，活跃气氛。主持人一定要明确开会的目的，比如：主持记者招待会，主持人、发言人要对记者提出的问题，反应敏锐，流利回答，不能支支吾吾；开座谈会、讨论会等，主持人要阐明会议宗旨和要解决的问题，切实把握会议进程和会议主题，引导大家就问题的焦点畅所欲言。另外，要切实掌握会议的时间，不使会议拖得太长。

(3)会议进行过程中，主持人对持不同观点的人，应允许其做充分解释；在会议出现僵局时要善于引导，出现空场、冷场时应及时补白；要处处尊重别人的发言和提问，不能以任何动作或语言来直接阻止别人，或表示不满；要用平静的语言、缓和的口气、充分的论据来阐述正确主张，使人心服口服。

五、会议主持人与会议组织者的关系

(1)工作会议：会议主持人为领导时，组织工作一般由工作人员完成；领导亲自组织的会议，一般比较重要，领导会同时做会议主持人。

(2)研讨会：组织者为主办方工作人员，会议主持人按照议程轮换。

(3)大型集会：组织者同时出任主持人的情况比较普遍。

六、例文

小刘是一家公司入职一年的"老员工"，由于平时工作表现非常出色，深受上司的喜爱。小刘所在的部门是市场部，某天上午，小刘接到一个任务——组织相关部门人员开会,策划本公司某明星品牌产品暑期营销方案。虽然小刘入职已一年,但是对于这款产品还没有深入了解,主持策划制订营销方案,还真是具有些挑战性。小刘想,领导既然委派了这个任务,那就正是表现他能力的好时机,小刘非常看重这次机会,想好好地组织这次会议,将一个漂亮的营销方案交上去。

首先,小刘找到公司相关领导询问:"张总,我想跟您聊聊组织本次会议的构想。"张总说:"好啊,我正想听听,也想嘱咐你几句呢!"小刘很高兴,将自己事先准备好的列在小本子上的会议组织构想汇报给了张总:"首先,本次会议的目标是策划制订××产品的营销,此产品不同于以往的产品,营销的目标定位是在趣味营销和有偿营销上。"张总满意地点点头,小刘接着说:"其次,我想召集的主要人员有产品研发部的李经理、产品策划部的王经理、销售部的相关人员及市场部全体人员。"张总提醒道:"产品部的产品策划的相关人员也叫上,他们了解产品的特性,或许会给你好的意见。"小刘说:"好的,一定叫上。当然,也请张总您出席指导! 会议室已定好,在一会议室,时间初步定在下周一上午,后续我会再给您发一封邮件具体说明。"张总点点头:"好,去安排吧!"

从张总处出来,小刘立即将和张总确定的内容写成邮件,将会议的邀请通知和相关说明发给了参会人员。在邮件中,会议的地点和时间、参会人员、会议内容、相关人员需准备的材料都写得非常清楚明白。小刘还和每位参会人员确认了参会时间、相关材料准备的重点内容等。之后,小刘联系了业务办公室的人员准备会议室和会议需要的物品。小刘先给业务办公室的崔主任打了电话,崔主任安排业务办公室的老员工白丽配合小刘完成会议的物品准备工作。白丽找到小刘:"小刘,你的这次会议我来配合完成,有什么事尽管安排我,别客气!"小刘说:"白姐,您来帮助我,我可太高兴了,您最细心了,我有什么不周到的您帮我想着点儿。"白丽说:"没问题,会议的常规使用物品,比如纸、笔、茶水、投影仪、电脑、相机、录音笔、签到簿,我都会给你准备好。"小刘说:"我就知道您细心,参会人员名单我用邮件传给您,您帮我准备一下桌签。"白丽回道:"嗯,好的。"周五下午,小刘和白丽加班布置了会场,并给每个参会人员打电话进行了确认,提醒了周一会议的相关事宜。

周一上午,由于会前准备很周到,沟通联络很通畅,会议如期举行。小刘作为主持人说了开场白:"大家好,非常感谢大家来参加本次××产品的暑期营销方案讨论会。承蒙关照,大家为本次会议做了大量的准备工作,我首先向大家表示感谢! 本次会议的目标是讨论××产品暑期营销方案,我相信,我们一定会策划出一个精品的营销方案,使××产品的营销业绩再创高峰。首先,我们欢迎张总讲话。"会议上,小刘让各部门都从各自的角度阐述了意见和建议。在自由讨论阶段,小刘激发了大家的想法,无论是产品部、市场部、策划部,都提出了很多金点子,小刘仔细地记下了大家的想法。最后,小刘将大家的意见汇总:"大家的主要意见是此次的营销要有一个充满趣味性、娱乐性,迎合大众消费者的营销定位。我们要通过'老用户联谊会''暑假促销晚会''明星使用者大比拼'几个活动来进行促销,强调产品的优势和人缘,让更多的人认识我们的产品。这样我们的暑期营销方案就基本出炉了。下一步就看我们市场部的了,我们会将这几个活动打造成精品活动!"会议在愉快的氛围中结束,形成了一致通过的方案。

会后,小刘将会议记录整理成会议纪要分发给大家,并将会议通过的方案整理出来,交给领导和同事确认,并安排方案策划的下一步工作。

【评析】

小刘的会议组织主持工作有如下亮点:作为会议的沟通联络人,他与领导和各方工作人员进行了恰当合理的沟通,对会前各方要准备的材料进行了明确的安排和布置。作为会议的主持人,会议刚开始,他将会议的目标明确地传达给大家;会议过程中,他紧紧把握讨论方向;会后,他将会议成果整理成会议纪要分发送给大家并安排了下一步的工作。在口语交际方面,他对领导汇报时注重汇报技巧,与同事沟通时注意相处的策略,会议主持时目标明确、语言恰当。

●思考与练习●

1.假如你是某次会议的主持人,在会上同时有几位同事对你的发言提出反对意见,使你很难堪,你该怎么办?那几位提出反对意见的同事是不是也有做得不妥的地方呢?

2.作为一名刚入职的新员工,你被委派组织一次"新人入职动员会",你认为应该做好哪些筹备和沟通的工作?请你代会议主持人写一份主持词。

任务 5.5　工作汇报

学习目标

1.掌握准确接受任务的原则和方法。

2.能根据对象的不同身份和性格特点采取恰当的方式进行转述。

3.能简明清晰地汇报工作。

【知识与技巧】

工作中经常会遇到上级交代工作任务的情况,遇到这种情况时,你是如何做的呢?是否听完转身就去执行了?执行的效果如何?每次都尽如人意吗?执行完任务,你又是如何向领导汇报的?当没有执行好时,有没有想过可能在接受任务时就存在着失误呢?我们要了解接受任务时需要沟通的关键点,以及接受任务时积极回应的重要性;也要学会如何将工作的完成情况条理清晰、主次分明地汇报给上级。这些知识和能力能让我们更顺利地完成相关工作,在团队中更加突出地表现自己。

一、接受任务

1.接受任务时

(1)要不厌其烦地询问有关任务的各个事项,并按"5W1H原则"记下要点。"5W1H

原则"是指:什么时候(When)、什么地方(Where)、谁(Who)、结果是什么(What)、为什么(Why)和怎样做(How)。

(2)把握任务的目的,正确理解任务的内容,判断完成难度。

①对任务进行评估,确定哪些任务可以按时完成,哪些需要更多的时间。

②识别任务难度,与本部门或自身的业务能力进行匹配,匹配不上的要报告清楚。

(3)把握上司的意图及所述要点,并做回述确认。

对于上司指示的工作要点,特别是一些数字,一定要回述一遍,请上司确认。

①有意见时,一要站在自己本职工作的立场上,勇敢、谦虚地表达自己的意见;二要以事实为依据,参与相关的数据、资料,提出有理有据的意见,并征询上司的处理意见。

②有难处时,如有时间问题(有其他事情安排),或自己能力不济,或该任务不应由自己完成,要向上司说明具体情况,并征询上司的指导意见。

2.接受任务后

(1)应不失时机地,有计划、有步骤地为完成任务而努力。要制订好项目规划,确定需要哪些资源,预测可能会遇到的瓶颈。

(2)要不断反省自己的工作成果,找出工作成果与预期目标之间的差距所在。

(3)应该定期向上级报告情况,有困难要及时上报。

3.需要将任务交代给其他同事时

(1)及时反馈,勿疏忽,讲重点。

(2)准确传达,不虚假,讲实情。

(3)避免片面,勿武断,讲分寸。

(4)分清主次,去繁冗,讲条理。

二、口头汇报

口头汇报,是指下级向上级用口头陈述(可辅以文字)的形式报告情况、提出建议的行为。它是职场中一项经常性的工作。

1.口头汇报的方法

(1)明确目的。事先一定要思考好这次汇报应该达到什么目的,这是一个根本性、方向性的问题,也决定了汇报的主题思想。可以说,这个问题解决好了,你的汇报就成功了一大半。

(2)抓住重点。根据汇报目的和领导的要求,选择重点内容,并找准切入点。选择重点要从三个方面考虑:一是领导最想听、最关心的东西,或者说领导反复强调的事;二是自己认为最能表现成绩的事迹,或者说最出色的工作;三是有自己特点的东西。

(3)不说废话。首先要根据汇报的要求和重点,进行认真准备,可列出提纲或形成文字材料。汇报时非特殊问题无须过多解释,特别是有时间限制时,更要充分利用有效时间把该汇报的内容都说出来。其次要尽量做到每句话都有分量,繁简适度,表达得体,既不超时,也不浪费机会。

2.进行口头汇报要注意的技巧

(1)口头汇报是一个给领导留下好印象的好机会,因此,要认真做准备,包括做好心理准备和资料准备。

(2)一定要选择最佳的时机,正所谓要适时汇报。尽量不要在领导不愉快或有其他要事时汇报;重要事项要及时汇报,不要延误。

(3)汇报时要区别场合。

(4)要注意汇报对象的工作习惯,例如:对财务出身的领导,要用数字说话;对于策划出身的领导,要提出战略意义;等等。

(5)汇报时要有临场应变能力,随时观察汇报对象的心理变化。

(6)汇报结束后请示领导的意见很重要。

(7)如果汇报时需要用到PPT,一定要事先做好并打好腹稿。

(8)汇报时掌握"尊重而不吹捧,请示而不依赖,主动而不越权"的原则。

(9)提倡主动汇报,就是汇报方根据需要主动向领导汇报工作。这种汇报的内容一般有两种:一是工作上的新思路、新想法,在没实施之前向领导进行汇报,以求得领导的指导、肯定,以便在决策上"合法化";二是工作上遇到了自己难以克服的困难或重大问题,需要向领导反映情况,以求得领导的指点和帮助。

三、汇报工作时使用PPT辅助的要点

1.脉络清楚

在汇报工作时,如果使用PPT作为辅助工具,千万不能将要汇报的内容全都写在PPT上,这样就不是辅助增色,而是辅助添乱了。使用PPT时,先想好你工作汇报的思路,你的PPT的思路与工作汇报的思路必须一致,且脉络清楚,可以利用页眉等提示你的汇报目录,职责中的重点阶段性事项必须列出,这样既可以提示你要向领导汇报的内容,又可以让领导一目了然地了解你所要汇报的内容。

2.要点突出

向领导汇报避免不了对某些问题做分析与提出建议,使用PPT时,将实质性的内容写上去即可,要突出重点,呈现关键内容。

3.选择图表等有效的表达方式

根据需要选择表达方式,如制表格、列数字、画示意图、做图示等。

简单的数字罗列有时不能清晰地反映问题,因此,必要时要配图示、做要点解析,让人一目了然。

使用一张图或一份表格展示要表达的内容,可能比讲解数十句更有力,可以有效降低汇报难度。

(1)图表在商业沟通中扮演重要的角色,书面文字沟通,口头语言沟通,多媒体沟通,都可用图表辅助展示。

(2)图表直接指向重点,更明确地显示陈述对象的相互关系,使表达鲜明生动。

(3)成功的图表具备以下几项关键要素:图表少而精;每张图表都传达一个明确的信

息;图表与标题相辅相成;图表清晰易读,格式简单明了。

4.细节出彩

利用 PPT 时,还应注意美化版式、优化配色、字号大小适宜等细节,这不仅反映着一个人的审美,还体现了一个人的能力。

四、例文

一位酒店的常住客人匆匆进了礼宾部,喊道:"你好,帮我订一张后天去北京的机票。"接待员小刘应声招呼,敲了几下电脑键盘。

客人交代完毕欲走,忽又转身,似真似假地笑着说:"我要东航,东方航空公司的票。"边说边用食指向天画一下。接待员小刘举起右手做了个"OK"的手势。

下午,酒店的旋转门闪进了早上的那位客人,他大步走向礼宾部。只见小刘满面春风地回应:"嗨,搞定啦!"客人笑着接过机票,低头一看,傻了眼,一脸不悦的神情。

"有没有搞错啊,跟你说要东航机票,你还给我订西南航空公司的?"说罢,摇头。小刘说:"对不起,东方航空公司的机票已订完。我还以为你是随便说说的,并不一定……"

客人打断小刘的话:"是我随便说说还是你随便订订啊?"

接待员忙不迭地说:"对不起,对不起,是我们……"

一个月以后,这位客人再次走进酒店的礼宾部,说:"你好,一张后天去广州的机票。"看到是小刘接待,眼睛忽闪了几下。小刘立即起身,向客人核实:"后天,广州,是吗?"并一面回问,一面迅速地在便签上用笔记着,"还是东方航空公司吗?"看来小刘已记住了上次的教训。

"不,这次要南航的。"

"起飞时间有什么要求吗?"

"嗯——最好是下午五点左右。"

"先生请核对一下信息:您要一张后天就是 7 月 22 日飞往广州的机票,南方航空公司,最好是下午五点左右,对吗?"

"嗯,是的。"

"好的,我这就订票,请问您能留下手机号码吗? 有什么变动我会及时通知您。"

"OK。"

小刘订好了机票,将航班信息及当地的天气情况用手机短信发给了客人。22 日中午客人离店时,专门到礼宾部,对着小刘举起右手,做了一个"OK"的手势。

在年底工作总结上,礼宾部让每个人将一年来的工作做一个 PPT 汇报,要用"案例＋处理方式＋经验总结"的形式。小刘把这次的经历作为案例写在了总结里,在总结大会上做了汇报,分享自己在接受任务和处理与宾客关系时的经验,并阐述了自己今后在此方面的改进计划,得到了领导的肯定。

【评析】

小刘两次接受相同的任务,结果是天壤之别:第一次,小刘并未确认客人的要求,就做了"OK"的手势,也没有留下沟通方式,虽然结果并不是自己故意造成的,但有了变化无法通知对方,最后致使客人不满。第二次,小刘有了明显的改进,除了认真记下关键信息,还逐一确认,最后又进行了一次核对,并留下了联系方式。除了关键信息外,小刘还将天气情况也及时通知客人,考虑得非常周全。因此,小刘得到了客户与领导的肯定。

●思考与练习●

1.宾馆就餐,客人点完菜时,大堂经理一般都会回问一下菜单,请问这是为什么?

2.假如你是某酒店的大堂经理,接到近期有重要考察团入住的任务,你该如何向你的同事转述这一情况?

任务5.6　团队合作

学习目标

1.认识团队合作的重要性。

2.把握构建团队合作的方法和技巧。

3.树立团队合作精神。

【知识与技巧】

在今天信息化、地球村的社会,单打独斗的时代已经过去,个人胜不过团队,合作才能共赢。强者的时代呼唤真正的英雄,而只有通过团队合作才能造就英雄和强者,故沟通协作,培养团队精神、进行团队建设,意义重大。

一、缺乏"团队精神"的群体不过是乌合之众

团队不同于群体,群体可能只是一群乌合之众,并不具备高度的战斗能力,而一个有高度竞争力、战斗力的团队,必须有"团队精神"。

(一)人多不一定力量大。以前,我们中国有一句话叫作"人多力量大"。其实,在群体组织中,并不必然得出1+1>2的结果,在影响团队绩效的诸多因素中,应该注意从以下三个方面来把握:第一,公平因素;第二,绩效的评估方法;第三,人际关系。一个人没有团队精神难成大事,一个企业没有团队精神将成为一盘散沙,一个民族没有团队精神也将难以强大。

(二)以一当十并不难,难的是以十当一。显而易见,以一当十并不难,难的是以十当一。因为"以一当十",只要最大限度地发挥一个人的潜力就行了。而以十当一则不同,它需要最大限度地发挥十个人的潜力,而且要使这些潜力朝着一个方向使劲。"项链理论"说的是对企业而言,一个个人才就像一颗颗晶莹圆润的珍珠,企业不但要把最大最好的珍珠买回来,而且要有自己的"一条线",能够把这一颗颗零散的珍珠串起来,共同串成

一条精美的项链。

（三）时代需要英雄，更需要伟大的团队。乔丹说过一句名言："一名伟大的球星最突出的能力就是让周围的队友变得更好。"海尔把自己的价值观定义为："人的价值高于物的价值，共同价值高于个体价值，共同协作的价值高于独立单干的价值，社会价值高于利润的价值。"

（四）没有完美的个人，只有完美的团队。一个人再完美，也就是一滴水；一个团队，一个优秀的团队就是大海。一个有高度竞争力的组织，包括企业，不但要求有完美的个人，更要有完美的团队。

二、尽职、尽责、尽心——先问你为团队做了什么

（一）责任到此，请勿推辞

Ask not what the country can do for you, ask what you can do for the country（不要问国家为你做了什么，问一问你能为国家做些什么？），不要先问团队能为你做什么，先问一问你能为团队做些什么。先想着奉献，再考虑获得。美国总统杜鲁门有一句著名的座右铭："责任至此，请勿推辞！"世界上很少有报酬丰厚却不需要承担任何责任的便宜事。

（二）做一名优秀的员工

同样的工作，同样的环境，工作态度却截然不同。第一种工人，是完全被动的人；第二种工人，是麻木的，对工作的概念只是为了钱的人；第三种工人，完美地体现了工作的哲学：自动自发，自我奖励，视工作为快乐。

优秀的员工应该有以下几个特征：（1）不忘初衷，虚心学习；（2）有责任意识；（3）自动自发，懂得服从；（4）爱护企业，和企业融为一体；（5）能为团体着想；（6）随时随地都具备热忱；（7）不墨守成规，锐意创新；（8）能做正确价值判断；（9）有自主经营能力；（10）能得体地指使上司；（11）有气概担当企业经营重任。

（三）不单为薪水工作

工作有着比薪水远为丰富的内涵。薪水是我们工作价值的一种反映，是对我们工作的一种回报。我们需要薪水用以满足我们基本的物质生活和精神生活的需求。但如果你只为薪水而工作，那么就意味着你把薪水看成是工作的目的，当成是工作的全部。避谈金钱是一种虚伪，只谈金钱是一种浅薄。

（四）没有敬业就没有卓越

敬业就是敬重自己的职业，将工作当成自己的事，专心致力于事业，千方百计将事情办好。其具体表现为忠于职守、尽职尽责、认真负责、一丝不苟、善始善终等职业道德。敬业精神是团队精神的重要组成部分，没有敬业精神的企业，很难组成有效团队。要做到敬业，就要求我们有所谓的"三心"，即耐心、恒心、决心。世界上想做大事的人极多，愿把小事做细的人极少——而敬业的人工作之中无小事。

（五）所做超过领导对你的期望

就一个普通组织的个体来说，一个员工得到多少薪水是由老板决定的，但给工作赋予多少内容则是由你自己决定的，给工作附加多少价值，也是由员工自己决定的。那么怎么做才能超越领导对我们的期望：准时、保质地完成各项工作是领导对下属最基本的期望，再没有比工作拖拉、延误公司的行动更让领导恼火的了；自动自发就是没有人要求你、强迫你，而你却能自觉而且出色地做好自己的事情，这也是团队最需要的一种精神，一种态度；自动自发、积极主动的人不仅会圆满地完成自己的任务，还会忠心耿耿地为领导考虑，给他提供尽可能多的建议和信息，他们也因此会得到提升和赏识，自动自发、积极主动的人会给团队带来无限活力，也使他们自己从中得到益处。这个世界上，有两种人永远都得不到提升：第一种人不肯听命行事；另外一种人只肯听命行事。

三、沟通、沟通、再沟通——积极沟通才能有效合作

沟通是合作的开始，优秀的团队一定是一个沟通良好、协调一致的团队。没有沟通就没有效率。沟通带来理解，理解带来合作；同时，沟通也是一个明确目标、相互激励、增进了解、增强团队凝聚力的过程。

（一）没有沟通就没有效率，也会误大事

团队没有交流沟通，就不可能达成共识；没有共识，就不可能协调一致，就不可有默契；没有默契，就不能发挥团队绩效，也就失去了建立团队的基础。有效沟通是建立健全高效团队的前提。

（二）如何进行有效沟通

在团队里，要进行有效沟通，必须明确目标。对于团队领导来说，目标管理是进行有效沟通的一种解决办法。在团队中，身为领导者，要善于利用各种机会进行沟通，要创造出更多的沟通途径。与成员充分交流并不是一件难事，难的是创造一种让团队成员在需要时可以无话不谈的环境。

对于个体成员来说，要进行有效的沟通，可以从以下几个方面着手：一必须知道说什么，就是要明确沟通的目的；二必须知道什么时候说，就是要掌握好沟通的时间；三必须知道对谁说，就是要明确沟通的对象；四必须知道怎么说，就是要掌握沟通的方法。

（三）沟通带来理解，理解带来合作

沟通带来理解，理解带来合作。如果不能很好地沟通，就无法理解对方的意图，而不理解对方的意图，就不可能进行有效的合作。一个沟通良好的企业可以使所有员工真实地感受到沟通的快乐和绩效。加强企业内部的沟通，既可以使管理工作更加轻松，也可以使普通员工大幅度提高工作绩效，同时还可以增强企业的凝聚力和竞争力。怎样沟通呢？一是员工应该主动与管理者沟通；二是管理者应该积极和部属沟通；三是沟通是双向的，不必要的误会都可以在沟通中消除。作为管理者，应该要有主动与部属沟通的胸

怀,作为部属也应该积极与管理者沟通,说出自己心中的想法。只有大家都真诚地沟通,双方密切配合,企业才可能发展得更快更好!

四、例文

狮子·熊与鹿

在一片森林里,有两个好朋友狮子和熊,它们常常在一起打猎。这一天,两人又一次出发,去寻找猎物。走了好半天,目光敏锐的狮子一下子发现了山坡上有只小鹿,狮子正要扑上去,熊一把拉住说:"别急,鹿跑得快,我们只有前后夹击才能抓住它。"狮子听了,觉得有道理,两人就分头行动了。

鹿正津津有味地啃着青草,忽然听到背后有响声。它回头一看:啊呀,不得了!一只狮子轻手轻脚向他扑过来了!鹿吓得撒腿就跑,狮子在后面紧追不舍,无奈鹿跑得真快,狮子追不上。这时熊从旁边窜出来,挡住鹿的去路。它挥着蒲扇大的巴掌,一下子就把鹿打昏了过去。狮子随后赶到,它问道:"熊老弟,猎物该怎么分呢?"熊回答说:"狮大哥,那可不能含糊,谁的功劳大,谁就分得多。"狮子说:"我的功劳大,鹿是我先发现的。"熊也不甘示弱:"发现有什么用,要不是我出主意,你能抓到吗?"

狮子很不服气地说:"如果不把鹿赶到你这里,你也抓不到呀!"两人你一言我一语争个不休,谁也不让谁,都认为自己的功劳大,说着说着,两个就打了起来。

被打昏的鹿渐渐醒了过来,看到狮子和熊打得不可开交,赶紧爬起来,一溜烟逃走了。当他们打得精疲力尽回头一看,鹿早不见了。

熊和狮子你看我,我看你,后悔地直叹气。

【评析】

团结合作共赢,内讧、争夺利益的缠斗带来损失,狮子和熊争斗导致竹篮打水一场空,动物界如此,人类社会亦然。

●思考与练习●
1.谈谈团队合作的重要性。
2.试谈沟通对于合作的意义。

人文拓展:语言运用和语境

参考文献

1.朱熹注:《四书集注》,岳麓书社 2004 年版。

2.蔡尚思:《论语导读》,中国国际广播出版社 2008 年版。

3.杨伯峻:《孟子导读》,中国国际广播出版社 2008 年版。

4.司马迁:《史记》,中华书局 1959 年版。

5.陈鼓应:《老子注译及评介》,中华书局 1984 年版。

6.王明强:《庄子心读》,经济日报出版社 2007 年版。

7.游国恩:《中国文学史》,人民文学出版社 1963 年版。

8.朱东润:《中国历代文学作品选》,上海古籍出版社 2006 年版。

9.袁行霈:《中国文学史》,高等教育出版社 1999 年版。

10.吴小如:《汉魏六朝诗鉴赏辞典》,上海辞书出版社 1990 年版。

11.萧涤非:《唐诗鉴赏辞典》,上海辞书出版社 1983 年版。

12.贺新辉:《宋词鉴赏辞典》,燕山出版社 1991 年版。

13.黄修己:《中国现代文学发展史》,中国青年出版社 1997 年版。

14.黄修己:《中国现代文学作品选》,十月文艺出版社 1998 年版。

15.陈思和、李平:《中国当代文学》,中央广播电视大学出版社 2001 年版。

16.陈思和、李平:《中国当代文学作品选》,学林出版社 2000 年版。

17.徐中玉:《大学语文》,高等教育出版社 2007 年版。

18.周俊萍、朱钥:《新编大学语文教程》,经济日报出版社 2008 年版。

19.张建:《高职素养语文》,中国传媒大学出版社 2010 年版。

20.吴绵绵:《大学语文》,大连理工大学出版社 2010 年版。

21.王荣生、吕志敏:《大学语文》,外语教学与研究出版社 2014 年版。

22.杨忠慧:《应用文写作》,中国人民大学出版社 2010 年版。

23.雷桂萍:《应用文写作》,北京大学出版社 2013 年版。

24.李春、刘兰萍:《应用文写作》,科学技术出版社 2013 年版。

25.李双芹:《人文艺术欣赏》,北京大学出版社 2011 年版。

26.塞缪尔·亨廷顿:《文明的冲突与世界秩序的重建》,新华出版社 2010 年版。

27.周国平:《人文讲演录》,上海文艺出版社 2006 年版。